누구나 작성만 하면 100% 포인트 지급

합격 후기 EVENT

이기적과 함께 합격했다면,
합격썰 풀고 네이버페이 포인트 받아가자!

합격 후기 작성 시 100% 지급

네이버페이 포인트 쿠폰 25,000원

카페 합격 후기 이벤트

이기적 스터디 카페에
합격 후기 작성하고 5,000원 받기!

5,000원
네이버 포인트 지급

▲ 자세히 보기

블로그 합격 후기 이벤트

개인 블로그에
합격 후기 작성하고 20,000원 받기!

20,000원
네이버 포인트 지급

▲ 자세히 보기

- 자세한 참여 방법은 QR코드 또는 이기적 스터디 카페 '합격 후기 이벤트' 게시판을 확인해 주세요.
- 이벤트에 참여한 후기는 추후 마케팅 용도로 활용될 수 있습니다.
- 이벤트 혜택은 추후 변동될 수 있습니다.

이기적 스터디 카페

이기적이 다 드립니다

여러분은 합격만 하세요! 이기적 합격 성공세트 BIG 4

이론부터 문제까지, 무료 동영상 강의

ITQ 기능 이론, 따라하기, 기출문제, 모의고사까지!
무료 강의로 선생님과 함께 한 번에 합격해 보세요.

설치 없이 빠르게, 자동 채점 서비스

문제 풀이 후 채점이 막막하다면? 이기적이 도와드릴게요.
itq.youngjin.com에서 자동 채점을 이용해 보세요.

시험장 그대로, 답안 전송 프로그램

ITQ 답안 전송도 미리 연습해볼 수 있도록,
시험장 그대로의 답안 전송 프로그램이 준비되어 있어요.

무엇이든 물어보세요. 1:1 질문답변

ITQ 시험에 대한 궁금증, 전문 선생님이 풀어드려요.
이기적 스터디 카페에서 어떤 질문이든 들려주세요.

※ 〈2025 이기적 ITQ 파워포인트 ver.2021〉을 구매하고 인증한 회원에게만 드리는 자료입니다.
※ 부가 서비스로 제공되는 부분이며, 혜택 및 내용은 변경 · 중단될 수 있습니다.

설치 없이 쉽고 빠르게 채점하는

ITQ 자동 채점 서비스

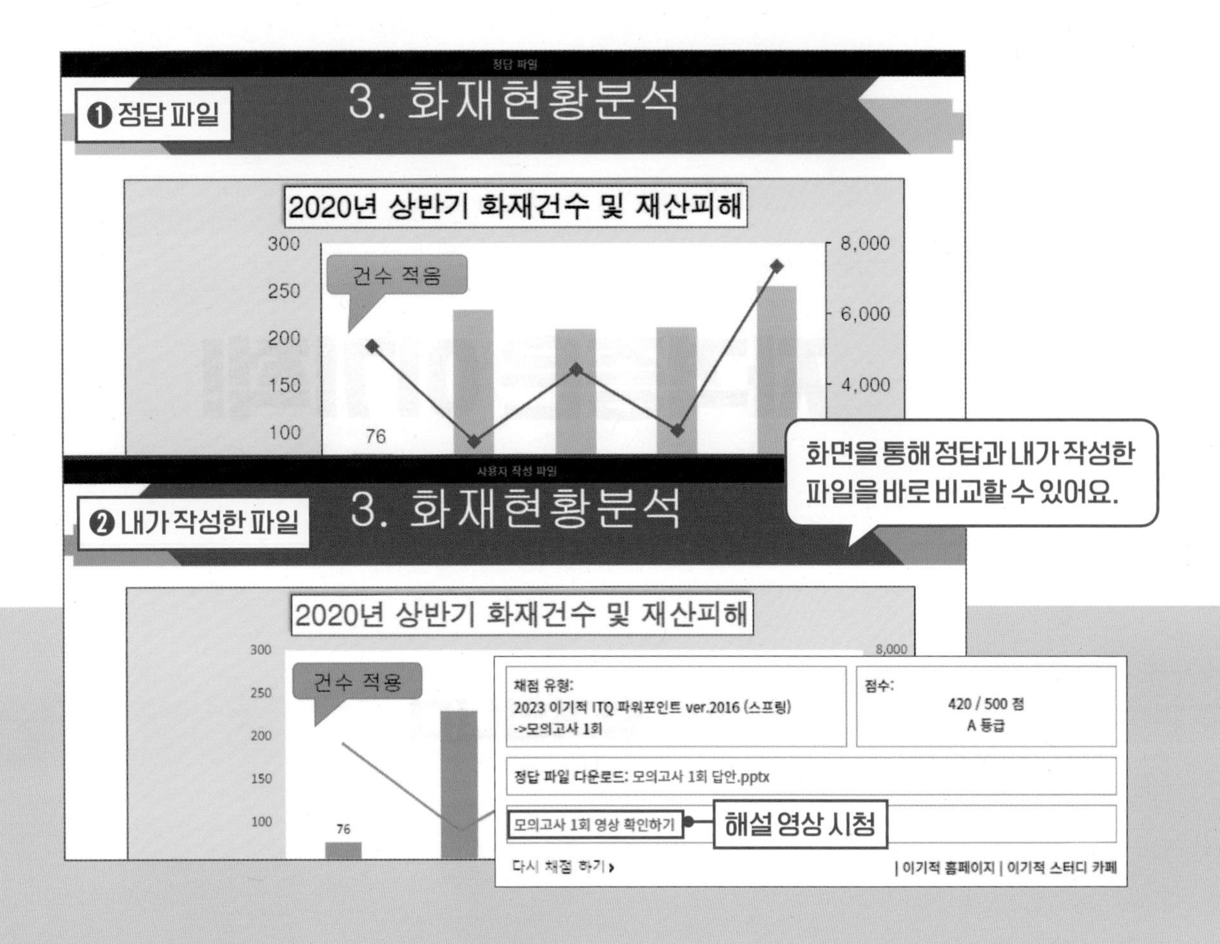

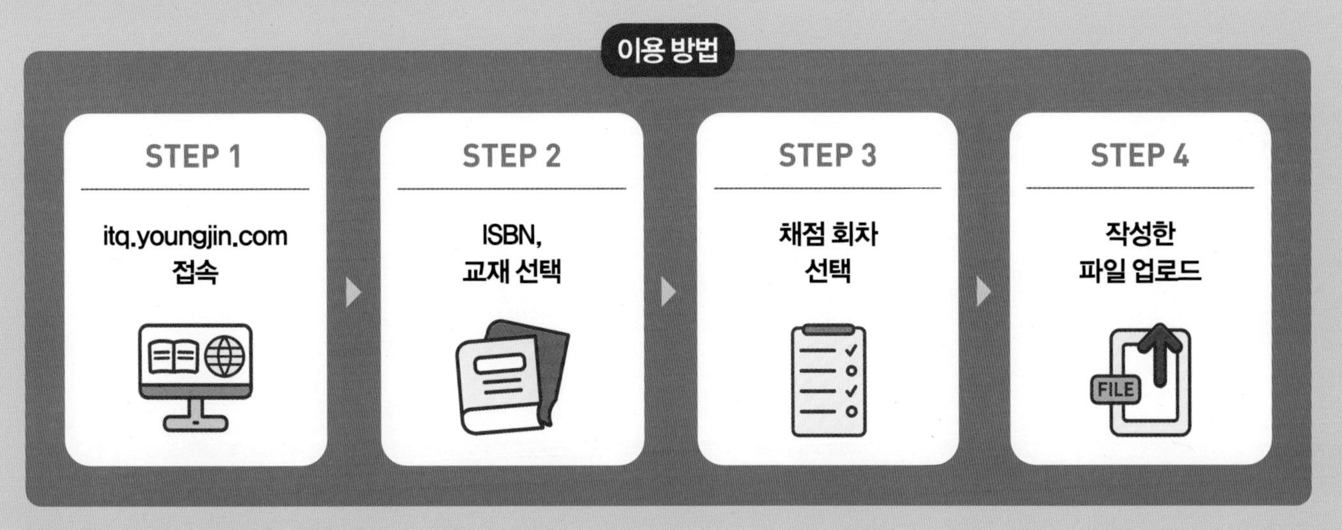

- 인터넷이 연결되어 있지 않을 시 사용할 수 없으며 개인 인터넷 속도, 접속자 수에 따라 채점 속도가 다를 수 있습니다.
- 운영체제, MS Office 정품 여부에 상관없이 채점이 가능합니다.
- 부가 서비스로 제공되는 부분이며, 업체 등의 변경으로 제공이 중단 또는 제한될 수 있습니다.

자격증은 이기적!

합격입니다.

01 기본 도형 + 사각형

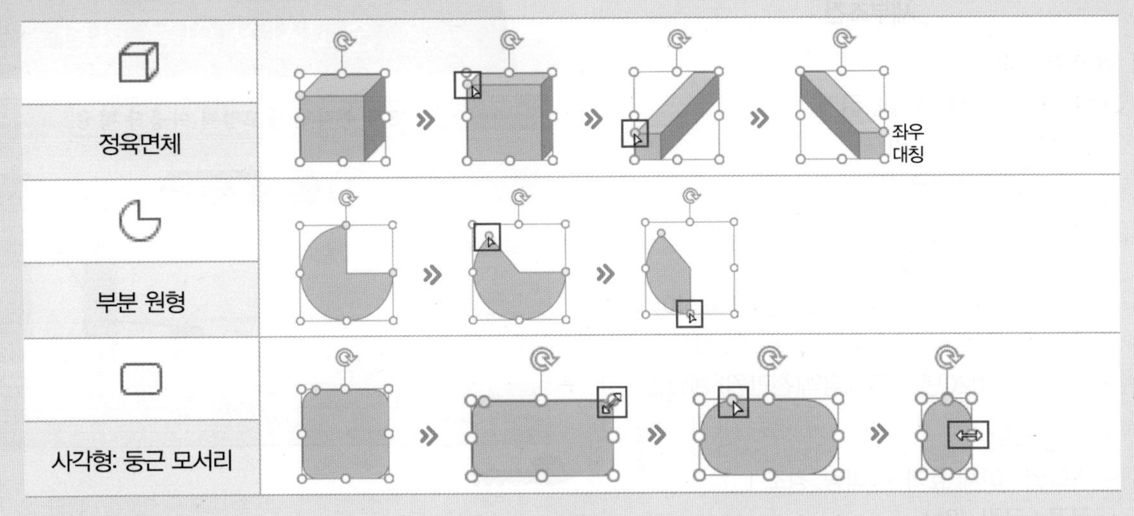

02 블록 화살표

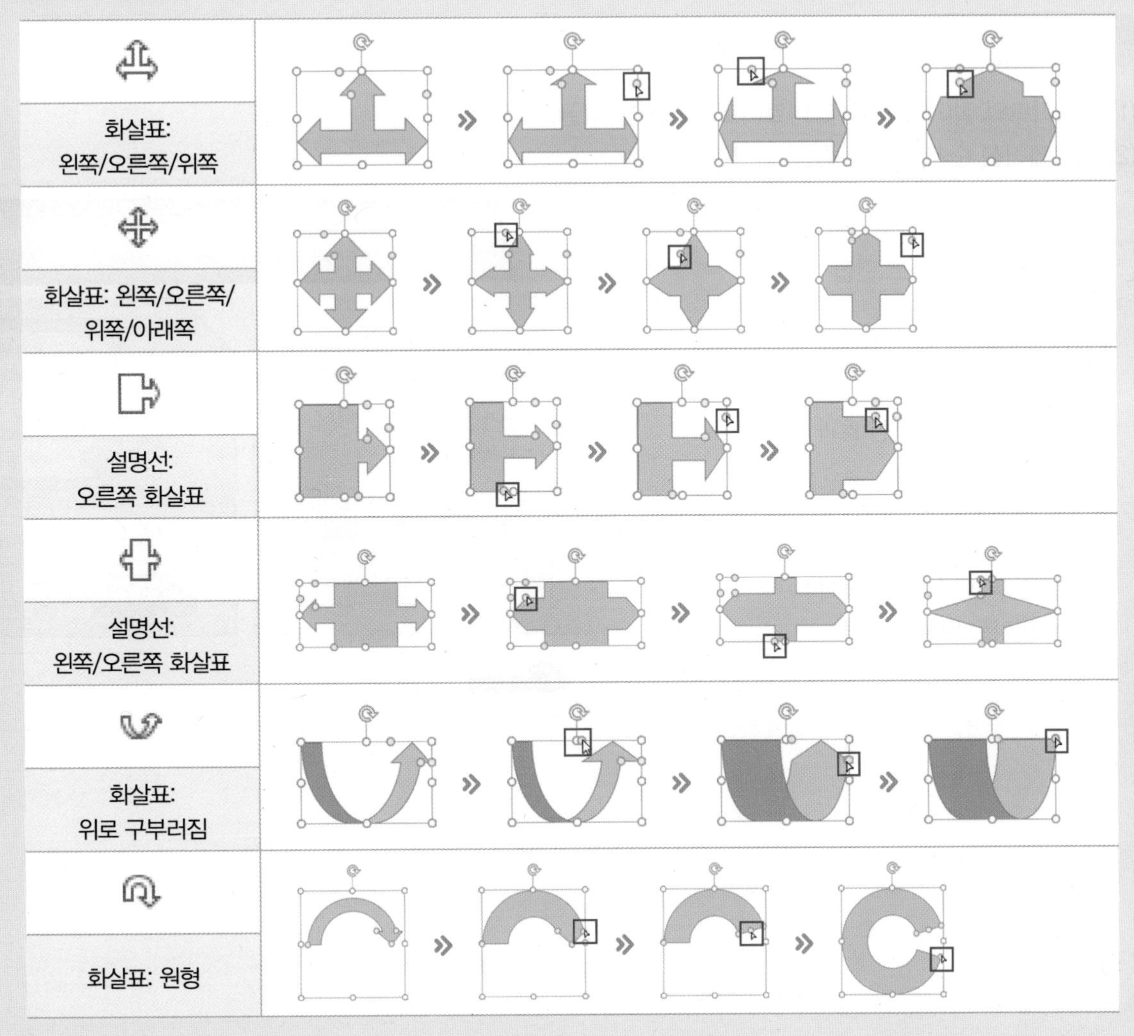

슬라이드 ❺ 차트 슬라이드 100점

(1) 차트 작성 기능을 이용하여 슬라이드를 작성한다.
(2) 차트 : 종류(묶은 세로 막대형), 글꼴(돋움, 16pt), 외곽선

세부조건

※ 차트설명
- 차트제목 : 궁서, 24pt, 굵게, 채우기(흰색), 테두리, 그림자(오프셋 아래쪽)
- 차트영역 : 채우기(노랑)
  그림영역 : 채우기(흰색)
- 데이터 서식 : 이용고객(십명) 계열을 표식이 있는 꺾은선형으로 변경 후 보조축으로 지정
- 값 표시 : 2020년의 결제금액(천만원) 계열만

① 도형 삽입
– 스타일 : 미세 효과 – 파랑, 강조 1
– 글꼴 : 굴림, 18pt

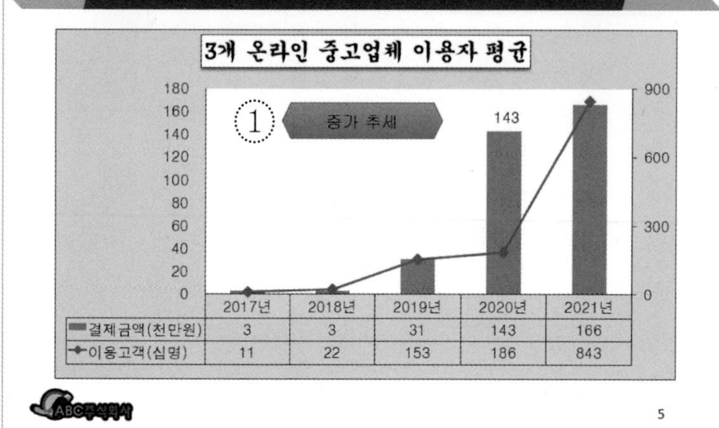

슬라이드 ❻ 도형 슬라이드 100점

(1) 슬라이드와 같이 도형 및 스마트아트를 배치한다(글꼴 : 굴림, 18pt).
(2) 애니메이션 순서 : ① ⇒ ②

세부조건

① 도형 및 스마트아트 편집
– 스마트아트 디자인 : 3차원 만화, 3차원 경사
– 그룹화 후 애니메이션 효과 : 바운드

② 도형 편집
– 그룹화 후 애니메이션 효과 : 나누기(가로 바깥쪽으로)

4. 미니멀 라이프 실천

필요없는 물건 버리기
필요한 것만 소유
처분/정리
대여/공유
물건 버리기 팁
작은공간 부터
자주 조금씩
중고품 나누기
신중하게
집 안 정리
규칙정하기
수납박스 활용
신발 정리
화분 정리
화장대 정리
일상정리
컴퓨터 파일정리
① ②
6

03 별 및 현수막 + 설명선

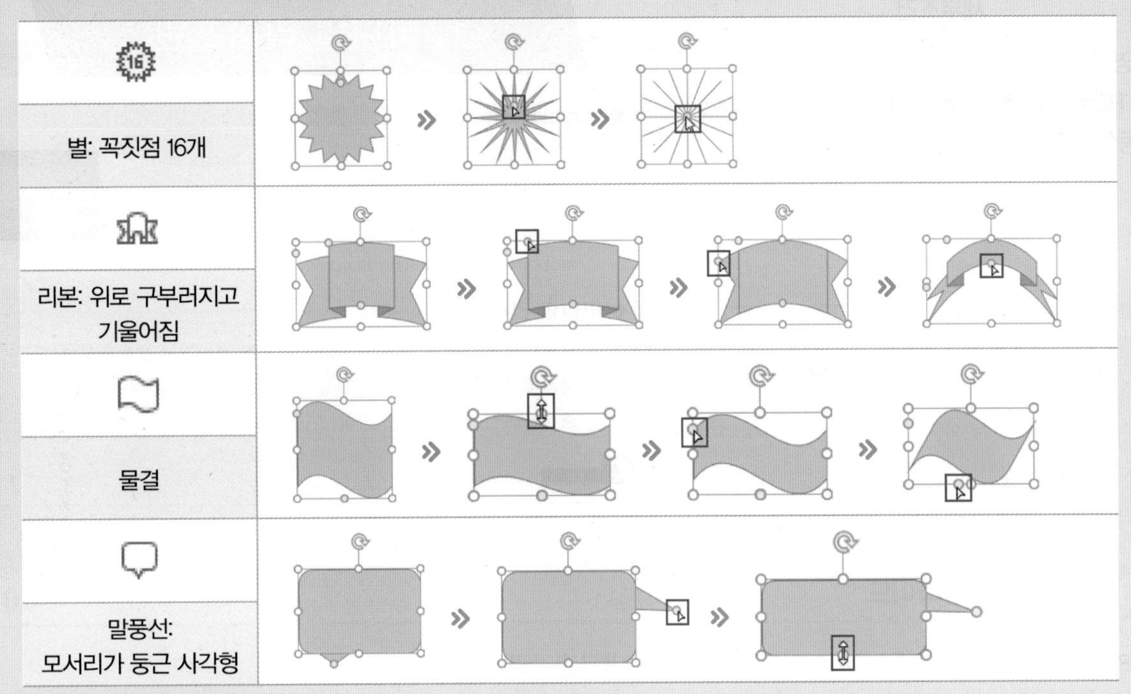

04 도형 2개 조합하기

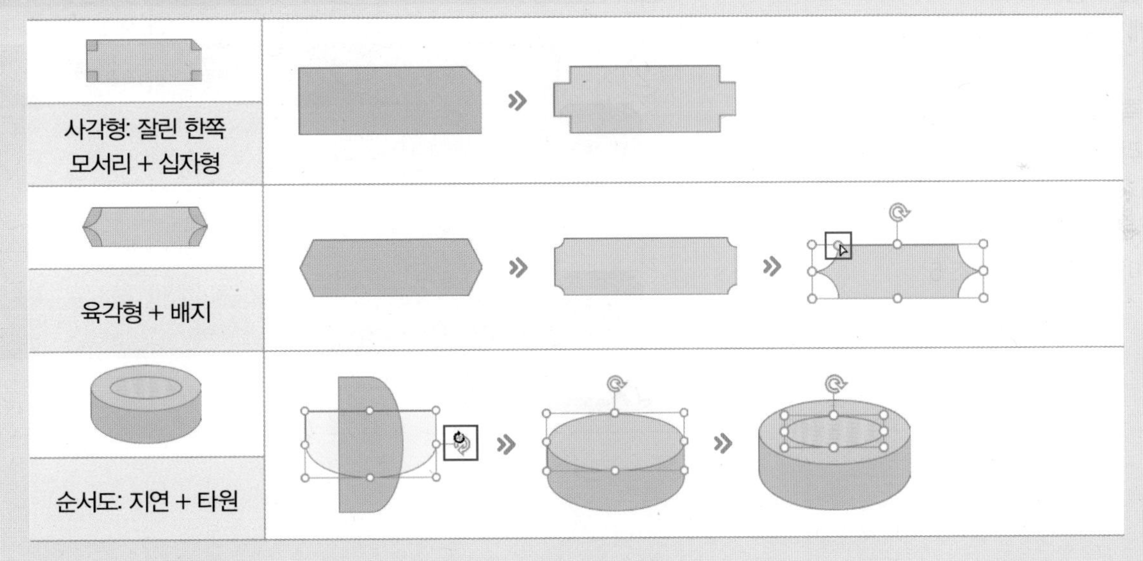

슬라이드 ❸ 텍스트/동영상 슬라이드 60점

(1) 텍스트 작성 : 글머리 기호 사용(◆, ✓)

◆문단(굴림, 24pt, 굵게, 줄간격 : 1.5줄), ✓문단(굴림, 20pt, 줄간격 : 1.5줄)

세부조건
① 동영상 삽입 : –「내 PC₩문서₩ITQ₩Picture₩동영상.wmv」 – 자동실행, 반복재생 설정

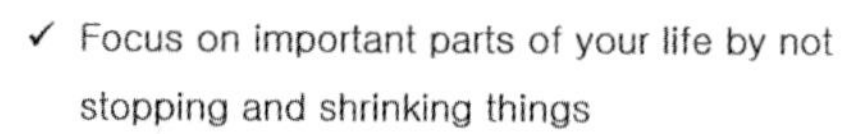

◆ Minimal Life

✓ A lifestyle that minimizes unnecessary things and lives with minimal

✓ Focus on important parts of your life by not stopping and shrinking things

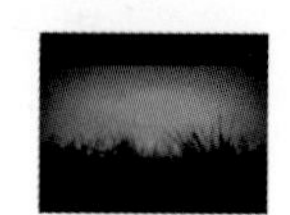

①

◆ 미니멀 라이프

✓ 불필요한 물건을 줄이고 최소한의 것으로 살아가는 생활방식으로 물건을 줄이는 것에서 그치지 않고 적게 가짐으로써 내면의 삶에 충실하려 노력하는 삶의 방식

3

슬라이드 ❹ 표 슬라이드 80점

(1) 도형과 표 작성 기능을 이용하여 슬라이드를 작성한다(글꼴 : 굴림, 18pt).

세부조건
① 상단 도형 : 2개 도형의 조합으로 작성
② 좌측 도형 : 그라데이션 효과(선형 아래쪽)
③ 표 스타일 : 테마 스타일 1 – 강조 5

2. 미니멀 라이프 배경 및 변화

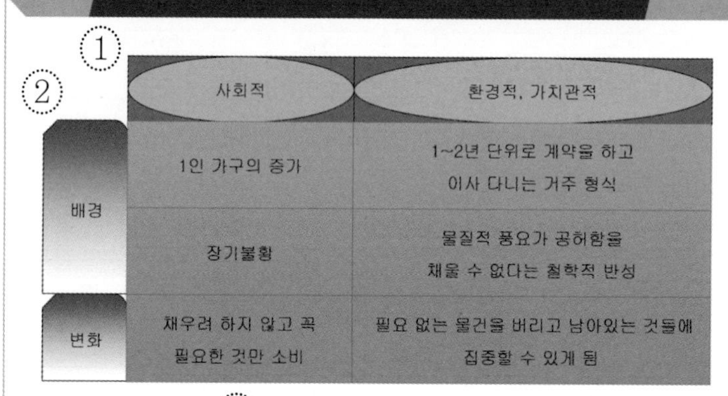

	사회적	환경적, 가치관적
배경	1인 가구의 증가	1~2년 단위로 계약을 하고 이사 다니는 거주 형식
	장기불황	물질적 풍요가 공허함을 채울 수 없다는 철학적 반성
변화	채우려 하지 않고 꼭 필요한 것만 소비	필요 없는 물건을 버리고 남아있는 것들에 집중할 수 있게 됨

4

이렇게
기막힌
적중률

ITQ 파워포인트
ver.2021

"이" 한 권으로 합격의 "기적"을 경험하세요!

YoungJin.com Y.
영진닷컴

실전 모의고사 10회

수험번호 20252020 정답파일 PART 04 실전 모의고사₩실전10회_정답.pptx

전체구성 60점

(1) 슬라이드 크기 및 순서 : 크기를 A4 용지로 설정하고 슬라이드 순서에 맞게 작성한다.
(2) 슬라이드 마스터 : 2~6슬라이드의 제목, 하단 로고, 슬라이드 번호는 슬라이드 마스터를 이용하여 작성한다.
- 제목 글꼴(돋움, 40pt, 흰색), 가운데 맞춤, 도형(선 없음)
- 하단 로고(「내 PC₩문서₩ITQ₩Picture₩로고1.jpg, 배경(회색) 투명색으로 설정)

슬라이드 ❶ 표지 디자인 40점

(1) 표지 디자인 : 도형, 워드아트 및 그림을 이용하여 작성한다.

세부조건

① 도형 편집
- 도형에 그림 채우기 : 「내 PC₩문서₩ITQ₩Picture₩그림1.jpg」, 투명도 50%
- 도형 효과 : 부드러운 가장자리 5포인트

② 워드아트 삽입
- 변환 : 페이드, 오른쪽【오른쪽 줄이기】
- 글꼴 : 굴림, 굵게
- 텍스트 반사 : 1/2 반사, 8pt 오프셋

③ 그림 삽입
- 「내 PC₩문서₩ITQ₩Picture₩로고1.jpg」
- 배경(회색) 투명색으로 설정

슬라이드 ❷ 목차 슬라이드 60점

(1) 출력형태와 같이 도형을 이용하여 목차를 작성한다(글꼴 : 돋움, 24pt). (2) 도형 : 선 없음

세부조건

① 텍스트에 링크【하이퍼링크】 적용
→ '슬라이드 5'

② 그림 삽입
- 「내 PC₩문서₩ITQ₩Picture₩그림4.jpg」
- 자르기 기능 이용

목차

1 미니멀 라이프란
2 미니멀 라이프 배경 및 변화
3 중고시장 이용 현황 ①
4 미니멀 라이프 실천
②

ABC주식회사
2

차례

난이도에 따라 분류하였습니다.

상 : 반드시 반복 연습해야 하는 기능
중 : 여러 차례 풀어보아야 하는 기능
하 : 수월하게 익힐 수 있는 기능

▶ 표시된 부분은 동영상 강의가 제공됩니다.
이기적 홈페이지(license.youngjin.com)에 접속하여 시청하세요.

▶ 제공하는 동영상과 PDF 자료는 1판 1쇄 기준 2년간 유효합니다.
단, 출제기준안에 따라 동영상 내용은 변경될 수 있습니다.

PART 01 시험 유형 따라하기 ▶

PART 02 대표 기출 따라하기 ▶

PART 03 최신 기출문제 ▶

PART 04 실전 모의고사 ▶

PART 05 기출문제/모의고사 해설

ITQ 부록 자료

ITQ 실습용
압축 파일

기출문제/모의고사
해설 PDF

※ 부록 자료 다운로드 방법
이기적 홈페이지(license.youngjin.com) 접속 → [자료실]-[ITQ] 클릭 → 도서 이름으로 게시물 찾기 → 첨부파일 다운로드 후 압축 해제

슬라이드 ❺ 차트 슬라이드 100점

(1) 차트 작성 기능을 이용하여 슬라이드를 작성한다.
(2) 차트 : 종류(묶은 세로 막대형), 글꼴(돋움, 16pt), 외곽선

세부조건

※ 차트설명
- 차트제목 : 궁서, 24pt, 굵게, 채우기(흰색), 테두리, 그림자(오프셋 아래쪽)
- 차트영역 : 채우기(노랑)
  그림영역 : 채우기(흰색)
- 데이터 서식 : 투자건수 계열을 표식이 있는 꺾은선형으로 변경 후 보조축으로 지정
- 값 표시 : 2021년의 투자규모 계열만

① 도형 삽입
- 스타일 : 미세 효과 - 파랑, 강조 1
- 글꼴 : 굴림, 18pt

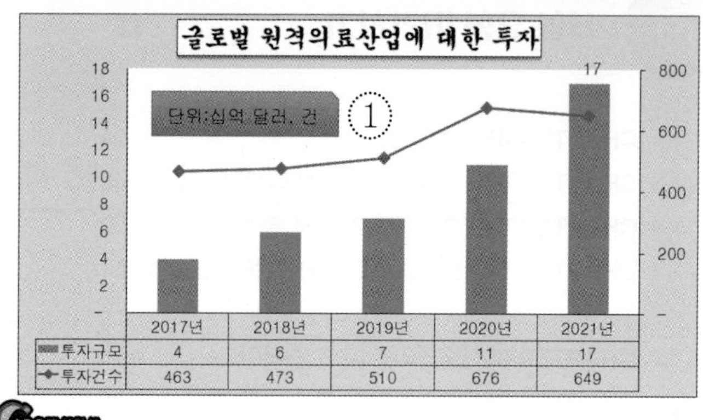

ABC주식회사 5

슬라이드 ❻ 도형 슬라이드 100점

(1) 슬라이드와 같이 도형 및 스마트아트를 배치한다(글꼴 : 굴림, 18pt).
(2) 애니메이션 순서 : ① ⇒ ②

세부조건

① 도형 및 스마트아트 편집
- 스마트아트 디자인 : 3차원 만화, 3차원 광택 처리
- 그룹화 후 애니메이션 효과 : 날아오기(왼쪽에서)

② 도형 편집
- 그룹화 후 애니메이션 효과 : 바운드

4. 원격의료 서비스

만성질환자
보건진료소
투약지도
원격상담
생체정보전송
건강정보판독
청진 심전 맥박
혈당 혈압
원격의료서비스 개념도
보건소
협력의료기관
디지털측정단말기
정밀의료 맞춤서비스
진단 자동화
약국
처방지침작성
ABC주식회사 ① ② 6

ITQ 합격에 필요한 자료를 모두 모았습니다.

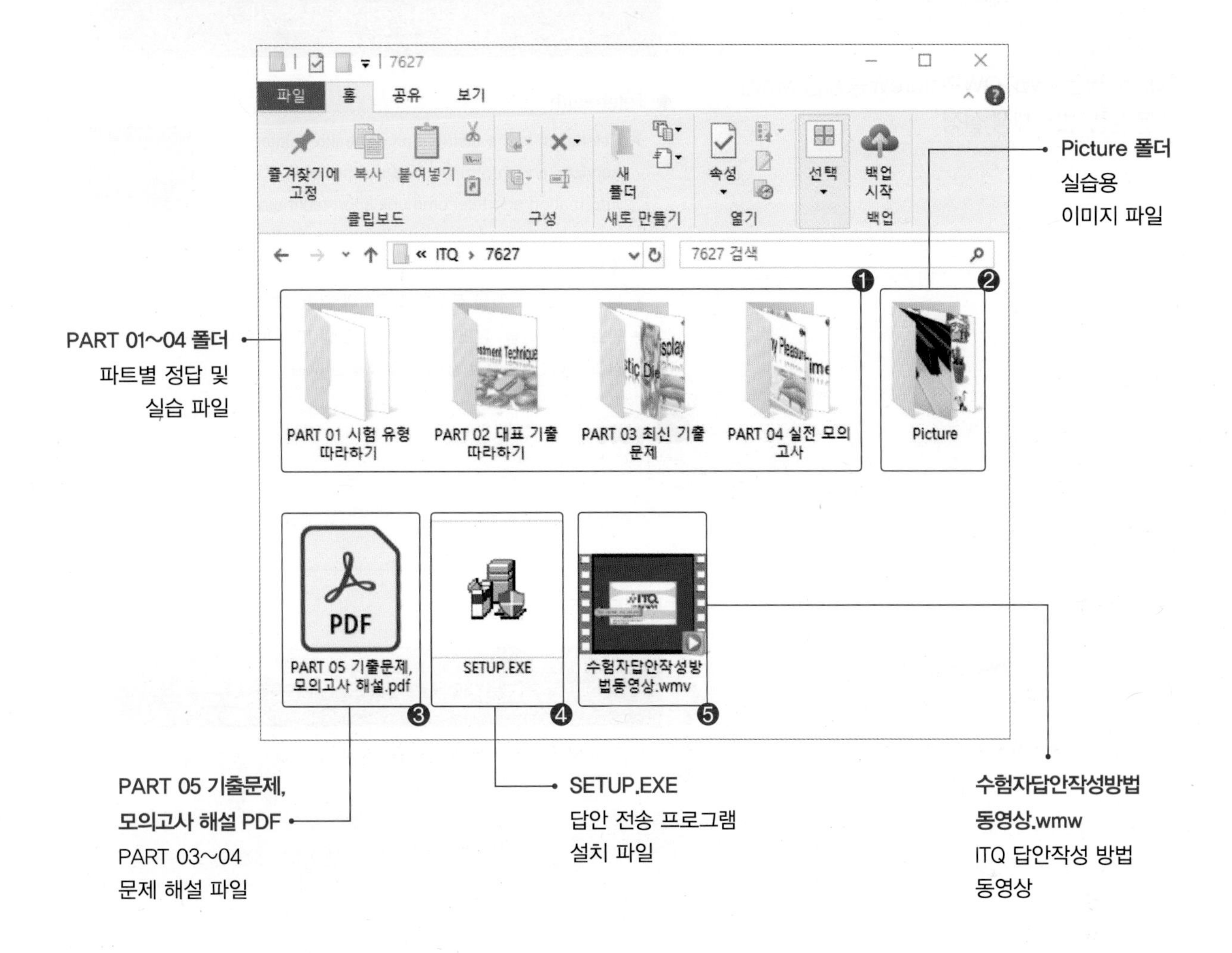

다운로드 방법

① 이기적 영진닷컴(license.youngjin.com)에 접속한다.
② 상단 메인 메뉴에서 [자료실] – [ITQ]를 클릭한다.
③ '[2025] 이기적 ITQ 파워포인트 ver.2021 부록 자료' 게시글을 클릭하여 첨부파일을 다운로드한다.

사용 방법

① 다운로드한 '7627.zip' 압축 파일에서 마우스 오른쪽 버튼을 눌러 압축을 해제한다.
② 압축이 풀린 후 '7627' 폴더를 더블 클릭하여 모든 파일이 들어 있는지 확인한다.

※ ITQ 시험은 빈 문서에서 내용을 입력하는 것부터 시험 시작입니다. 처음 시험 공부를 하실 때에는 빈 문서에서 차근차근 연습해 주세요.

슬라이드 ❸ 텍스트/동영상 슬라이드 60점

(1) 텍스트 작성 : 글머리 기호 사용(◆,➢)

◆문단(굴림, 24pt, 굵게, 줄간격 : 1.5줄), ➢문단(굴림, 20pt, 줄간격 : 1.5줄)

세부조건
① 동영상 삽입 : –「내 PC₩문서₩ITQ₩Picture₩동영상.wmv」 – 자동실행, 반복재생 설정

1. 텔레헬스 소개

◆ **Telehealth**

➢ Telehealth is the distribution of health-related services and information via electronic information and telecommunication technologies

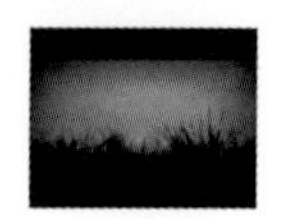

①

◆ **텔레헬스**

➢ 통신 기술과 디지털 정보를 활용하여 원격으로 진료

➢ 전화, 화상 상담, 온라인 채팅, 스트리밍 미디어 등을 이용하여 진료, 심리 상담, 재활치료 등의 의료 서비스 제공

3

슬라이드 ❹ 표 슬라이드 80점

(1) 도형과 표 작성 기능을 이용하여 슬라이드를 작성한다(글꼴 : 돋움, 18pt).

세부조건
① 상단 도형 : 2개 도형의 조합으로 작성
② 좌측 도형 : 그라데이션 효과(선형 아래쪽)
③ 표 스타일 : 테마 스타일 1 – 강조 2

2. 한미일 원격의료 현황

① ②

	서비스 제공자	서비스 대상자	서비스 범위
미국	의사, 간호사, 임상병리사 등	국민의 약 25%	초진 환자 허용
일본	의사	당뇨, 고혈압 환자 등	초진 환자 원칙적 불허
한국	의사(치과의사, 한의사 포함)	도서, 벽지주민, 당뇨, 고혈압 환자 등	재진 환자

ABC주식회사 ③

4

STEP 01 시험 유형 따라하기로 유형 학습하기

난이도
챕터별 난이도를 상중하로 나누어 난이도별 집중 학습이 가능합니다.

문제/정답파일
문제 풀이와 채점에 활용할 수 있는 문제/정답파일을 제공합니다.

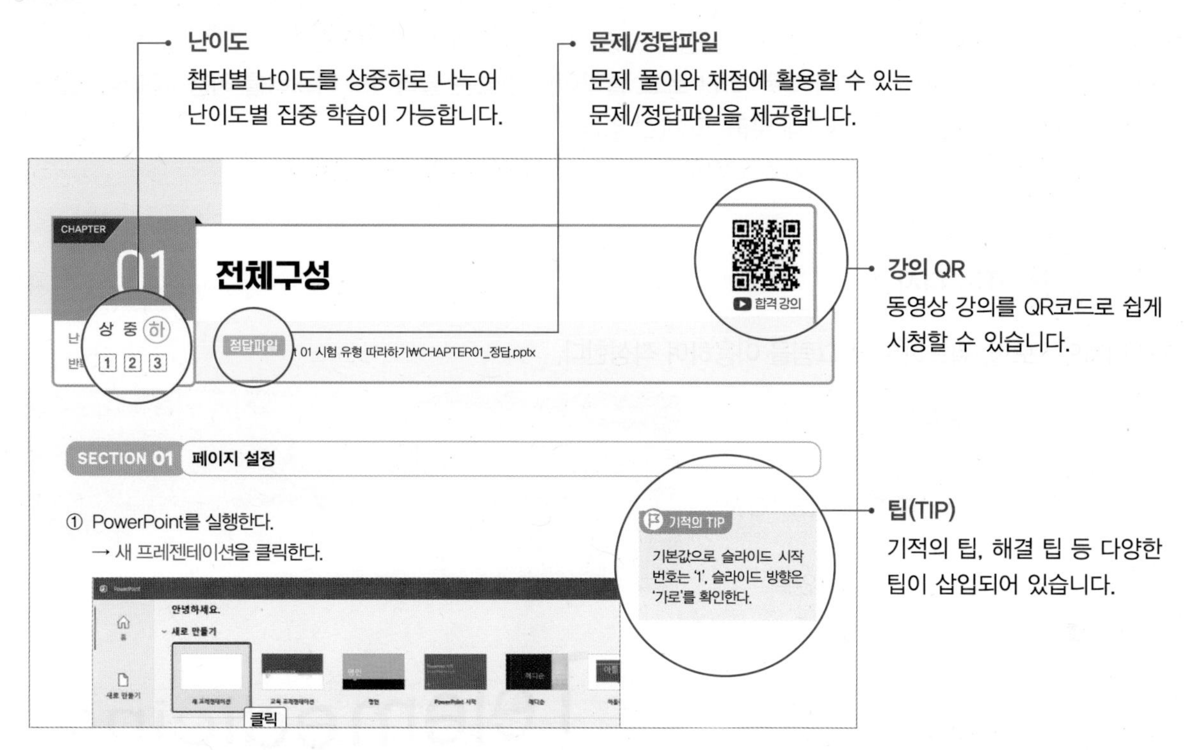

강의 QR
동영상 강의를 QR코드로 쉽게 시청할 수 있습니다.

팁(TIP)
기적의 팁, 해결 팁 등 다양한 팁이 삽입되어 있습니다.

STEP 02 대표 기출 따라하기로 실제 시험 정복

강의 QR
동영상 강의를 QR코드로 쉽게 시청할 수 있습니다.

대표 기출문제
기출문제를 단계별로 따라하며 풀이과정을 연습하세요.

실전 모의고사 09회

수험번호 20252019 정답파일 PART 04 실전 모의고사₩실전09회_정답.pptx

전체구성 60점

(1) 슬라이드 크기 및 순서 : 크기를 A4 용지로 설정하고 슬라이드 순서에 맞게 작성한다.

(2) 슬라이드 마스터 : 2~6슬라이드의 제목, 하단 로고, 슬라이드 번호는 슬라이드 마스터를 이용하여 작성한다.

- 제목 글꼴(돋움, 40pt, 흰색), 가운데 맞춤, 도형(선 없음)
- 하단 로고(「내 PC₩문서₩ITQ₩Picture₩로고1.jpg, 배경(회색) 투명색으로 설정)

슬라이드 ❶ 표지 디자인 40점

(1) 표지 디자인 : 도형, 워드아트 및 그림을 이용하여 작성한다.

세부조건

① 도형 편집
- 도형에 그림 채우기 : 「내 PC₩문서₩ITQ₩Picture₩그림1.jpg」, 투명도 50%
- 도형 효과 : 부드러운 가장자리 5포인트

② 워드아트 삽입
- 변환 : 곡선, 아래로【휘어 내려가기】
- 글꼴 : 돋움, 굵게
- 텍스트 반사 : 근접 반사, 4pt 오프셋

③ 그림 삽입
- 「내 PC₩문서₩ITQ₩Picture₩로고1.jpg」
- 배경(회색) 투명색으로 설정

슬라이드 ❷ 목차 슬라이드 60점

(1) 출력형태와 같이 도형을 이용하여 목차를 작성한다(글꼴 : 굴림, 24pt). (2) 도형 : 선 없음

세부조건

① 텍스트에 링크【하이퍼링크】 적용
→ '슬라이드 6'

② 그림 삽입
- 「내 PC₩문서₩ITQ₩Picture₩그림5.jpg」
- 자르기 기능 이용

목차

1 텔레헬스 소개

2 한미일 원격의료 현황

3 글로벌 원격의료산업 투자

4 원격의료 서비스 ①

2

STEP 03 최신 기출문제, 실전 모의고사로 마무리 학습

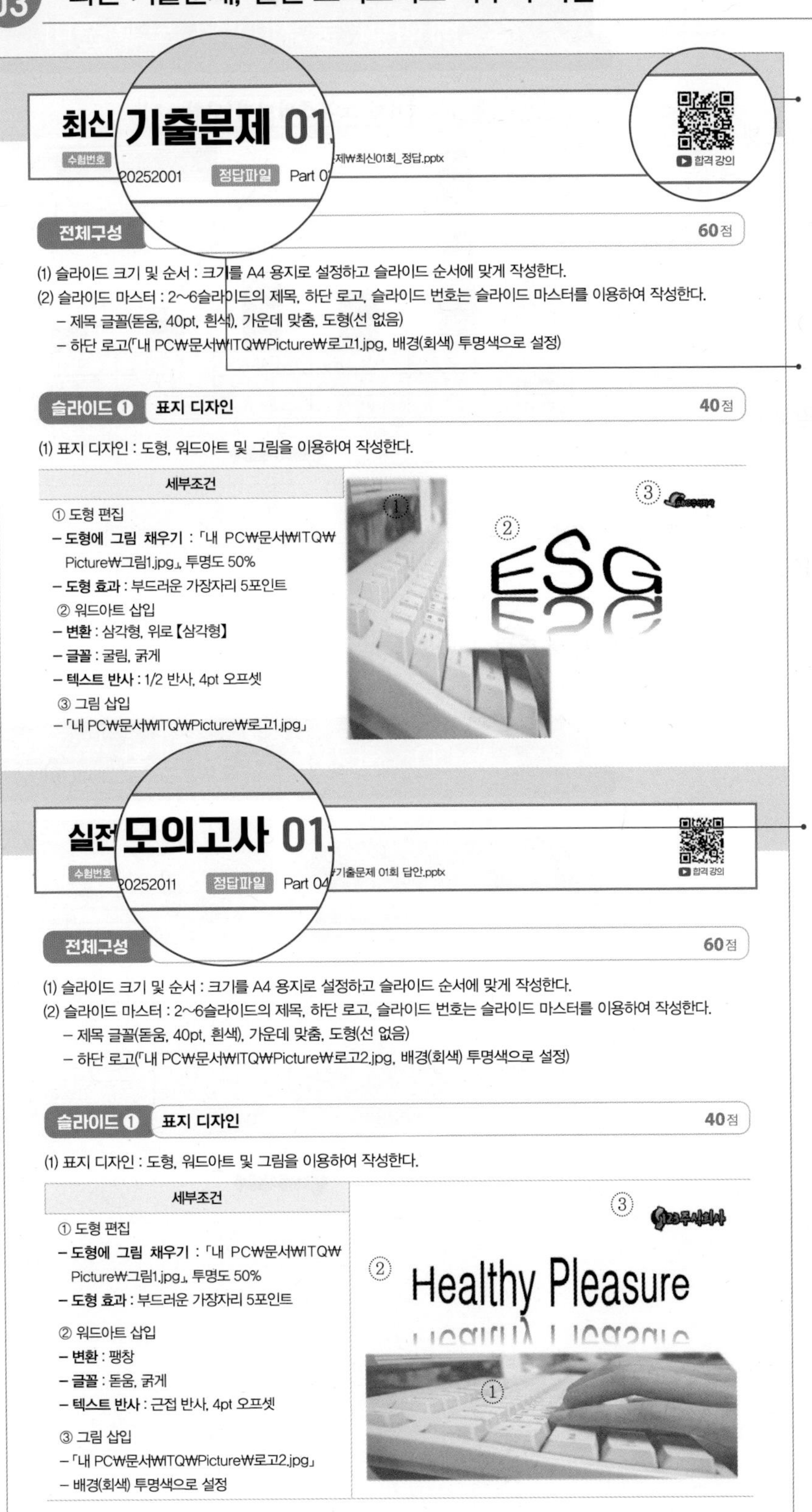

강의 QR
회차별 풀이 강의 영상을 쉽게 시청할 수 있습니다.

최신 기출문제
가장 최근 출제된 기출문제를 풀어보며 최신 경향을 파악하세요.

실전 모의고사
실전과 동일한 모의고사로 완벽히 마무리할 수 있습니다.

슬라이드 ❺ 차트 슬라이드 100점

(1) 차트 작성 기능을 이용하여 슬라이드를 작성한다.
(2) 차트 : 종류(묶은 세로 막대형), 글꼴(돋움, 16pt), 외곽선

세부조건

※ 차트설명
- 차트제목 : 궁서, 24pt, 굵게, 채우기(흰색), 테두리, 그림자(오프셋 왼쪽)
- 차트영역 : 채우기(노랑)
  그림영역 : 채우기(흰색)
- 데이터 서식 : 여성 계열을 표식이 있는 꺾은선형으로 변경 후 보조축으로 지정
- 값 표시 : 국민연금의 남성 계열만

① 도형 삽입
– 스타일 : 미세 효과 – 파랑, 강조 1
– 글꼴 : 굴림, 18pt

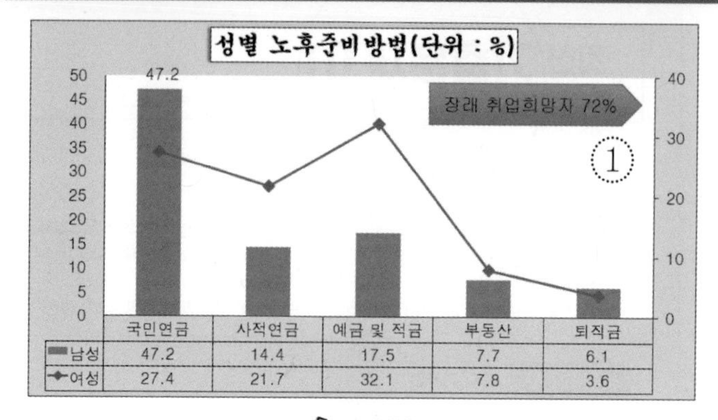

슬라이드 ❻ 도형 슬라이드 100점

(1) 슬라이드와 같이 도형 및 스마트아트를 배치한다(글꼴 : 굴림, 18pt).
(2) 애니메이션 순서 : ① ⇒ ②

세부조건

① 도형 및 스마트아트 편집
– 스마트아트 디자인 :
  3차원 만화,
  3차원 경사
– 그룹화 후 애니메이션 효과 :
  바운드

② 도형 편집
– 그룹화 후 애니메이션 효과 :
  실선 무늬(세로)

D. 활기찬 노후 생활

은퇴준비
정보취득
사회적
경제적
은퇴관리
프리 시니어
창업
자산관리
전원생활
레저활동
여행
바둑
골프
영화
전원주택
농가 리모델링
대단지형
단독형
①
123주식회사
②
6

ITQ 응시 자격 조건

제한 없음

원서 접수하기

- https://license.kpc.or.kr 인터넷 접수
- 직접 선택한 고사장, 날짜, 시험 시간 확인(방문 접수 가능)
- 응시료

  1과목 : 22,000원 | 2과목 : 42,000원 | 3과목 : 60,000원

시험 응시

- 60분 안에 답안 파일 작성
- 네트워크로 연결된 감독위원 PC로 답안 전송

합격자 발표

https://license.kpc.or.kr에서 성적 확인 후 자격증 발급 신청

슬라이드 ❸ 텍스트/동영상 슬라이드 60점

(1) 텍스트 작성 : 글머리 기호 사용(❖, ✓)

❖문단(굴림, 24pt, 굵게, 줄간격 : 1.5줄), ✓문단(굴림, 20pt, 줄간격 : 1.5줄)

세부조건

① 동영상 삽입 :

– 「내 PC₩문서₩ITQ₩Picture₩동영상.wmv」

– 자동실행, 반복재생 설정

A. 베이비 붐 세대

❖ Baby Boomer

✓ Baby boomer is used in a cultural context, so it is difficult to achieve broad consensus of a precise date definition

✓ Different people and scholars have varying opinions

❖ 베이비 붐 세대

✓ 인구비율이 높은 특정 기간에 걸쳐 출생한 세대로 우리나라 근대화의 중추로 자부심이 크며, 이전 세대에 비해 경제력과 소비력이 높음

①

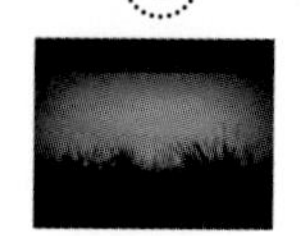

3

슬라이드 ❹ 표 슬라이드 80점

(1) 도형과 표 작성 기능을 이용하여 슬라이드를 작성한다(글꼴 : 돋움, 18pt).

세부조건

① 상단 도형 :
2개 도형의 조합으로 작성

② 좌측 도형 :
그라데이션 효과(선형 아래쪽)

③ 표 스타일 :
테마 스타일 1 – 강조 5

B. 노인일자리 사업유형

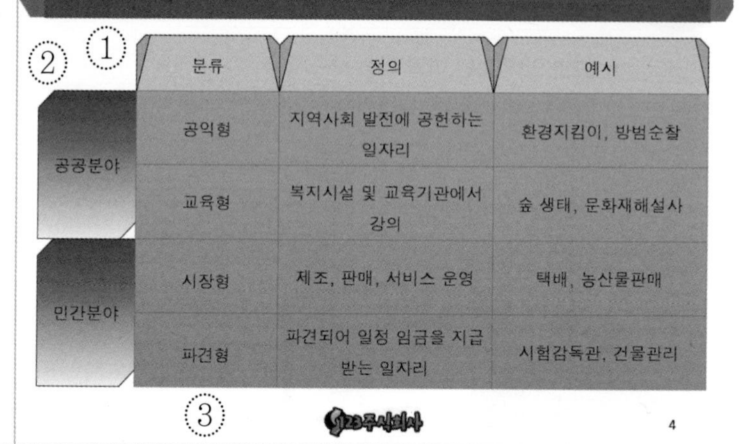

	분류	정의	예시
공공분야	공익형	지역사회 발전에 공헌하는 일자리	환경지킴이, 방범순찰
	교육형	복지시설 및 교육기관에서 강의	숲 생태, 문화재해설사
민간분야	시장형	제조, 판매, 서비스 운영	택배, 농산물판매
	파견형	파견되어 일정 임금을 지급 받는 일자리	시험감독관, 건물관리

01 ITQ 시험 과목

자격 종목	시험 과목	S/W Version	접수 방법	시험 방식
정보기술자격 (ITQ)	아래한글	한컴오피스 2020/2016(NEO) 선택	온라인/방문	PBT
	한글엑셀 한글파워포인트 한글액세스	MS Office 2021/2016 선택		
	인터넷	익스플로러 8.0 이상		

- 정보기술자격(ITQ) 시험은 정보기술 실무능력을 평가하는 시험으로 국민 누구나 응시가 가능한 시험이다.
- 동일 회차에 최대 3과목까지 신청자가 선택하여 응시할 수 있다.
- 아래한글 과목은 2025년 1월부터 2022/2020 선택 응시로 변경된다.

02 시험 배점 및 시험 시간

시험 배점	시험 방법	시험 시간
과목당 500점	실무작업형 실기시험	과목당 60분

03 시험 검정 기준

ITQ 시험은 500점 만점을 기준으로 200점 이상 취득자에 한해서 C등급부터 A등급까지 등급별 자격을 부여하며, 낮은 등급을 받은 수험생이 차기 시험에 재응시하여 높은 등급을 받으면 등급을 업그레이드 할 수 있다.

A등급	B등급	C등급
500 ~ 400점	399 ~ 300점	299 ~ 200점

※ 200점 미만은 불합격 처리

04 등급 기준

등급	기준
A등급	주어진 과제의 100~80%를 정확히 해결할 수 있는 능력 수준
B등급	주어진 과제의 79~60%를 정확히 해결할 수 있는 능력 수준
C등급	주어진 과제의 59~40%를 정확히 해결할 수 있는 능력 수준

실전 모의고사 08회

수험번호 20252018 정답파일 PART 04 실전 모의고사₩실전08회_정답.pptx

전체구성 60점

(1) 슬라이드 크기 및 순서 : 크기를 A4 용지로 설정하고 슬라이드 순서에 맞게 작성한다.
(2) 슬라이드 마스터 : 2~6슬라이드의 제목, 하단 로고, 슬라이드 번호는 슬라이드 마스터를 이용하여 작성한다.
 – 제목 글꼴(돋움, 40pt, 흰색), 가운데 맞춤, 도형(선 없음)
 – 하단 로고(「내 PC₩문서₩ITQ₩Picture₩로고2.jpg」, 배경(회색) 투명색으로 설정)

슬라이드 ❶ 표지 디자인 40점

(1) 표지 디자인 : 도형, 워드아트 및 그림을 이용하여 작성한다.

세부조건	
① 도형 편집 – 도형에 그림 채우기 : 「내 PC₩문서₩ITQ₩Picture₩그림2.jpg」, 투명도 50% – 도형 효과 : 부드러운 가장자리 5포인트 ② 워드아트 삽입 – 변환 : 물결, 위로【물결 2】 – 글꼴 : 돋움, 굵게 – 텍스트 반사 : 전체 반사, 터치 ③ 그림 삽입 –「내 PC₩문서₩ITQ₩Picture₩로고2.jpg」 – 배경(회색) 투명색으로 설정	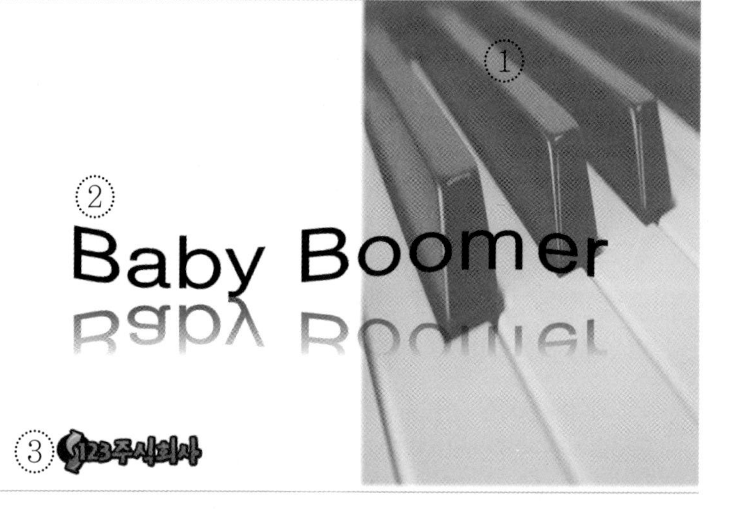

슬라이드 ❷ 목차 슬라이드 60점

(1) 출력형태와 같이 도형을 이용하여 목차를 작성한다(글꼴 : 굴림, 24pt). (2) 도형 : 선 없음

세부조건	
① 텍스트에 링크【하이퍼링크】적용 → '슬라이드 4' ② 그림 삽입 –「내 PC₩문서₩ITQ₩Picture₩그림4.jpg」 – 자르기 기능 이용	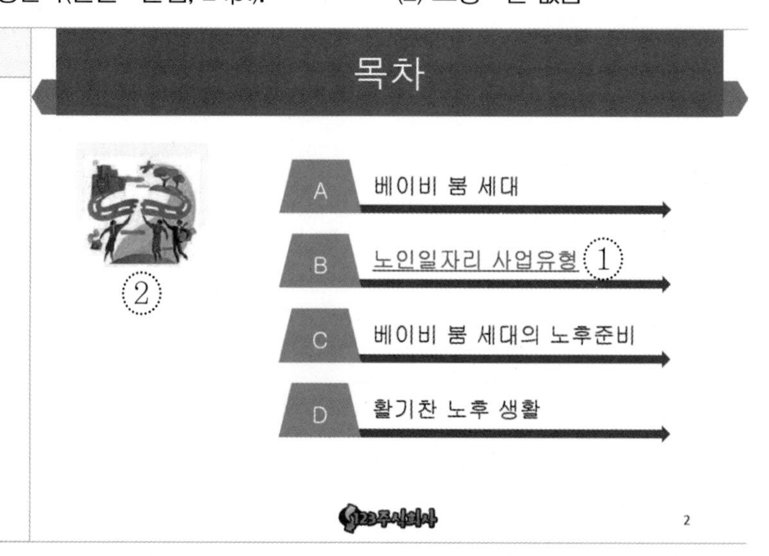

시험 출제 경향

ITQ 파워포인트는 파워포인트의 주요 기능들을 두루 이해하고 활용할 수 있는지를 평가하는 시험입니다. 60분 동안 총 6개의 슬라이드를 여러 가지 기능을 이용하여 작성해야 하므로 시간 관리에 주의해야 합니다. 기능을 익힌 후 반복 숙달을 통해 시험유형에 대비하는 것이 고득점의 비법입니다.

전체구성 배점 60점

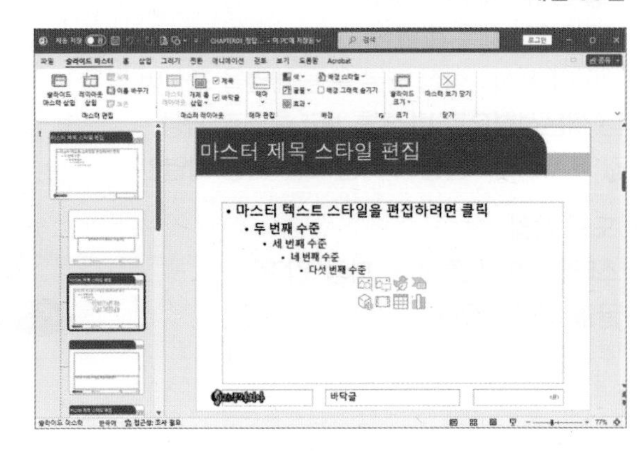

체크포인트

- 슬라이드 설정
- 슬라이드 마스터
- 그림 편집

슬라이드 1 표지 디자인 배점 40점

체크포인트

- 그림 삽입
- WordArt 삽입
- WordArt 스타일

슬라이드 2 목차 슬라이드 배점 60점

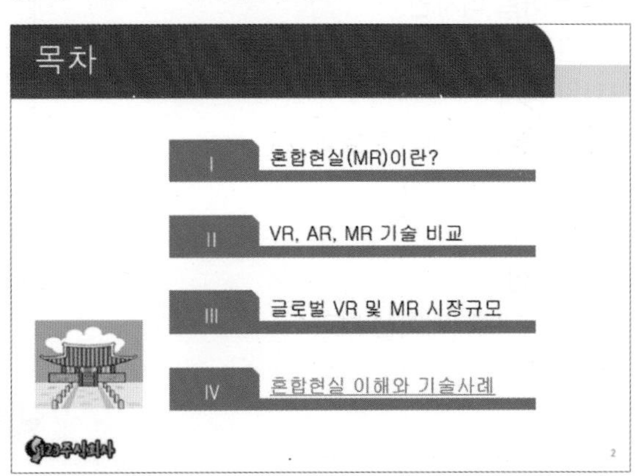

체크포인트

- 도형 편집 및 배치
- 그림 자르기
- 하이퍼링크

슬라이드 ❺ 차트 슬라이드 100점

(1) 차트 작성 기능을 이용하여 슬라이드를 작성한다.
(2) 차트 : 종류(묶은 세로 막대형), 글꼴(굴림, 16pt), 외곽선

세부조건

※ 차트설명
- 차트제목 : 궁서, 24pt, 굵게,
  채우기(흰색), 테두리, 그림자(오프셋 아래쪽)
- 차트영역 : 채우기(노랑)
  그림영역 : 채우기(흰색)
- 데이터 서식 : 직접 해본 운동 계열을 표식이 있는 꺾은선형으로 변경 후 보조축으로 지정
- 값 표시 : 배드민턴의 직접 해본 운동 계열만

① 도형 삽입
– 스타일 : 미세 효과 – 파랑, 강조 1
– 글꼴 : 돋움, 18pt

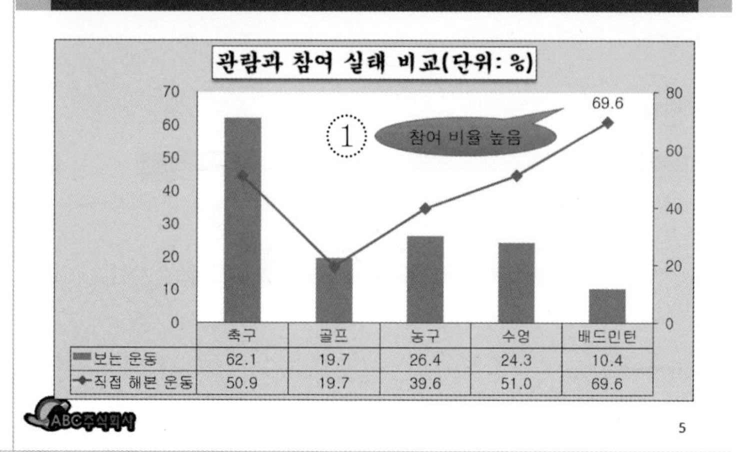

슬라이드 ❻ 도형 슬라이드 100점

(1) 슬라이드와 같이 도형 및 스마트아트를 배치한다(글꼴 : 굴림, 18pt).
(2) 애니메이션 순서 : ① ⇒ ②

세부조건

① 도형 및 스마트아트 편집
– 스마트아트 디자인 :
  3차원 만화,
  3차원 경사
– 그룹화 후 애니메이션 효과 :
  날아오기(왼쪽에서)

② 도형 편집
– 그룹화 후 애니메이션 효과 :
  나타내기

4. 레저 스포츠 활성화

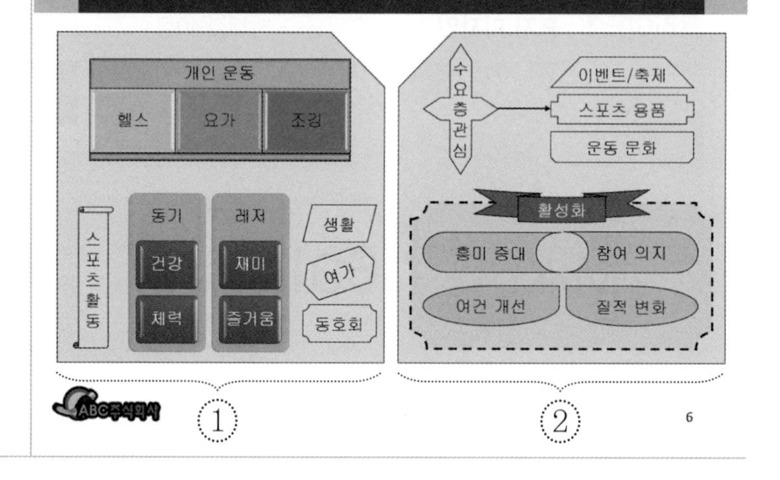

슬라이드 3 텍스트/동영상 슬라이드 — 배점 60점

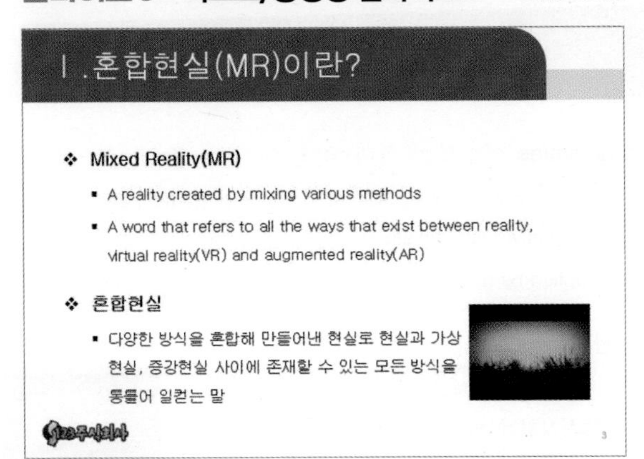

체크포인트

- 텍스트 입력
- 단락 설정
- 글머리 기호
- 동영상 삽입

슬라이드 4 표 슬라이드 — 배점 80점

Ⅱ.VR, AR, MR 기술 비교

	가상현실(VR)	증강현실(AR)	혼합현실(MR)
구현방식	현실세계를 차단하고 디지털 환경만 구축	현실 정보 위에 가상 정보를 입혀서 보여주는 기술	현실 정보 기반에 가상 정보를 융합
장점	몰입감 뛰어남	현실과 상호작용 가능	현실과 상호작용 우수 사실감, 몰입감 극대
단점	현실과 상호작용 약함	시야와 정보 분리 몰입감 떨어짐	데이터의 대용량 장비나 기술적 제약

체크포인트

- 표 작성
- 표 스타일
- 도형 편집

슬라이드 5 차트 슬라이드 — 배점 100점

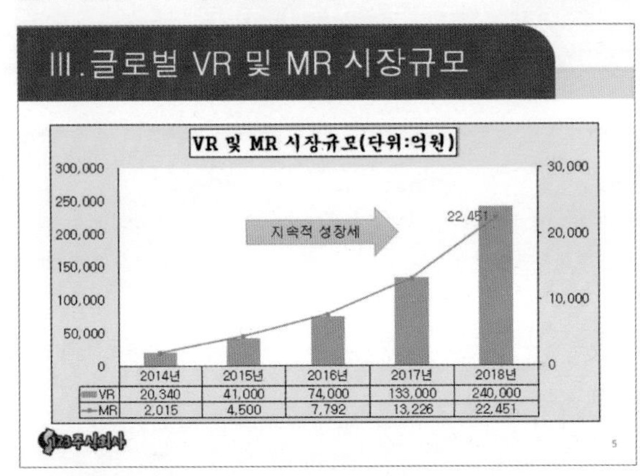

체크포인트

- 차트 작성
- 데이터 편집
- 차트 디자인
- 도형 편집

슬라이드 6 도형 슬라이드 — 배점 100점

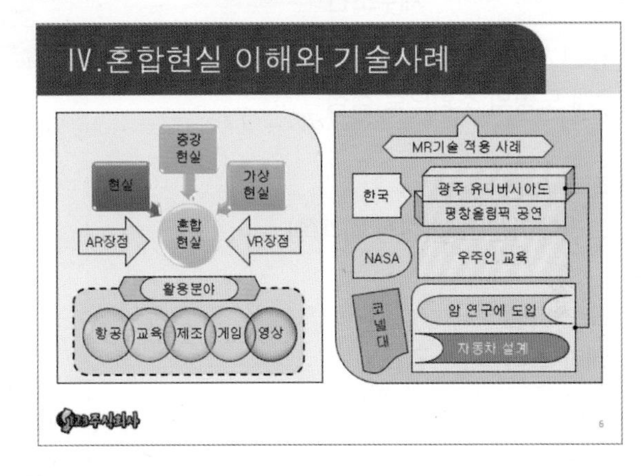

체크포인트

- 스마트아트 삽입
- 도형 삽입
- 그룹화
- 애니메이션

슬라이드 ❸ 텍스트/동영상 슬라이드 60점

(1) 텍스트 작성 : 글머리 기호 사용(◆, ✓)

◆문단(굴림, 24pt, 굵게, 줄간격 : 1.5줄), ✓문단(굴림, 20pt, 줄간격 : 1.5줄)

세부조건

① 동영상 삽입 :

– 「내 PC₩문서₩ITQ₩Picture₩동영상.wmv」

– 자동실행, 반복재생 설정

1. 스포츠 활동

◆ Sports activities

✓ Sports refer to competitive physical activities or games, and can improve an individual's health

✓ This is applied by rules and customs that ensure fair competition

◆ 스포츠 활동

✓ 스포츠는 경쟁적인 신체 활동이나 게임으로, 개인의 건강을 증진시킬 수 있으며 공정한 경쟁을 보장하는 규칙과 관습을 적용함

①

ABC주식회사

3

슬라이드 ❹ 표 슬라이드 80점

(1) 도형과 표 작성 기능을 이용하여 슬라이드를 작성한다(글꼴 : 돋움, 18pt).

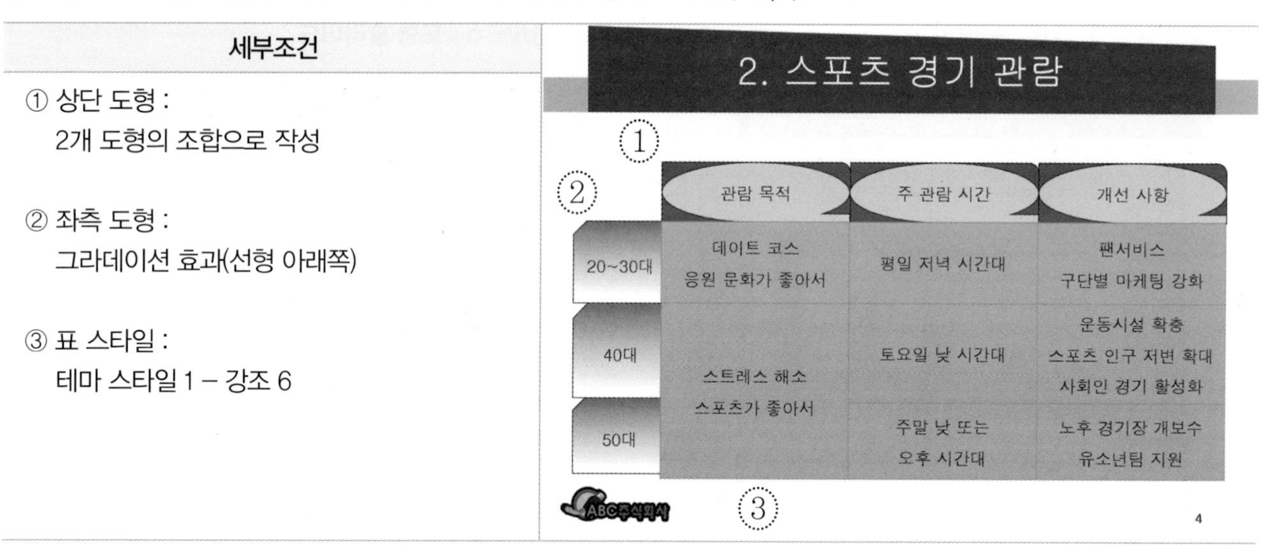

답안 전송 프로그램 설치법

답안 전송 프로그램이란?

ITQ 시험은 답안 작성을 마친 후 저장한 답안 파일을 감독위원 PC로 전송하여 제출해야 합니다. 시험장에서 당황하는 일이 없도록, 답안 전송 프로그램으로 미리 연습해 보세요.

다운로드 및 설치법

01 이기적 홈페이지(license.youngjin.com)에 접속한 후 상단에 있는 [자료실]-[ITQ]를 클릭한다. '[2025] 이기적 ITQ 파워포인트 ver.2021 부록 자료'를 클릭하고 첨부 파일을 다운로드 받아 압축을 해제한다.

02 다음과 같은 폴더가 열리면 'SETUP.EXE'를 더블클릭하여 프로그램을 실행시킨다.

※ 운영체제가 Windows 7 이상인 경우는 마우스 오른쪽 버튼을 클릭해 '관리자 권한으로 실행'을 선택하여 실행시킨다.

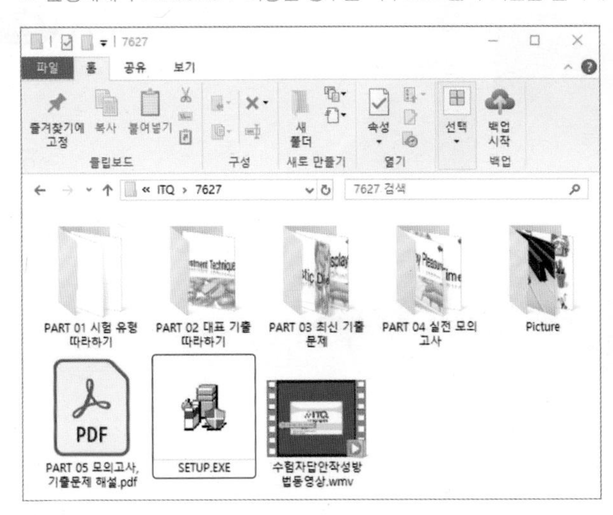

03 다음과 같이 설치 화면이 나오면 [다음]을 클릭하고 설치를 진행한다.

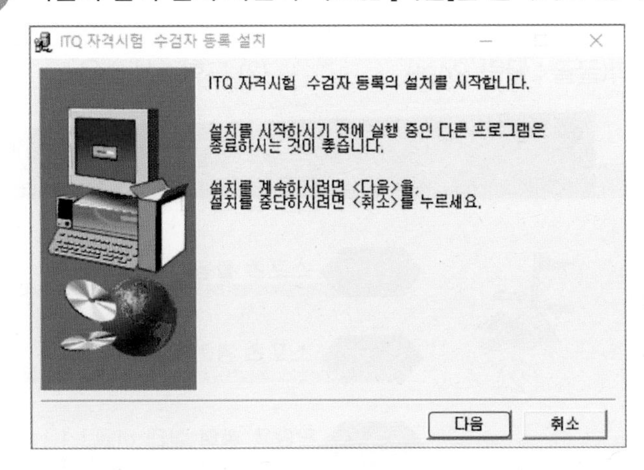

04 설치 진행이 완료되면 'ITQ 수험자용' 아이콘을 더블클릭하여 프로그램을 실행한다.

※ 여러 과목의 ITQ 시험을 함께 준비하는 수험생은 기존 과목의 프로그램을 삭제하지 마시고 그대로 사용하세요.

실전 모의고사 07회

수험번호 20252017 정답파일 PART 04 실전 모의고사₩실전07회_정답.pptx

전체구성 60점

(1) 슬라이드 크기 및 순서 : 크기를 A4 용지로 설정하고 슬라이드 순서에 맞게 작성한다.
(2) 슬라이드 마스터 : 2~6슬라이드의 제목, 하단 로고, 슬라이드 번호는 슬라이드 마스터를 이용하여 작성한다.
  – 제목 글꼴(굴림, 40pt, 흰색), 가운데 맞춤, 도형(선 없음)
  – 하단 로고(「내 PC₩문서₩ITQ₩Picture₩로고1.jpg, 배경(회색) 투명색으로 설정)

슬라이드 ❶ 표지 디자인 40점

(1) 표지 디자인 : 도형, 워드아트 및 그림을 이용하여 작성한다.

세부조건
① 도형 편집 – 도형에 그림 채우기 : 「내 PC₩문서₩ITQ₩Picture₩그림1.jpg」, 투명도 50% – 도형 효과 : 부드러운 가장자리 5포인트 ② 워드아트 삽입 – 변환 : 기울기, 위로【위로 기울기】 – 글꼴 : 돋움, 굵게 – 텍스트 반사 : 전체 반사, 터치 ③ 그림 삽입 – 「내 PC₩문서₩ITQ₩Picture₩로고1.jpg」 – 배경(회색) 투명색으로 설정

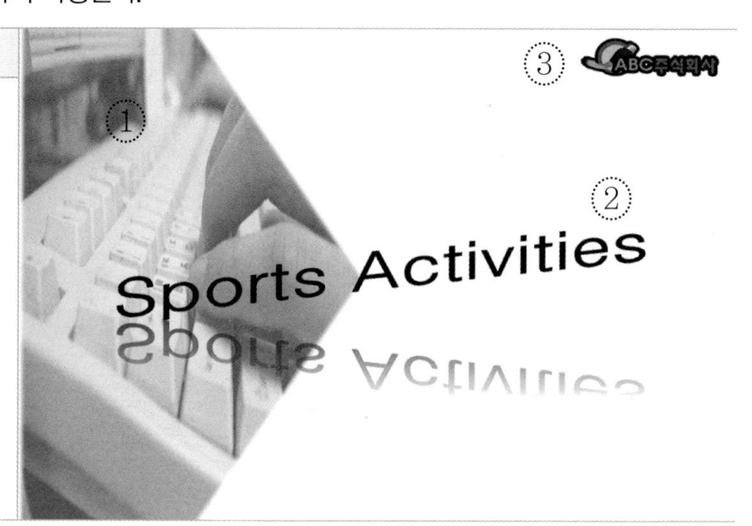

슬라이드 ❷ 목차 슬라이드 60점

(1) 출력형태와 같이 도형을 이용하여 목차를 작성한다(글꼴 : 굴림, 24pt). (2) 도형 : 선 없음

세부조건
① 텍스트에 링크【하이퍼링크】 적용 → '슬라이드 5' ② 그림 삽입 – 「내 PC₩문서₩ITQ₩Picture₩그림4.jpg」 – 자르기 기능 이용

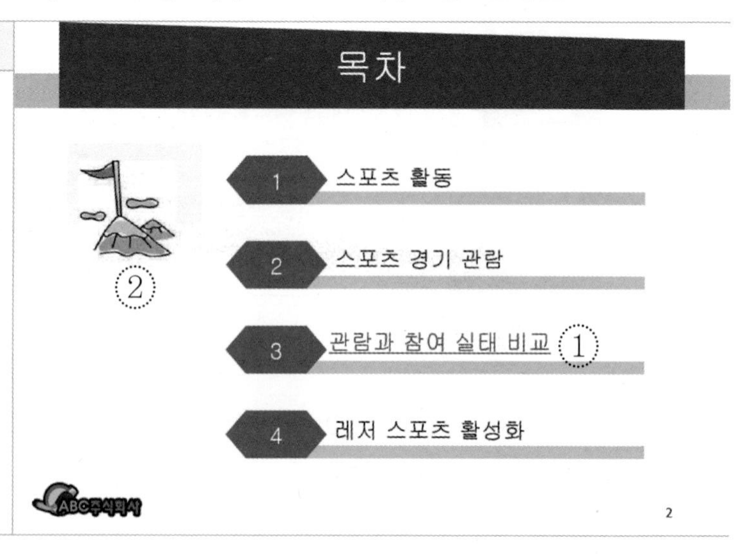

시험 진행 순서

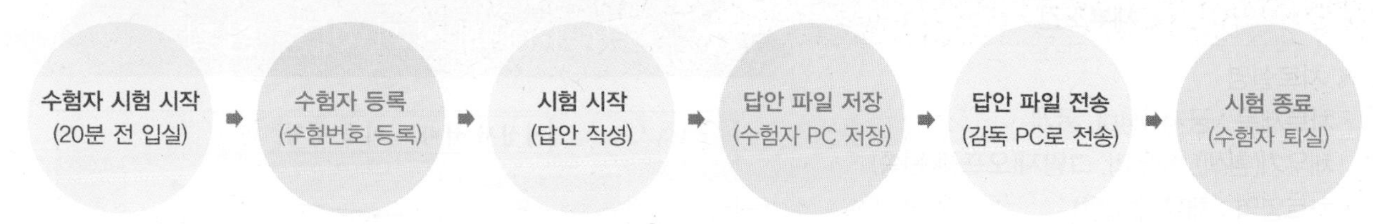

01 수험자 수험번호 등록

① 바탕화면에서 'ITQ 수험자용' 아이콘을 실행한다. [수험자 등록] 화면에 수험번호를 입력한 후 [확인]을 클릭한다.

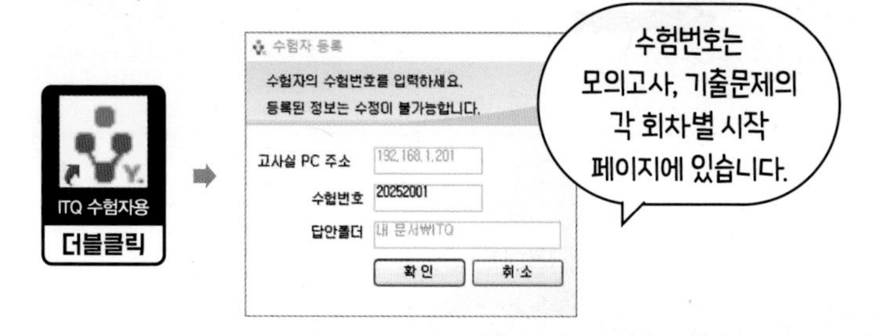

② 수험번호가 화면과 같으면 [예]를 클릭한다. 다음 화면에서 수험번호, 성명, 수험과목, 좌석번호를 확인한다.

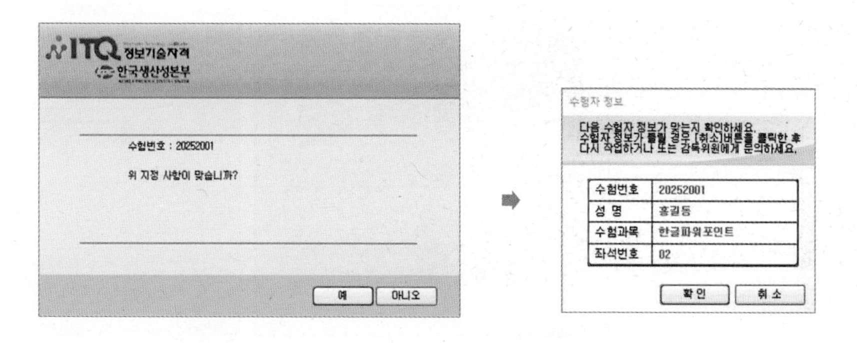

③ 다음과 같은 출력화면 확인 후 감독위원의 지시를 기다린다.

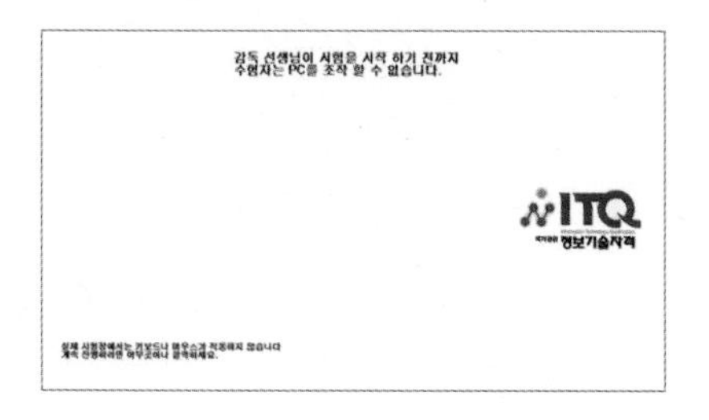

슬라이드 ❺ 차트 슬라이드 100점

(1) 차트 작성 기능을 이용하여 슬라이드를 작성한다.
(2) 차트 : 종류(묶은 세로 막대형), 글꼴(돋움, 16pt), 외곽선

세부조건

※ 차트설명
- 차트제목 : 궁서, 24pt, 굵게, 채우기(흰색), 테두리, 그림자(오프셋 왼쪽)
- 차트영역 : 채우기(노랑)
  그림영역 : 채우기(흰색)
- 데이터 서식 : 레이첼온 계열을 표식이 있는 꺾은선형으로 변경 후 보조축으로 지정
- 값 표시 : 2018년의 라인톡 계열만

① 도형 삽입
– 스타일 : 미세 효과 – 파랑, 강조 1
– 글꼴 : 굴림, 18pt

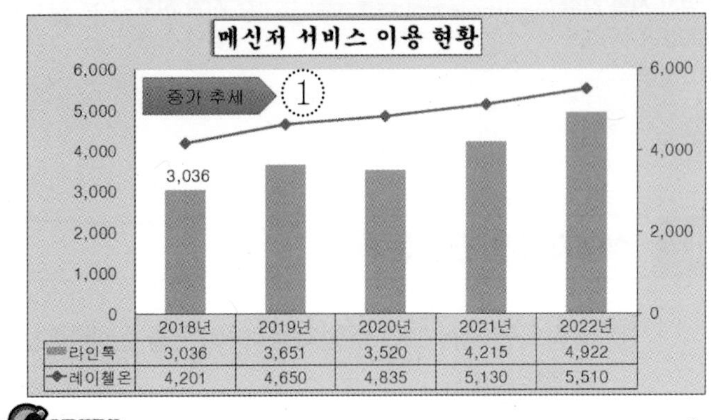

슬라이드 ❻ 도형 슬라이드 100점

(1) 슬라이드와 같이 도형 및 스마트아트를 배치한다(글꼴 : 굴림, 18pt).
(2) 애니메이션 순서 : ① ⇒ ②

세부조건

① 도형 및 스마트아트 편집
– 스마트아트 디자인 :
  3차원 벽돌,
  3차원 만화
– 그룹화 후 애니메이션 효과 :
  닦아내기(위에서)

② 도형 편집
– 그룹화 후 애니메이션 효과 :
  나타내기

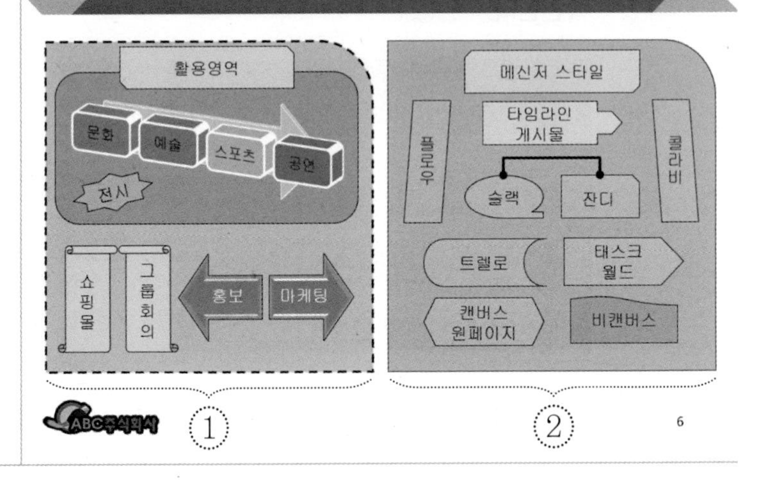

02 시험 시작(답안 파일 작성)

① 과목에 맞는 수검 프로그램(아래한글, MS오피스) 실행 후 답안 파일을 작성한다.

② 이미지 파일은 '내 PC₩문서₩ITQ₩Picture' 폴더 내의 파일을 참조한다.

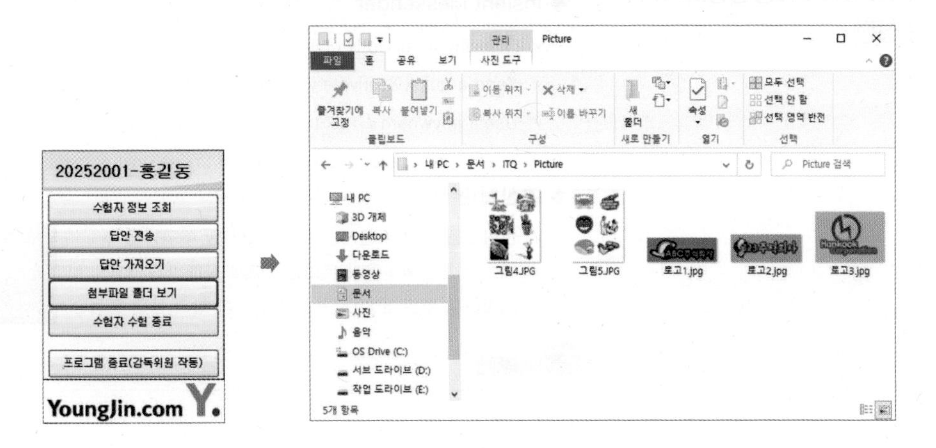

03 답안 파일 저장(수험자 PC 저장)

① 답안 파일은 '내 PC₩문서₩ITQ' 폴더에 저장한다.

② 답안 파일명은 '수험번호-성명'으로 저장해야 한다.
(단, 인터넷 과목은 '내 PC₩문서₩ITQ'의 '답안 파일-인터넷.hwp' 파일을 불러온 후 '수험번호-성명-인터넷.hwp'로 저장)

04 답안 파일 전송(감독 PC로 전송)

① 바탕화면의 실행 화면에서 [답안 전송]을 클릭한 후, 작성한 답안 파일을 감독 PC로 전송한다. 화면에서 작성한 답안 파일의 존재 유무(파일이 '내 PC₩문서₩ITQ' 폴더에 있을 경우 '있음'으로 표시됨)를 확인 후 [답안 전송]을 클릭한다.

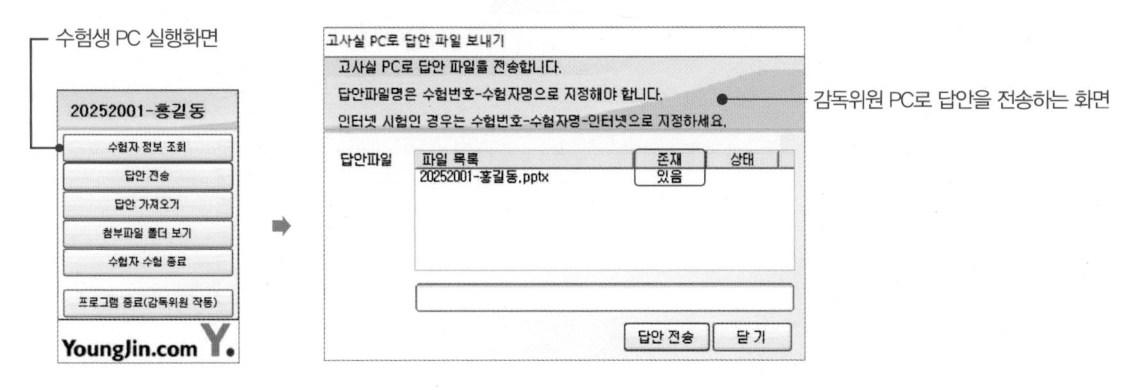

슬라이드 ❸ 텍스트/동영상 슬라이드 60점

(1) 텍스트 작성 : 글머리 기호 사용(◆, ✓)
◆문단(굴림, 24pt, 굵게, 줄간격 : 1.5줄), ✓문단(굴림, 20pt, 줄간격 : 1.5줄)

세부조건
① 동영상 삽입 : －「내 PC₩문서₩ITQ₩Picture₩동영상.wmv」 － 자동실행, 반복재생 설정

1. 인터넷 메신저

◆ Instant Messenger
- ✓ See who's currently online
- ✓ Send a quick & private instant message
- ✓ Use it anywhere / Talk to anyone on the internet
- ✓ Customize / Enjoy a safe & private online environment

◆ 메신저란
- ✓ 인터넷을 통하여 실시간으로 데이터를 주고받을 수 있는 소프트웨어로서 온라인상에서 상대방과 직접 대화하며 파일 교환이 가능하여 그룹 회의 등에 활용

①

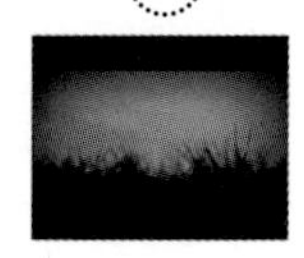

3

슬라이드 ❹ 표 슬라이드 80점

(1) 도형과 표 작성 기능을 이용하여 슬라이드를 작성한다(글꼴 : 돋움, 18pt).

세부조건
① 상단 도형 : 2개 도형의 조합으로 작성
② 좌측 도형 : 그라데이션 효과(선형 아래쪽)
③ 표 스타일 : 테마 스타일 1 – 강조 6

2. 메신저 이모티콘 공모전

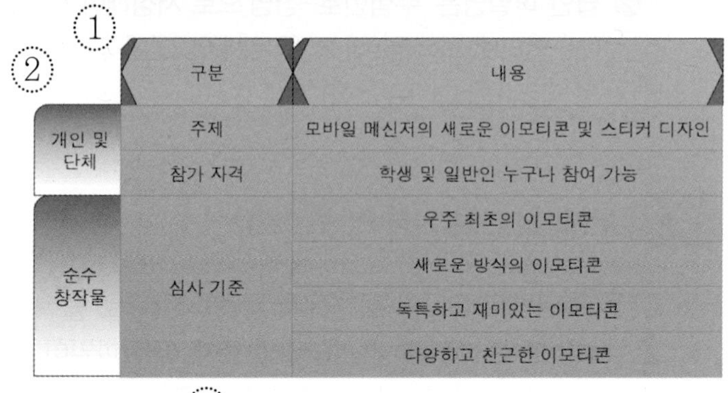

	구분	내용
개인 및 단체	주제	모바일 메신저의 새로운 이모티콘 및 스티커 디자인
	참가 자격	학생 및 일반인 누구나 참여 가능
순수 창작물	심사 기준	우주 최초의 이모티콘
		새로운 방식의 이모티콘
		독특하고 재미있는 이모티콘
		다양하고 친근한 이모티콘

ABC주식회사

4

② 전송이 성공적으로 끝나면 상태 부분에 '성공'이라 표시된다.

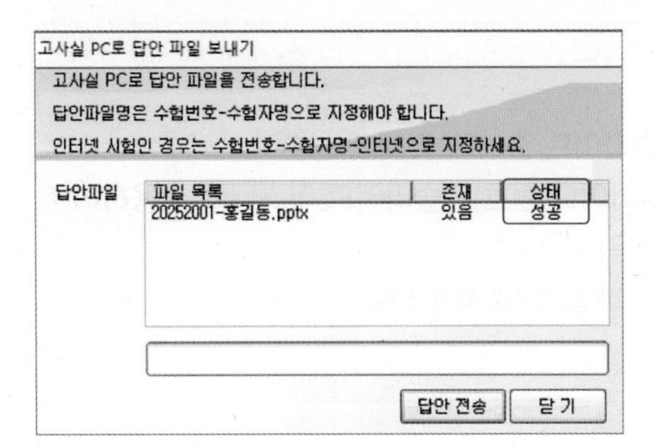

05 시험 종료

① 수험자 PC화면에서 [수험자 수험 종료]를 클릭한 후 감독위원의 지시를 기다린다.

② 감독위원의 퇴실 지시에 따라 퇴실한다.

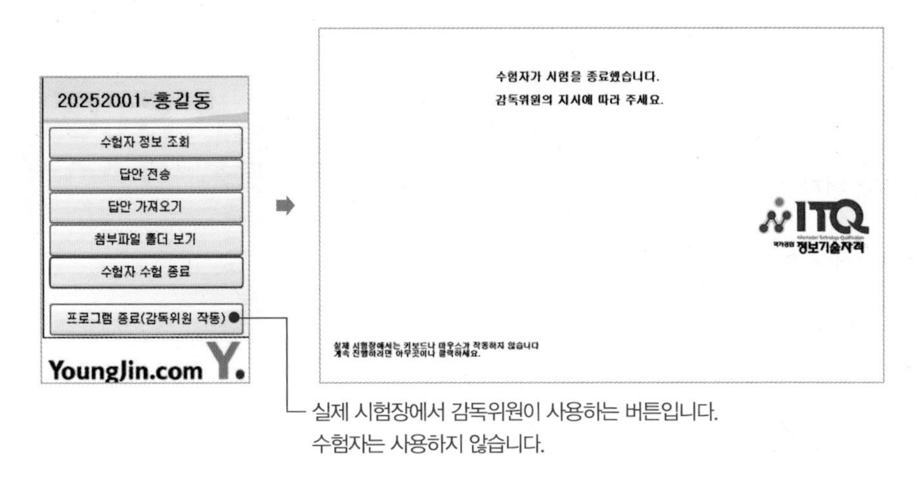

실제 시험장에서 감독위원이 사용하는 버튼입니다.
수험자는 사용하지 않습니다.

답안 전송 프로그램 안내

- **프로그램을 설치했는데 '339 런타임 오류가 발생하였습니다'라는 오류 메시지가 나타나는 경우**
  프로그램 설치 시 마우스 오른쪽 버튼을 클릭하여 '관리자 권한으로 실행'을 선택하여 설치하고, 설치 후 실행 시에도 '관리자 권한으로 실행'을 선택해주세요.
- **프로그램을 실행하는데 'vb6ko.dll' 파일 오류가 나타나는 경우**
  이기적 홈페이지의 ITQ 자료실 공지사항을 확인해주시고, 첨부 파일을 다운로드 받아 해당 폴더에 넣어주세요.
  - 윈도우 XP : C:₩Windows₩System
  - 윈도우 7/10 32bit : C:₩Windows₩System32
  - 윈도우 7/10 64bit : C:₩Windows₩System32와 C:₩Windows₩Syswow64

실전 모의고사 06회

수험번호 20252016 정답파일 PART 04 실전 모의고사₩실전06회_정답.pptx

전체구성 60점

(1) 슬라이드 크기 및 순서 : 크기를 A4 용지로 설정하고 슬라이드 순서에 맞게 작성한다.

(2) 슬라이드 마스터 : 2~6슬라이드의 제목, 하단 로고, 슬라이드 번호는 슬라이드 마스터를 이용하여 작성한다.

– 제목 글꼴(돋움, 40pt, 흰색), 가운데 맞춤, 도형(선 없음)

– 하단 로고(「내 PC₩문서₩ITQ₩Picture₩로고1.jpg」, 배경(회색) 투명색으로 설정)

슬라이드 ① 표지 디자인 40점

(1) 표지 디자인 : 도형, 워드아트 및 그림을 이용하여 작성한다.

세부조건
① 도형 편집 – 도형에 그림 채우기 : 「내 PC₩문서₩ITQ₩Picture₩그림1.jpg」, 투명도 50% – 도형 효과 : 부드러운 가장자리 5포인트 ② 워드아트 삽입 – 변환 : 수축, 위쪽【위쪽 수축】 – 글꼴 : 궁서, 굵게 – 텍스트 반사 : 근접 반사, 터치 ③ 그림 삽입 – 「내 PC₩문서₩ITQ₩Picture₩로고1.jpg」 – 배경(회색) 투명색으로 설정

슬라이드 ② 목차 슬라이드 60점

(1) 출력형태와 같이 도형을 이용하여 목차를 작성한다(글꼴 : 굴림, 24pt). (2) 도형 : 선 없음

세부조건
① 텍스트에 링크【하이퍼링크】 적용 → '슬라이드 4' ② 그림 삽입 – 「내 PC₩문서₩ITQ₩Picture₩그림5.jpg」 – 자르기 기능 이용

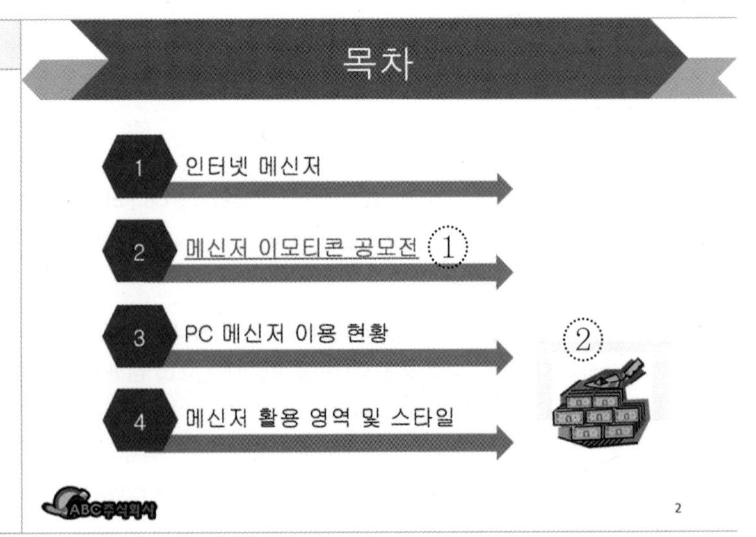

01 채점 서비스(itq.youngjin.com)에 접속한 후 ISBN 5자리 번호(도서 표지에서 확인)를 입력하고 [체크]를 클릭한다. 체크가 완료되면 [확인]을 클릭한다.

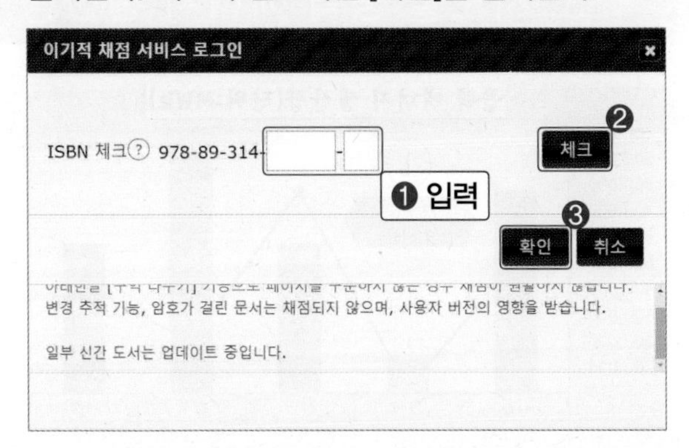

02 [작성한 파일 선택] 버튼을 클릭한다. 직접 작성하여 저장한 파일을 선택하고 '열기'를 클릭한다. 화면에 보이는 보안문자를 똑같이 입력하고 [실행]을 클릭한다.

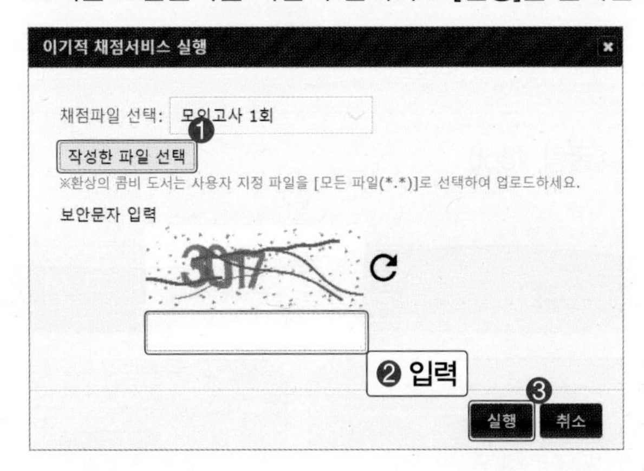

03 채점 결과를 확인한다(왼쪽 상단이 정답 파일, 하단이 사용자 작성 파일).

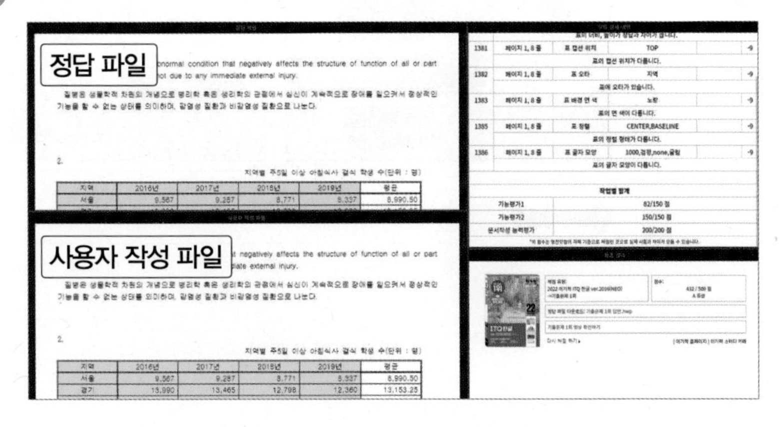

※ 현재 시범 서비스 중으로 답안의 일부 요소는 정확한 인식이 되지 않을 수 있습니다.

※ 본 서비스는 영진닷컴이 직접 설정한 기준에 의해 채점되므로 참고용으로만 활용 바랍니다.

슬라이드 ❺ 차트 슬라이드 100점

(1) 차트 작성 기능을 이용하여 슬라이드를 작성한다.
(2) 차트 : 종류(묶은 세로 막대형), 글꼴(돋움, 16pt), 외곽선

세부조건

※ 차트설명
- 차트제목 : 궁서, 24pt, 굵게, 채우기(흰색), 테두리, 그림자(오프셋 오른쪽)
- 차트영역 : 채우기(노랑)
  그림영역 : 채우기(흰색)
- 데이터 서식 : 자가용 계열을 표식이 있는 꺾은 선형으로 변경 후 보조축으로 지정
- 값 표시 : 경북의 사업용 계열만

① 도형 삽입
– 스타일 : 미세 효과 – 파랑, 강조 1
– 글꼴 : 굴림, 18pt

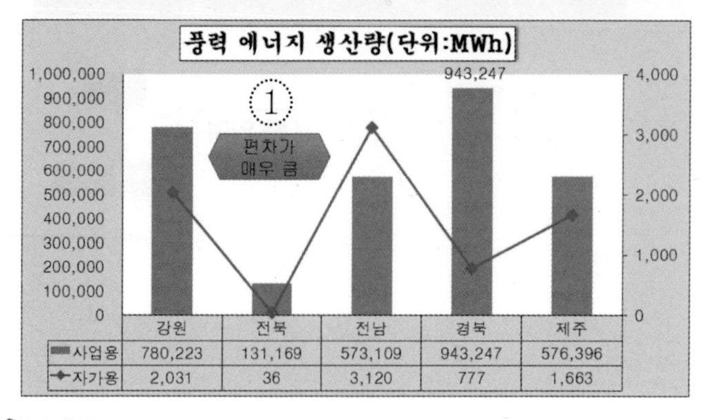

슬라이드 ❻ 도형 슬라이드 100점

(1) 슬라이드와 같이 도형 및 스마트아트를 배치한다(글꼴 : 굴림, 18pt).
(2) 애니메이션 순서 : ① ⇒ ②

세부조건

① 도형 및 스마트아트 편집
– 스마트아트 디자인 :
  3차원 광택 처리,
  3차원 만화
– 그룹화 후 애니메이션 효과 :
  닦아내기(위에서)

② 도형 편집
– 그룹화 후 애니메이션 효과 :
  바운드

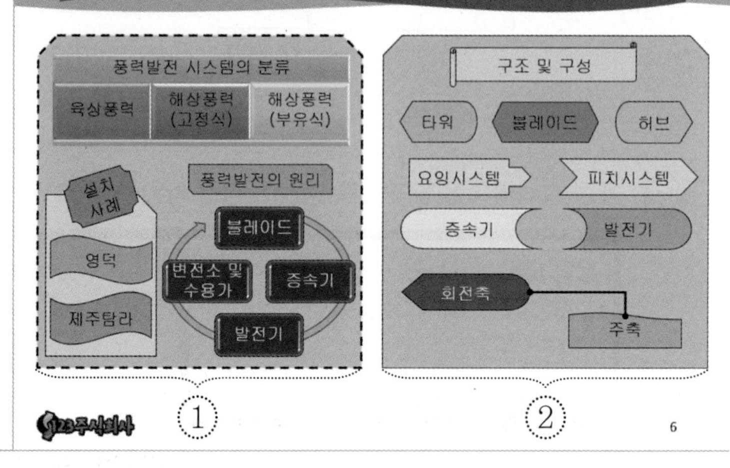

Q **ITQ는 어떤 시험인가요?**

A ITQ는 실기 시험으로만 자격을 평가하는 시험으로 아래한글(MS워드), 엑셀, 파워포인트, 액세스, 인터넷 등의 과목으로 이루어져 있습니다. 이 중 한 가지만 자격을 취득하여도 국가공인 자격으로 인정됩니다.

Q **언제, 어디서 시험이 시행되나요?**

A 정기 시험은 매월 둘째 주 토요일에, 특별 시험은 2, 5, 8, 11월 넷째 주 일요일에 시행됩니다. 지역센터에서 시험을 응시할 수 있습니다.

※ 시험 시행일은 시행처 사정에 따라 변경될 수 있으므로, 응시 전 꼭 시행처에 확인하세요.

Q **OA MASTER 자격 취득은 어떻게 하는 건가요?**

A OA MASTER는 ITQ 시험에 응시하여 3과목 이상 A등급을 받으면 취득할 수 있습니다. 자격은 온라인으로 신청 가능하며 발급 비용 및 수수료는 별도로 부과됩니다.

Q **작성한 답안과 정답 파일의 작성 방법이 달라요.**

A ITQ는 실무형 시험으로 작성 방법은 채점하지 않습니다. 정답 파일은 모범답안이며 꼭 똑같이 작성하지 않아도 됩니다. 문제의 지시사항대로 출력형태를 참고하여 작성하면 됩니다.

Q **채점기준 및 부분점수 기준은 어떻게 되나요?**

A 주어진 지시사항에 따라 출력형태가 동일하게 작성된 경우 감점되지 않습니다. 또한 ITQ 인터넷을 제외한 모든 과목은 부분채점이 이루어지며 부분점수는 공개되지 않습니다.

Q **MS오피스, 아래한글 버전별로 문제지가 다른가요?**

A ITQ 시험은 과목별로 아래한글 2020/2016(NEO), MS오피스 2021/2016의 두 개 버전 중 선택 응시가 가능합니다. 각 과목의 문제지는 동일하며, 버전별로 조건이 다른 부분은 문제지에 표시되어 있습니다.

※ 소프트웨어 버전은 변경될 수 있으므로, 응시 전 꼭 시행처에 확인하세요.

Q **취득 시 어떻게 활용할 수 있나요?**

A 공기업/공단과 사기업에서 입사 시 우대 및 승진 가점을 획득할 수 있으며, 대학교 학점인정을 받을 수 있습니다. 정부부처/지자체에서도 의무취득 및 채용 가점, 승진 가점이 주어집니다.

슬라이드 ❸ 텍스트/동영상 슬라이드 60점

(1) 텍스트 작성 : 글머리 기호 사용(❖, ✓)
❖문단(굴림, 24pt, 굵게, 줄간격 : 1.5줄), ✓문단(굴림, 20pt, 줄간격 : 1.5줄)

세부조건

① 동영상 삽입 :
– 「내 PC₩문서₩ITQ₩Picture₩동영상.wmv」
– 자동실행, 반복재생 설정

1. 풍력발전의 개념과 원리

❖ Wind power generation
✓ A method of generating electricity using wind energy
✓ Principle of converting mechanical energy generated by rotating blades into electrical energy through the generator

❖ 풍력발전
✓ 바람의 힘을 사용하여 전기를 생산하는 시스템으로 풍차의 원리를 이용하는 경쟁력 있는 재생에너지 발전 방식

①

123주식회사 3

슬라이드 ❹ 표 슬라이드 80점

(1) 도형과 표 작성 기능을 이용하여 슬라이드를 작성한다(글꼴 : 돋움, 18pt).

세부조건

① 상단 도형 :
2개 도형의 조합으로 작성

② 좌측 도형 :
그라데이션 효과(선형 아래쪽)

③ 표 스타일 :
테마 스타일 1 – 강조 1

2. 풍력발전 시스템의 분류

② ①

	회전축	특징
수평축	회전축이 바람이 불어오는 방향인 지면과 평행하게 설치	구조가 간단하고 설치가 용이하나 바람의 영향을 받음
수직축	회전축이 바람이 불어오는 방향인 지면과 수직으로 설치	바람의 방향에 관계가 없으나 소재가 비싸고 효율이 떨어짐

123주식회사 ③ 4

PART

01

시험 유형 따라하기

실전 모의고사 05회

수험번호 20252015 정답파일 PART 04 실전 모의고사₩실전05회_정답.pptx

전체구성 60점

(1) 슬라이드 크기 및 순서 : 크기를 A4 용지로 설정하고 슬라이드 순서에 맞게 작성한다.
(2) 슬라이드 마스터 : 2~6슬라이드의 제목, 하단 로고, 슬라이드 번호는 슬라이드 마스터를 이용하여 작성한다.
 - 제목 글꼴(돋움, 40pt, 흰색), 가운데 맞춤, 도형(선 없음)
 - 하단 로고(「내 PC₩문서₩ITQ₩Picture₩로고2.jpg, 배경(회색) 투명색으로 설정)

슬라이드 ❶ 표지 디자인 40점

(1) 표지 디자인 : 도형, 워드아트 및 그림을 이용하여 작성한다.

세부조건

① 도형 편집
- 도형에 그림 채우기 : 「내 PC₩문서₩ITQ₩Picture₩그림1.jpg」, 투명도 50%
- 도형 효과 : 부드러운 가장자리 5포인트

② 워드아트 삽입
- 변환 : 삼각형, 위로【삼각형】
- 글꼴 : 돋움, 굵게
- 텍스트 반사 : 근접 반사, 4pt 오프셋

③ 그림 삽입
- 「내 PC₩문서₩ITQ₩Picture₩로고2.jpg」
- 배경(회색) 투명색으로 설정

슬라이드 ❷ 목차 슬라이드 60점

(1) 출력형태와 같이 도형을 이용하여 목차를 작성한다(글꼴 : 굴림, 24pt). (2) 도형 : 선 없음

세부조건

① 텍스트에 링크【하이퍼링크】 적용
→ '슬라이드 6'

② 그림 삽입
- 「내 PC₩문서₩ITQ₩Picture₩그림4.jpg」
- 자르기 기능 이용

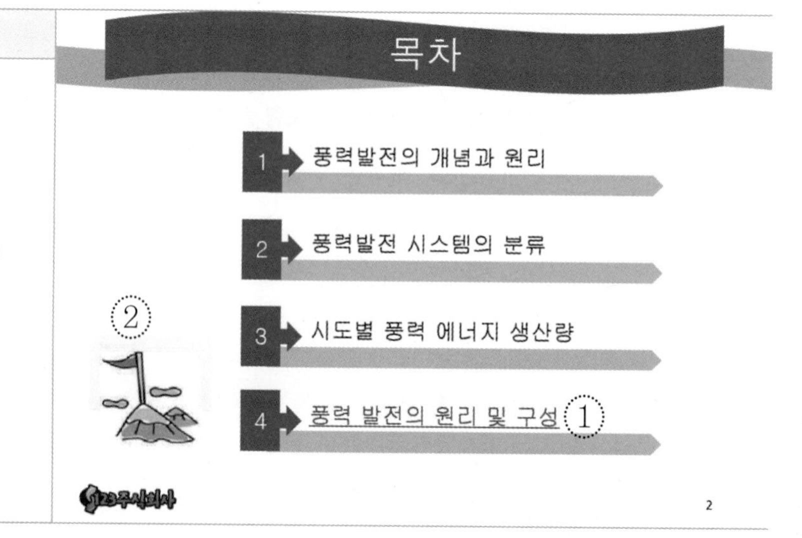

유형분석 문항 ❶

전체구성

배점 **60점** | A등급 목표점수 **55점**

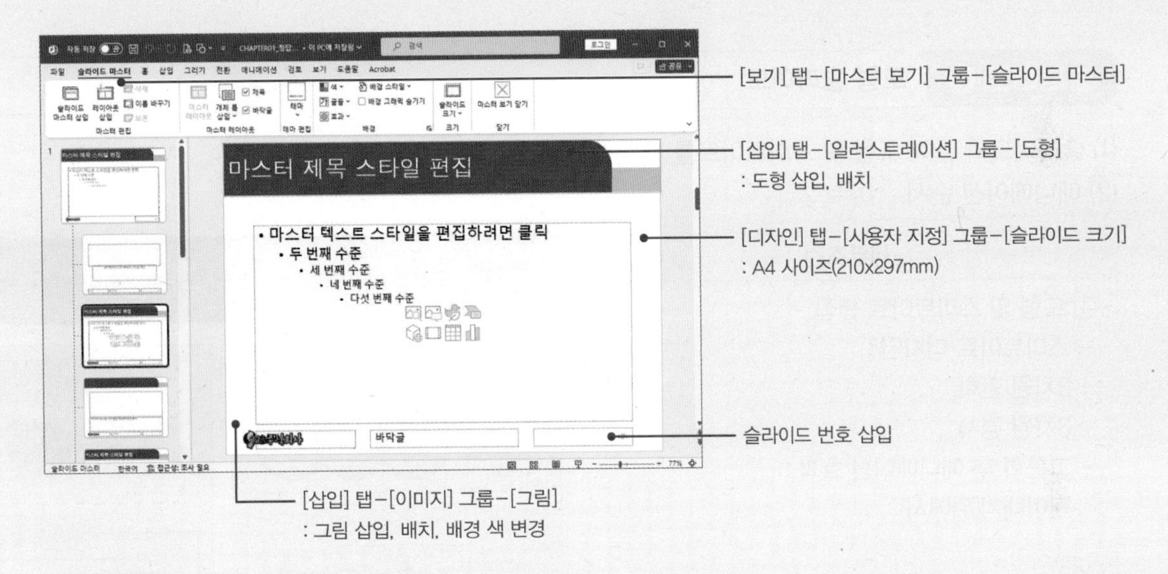

출제포인트

슬라이드 설정 · 슬라이드 마스터 · 그림 편집

출제기준

전체 슬라이드를 구성하는 능력을 평가하는 문항입니다.

A등급 TIP

앞으로 작성할 모든 슬라이드의 틀이 되는 부분이므로 실수 없이 꼼꼼히 작업해야 합니다. 슬라이드의 크기와 순서, 슬라이드 마스터의 제목, 로고, 번호 입력 방법을 반복적으로 연습하여 정확히 숙달하고 만점을 목표로 하세요.

슬라이드 ⑤ 차트 슬라이드 100점

(1) 차트 작성 기능을 이용하여 슬라이드를 작성한다.
(2) 차트 : 종류(묶은 세로 막대형), 글꼴(돋움, 16pt), 외곽선

세부조건
※ 차트설명 • 차트제목 : 궁서, 24pt, 굵게, 채우기(흰색), 테두리, 그림자(오프셋 왼쪽) • 차트영역 : 채우기(노랑) 그림영역 : 채우기(흰색) • 데이터 서식 : 12월 계열을 표식이 있는 꺾은선 형으로 변경 후 보조축으로 지정 • 값 표시 : 방울새의 1월 계열만 ① 도형 삽입 – 스타일 : 미세 효과 – 파랑, 강조 1 – 글꼴 : 굴림, 18pt

3. 강원도 해안 철새 개체 수

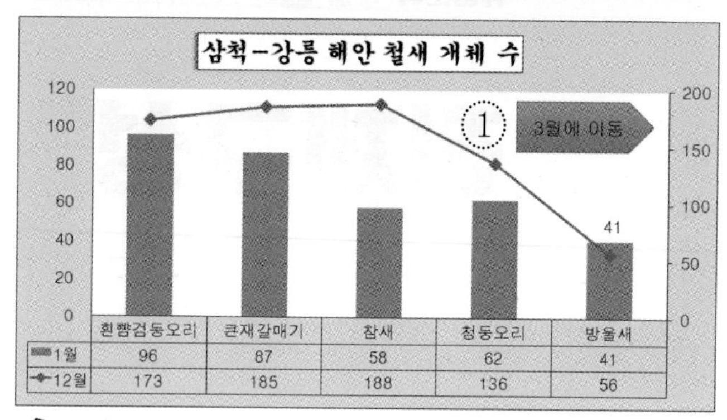

슬라이드 ⑥ 도형 슬라이드 100점

(1) 슬라이드와 같이 도형 및 스마트아트를 배치한다(글꼴 : 굴림, 18pt).
(2) 애니메이션 순서 : ① ⇒ ②

세부조건
① 도형 및 스마트아트 편집 – 스마트아트 디자인 : 3차원 만화, 3차원 경사 – 그룹화 후 애니메이션 효과 : 닦아내기(위에서) ② 도형 편집 – 그룹화 후 애니메이션 효과 : 바운드

4. 우리나라 철새

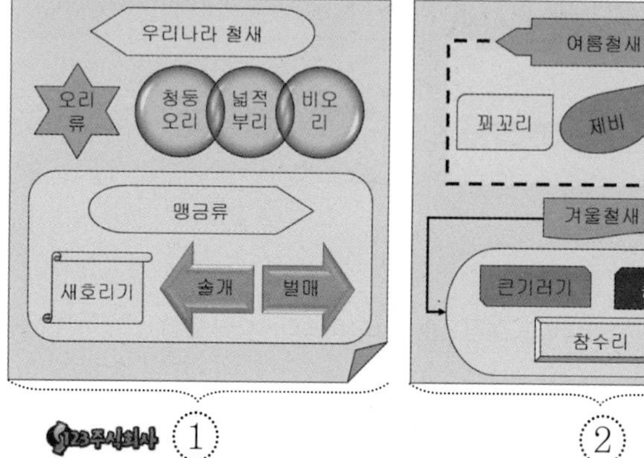

CHAPTER

01 전체구성

난 이 도 상 중 (하)
반복학습 1 2 3

정답파일 PART 01 시험 유형 따라하기₩CHAPTER01_정답.pptx

문제보기

(1) 슬라이드 크기 및 순서 : 크기를 A4 용지로 설정하고 슬라이드 순서에 맞게 작성한다.
(2) 슬라이드 마스터 : 2~6슬라이드의 제목, 하단 로고, 슬라이드 번호는 슬라이드 마스터를 이용하여 작성한다.
- 제목 글꼴(돋움, 40pt, 흰색), 왼쪽 맞춤, 도형(선 없음)
- 하단 로고(「내 PC₩문서₩ITQ₩Picture₩로고2.jpg」, 배경(회색) 투명색으로 설정)

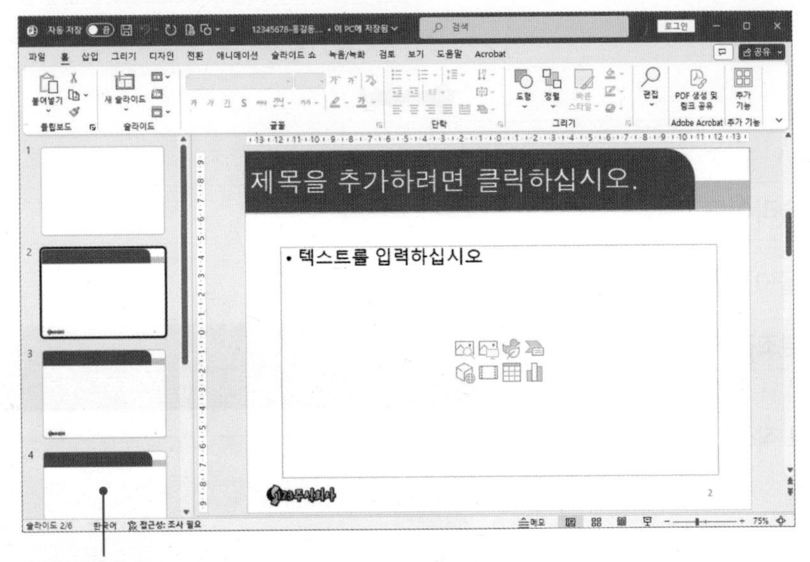

총 6개의 슬라이드

핵심기능

기능	바로 가기	메뉴
슬라이드 크기		[디자인] 탭-[사용자 지정] 그룹-[슬라이드 크기]
슬라이드 마스터 보기		[보기] 탭-[마스터 보기] 그룹-[슬라이드 마스터]
머리글/바닥글		[삽입] 탭-[텍스트] 그룹-[머리글/바닥글]
슬라이드 삽입	, Ctrl+M	[삽입] 탭-[슬라이드] 그룹-[새 슬라이드]
저장	, Ctrl+S	[파일] 탭-[저장]

슬라이드 ❸ 텍스트/동영상 슬라이드 60점

(1) 텍스트 작성 : 글머리 기호 사용(➢, ❖)

➢문단(굴림, 24pt, 굵게, 줄간격 : 1.5줄), ❖문단(굴림, 20pt, 줄간격 : 1.5줄)

세부조건
① 동영상 삽입 : –「내 PC₩문서₩ITQ₩Picture₩동영상.wmv」 – 자동실행, 반복재생 설정

1. 겨울 철새

➢ Winter Visitor

❖ It is the seasonal journey undertaken by many species of birds

❖ Bird movements include those made in response to changes in food availability, habitat, or weather

➢ 겨울 철새

❖ 시베리아와 같은 북쪽지방에서 생활하다가 먹이, 환경, 날씨 등의 이유로 가을에 찾아와 월동을 하고 봄이 지나면 다른 곳으로 이동하여 번식하는 철새

①

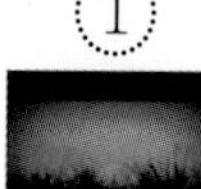

123주식회사 3

슬라이드 ❹ 표 슬라이드 80점

(1) 도형과 표 작성 기능을 이용하여 슬라이드를 작성한다(글꼴 : 돋움, 18pt).

세부조건
① 상단 도형 : 2개 도형의 조합으로 작성
② 좌측 도형 : 그라데이션 효과(선형 아래쪽)
③ 표 스타일 : 테마 스타일 1 – 강조 5

2. 철새의 먹이 및 분포지역

		철새	먹이	분포지역
오리		가창오리	풀씨, 낟알, 나무열매, 물 속 곤충	시베리아 동부
		청둥오리		북반구 전역
기러기		쇠기러기	수초의 줄기와 뿌리, 보리와 밀의 푸른 잎	유럽, 아시아, 북아메리카
		큰기러기	옥수수, 보리와 밀의 잎과 뿌리	북극, 몽골 북부

① ② ③

123주식회사 4

SECTION 01 페이지 설정

① PowerPoint를 실행한다.
→ 새 프레젠테이션을 클릭한다.

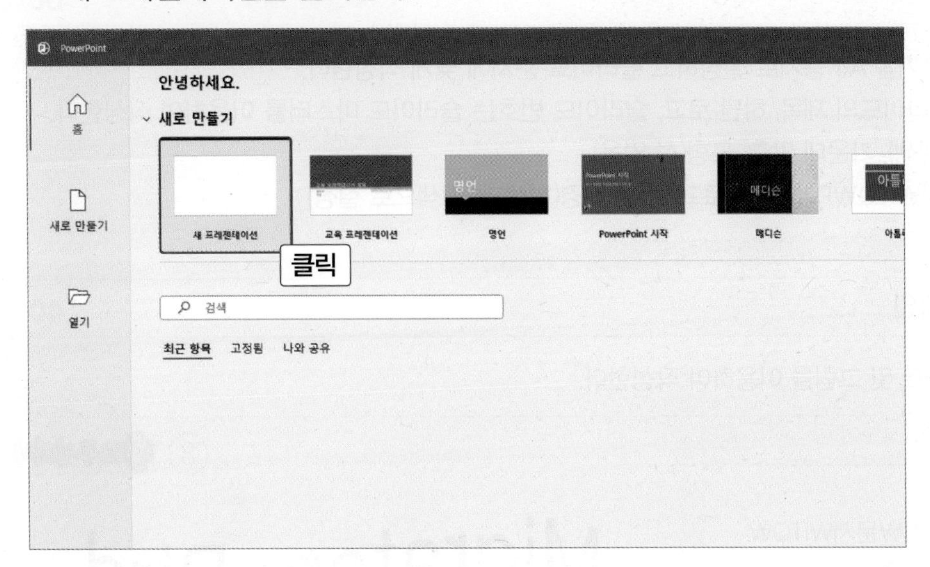

② [디자인] 탭-[슬라이드 크기]( )에서 [사용자 지정 슬라이드 크기]를 클릭한다.

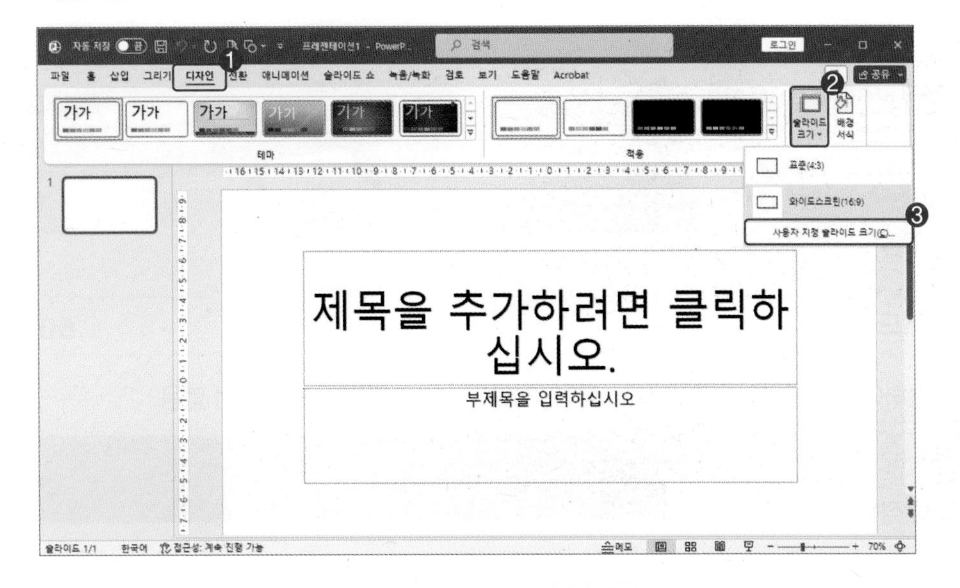

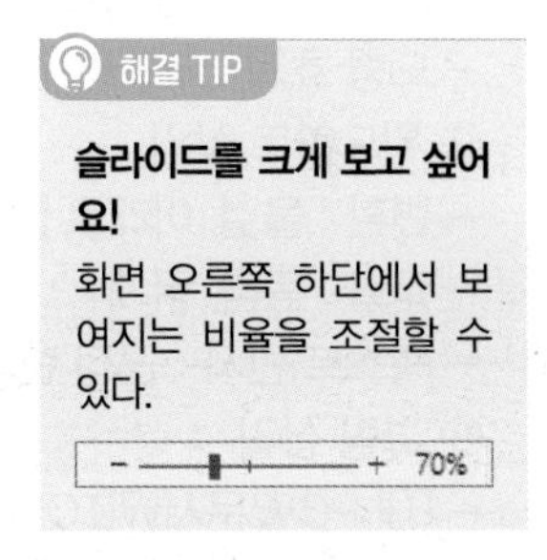
해결 TIP

슬라이드를 크게 보고 싶어요!

화면 오른쪽 하단에서 보여지는 비율을 조절할 수 있다.

실전 모의고사 04회

수험번호 20252014 정답파일 PART 04 실전 모의고사₩실전04회_정답.pptx

합격 강의

전체구성 60점

(1) 슬라이드 크기 및 순서 : 크기를 A4 용지로 설정하고 슬라이드 순서에 맞게 작성한다.
(2) 슬라이드 마스터 : 2~6슬라이드의 제목, 하단 로고, 슬라이드 번호는 슬라이드 마스터를 이용하여 작성한다.
- 제목 글꼴(돋움, 40pt, 흰색), 가운데 맞춤, 도형(선 없음)
- 하단 로고(「내 PC₩문서₩ITQ₩Picture₩로고2.jpg」, 배경(회색) 투명색으로 설정)

슬라이드 ❶ 표지 디자인 40점

(1) 표지 디자인 : 도형, 워드아트 및 그림을 이용하여 작성한다.

세부조건
① 도형 편집 – 도형에 그림 채우기 : 「내 PC₩문서₩ITQ₩Picture₩그림1.jpg」, 투명도 50% – 도형 효과 : 부드러운 가장자리 5포인트 ② 워드아트 삽입 – 변환 : 물결, 아래로【물결 1】 – 글꼴 : 돋움, 굵게 – 텍스트 반사 : 근접 반사, 터치 ③ 그림 삽입 –「내 PC₩문서₩ITQ₩Picture₩로고2.jpg」 – 배경(회색) 투명색으로 설정

슬라이드 ❷ 목차 슬라이드 60점

(1) 출력형태와 같이 도형을 이용하여 목차를 작성한다(글꼴 : 굴림, 24pt). (2) 도형 : 선 없음

세부조건
① 텍스트에 링크【하이퍼링크】적용 → '슬라이드 6' ② 그림 삽입 –「내 PC₩문서₩ITQ₩Picture₩그림5.jpg」 – 자르기 기능 이용

목차

1 겨울 철새
2 철새의 먹이 및 분포지역
3 강원도 해안 철새 개체 수
4 우리나라의 철새 ①

②

2

③ [슬라이드 크기] 대화상자에서 슬라이드 크기 'A4 용지(210x297mm)'를 설정한다.

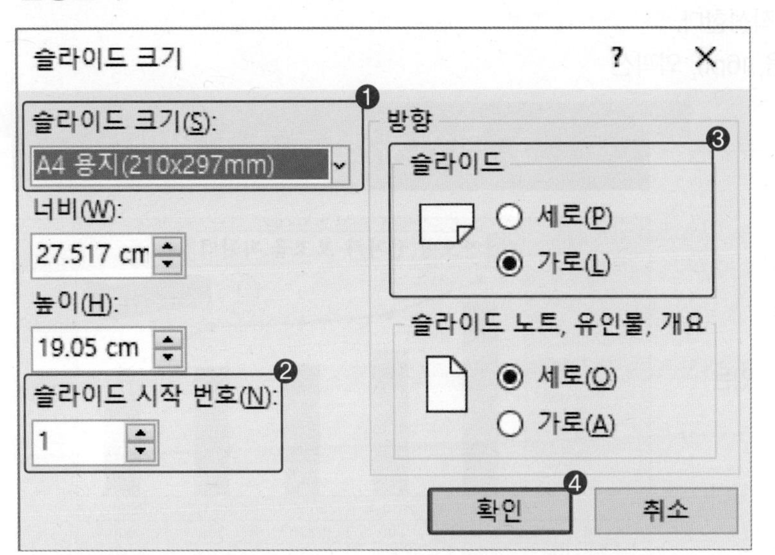

> 기적의 TIP
> 기본값으로 슬라이드 시작 번호는 '1', 슬라이드 방향은 '가로'를 확인한다.

④ 슬라이드 크기 조정 대화상자가 나타나면 [최대화] 또는 [맞춤 확인]을 클릭한다.

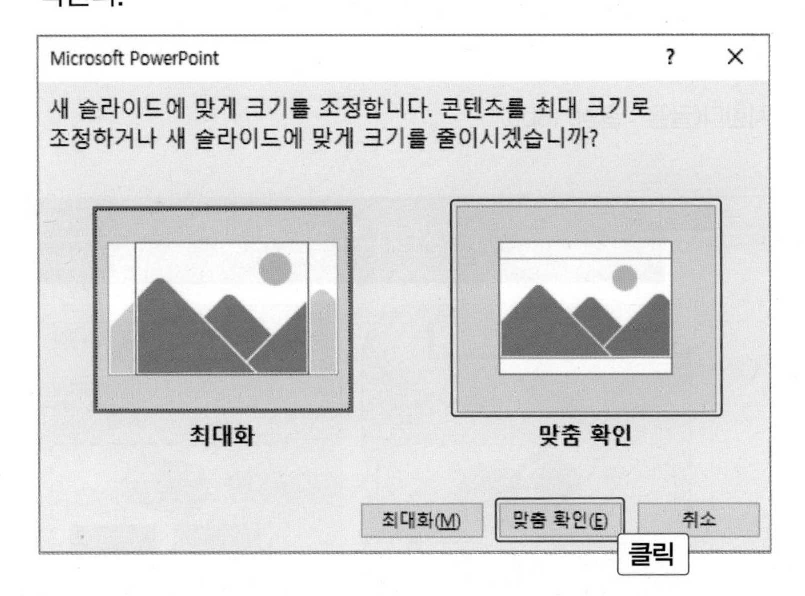

> 기적의 TIP
> 아직 작업을 하지 않은 상태이므로 '최대화'와 '맞춤 확인' 중 아무 것이나 선택해도 된다.

슬라이드 ⑤ 차트 슬라이드 100점

(1) 차트 작성 기능을 이용하여 슬라이드를 작성한다.
(2) 차트 : 종류(묶은 세로 막대형), 글꼴(돋움, 16pt), 외곽선

세부조건

※ 차트설명
- 차트제목 : 궁서, 24pt, 굵게,
  채우기(흰색), 테두리, 그림자(오프셋 왼쪽)
- 차트영역 : 채우기(노랑)
  그림영역 : 채우기(흰색)
- 데이터 서식 : 국비+지방비 계열을 표식이 있는 꺾은선형으로 변경 후 보조축으로 지정
- 값 표시 : 2022년의 국비 계열만

① 도형 삽입
– 스타일 : 미세 효과 – 파랑, 강조 1
– 글꼴 : 굴림, 18pt

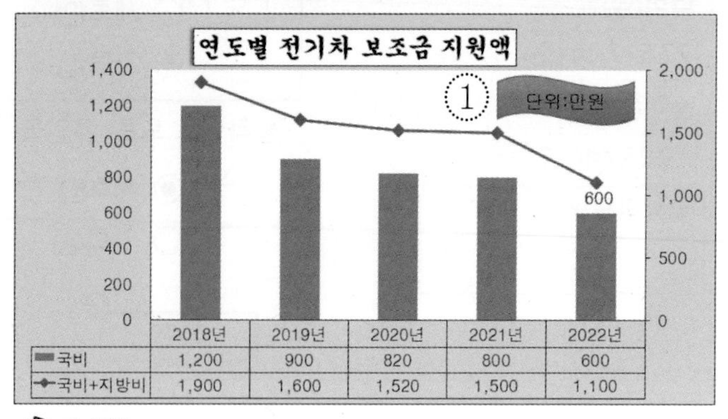

슬라이드 ⑥ 도형 슬라이드 100점

(1) 슬라이드와 같이 도형 및 스마트아트를 배치한다(글꼴 : 굴림, 18pt).
(2) 애니메이션 순서 : ① ⇒ ②

세부조건

① 도형 및 스마트아트 편집
– 스마트아트 디자인 :
  3차원 만화,
  3차원 벽돌
– 그룹화 후 애니메이션 효과 :
  닦아내기(위에서)

② 도형 편집
– 그룹화 후 애니메이션 효과 :
  바운드

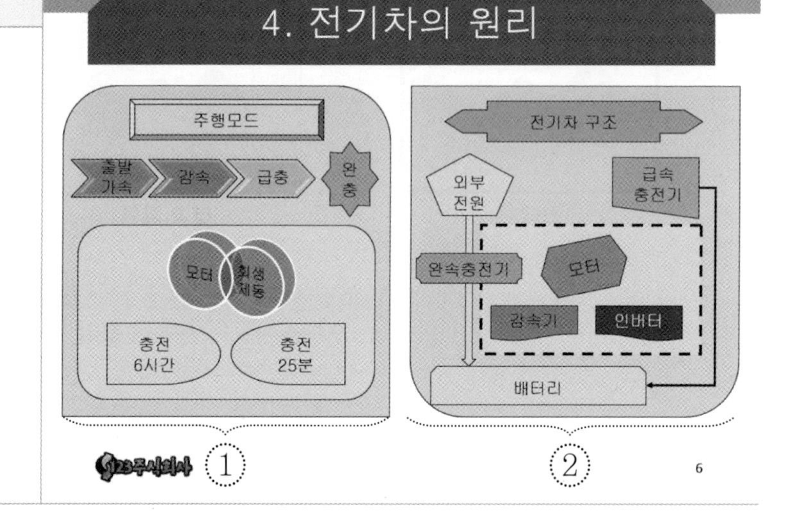

SECTION 02 슬라이드 마스터에서 로고 삽입

① [보기] 탭 – [마스터 보기] 그룹 – [슬라이드 마스터]( )를 클릭한다.

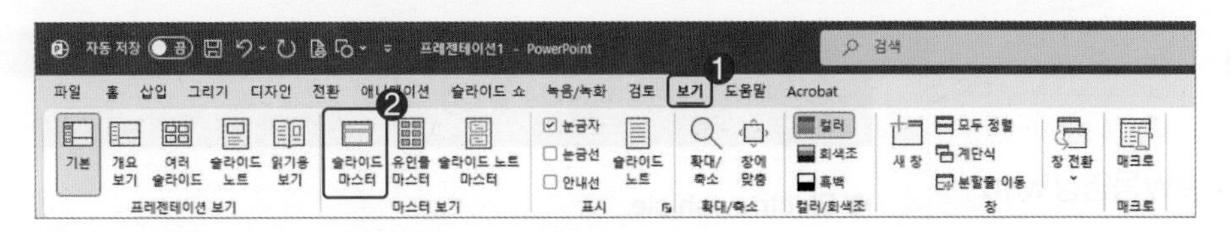

> **기적의 TIP**
> 슬라이드 마스터에서 변경한 디자인은 하위의 모든 레이아웃에 영향을 미친다.

② 왼쪽 창의 축소판 그림에서 제일 위의 [Office 테마 슬라이드 마스터]를 클릭한다.

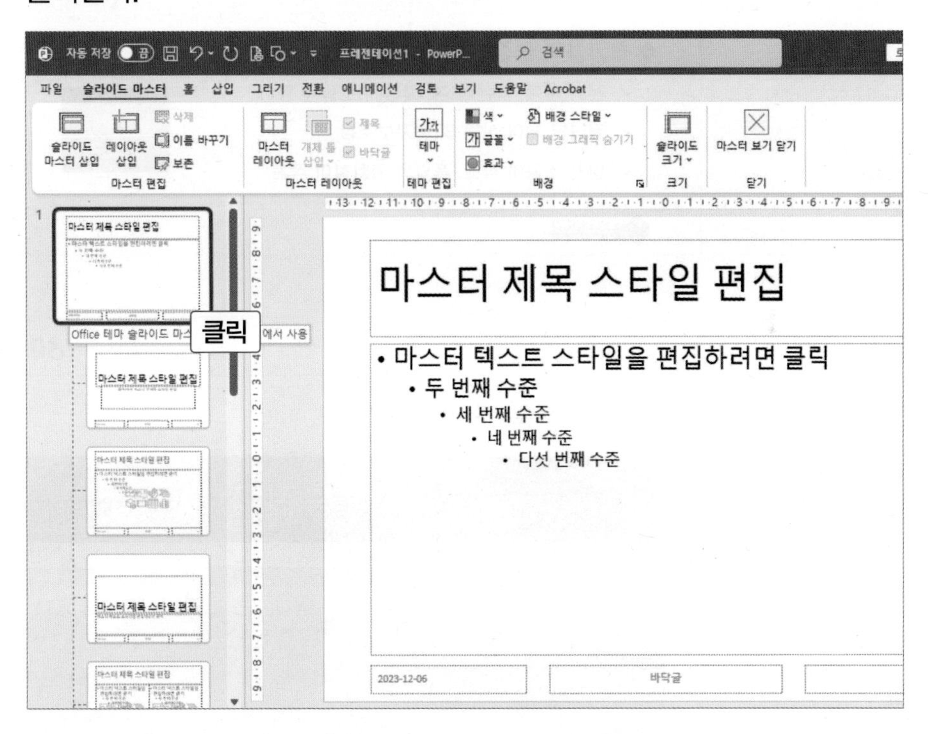

> **기적의 TIP**
> 슬라이드 마스터 작성은 지정된 레이아웃이 있는 것이 아니므로, 어떤 레이아웃에 작성하든 출력형태와 동일하게 작성하면 된다.

③ 하단의 [날짜 및 시간] 영역과 [바닥글] 영역을 클릭하고 Delete로 삭제한다.

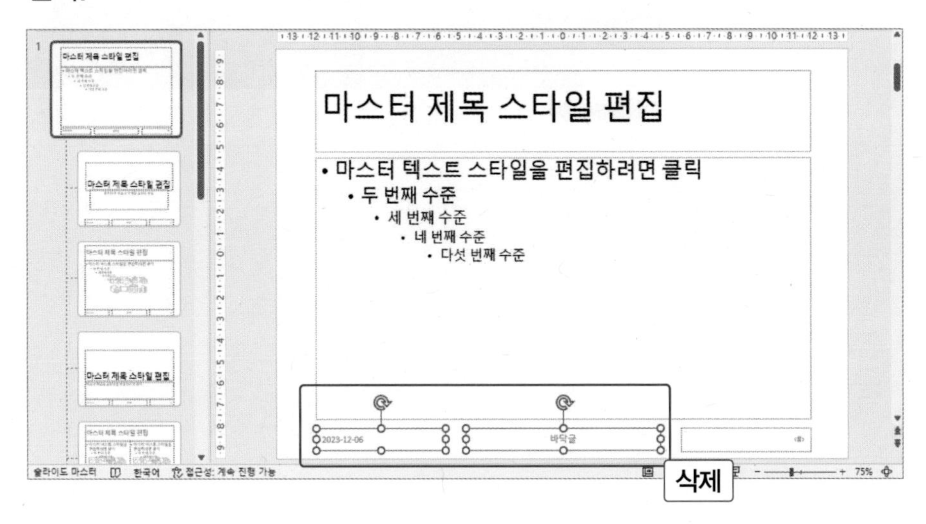

> **기적의 TIP**
> Ctrl을 누른 상태에서 도형을 하나씩 클릭하면 한 번에 여러 개를 선택할 수 있다.

슬라이드 ❸ 텍스트/동영상 슬라이드 60점

(1) 텍스트 작성 : 글머리 기호 사용(◆, ✓)

◆문단(굴림, 24pt, 굵게, 줄간격 : 1.5줄), ✓문단(굴림, 20pt, 줄간격 : 1.5줄)

세부조건

① 동영상 삽입 :
– 「내 PC₩문서₩ITQ₩Picture₩동영상.wmv」
– 자동실행, 반복재생 설정

1. 전기차의 정의

◆ Electric vehicle

✓ An electric vehicle can be powered by a collector system, with electricity from extravehicular sources, or it can be powered autonomously by a battery

◆ 전기차의 특징

✓ 전기 사용, 작은 소음, 차량 구조설계 용이

✓ 뛰어난 제어 성능 및 유지보수성

✓ 엔진 소음이 작고, 폭발의 위험성이 작음

①

3

슬라이드 ❹ 표 슬라이드 80점

(1) 도형과 표 작성 기능을 이용하여 슬라이드를 작성한다(글꼴 : 돋움, 18pt).

세부조건

① 상단 도형 :
2개 도형의 조합으로 작성

② 좌측 도형 :
그라데이션 효과(선형 아래쪽)

③ 표 스타일 :
테마 스타일 1 – 강조 5

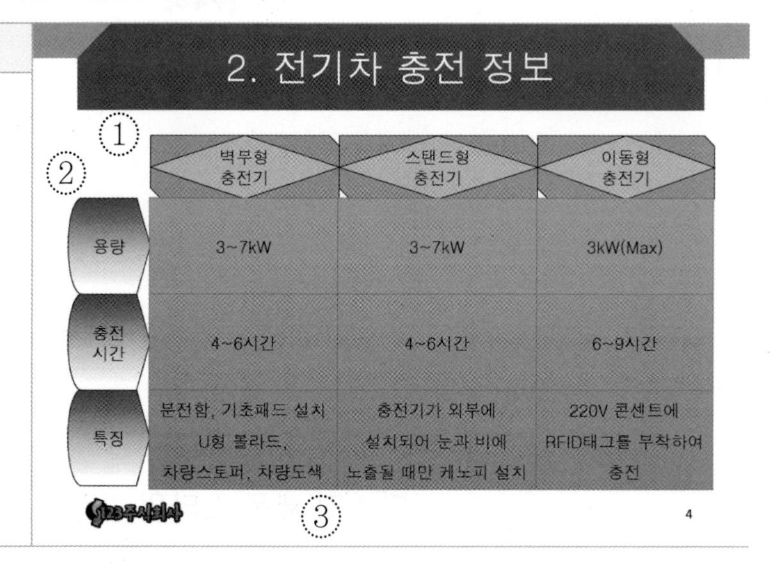

	벽부형 충전기	스탠드형 충전기	이동형 충전기
용량	3~7kW	3~7kW	3kW(Max)
충전 시간	4~6시간	4~6시간	6~9시간
특징	분전함, 기초패드 설치 U형 볼라드, 차량스토퍼, 차량도색	충전기가 외부에 설치되어 눈과 비에 노출될 때만 케노피 설치	220V 콘센트에 RFID태그를 부착하여 충전

④ 로고 삽입을 위해 [삽입] 탭-[이미지] 그룹-[그림]( )에서 [이 디바이스]( )를 클릭한다.

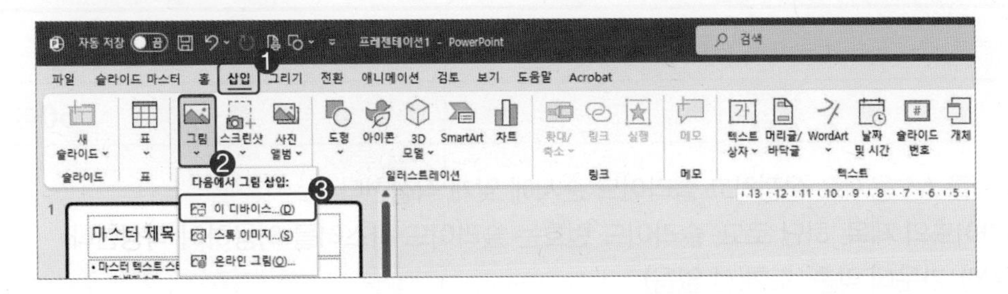

⑤ [그림 삽입] 대화상자가 나타나면 '내 PC₩문서₩ITQ₩Picture'에서 그림 파일 '로고2.jpg'를 선택하고 [삽입]을 클릭한다.

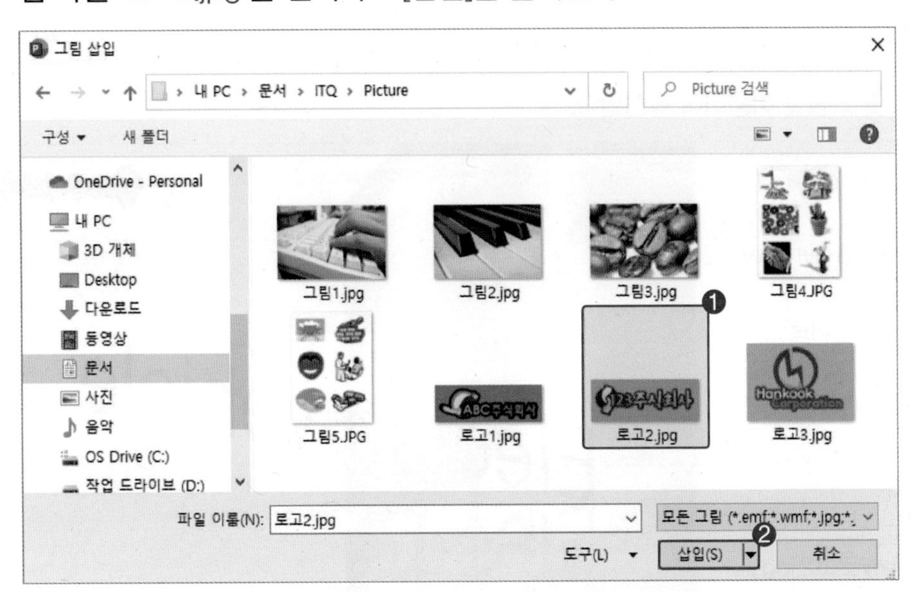

해결 TIP

그림 파일은 어디서 받나요?
이기적 홈페이지 자료실에서 부록자료를 다운로드 받는다.

⑥ [그림 서식] 탭-[조정] 그룹-[색]( )에서 [투명한 색 설정]( )을 클릭한다.

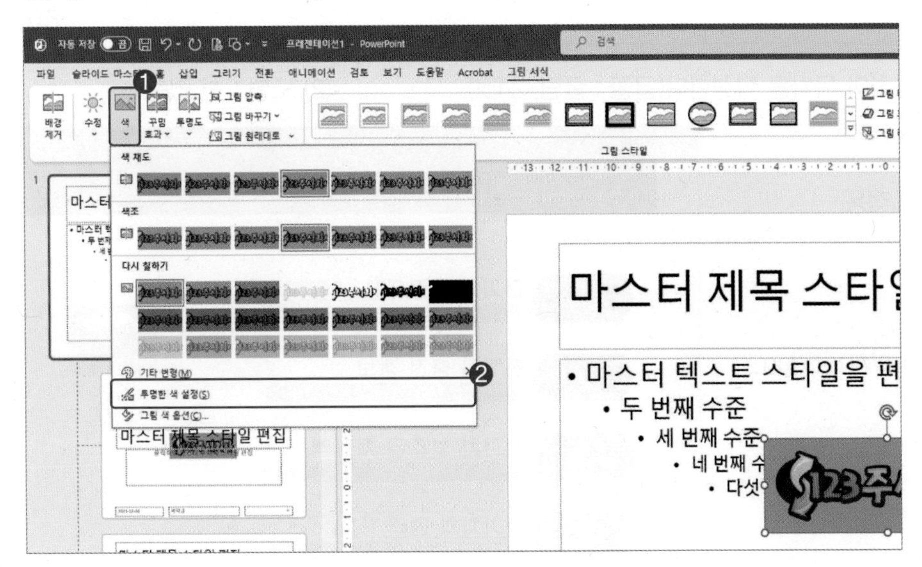

기적의 TIP

[그림 서식] 탭은 그림이 선택될 때만 나타난다.

실전 모의고사 03회

수험번호 20252013 정답파일 PART 04 실전 모의고사₩실전03회_정답.pptx

전체구성 60점

(1) 슬라이드 크기 및 순서 : 크기를 A4 용지로 설정하고 슬라이드 순서에 맞게 작성한다.
(2) 슬라이드 마스터 : 2~6슬라이드의 제목, 하단 로고, 슬라이드 번호는 슬라이드 마스터를 이용하여 작성한다.
- 제목 글꼴(돋움, 40pt, 흰색), 가운데 맞춤, 도형(선 없음)
- 하단 로고(「내 PC₩문서₩ITQ₩Picture₩로고2.jpg, 배경(회색) 투명색으로 설정)

슬라이드 ❶ 표지 디자인 40점

(1) 표지 디자인 : 도형, 워드아트 및 그림을 이용하여 작성한다.

세부조건
① 도형 편집 – 도형에 그림 채우기 : 「내 PC₩문서₩ITQ₩Picture₩그림1.jpg」, 투명도 50% – 도형 효과 : 부드러운 가장자리 5포인트 ② 워드아트 삽입 – 변환 : 기울기, 위로【위로 기울기】 – 글꼴 : 돋움, 굵게 – 텍스트 반사 : 근접 반사, 터치 ③ 그림 삽입 –「내 PC₩문서₩ITQ₩Picture₩로고2.jpg」 – 배경(회색) 투명색으로 설정

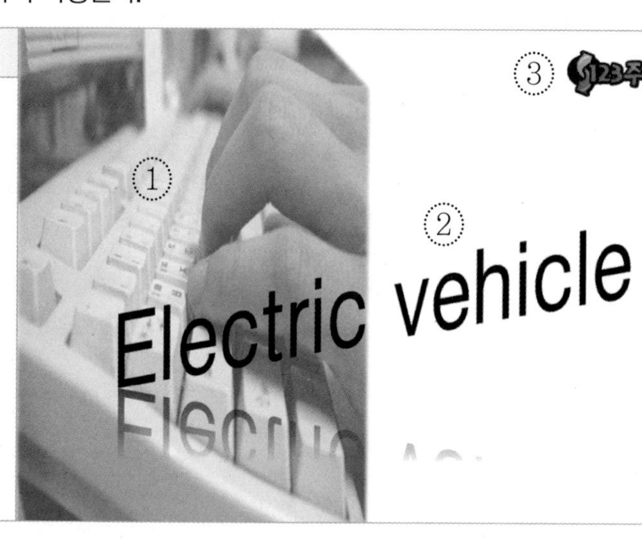

슬라이드 ❷ 목차 슬라이드 60점

(1) 출력형태와 같이 도형을 이용하여 목차를 작성한다(글꼴 : 굴림, 24pt). (2) 도형 : 선 없음

세부조건
① 텍스트에 링크【하이퍼링크】 적용 → '슬라이드 6' ② 그림 삽입 –「내 PC₩문서₩ITQ₩Picture₩그림5.jpg」 – 자르기 기능 이용

목차

1 전기차의 정의
2 전기차 충전 정보
3 전기차 보조금 지원액
4 전기차의 원리 ①

②

123주식회사 2

⑦ 마우스 포인터가 [아이콘]로 변경되면 회색 부분을 클릭한다.

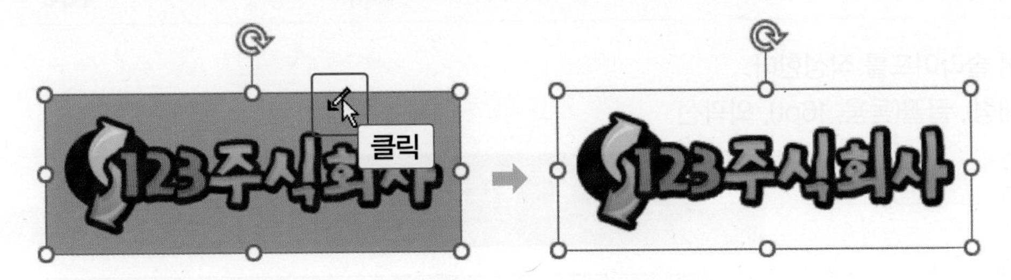

⑧ 그림 꼭짓점의 크기 조절점을 마우스 드래그하여 그림 크기를 조절한다.

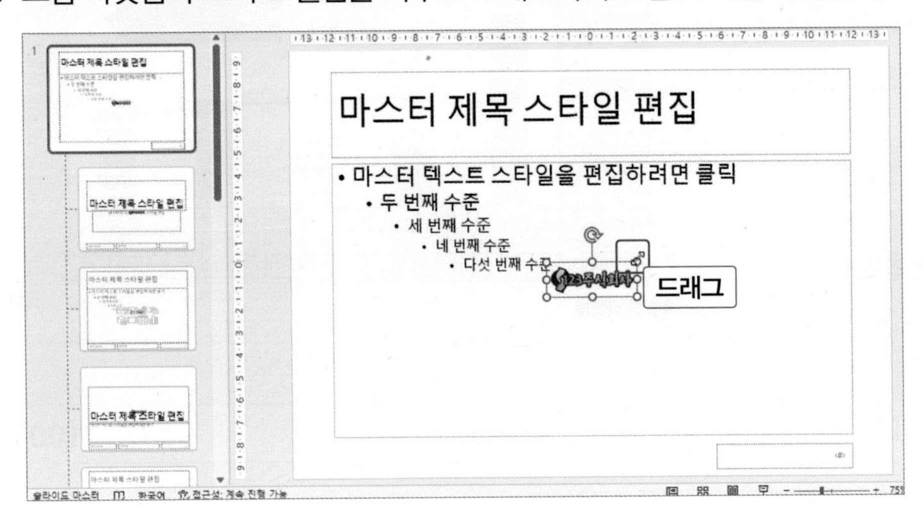

> 기적의 TIP
>
> 그림 크기를 조절할 때 가로 세로 비율 고정이 되지 않으면, Shift를 누른 채 꼭짓점의 크기 조절점을 드래그한다.

⑨ 그림을 마우스 드래그하여 제시된 위치로 이동한다.

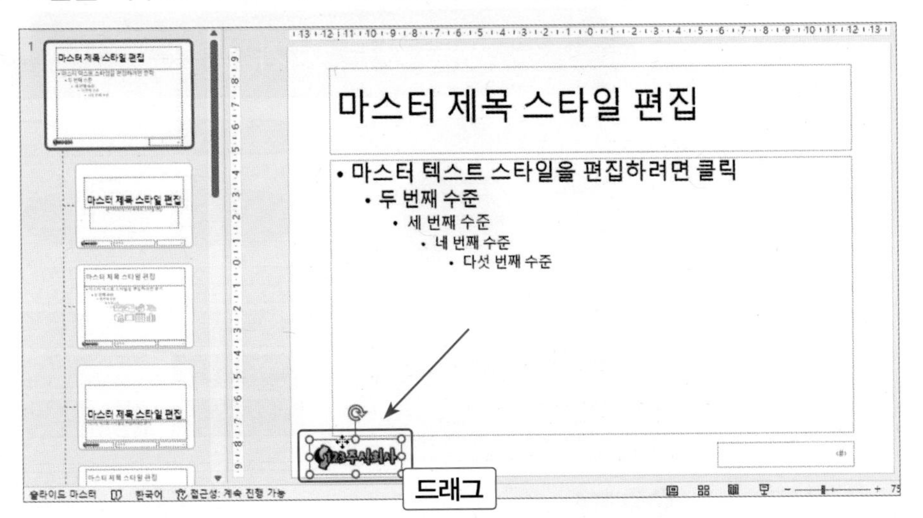

슬라이드 ⑤ 차트 슬라이드 100점

(1) 차트 작성 기능을 이용하여 슬라이드를 작성한다.
(2) 차트 : 종류(묶은 세로 막대형), 글꼴(돋움, 16pt), 외곽선

세부조건

※ 차트설명
- 차트제목 : 굴림, 20pt, 굵게, 채우기(흰색), 테두리, 그림자(오프셋 오른쪽)
- 차트영역 : 채우기(노랑)
  그림영역 : 채우기(흰색)
- 데이터 서식 : 2022년 계열을 표식이 있는 꺾은 선형으로 변경 후 보조축으로 지정
- 값 표시 : VOD 감상의 2019년 계열만

① 도형 삽입
- 스타일 : 미세 효과 - 파랑, 강조 1
- 글꼴 : 굴림, 18pt

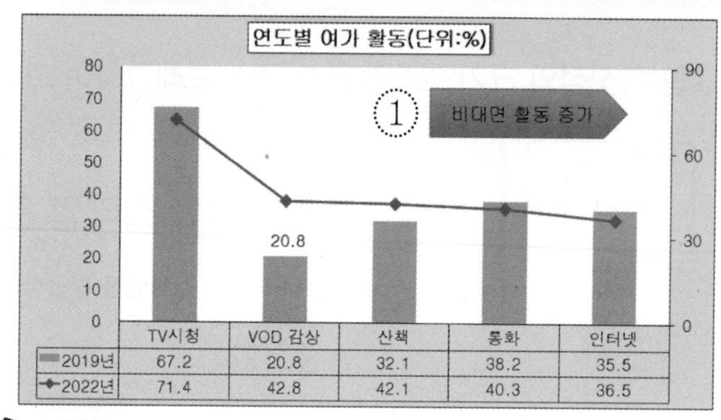

슬라이드 ⑥ 도형 슬라이드 100점

(1) 슬라이드와 같이 도형 및 스마트아트를 배치한다(글꼴 : 굴림, 18pt).
(2) 애니메이션 순서 : ① ⇒ ②

세부조건

① 도형 및 스마트아트 편집
- 스마트아트 디자인 :
  3차원 만화,
  3차원 경사
- 그룹화 후 애니메이션 효과 :
  닦아내기(위에서)

② 도형 편집
- 그룹화 후 애니메이션 효과 :
  회전

4. 즐거운 여가 생활
주요 여가 생활
운동
독서
여행
음악
여가 생활의 동반자
가족
친구
동료
동호회
노후 여가 프로그램
특별 활동
교양
군부대 방문
서예
영화 관람
사진
봉사활동
노래
전적지 순례
언어
①
②
6

SECTION 03 슬라이드 마스터에서 슬라이드 번호 설정

① 하단의 [슬라이드 번호] 영역을 선택한다.
→ [홈] 탭 – [글꼴] 그룹에서 글꼴 '맑은 고딕', 크기 '16'을 설정한다.

> 기적의 TIP
> 쪽 번호의 글꼴, 크기, 색상은 채점 대상이 아니다. 문제에서 명확한 지시사항이 없는 부분은 출력형태와 유사하게 임의로 설정하면 된다.

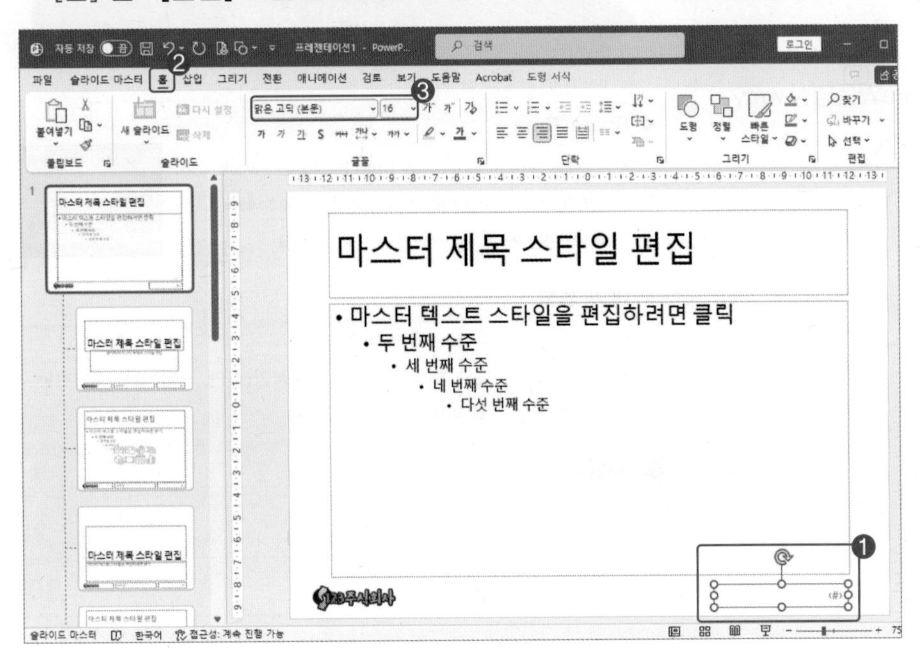

② [삽입] 탭 – [텍스트] 그룹 – [머리글/바닥글]()을 클릭한다.

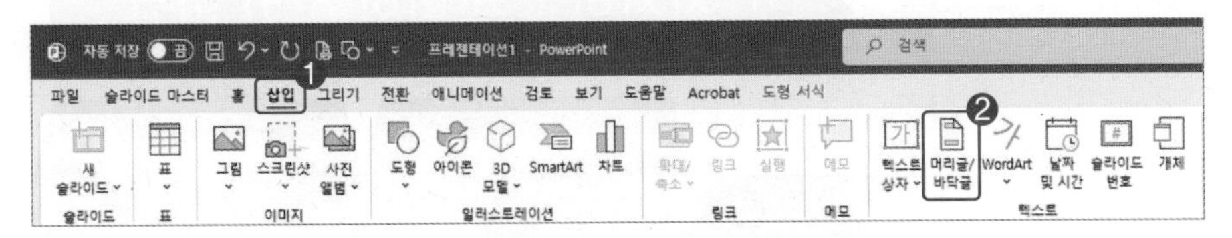

③ [머리글/바닥글] 대화상자에서 '슬라이드 번호', '제목 슬라이드에는 표시 안 함'에 체크하고 [모두 적용]을 클릭한다.

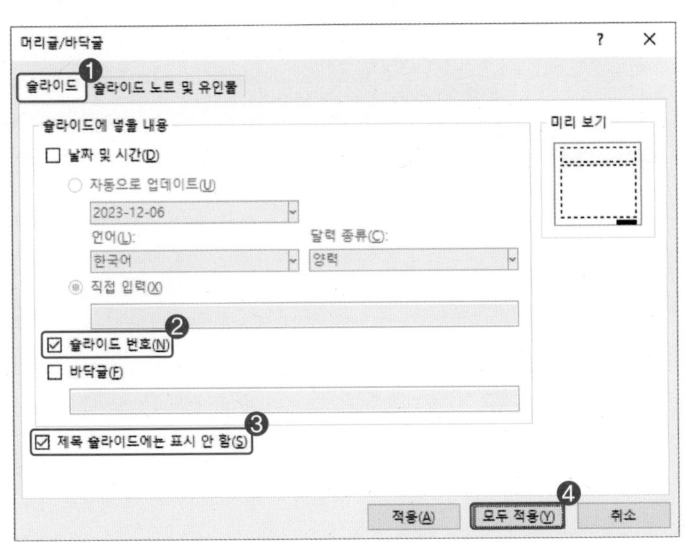

슬라이드 ❸ 텍스트/동영상 슬라이드 60점

(1) 텍스트 작성 : 글머리 기호 사용(❖, ■)

❖문단(굴림, 24pt, 굵게, 줄간격 : 1.5줄), ■문단(굴림, 20pt, 줄간격 : 1.5줄)

세부조건

① 동영상 삽입 :

– 「내 PC₩문서₩ITQ₩Picture₩동영상.wmv」

– 자동실행, 반복재생 설정

1. 여가 생활

❖ Spare Time

- This is time spent away from business, work, job hunting, and education, as well as necessary activities such as eating and sleeping

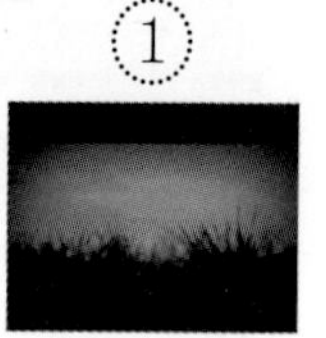

❖ 여가 생활

- 개인의 선택권이 보장되는 시간적 활동
- 의무시간(일, 가사, 이동, 교육)과 필수시간(수면, 식사)에서 자유로운 선택적인 시간을 의미

3

슬라이드 ❹ 표 슬라이드 80점

(1) 도형과 표 작성 기능을 이용하여 슬라이드를 작성한다(글꼴 : 돋움, 18pt).

세부조건

① 상단 도형 :

2개 도형의 조합으로 작성

② 좌측 도형 :

그라데이션 효과(선형 아래쪽)

③ 표 스타일 :

테마 스타일 1 – 강조 5

2. 직장인과 일반인 여가 비교

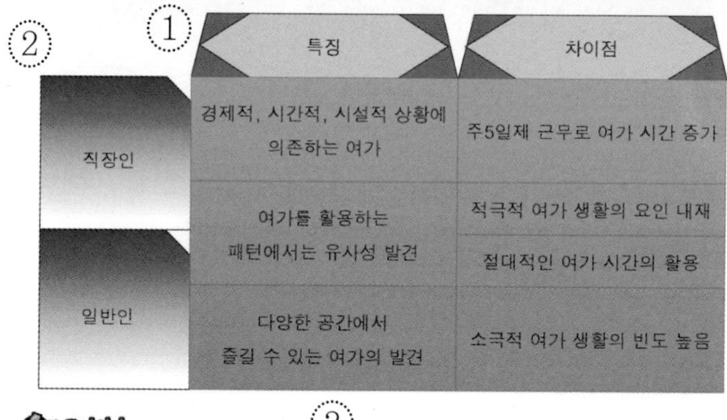

	특징	차이점
직장인	경제적, 시간적, 시설적 상황에 의존하는 여가	주5일제 근무로 여가 시간 증가
	여가를 활용하는 패턴에서는 유사성 발견	적극적 여가 생활의 요인 내재
일반인		절대적인 여가 시간의 활용
	다양한 공간에서 즐길 수 있는 여가의 발견	소극적 여가 생활의 빈도 높음

4

SECTION 04 슬라이드 마스터에서 제목 도형 작성

① [삽입] 탭 – [일러스트레이션] 그룹 – [도형]( )에서 [사각형: 둥근 한쪽 모서리]를 클릭한다.

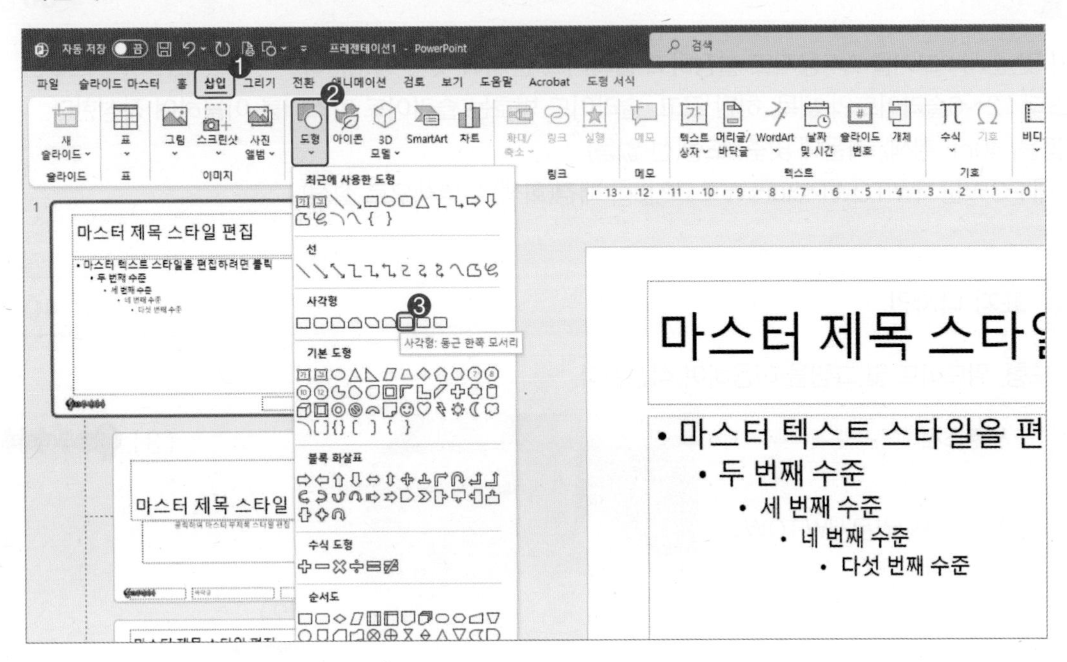

② 마우스를 대각선으로 드래그하여 도형을 그린다.

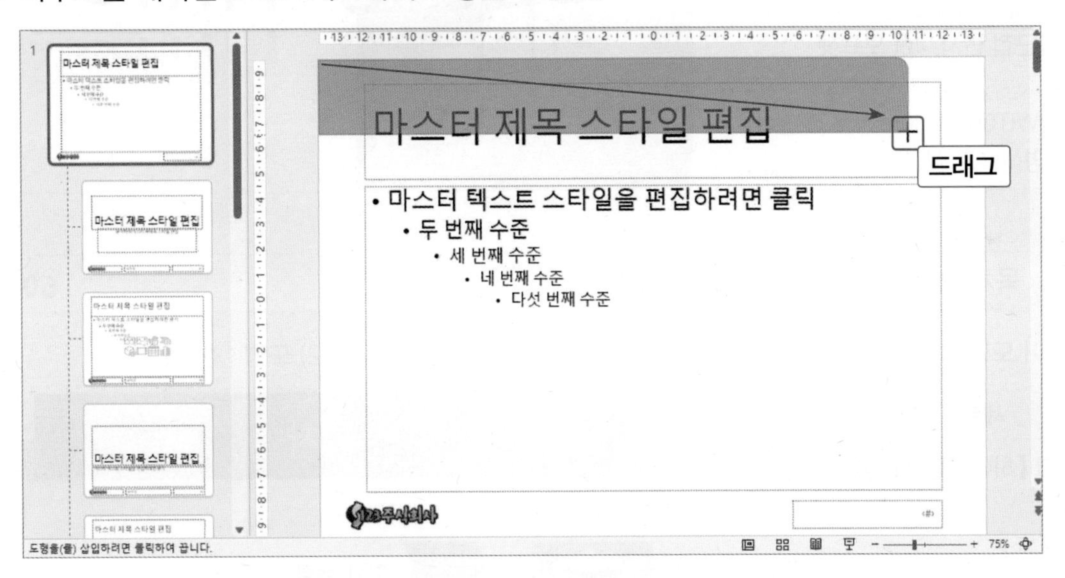

전체구성 60점

(1) 슬라이드 크기 및 순서 : 크기를 A4 용지로 설정하고 슬라이드 순서에 맞게 작성한다.

(2) 슬라이드 마스터 : 2~6슬라이드의 제목, 하단 로고, 슬라이드 번호는 슬라이드 마스터를 이용하여 작성한다.

- 제목 글꼴(돋움, 40pt, 흰색), 가운데 맞춤, 도형(선 없음)
- 하단 로고(「내 PC₩문서₩ITQ₩Picture₩로고2.jpg, 배경(회색) 투명색으로 설정)

슬라이드 ❶ 표지 디자인 40점

(1) 표지 디자인 : 도형, 워드아트 및 그림을 이용하여 작성한다.

세부조건

① 도형 편집
- 도형에 그림 채우기 : 「내 PC₩문서₩ITQ₩Picture₩그림1.jpg」, 투명도 50%
- 도형 효과 : 부드러운 가장자리 5포인트

② 워드아트 삽입
- 변환 : 팽창
- 글꼴 : 돋움, 굵게
- 텍스트 반사 : 근접 반사, 4pt 오프셋

③ 그림 삽입
- 「내 PC₩문서₩ITQ₩Picture₩로고2.jpg」
- 배경(회색) 투명색으로 설정

슬라이드 ❷ 목차 슬라이드 60점

(1) 출력형태와 같이 도형을 이용하여 목차를 작성한다(글꼴 : 굴림, 24pt).

(2) 도형 : 선 없음

세부조건

① 텍스트에 링크【하이퍼링크】 적용
→ '슬라이드 4'

② 그림 삽입
- 「내 PC₩문서₩ITQ₩Picture₩그림5.jpg」
- 자르기 기능 이용

목차

②

1 여가 생활

2 직장인과 일반인 여가 비교 ①

3 한국인의 여가 활동

4 즐거운 여가 생활

2

③ 도형이 선택된 상태에서 모양 조절 핸들(◉)을 드래그하여 곡선을 크게 한다.

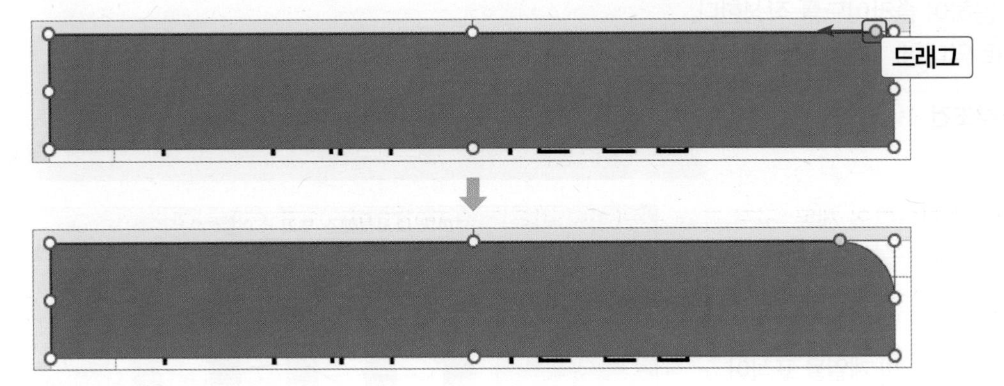

④ [도형 서식] 탭-[도형 스타일] 그룹-[도형 채우기](🖌)에서 [청회색, 텍스트 2]를 클릭한다.

> **해결 TIP**
>
> **도형 색이 지시사항에 없어요!**
>
> 도형 색에 대한 지시사항이 없으면 출력형태를 참고하여 임의의 색을 선택한다.

⑤ [도형 서식] 탭-[도형 스타일] 그룹-[도형 윤곽선](☑)에서 [윤곽선 없음]을 클릭한다.

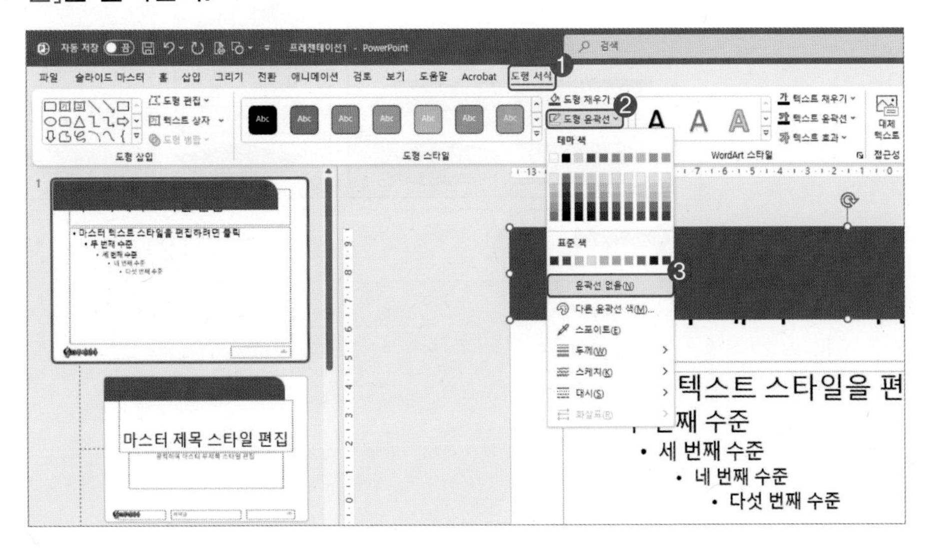

슬라이드 ❺ 차트 슬라이드 100점

(1) 차트 작성 기능을 이용하여 슬라이드를 작성한다.
(2) 차트 : 종류(묶은 세로 막대형), 글꼴(돋움, 16pt), 외곽선

세부조건
※ 차트설명 • 차트제목 : 굴림, 20pt, 굵게, 채우기(흰색), 테두리, 그림자(오프셋 오른쪽) • 차트영역 : 채우기(노랑) 그림영역 : 채우기(흰색) • 데이터 서식 : 투자금액(억 달러) 계열을 표식이 있는 꺾은선형으로 변경 후 보조축으로 지정 • 값 표시 : 2019년의 딜 수(건) 계열만 ① 도형 삽입 – 스타일 : 미세 효과 – 파랑, 강조 1 – 글꼴 : 굴림, 18pt

3. 디지털헬스 투자 추이

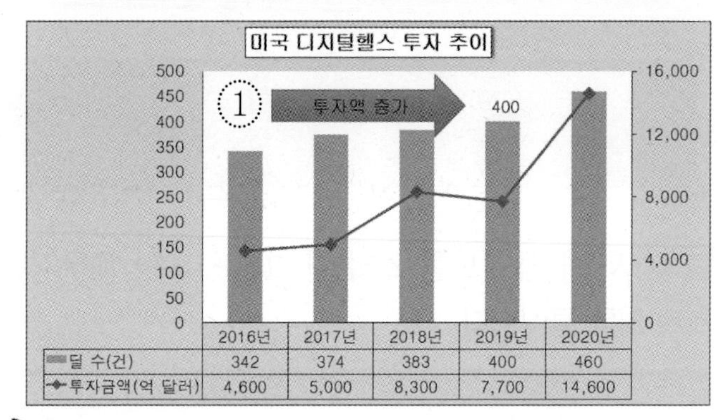

123주식회사 5

슬라이드 ❻ 도형 슬라이드 100점

(1) 슬라이드와 같이 도형 및 스마트아트를 배치한다(글꼴 : 굴림, 18pt).
(2) 애니메이션 순서 : ① ⇒ ②

세부조건
① 도형 및 스마트아트 편집 – 스마트아트 디자인 : 3차원 만화, 3차원 경사 – 그룹화 후 애니메이션 효과 : 닦아내기(위에서) ② 도형 편집 – 그룹화 후 애니메이션 효과 : 회전

4. 헬시플레저 실천맵

헬시플레저 종류와 사례
헬시 플레저
식단 관리
운동 관리
멘탈 관리
식단 관리
곤약밥
곤약 떡볶이
단백질칩
보리커피

운동 관리와 멘탈관리 방법
운동 관리
멘탈 관리
스마트 워치
충분한 휴식
헬스케어 앱
멘탈 관리 앱
캠핑
멍 때리기
클라이밍
명상하기

① ②
123주식회사 6

⑥ [삽입] 탭 – [일러스트레이션] 그룹 – [도형]( )에서 [직사각형]을 클릭한다.

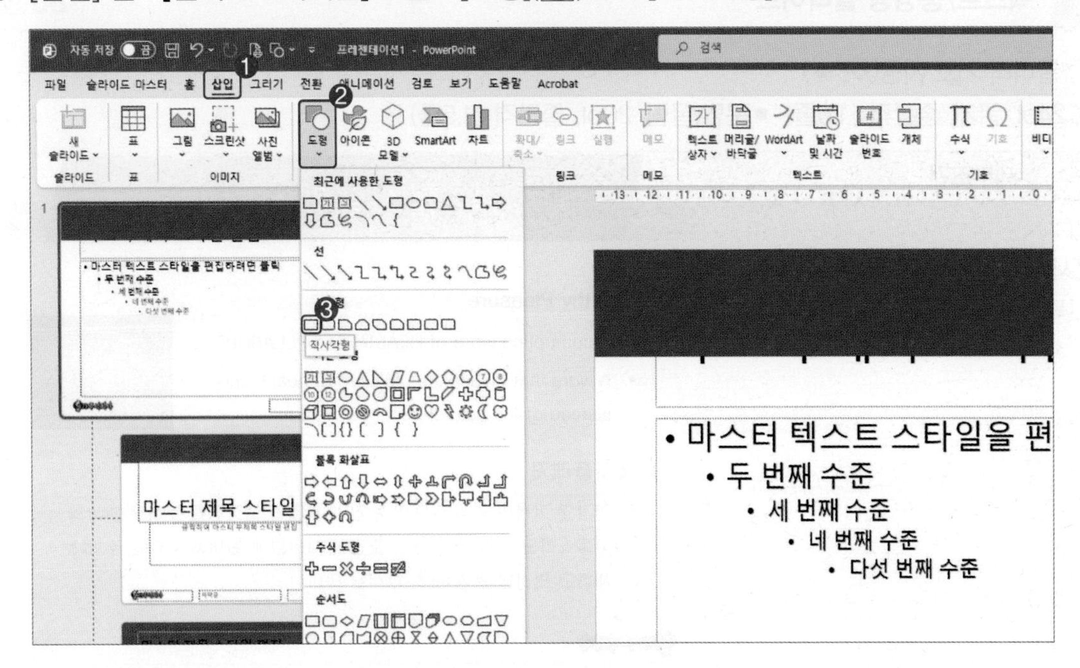

⑦ 마우스를 대각선으로 드래그하여 도형을 그린다.

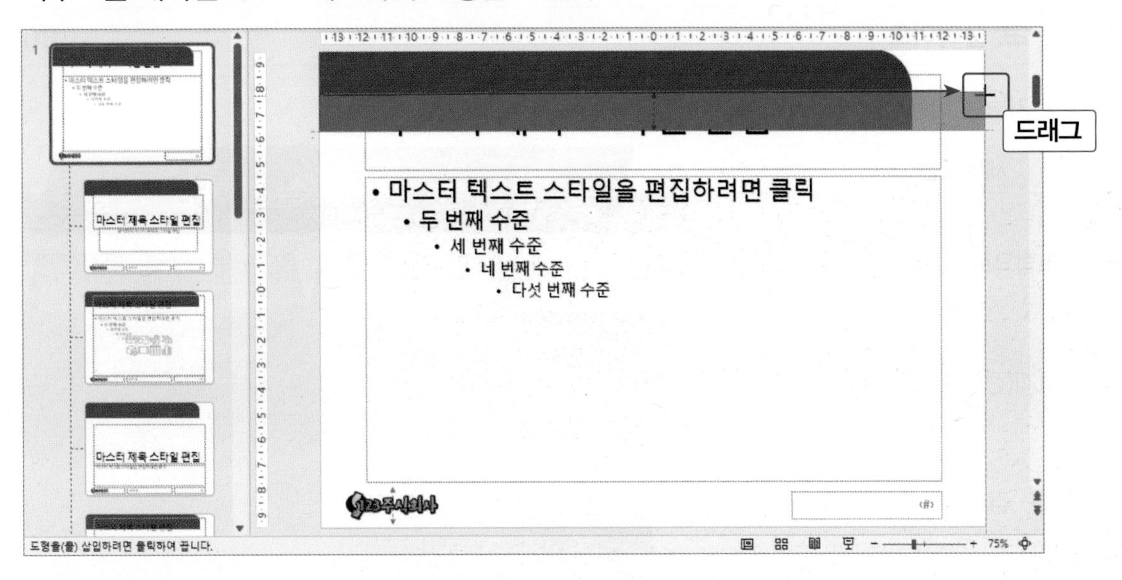

슬라이드 ❸ 텍스트/동영상 슬라이드 60점

(1) 텍스트 작성 : 글머리 기호 사용(❖, ■)

❖문단(굴림, 24pt, 굵게, 줄간격 : 1.5줄), ■문단(굴림, 20pt, 줄간격 : 1.5줄)

세부조건
① 동영상 삽입 : –「내 PC₩문서₩ITQ₩Picture₩동영상.wmv」 – 자동실행, 반복재생 설정

1. 헬시플레저란?

①

❖ Healthy Pleasure

- A compound word of HEALTH and PLEASURE
- A word that means the pleasure of health care instead of the painful past health care

❖ 헬시플레저

- 건강과 기쁨이 합쳐진 단어로 건강 관리의 즐거움을 뜻하며 과거의 고통스러운 건강 관리 대신 즐겁고 재미있게 놀이처럼 즐길 수 있는 새롭고 편리한 건강 관리 방식을 의미

3

슬라이드 ❹ 표 슬라이드 80점

(1) 도형과 표 작성 기능을 이용하여 슬라이드를 작성한다(글꼴 : 돋움, 18pt).

세부조건
① 상단 도형 : 2개 도형의 조합으로 작성
② 좌측 도형 : 그라데이션 효과(선형 아래쪽)
③ 표 스타일 : 테마 스타일 1 – 강조 5

2. 헬시플레저를 실천하는 방법

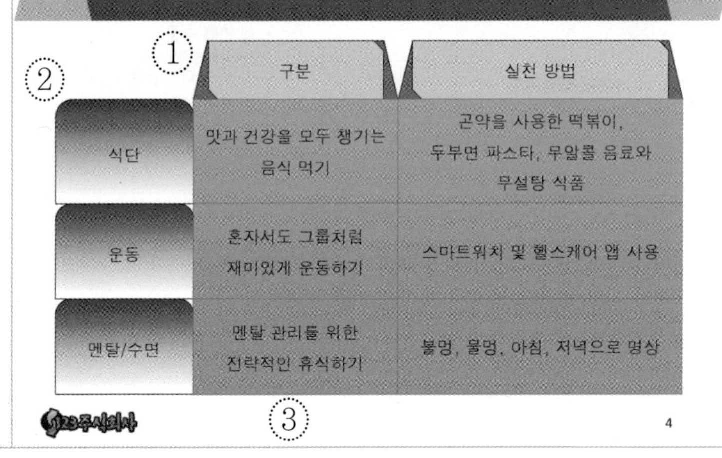

①

②

	구분	실천 방법
식단	맛과 건강을 모두 챙기는 음식 먹기	곤약을 사용한 떡볶이, 두부면 파스타, 무알콜 음료와 무설탕 식품
운동	혼자서도 그룹처럼 재미있게 운동하기	스마트워치 및 헬스케어 앱 사용
멘탈/수면	멘탈 관리를 위한 전략적인 휴식하기	불멍, 물멍, 아침, 저녁으로 명상

③

123주식회사

4

⑧ [도형 서식] 탭–[도형 스타일] 그룹–[도형 채우기](icon)에서 [파랑, 강조 1, 60% 더 밝게]를 클릭한다.

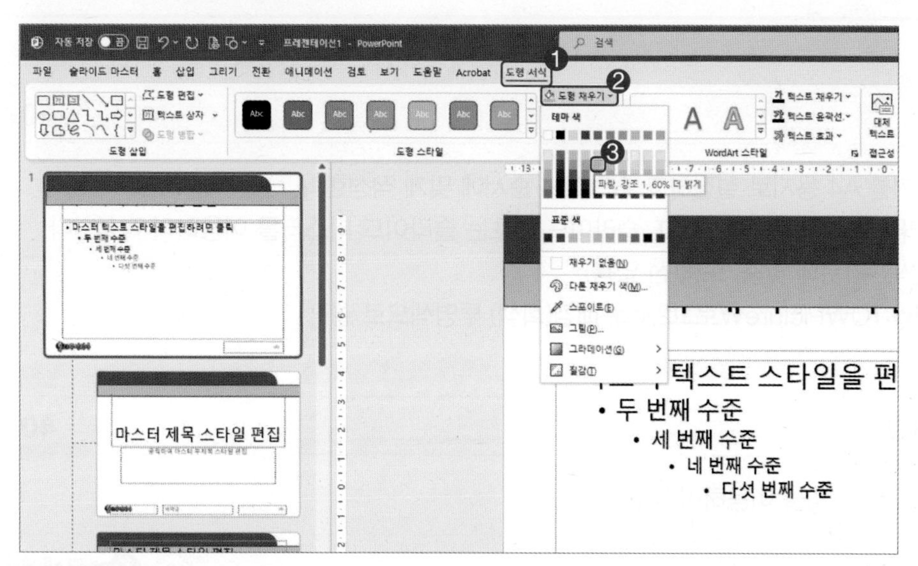

⑨ [도형 서식] 탭–[도형 스타일] 그룹–[도형 윤곽선](icon)에서 [윤곽선 없음]을 클릭한다.

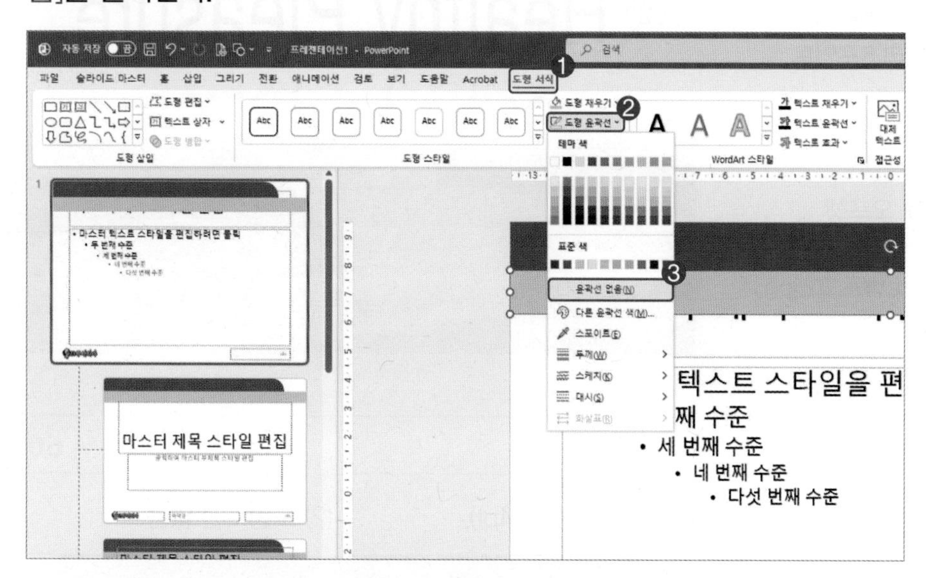

기적의 TIP

실제 ITQ 시험에서는 흑백 시험지가 주어진다. 따라서 도형의 색은 서로 구분되게 임의로 설정하면 된다.

실전 모의고사 01회

수험번호 20252011 정답파일 PART 04 실전 모의고사₩실전01회_정답.pptx

전체구성 60점

(1) 슬라이드 크기 및 순서 : 크기를 A4 용지로 설정하고 슬라이드 순서에 맞게 작성한다.
(2) 슬라이드 마스터 : 2~6슬라이드의 제목, 하단 로고, 슬라이드 번호는 슬라이드 마스터를 이용하여 작성한다.
  – 제목 글꼴(돋움, 40pt, 흰색), 가운데 맞춤, 도형(선 없음)
  – 하단 로고(「내 PC₩문서₩ITQ₩Picture₩로고2.jpg, 배경(회색) 투명색으로 설정)

슬라이드 ❶ 표지 디자인 40점

(1) 표지 디자인 : 도형, 워드아트 및 그림을 이용하여 작성한다.

세부조건

① 도형 편집
– 도형에 그림 채우기 : 「내 PC₩문서₩ITQ₩Picture₩그림1.jpg」, 투명도 50%
– 도형 효과 : 부드러운 가장자리 5포인트
② 워드아트 삽입
– 변환 : 팽창
– 글꼴 : 돋움, 굵게
– 텍스트 반사 : 근접 반사, 4pt 오프셋
③ 그림 삽입
– 「내 PC₩문서₩ITQ₩Picture₩로고2.jpg」
– 배경(회색) 투명색으로 설정

③ 

② Healthy Pleasure

슬라이드 ❷ 목차 슬라이드 60점

(1) 출력형태와 같이 도형을 이용하여 목차를 작성한다(글꼴 : 굴림, 24pt). (2) 도형 : 선 없음

세부조건

① 텍스트에 링크【하이퍼링크】 적용
→ '슬라이드 4'
② 그림 삽입
– 「내 PC₩문서₩ITQ₩Picture₩그림5.jpg」
– 자르기 기능 이용

목차

②

1 헬시플레저란?
2 헬시플레저를 실천하는 방법 ①
3 디지털헬스 투자 추이
4 헬시플레저 실천맵

123주식회사 2

⑩ [도형 서식] 탭–[정렬] 그룹–[뒤로 보내기]( )에서 [맨 뒤로 보내기]( )를 클릭한다.

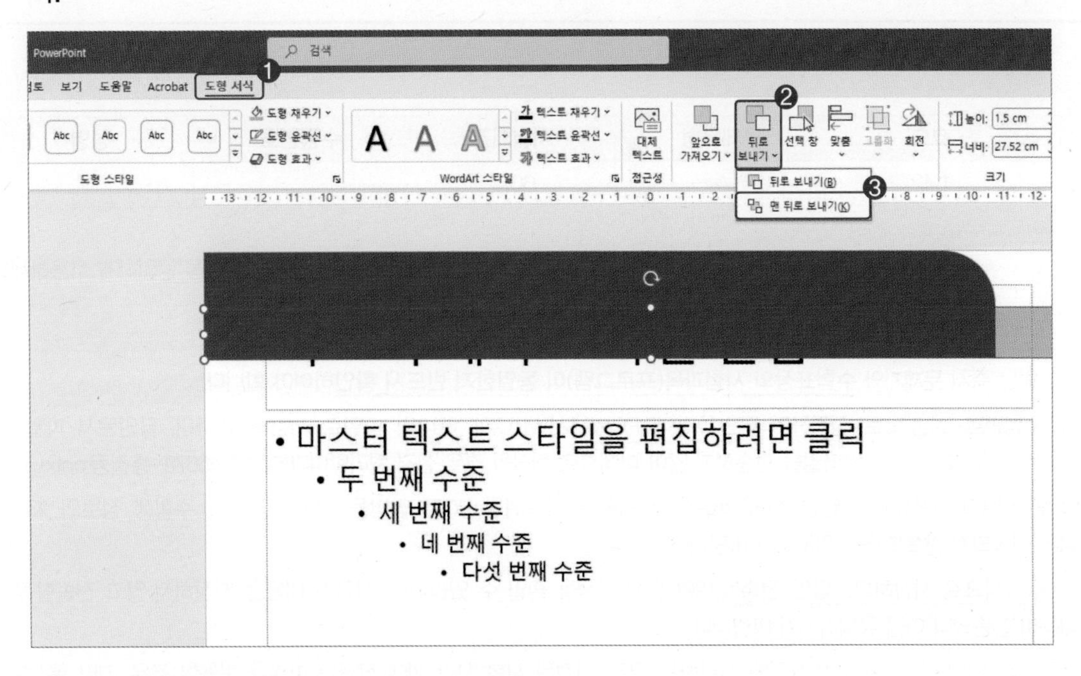

⑪ '마스터 제목 스타일 편집' 상자를 선택한다.

→ [도형 서식] 탭–[정렬] 그룹–[앞으로 가져오기]( )에서 [맨 앞으로 가져오기]( )를 클릭한다.

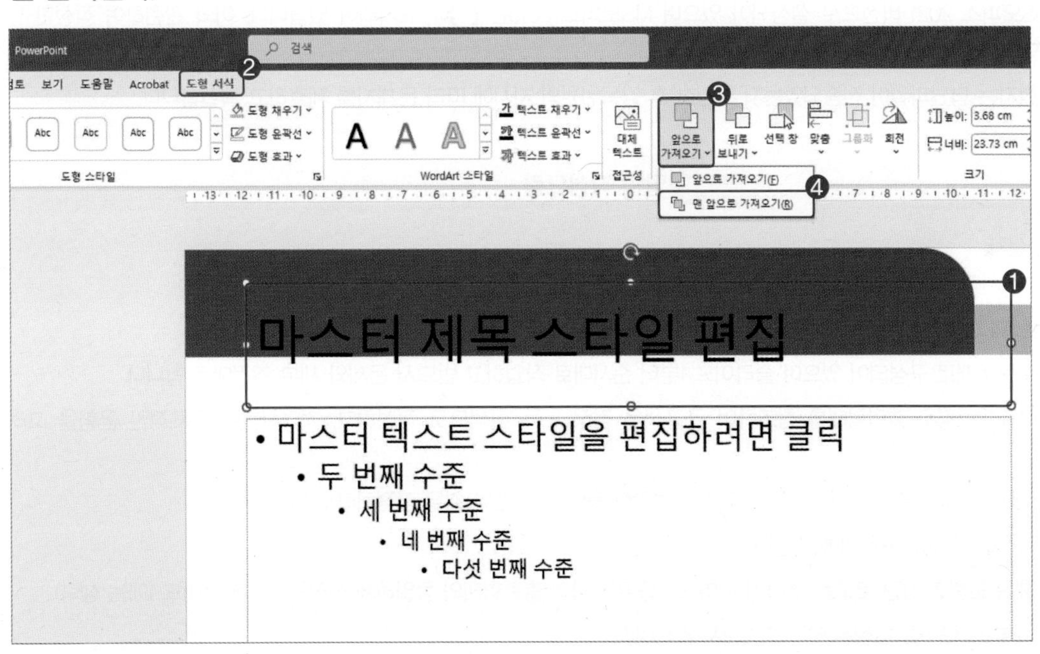

정보기술자격(ITQ) 시험

MS오피스

과목	코드	문제유형	시험시간	수험번호	성명
한글파워포인트	1142	A	60분		

※ 실전 모의고사 01~10회 학습 시 답안 작성요령을 동일하게 적용하세요.

수험자 유의사항

- 수험자는 문제지를 받는 즉시 문제지와 **수험표상의 시험과목(프로그램)이 동일한지 반드시 확인**하여야 합니다.
- 파일명은 본인의 "수험번호-성명"으로 입력하여 답안폴더(내 PC₩문서₩ITQ)에 하나의 파일로 저장해야 하며, 답안문서 파일명이 "수험번호-성명"과 일치하지 않거나, 답안파일을 전송하지 않아 미제출로 처리될 경우 실격 처리합니다(예: 12345678-홍길동.pptx).
- 답안 작성을 마치면 파일을 저장하고, '답안 전송' 버튼을 선택하여 감독위원 PC로 답안을 전송하십시오. 수험생 정보와 저장한 파일명이 다를 경우 전송되지 않으므로 주의하시기 바랍니다.
- 답안 작성 중에도 **주기적으로 저장하고, '답안 전송'**하여야 문제 발생을 줄일 수 있습니다. 작업한 내용을 저장하지 않고 전송할 경우 이전에 저장된 내용이 전송되니 이점 유의하시기 바랍니다.
- 답안문서는 지정된 경로 외의 다른 보조기억장치에 저장하는 경우, 지정된 시험 시간 외에 작성된 파일을 활용할 경우, 기타 통신수단(이메일, 메신저, 네트워크 등)을 이용하여 타인에게 전달 또는 외부 반출하는 경우는 부정 처리합니다.
- 시험 중 부주의 또는 고의로 시스템을 파손한 경우는 수험자가 변상해야 하며, 〈수험자 유의사항〉에 기재된 방법대로 이행하지 않아 생기는 불이익은 수험생 당사자의 책임임을 알려 드립니다.
- 문제의 조건은 MS오피스 2021 버전으로 설정되어 있으며 MS오피스 2016은 【 】에 표기되어 있습니다. 이와 관련하여 작성한 답안의 출력형태가 문제지와 다를 수 있습니다.
- 시험을 완료한 수험자는 답안파일이 전송되었는지 확인한 후 감독위원의 지시에 따라 문제지를 제출하고 퇴실합니다.

답안 작성요령

- 온라인 답안 작성 절차
  수험자 등록 ⇒ 시험 시작 ⇒ 답안파일 저장 ⇒ 답안 전송 ⇒ 시험 종료
- 슬라이드의 크기는 A4 Paper로 설정하여 작성합니다.
- 슬라이드의 총 개수는 6개로 구성되어 있으며 슬라이드 1부터 순서대로 작업하고 반드시 문제와 세부 조건대로 합니다.
- 별도의 지시사항이 없는 경우 출력형태를 참조하여 글꼴색은 검정 또는 흰색으로 작성하고, 기타사항은 전체적인 균형을 고려하여 작성합니다.
- 슬라이드 도형 및 개체에 출력형태와 다른 스타일(그림자, 외곽선 등)을 적용했을 경우 감점처리 됩니다.
- 슬라이드 번호를 작성합니다(슬라이드 1에는 생략).
- 2~6번 슬라이드 제목 도형과 하단 로고는 슬라이드 마스터를 이용하여 출력형태와 동일하게 작성합니다(슬라이드 1에는 생략).
- 문제와 세부조건, 세부조건 번호 ◌(점선원)는 입력하지 않습니다.
- 각 개체의 위치는 오른쪽의 슬라이드와 동일하게 구성합니다.
- 그림 삽입 문제의 경우 반드시 「내 PC₩문서₩ITQ₩Picture」 폴더에서 정확한 파일을 선택하여 삽입하십시오.
- 각 슬라이드를 각각의 파일로 작업해서 저장할 경우 실격 처리됩니다.

⑫ [홈] 탭-[글꼴] 그룹에서 글꼴 '돋움', 크기 '40', 글꼴 색 '흰색'을 설정한다.

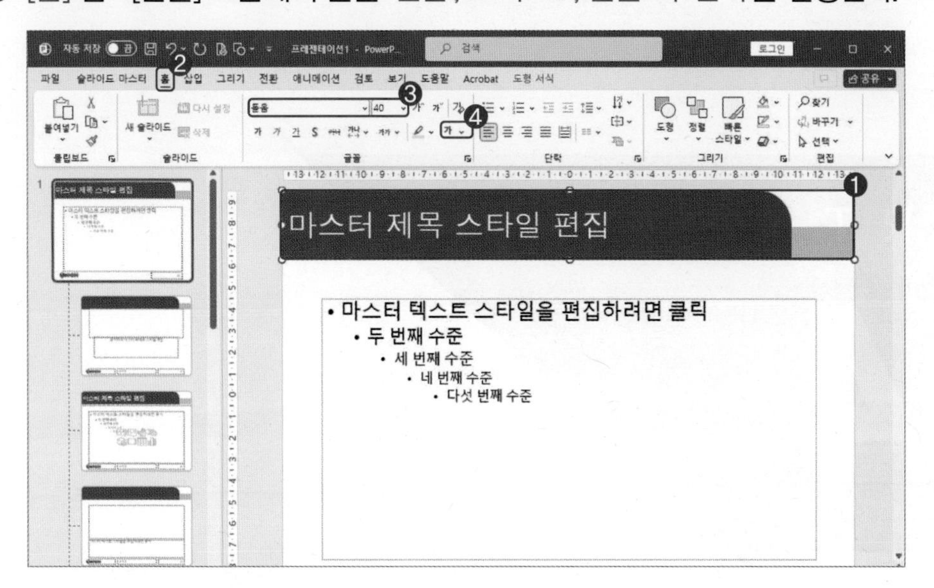

⑬ [제목 슬라이드 레이아웃]을 클릭한다.
→ 앞에 작성한 도형이 제목 슬라이드에 나타나지 않도록 [슬라이드 마스터] 탭-[배경] 그룹-'배경 그래픽 숨기기'에 체크한다.

해결 TIP

'배경 그래픽 숨기기' 옵션이 체크가 안 돼요!

[슬라이드 및 개요] 창에서 [제목 슬라이드 마스터]를 선택한다. [Office 테마 슬라이드 마스터]에서는 체크할 수 없다.

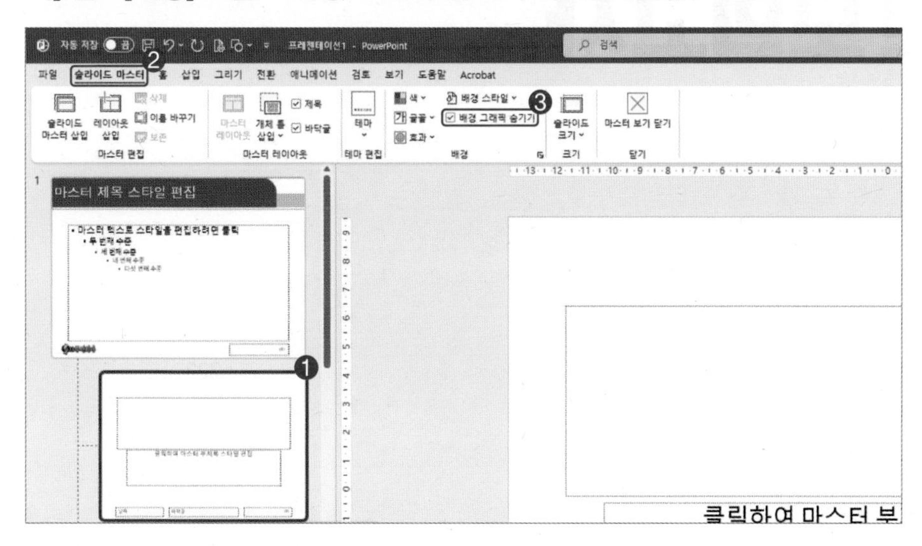

⑭ [마스터 보기 닫기](☒)를 클릭한다.

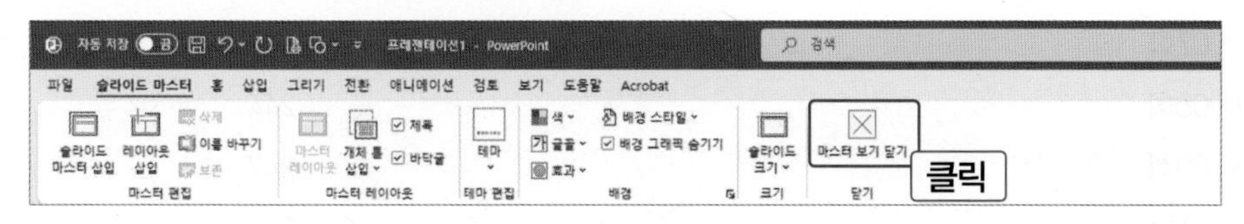

PART

04

실전 모의고사

SECTION 05 슬라이드 삽입

① [홈] 탭 – [슬라이드] 그룹 – [새 슬라이드]( )에서 [제목 및 내용]을 클릭한다.

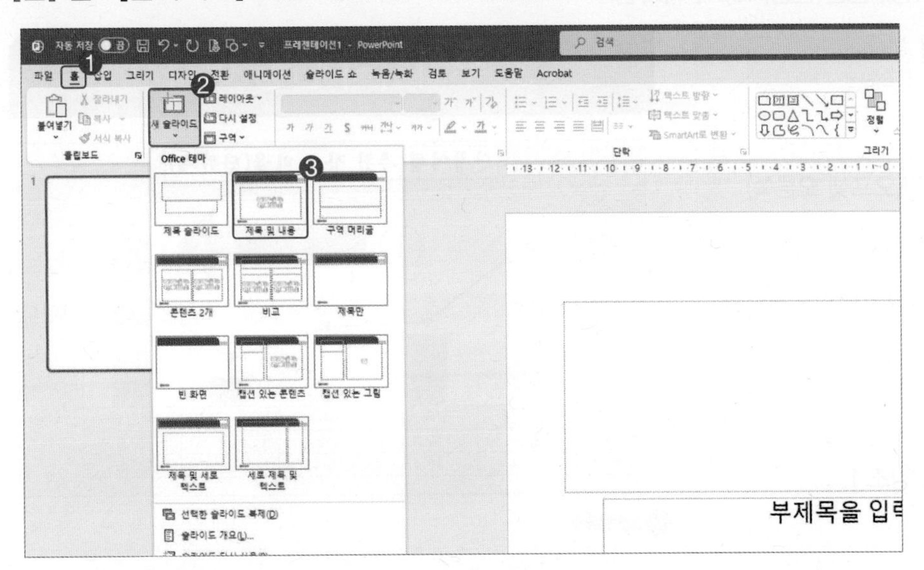

② 총 6개의 슬라이드가 되도록 Ctrl + M을 눌러 슬라이드를 삽입한다.

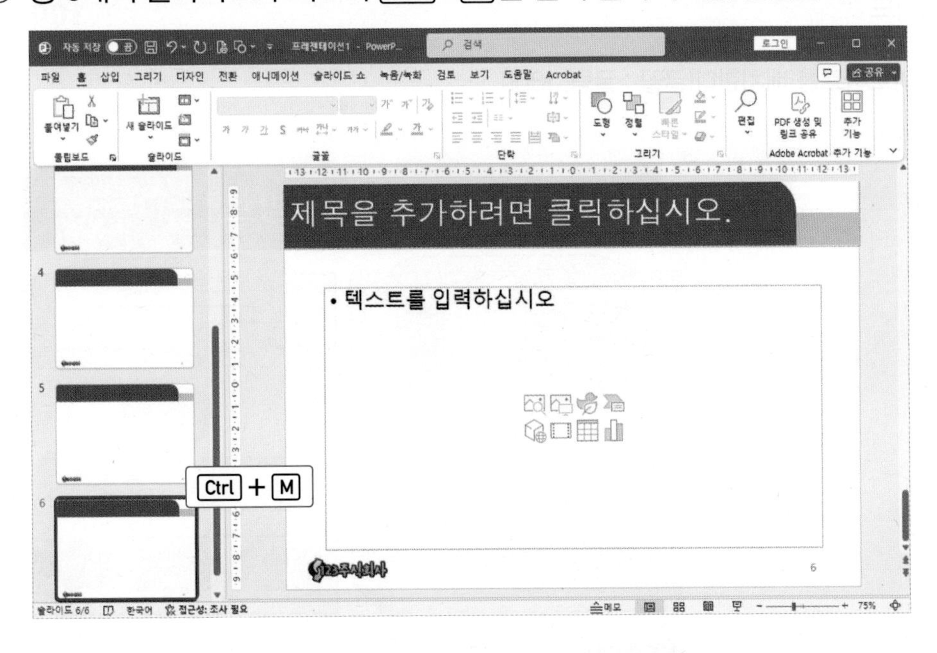

기적의 TIP

Ctrl + M 대신 Enter를 눌러도 된다.

슬라이드 ⑤ 차트 슬라이드 100점

(1) 차트 작성 기능을 이용하여 슬라이드를 작성한다.
(2) 차트 : 종류(묶은 세로 막대형), 글꼴(돋움, 16pt), 외곽선

세부조건

※ 차트설명
- 차트제목 : 궁서, 24pt, 굵게, 채우기(흰색), 테두리, 그림자(오프셋 오른쪽)
- 차트영역 : 채우기(노랑)
  그림영역 : 채우기(흰색)
- 데이터 서식 : 남자 계열을 표식이 있는 꺾은선형으로 변경 후 보조축으로 지정
- 값 표시 : 화담숲의 여자 계열만

① 도형 삽입
- 스타일 : 미세 효과 – 파랑, 강조 1
- 글꼴 : 굴림, 18pt

3. 우리나라 단풍 여행지

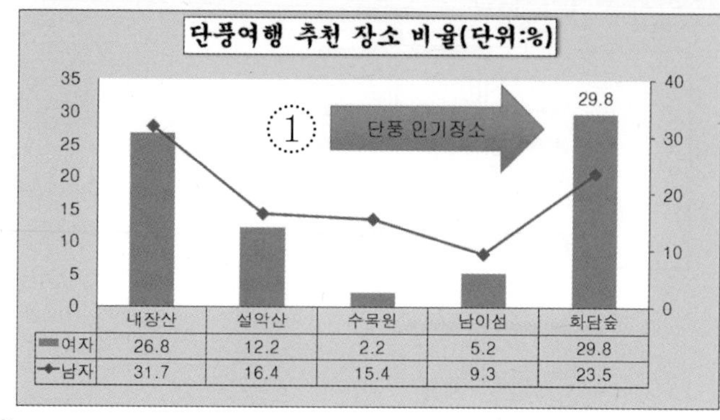

	내장산	설악산	수목원	남이섬	화담숲
여자	26.8	12.2	2.2	5.2	29.8
남자	31.7	16.4	15.4	9.3	23.5

123주식회사 5

슬라이드 ⑥ 도형 슬라이드 100점

(1) 슬라이드와 같이 도형 및 스마트아트를 배치한다(글꼴 : 굴림, 18pt).
(2) 애니메이션 순서 : ① ⇒ ②

세부조건

① 도형 및 스마트아트 편집
- 스마트아트 디자인 : 3차원 만화, 강한 효과
- 그룹화 후 애니메이션 효과 : 닦아내기(위에서)

② 도형 편집
- 그룹화 후 애니메이션 효과 : 바운드

4. 단풍 탐방로

무등산 국립공원
증심교
의제미술관
증심사
약사암
풍암제
풍암정
원효분소
늦재 삼거리
토끼등

내장산 국립공원
공원진입로
백양사
약사암
매표소
내장사
안내소
원적암
벽련암

①
②

123주식회사 6

SECTION 06 문서 저장

① 빠른 실행 도구 모음에서 [저장](💾)을 클릭하거나 [파일] 탭－[저장]을 클릭한다.

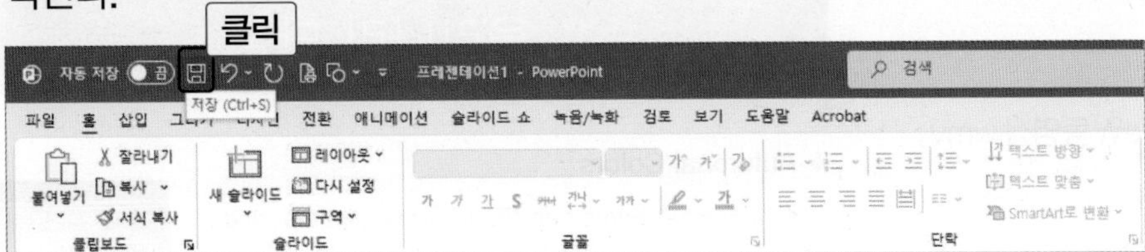

> **기적의 TIP**
>
> 저장 단축키 Ctrl+S를 자주 활용하여 작업 중 예상치 못한 문제 발생에 대비한다.

② [찾아보기]를 클릭한다.
→ '내 PC₩문서₩ITQ'로 이동하여 파일 이름을 입력하고 [저장]을 클릭한다.

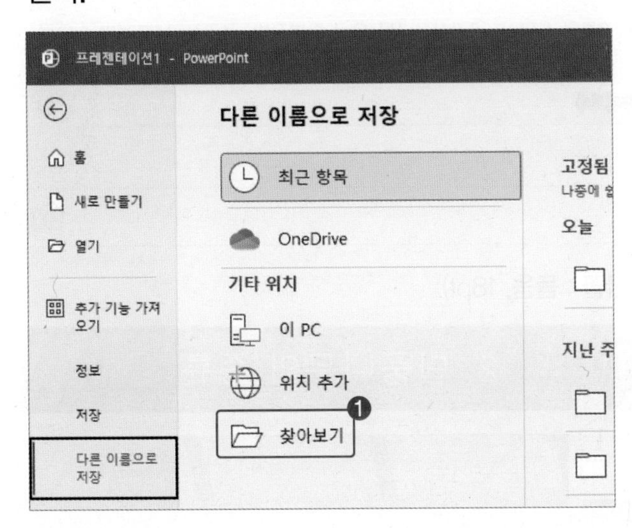

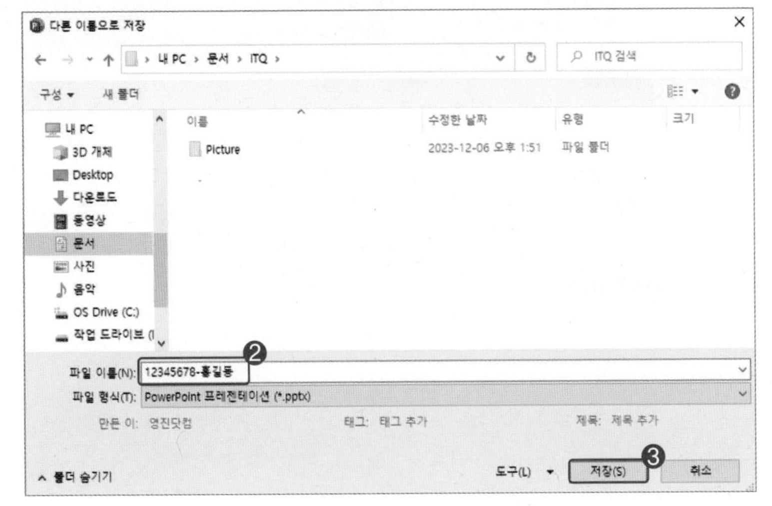

> **해결 TIP**
>
> **파일 저장 시 파일명은 어떻게 하나요?**
>
> 본인의 '수험번호－성명'으로 입력하여 저장한다. 파일명이 '수험번호－성명'과 일치하지 않거나, 답안 파일을 전송하지 않아 미제출이 될 경우 실격 처리된다.

슬라이드 ❸ 텍스트/동영상 슬라이드 60점

(1) 텍스트 작성 : 글머리 기호 사용(❖, ■)

❖문단(굴림, 24pt, 굵게, 줄간격 : 1.5줄), ■문단(굴림, 20pt, 줄간격 : 1.5줄)

세부조건
① 동영상 삽입 : –「내 PC₩문서₩ITQ₩Picture₩동영상.wmv」 – 자동실행, 반복재생 설정

1. 우리나라 단풍

❖ Autumnal Colors

- Autumnal colors turn shades of red, yellow, and orange in autumn, and residents enjoy taking trips to see the striking colors

①

❖ 우리나라 단풍

- 우리나라는 아름다운 단풍이 들기 좋은 최적의 기후 조건을 갖고 있어 설악산, 지리산, 내장산 등의 단풍이 세계적으로 유명
- 9월말 설악산, 금강산을 시작으로 중부지방, 지리산, 남부지방 순으로 단풍물이 들며 절정시기는 10월 말임

3

슬라이드 ❹ 표 슬라이드 80점

(1) 도형과 표 작성 기능을 이용하여 슬라이드를 작성한다(글꼴 : 돋움, 18pt).

세부조건
① 상단 도형 : 2개 도형의 조합으로 작성
② 좌측 도형 : 그라데이션 효과(선형 아래쪽)
③ 표 스타일 : 테마 스타일 1 – 강조 5

2. 단풍나무의 종류

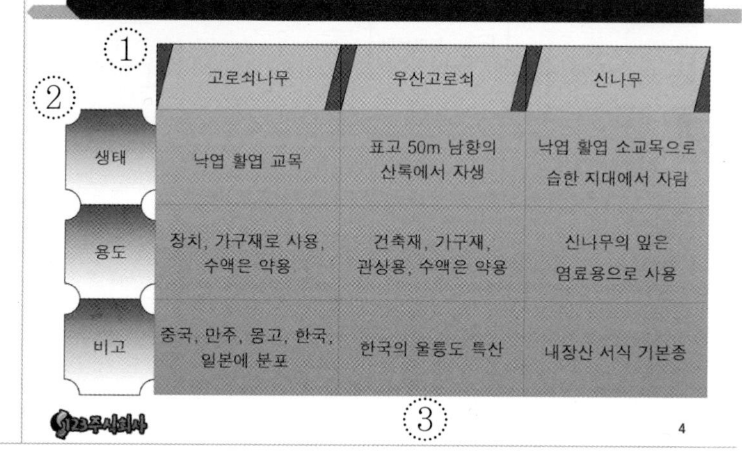

	고로쇠나무	우산고로쇠	신나무
생태	낙엽 활엽 교목	표고 50m 남향의 산록에서 자생	낙엽 활엽 소교목으로 습한 지대에서 자람
용도	장치, 가구재로 사용, 수액은 약용	건축재, 가구재, 관상용, 수액은 약용	신나무의 잎은 염료용으로 사용
비고	중국, 만주, 몽고, 한국, 일본에 분포	한국의 울릉도 특산	내장산 서식 기본종

4

유형분석 문항 ②

슬라이드 1
표지 디자인

배점 **40점** | A등급 목표점수 **30점**

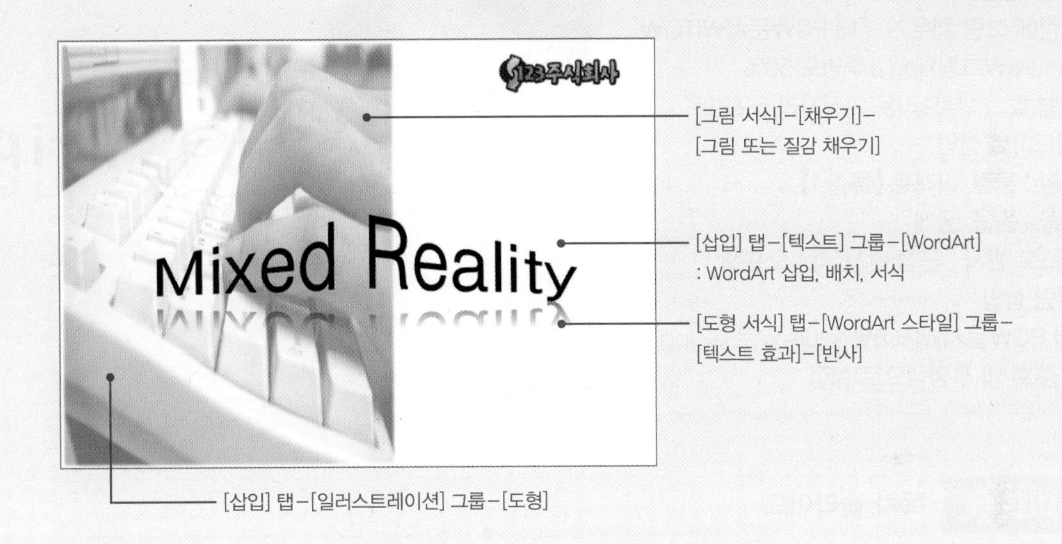

출제포인트

그림 삽입 · WordArt 삽입 · WordArt 스타일

출제기준

도형과 그림을 이용하여 표지 슬라이드를 작성하는 능력을 평가하는 문항입니다.

A등급 TIP

이 문항에서는 도형 채우기, 부드러운 가장자리 등 일정한 패턴이 고정적으로 출제됩니다. 반복 연습하여 감점을 피하는 것이 중요하며, 도형 모양과 워드아트 서식은 매번 다르게 주어지므로 신경 써서 작업해야 합니다.

수험번호 20252010 정답파일 PART 03 최신 기출문제₩최신10회_정답.pptx

전체구성 60점

(1) 슬라이드 크기 및 순서 : 크기를 A4 용지로 설정하고 슬라이드 순서에 맞게 작성한다.
(2) 슬라이드 마스터 : 2~6슬라이드의 제목, 하단 로고, 슬라이드 번호는 슬라이드 마스터를 이용하여 작성한다.
- 제목 글꼴(돋움, 40pt, 흰색), 가운데 맞춤, 도형(선 없음)
- 하단 로고(「내 PC₩문서₩ITQ₩Picture₩로고2.jpg, 배경(회색) 투명색으로 설정)

슬라이드 ❶ 표지 디자인 40점

(1) 표지 디자인 : 도형, 워드아트 및 그림을 이용하여 작성한다.

세부조건
① 도형 편집 - 도형에 그림 채우기 : 「내 PC₩문서₩ITQ₩Picture₩그림1.jpg」, 투명도 50% - 도형 효과 : 부드러운 가장자리 5포인트 ② 워드아트 삽입 - 변환 : 물결, 아래로【물결 1】 - 글꼴 : 돋움, 굵게 - 텍스트 반사 : 근접 반사, 4pt 오프셋 ③ 그림 삽입 - 「내 PC₩문서₩ITQ₩Picture₩로고2.jpg」 - 배경(회색) 투명색으로 설정

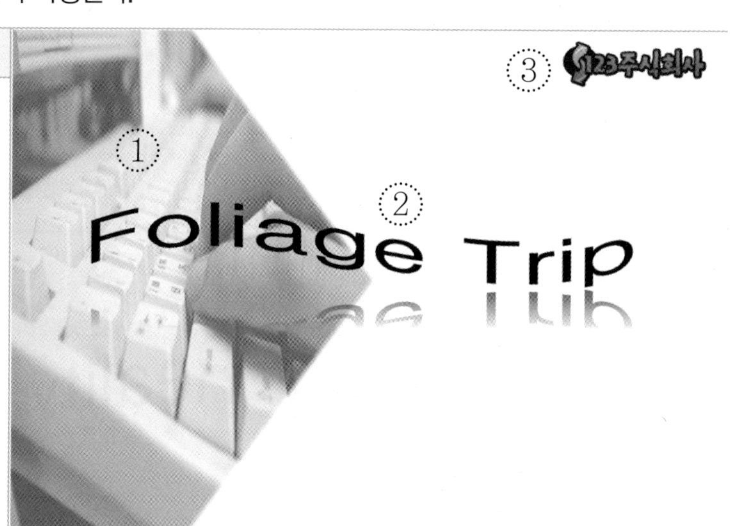

슬라이드 ❷ 목차 슬라이드 60점

(1) 출력형태와 같이 도형을 이용하여 목차를 작성한다(글꼴 : 굴림, 24pt). (2) 도형 : 선 없음

세부조건
① 텍스트에 링크【하이퍼링크】 적용 → '슬라이드 6' ② 그림 삽입 - 「내 PC₩문서₩ITQ₩Picture₩그림5.jpg」 - 자르기 기능 이용

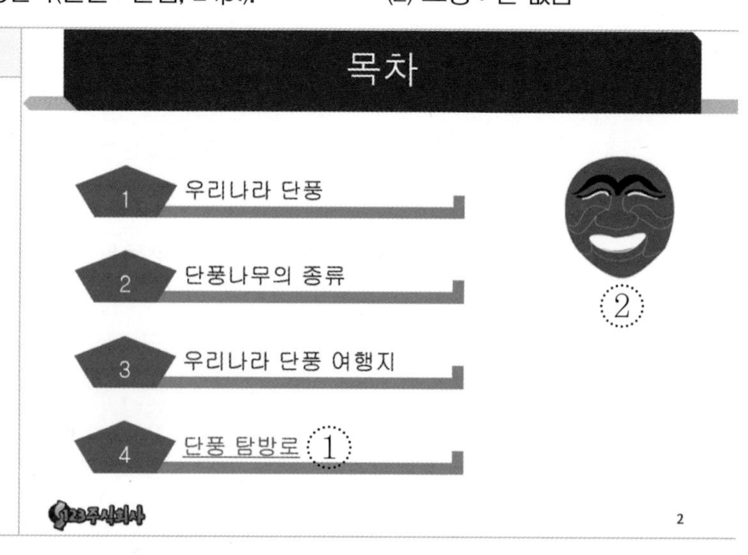

CHAPTER 02

[슬라이드 1]

표지 디자인

난 이 도 상 중 (하)

반복학습 1 2 3

문제파일 PART 01 시험 유형 따라하기₩CHAPTER02.pptx

정답파일 PART 01 시험 유형 따라하기₩CHAPTER02_정답.pptx

문제보기

(1) 표지 디자인 : 도형, 워드아트 및 그림을 이용하여 작성한다.

세부조건

① 도형 편집
- 도형에 그림 채우기 : 「내 PC₩문서₩ITQ₩Picture₩그림1.jpg」, 투명도 50%
- 도형 효과 : 부드러운 가장자리 5포인트

② 워드아트 삽입
- 변환 : 삼각형, 위로
- 글꼴 : 돋움, 굵게
- 텍스트 반사 : 근접 반사, 4pt 오프셋

③ 그림 삽입
- 「내 PC₩문서₩ITQ₩Picture₩로고2.jpg」
- 배경(회색) 투명색으로 설정

핵심기능

기능	바로 가기	메뉴
수평/수직 이동	Shift+마우스 드래그	
세밀한 이동	방향키(←, ↑, →, ↓)	
그림 삽입		[삽입] 탭 – [이미지] 그룹 – [그림]
WordArt 삽입		[삽입] 탭 – [텍스트] 그룹 – [WordArt]

슬라이드 ⑤ 차트 슬라이드 100점

(1) 차트 작성 기능을 이용하여 슬라이드를 작성한다.
(2) 차트 : 종류(묶은 세로 막대형), 글꼴(돋움, 16pt), 외곽선

세부조건

※ 차트설명
- 차트제목 : 궁서, 24pt, 굵게, 채우기(흰색), 테두리, 그림자(오프셋 오른쪽)
- 차트영역 : 채우기(노랑)
  그림영역 : 채우기(흰색)
- 데이터 서식 : 한국 계열을 표식이 있는 꺾은선형으로 변경 후 보조축으로 지정
- 값 표시 : 2020년의 전체 계열만

① 도형 삽입
- 스타일 : 미세 효과 – 파랑, 강조 1
- 글꼴 : 굴림, 18pt

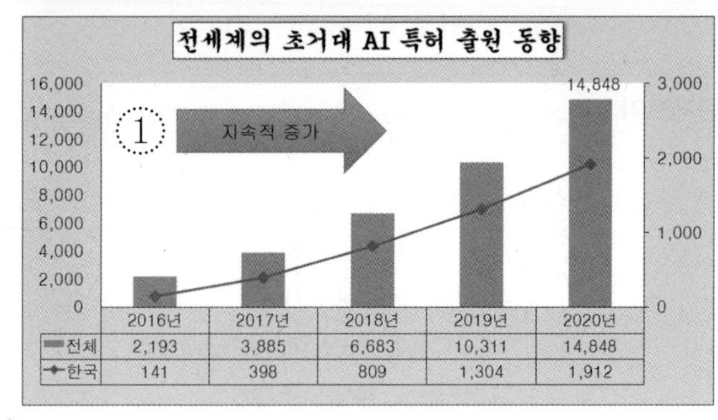

	2016년	2017년	2018년	2019년	2020년
전체	2,193	3,885	6,683	10,311	14,848
한국	141	398	809	1,304	1,912

123주식회사 5

슬라이드 ⑥ 도형 슬라이드 100점

(1) 슬라이드와 같이 도형 및 스마트아트를 배치한다(글꼴 : 굴림, 18pt).
(2) 애니메이션 순서 : ① ⇒ ②

세부조건

① 도형 및 스마트아트 편집
- 스마트아트 디자인 : 3차원 만화, 강한 효과
- 그룹화 후 애니메이션 효과 : 닦아내기(위에서)

② 도형 편집
- 그룹화 후 애니메이션 효과 : 바운드

4. 초거대 AI 챗GPT
챗GPT 개요
응용 분야
• 개발자 코딩
• 문서 작성
기반 기술
• 초거대 AI
• GPT-3.5
챗GPT
오픈AI
GPT3.5
생성형
대화형
사용자 100만명 달성 기간
챗GPT
5일
인스타그램
2.5개월
페이스북
10개월
넷플릭스
3.5년
123주식회사
①
②
6

① 슬라이드 1에서 '제목 텍스트 상자'와 '부제목 텍스트 상자'를 Delete를 눌러 삭제한다.
→ [삽입] 탭 – [일러스트레이션] 그룹에서 [도형]( ) – [사각형] – [직사각형]( )을 클릭한다.

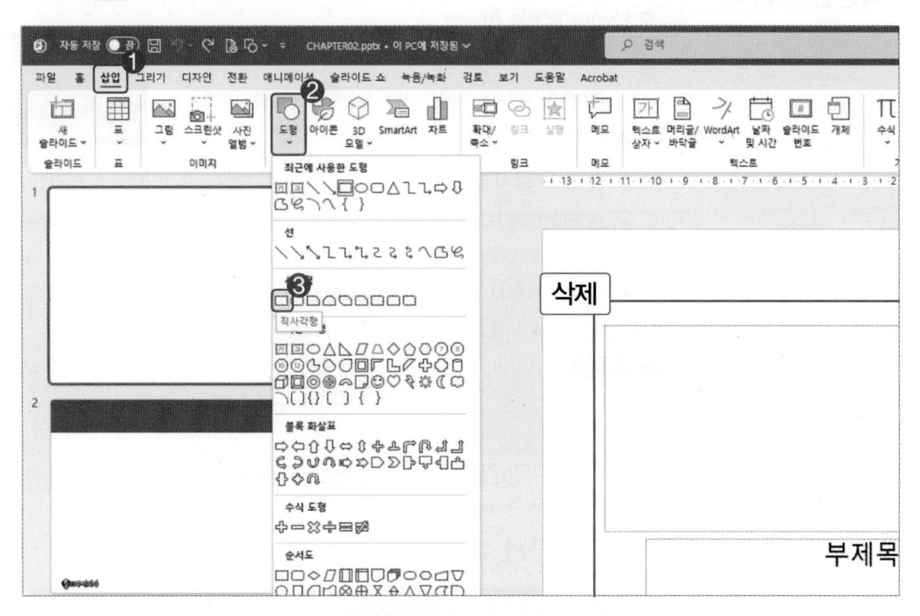

기적의 TIP

표지 슬라이드는 워드아트와 도형을 이용하기 때문에 사용하지 않는 '제목 텍스트 상자'와 '부제목 텍스트 상자'를 삭제하는 것이 편하다.

② 마우스 포인터 모양이 +로 바뀌면, 슬라이드 왼쪽 상단에서 적당한 크기로 마우스 드래그하여 도형을 삽입한다.

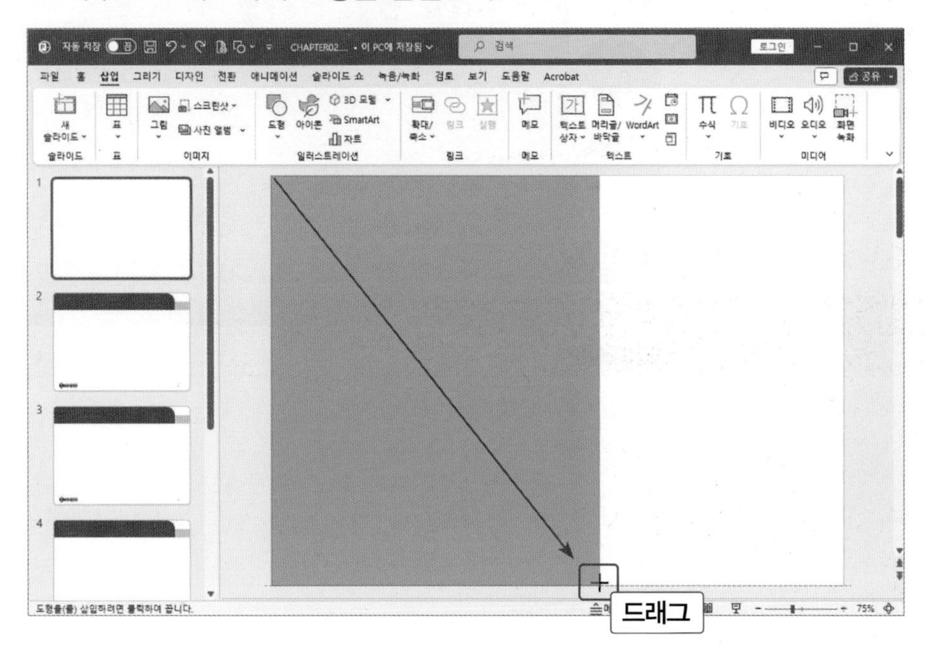

기적의 TIP

문제에서는 도형의 크기에 대한 명확한 지시사항이 없다. 제시된 그림을 보고 적당한 크기로 도형을 삽입해야 한다.

슬라이드 ❸ 텍스트/동영상 슬라이드 60점

(1) 텍스트 작성 : 글머리 기호 사용(❖, ■)
❖문단(굴림, 24pt, 굵게, 줄간격 : 1.5줄), ■문단(굴림, 20pt, 줄간격 : 1.5줄)

세부조건
① 동영상 삽입 : –「내 PC₩문서₩ITQ₩Picture₩동영상.wmv」 – 자동실행, 반복재생 설정

1. 초거대 인공지능

❖ Hyper scale AI

- Artificial intelligence comparable to the human brain structure that thinks, learns, judges, and acts comprehensively and autonomously

①

❖ 초거대 인공지능

- 초거대 인공지능은 데이터 분석과 학습을 넘어 인간의 뇌처럼 스스로 추론할 수 있음
- 방대한 데이터와 파라미터(매개변수)를 활용하여 창작이 가능한 인공지능 모델을 의미

3

슬라이드 ❹ 표 슬라이드 80점

(1) 도형과 표 작성 기능을 이용하여 슬라이드를 작성한다(글꼴 : 궁서, 18pt).

세부조건
① 상단 도형 : 2개 도형의 조합으로 작성
② 좌측 도형 : 그라데이션 효과(선형 아래쪽)
③ 표 스타일 : 테마 스타일 1 – 강조 5

2. 국내 초거대 AI 보유기업

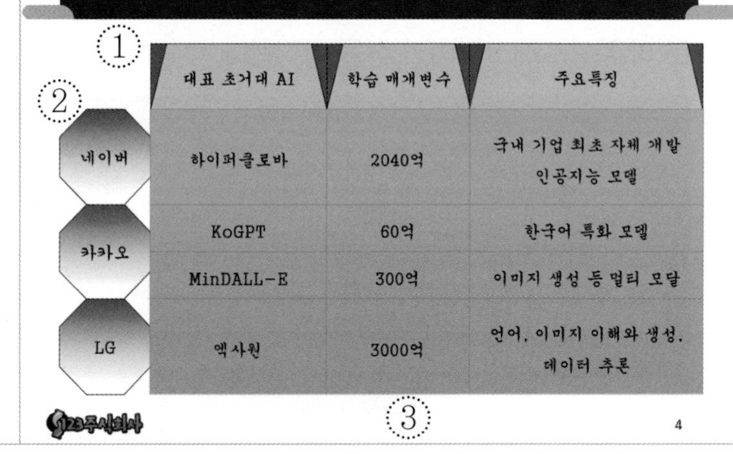

	대표 초거대 AI	학습 매개변수	주요특징
네이버	하이퍼클로바	2040억	국내 기업 최초 자체 개발 인공지능 모델
카카오	KoGPT	60억	한국어 특화 모델
	MinDALL-E	300억	이미지 생성 등 멀티 모달
LG	엑사원	3000억	언어, 이미지 이해와 생성, 데이터 추론

4

③ 도형을 선택한 후 마우스 오른쪽 클릭하고 [도형 서식]( )을 클릭한다.

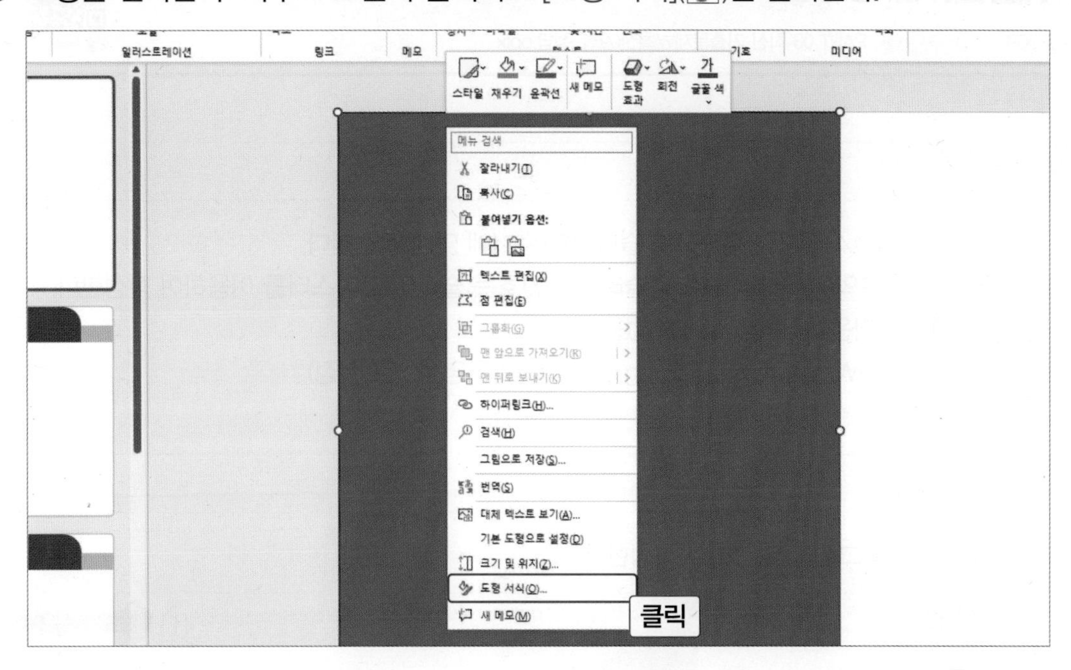

④ 도형 옵션의 [채우기 및 선]( ) – [채우기] – [그림 또는 질감 채우기]를 클릭한다.

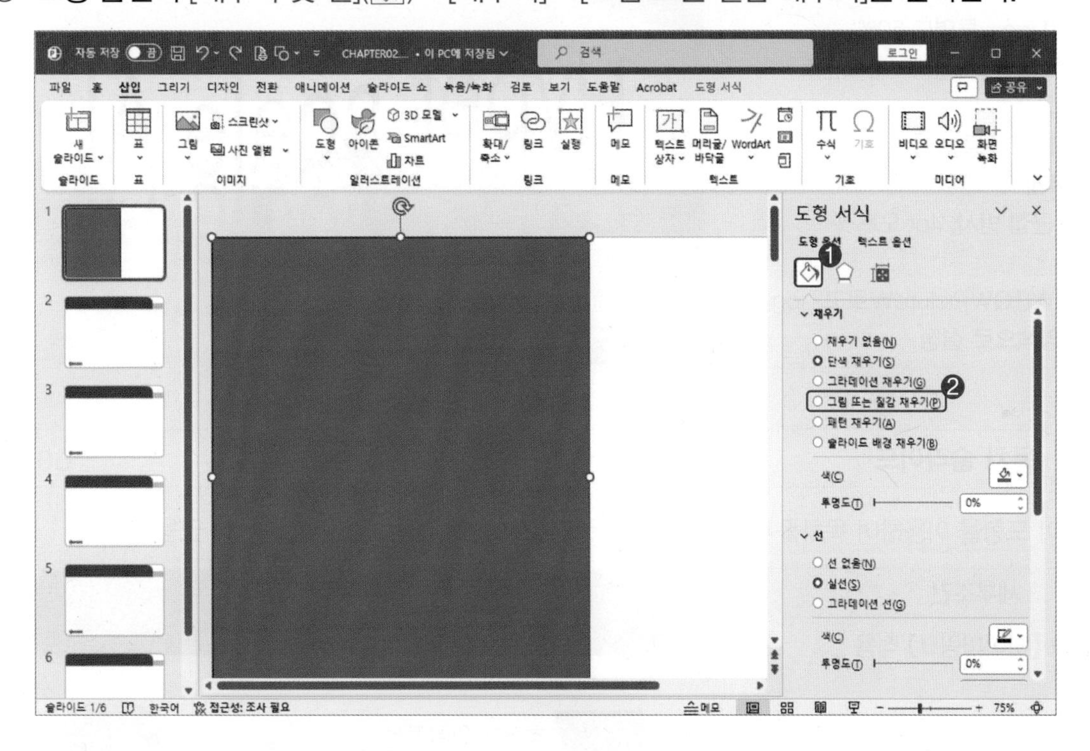

최신 기출문제 09회

수험번호 20252009 정답파일 PART 03 최신 기출문제₩최신09회_정답.pptx

전체구성 60점

(1) 슬라이드 크기 및 순서 : 크기를 A4 용지로 설정하고 슬라이드 순서에 맞게 작성한다.
(2) 슬라이드 마스터 : 2~6슬라이드의 제목, 하단 로고, 슬라이드 번호는 슬라이드 마스터를 이용하여 작성한다.
- 제목 글꼴(돋움, 40pt, 흰색), 가운데 맞춤, 도형(선 없음)
- 하단 로고(「내 PC₩문서₩ITQ₩Picture₩로고2.jpg, 배경(회색) 투명색으로 설정)

슬라이드 ❶ 표지 디자인 40점

(1) 표지 디자인 : 도형, 워드아트 및 그림을 이용하여 작성한다.

세부조건
① 도형 편집 - 도형에 그림 채우기 : 「내 PC₩문서₩ITQ₩Picture₩그림1.jpg」, 투명도 50% - 도형 효과 : 부드러운 가장자리 5포인트 ② 워드아트 삽입 - 변환 : 물결, 아래로【물결 1】 - 글꼴 : 돋움, 굵게 - 텍스트 반사 : 근접 반사, 4pt 오프셋 ③ 그림 삽입 - 「내 PC₩문서₩ITQ₩Picture₩로고2.jpg」 - 배경(회색) 투명색으로 설정

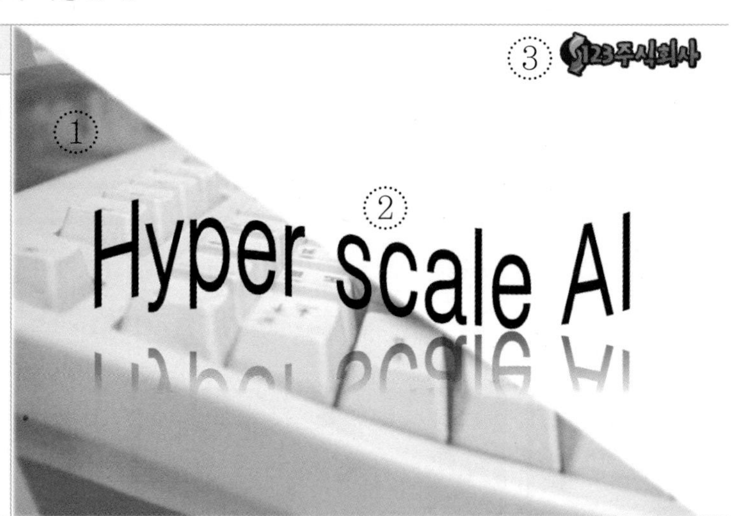

슬라이드 ❷ 목차 슬라이드 60점

(1) 출력형태와 같이 도형을 이용하여 목차를 작성한다(글꼴 : 굴림, 24pt). (2) 도형 : 선 없음

세부조건
① 텍스트에 링크【하이퍼링크】적용 → '슬라이드 6' ② 그림 삽입 - 「내 PC₩문서₩ITQ₩Picture₩그림5.jpg」 - 자르기 기능 이용

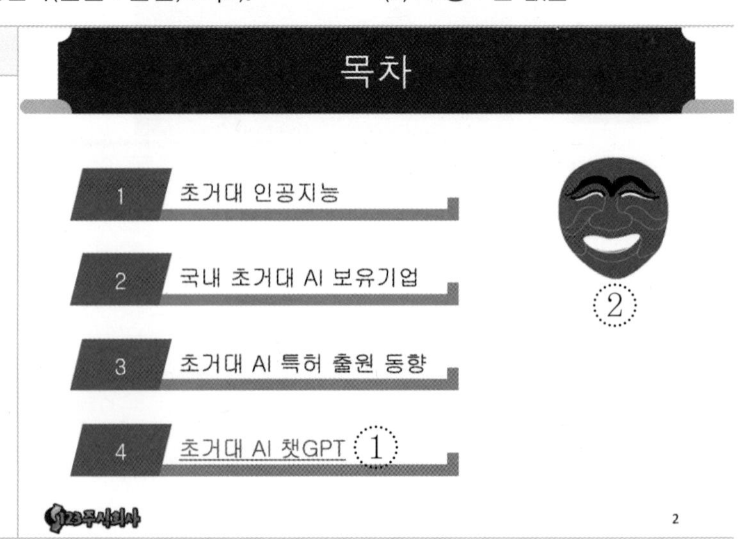

⑤ [그림 원본] – [삽입]을 클릭하고 [그림 삽입] 대화상자가 나타나면 [파일에서]를 클릭한다.

→ '내 PC₩문서₩ITQ₩Picture' 폴더에서 '그림1.jpg'를 선택해 삽입한다.

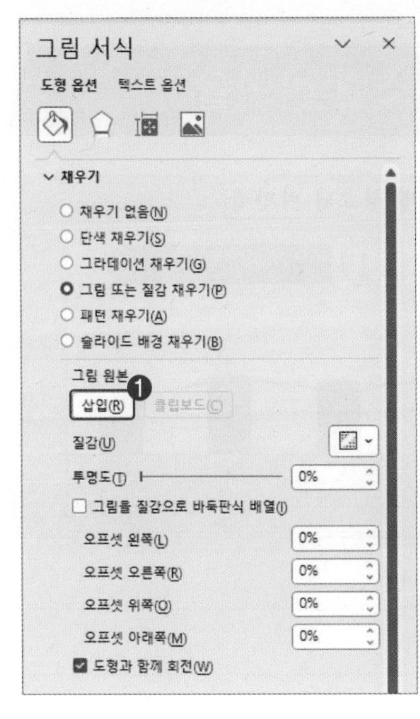

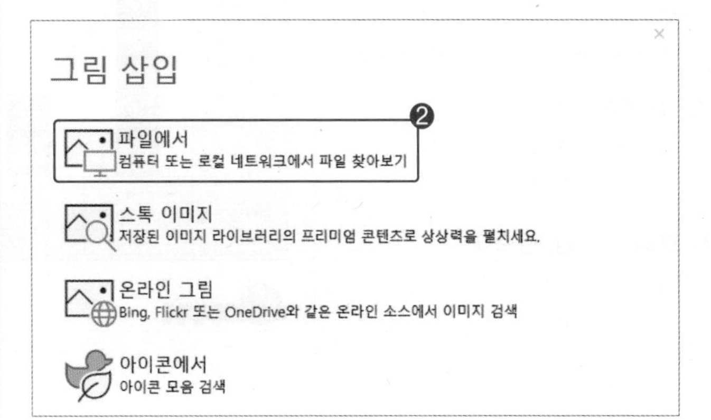

슬라이드 ❺ 차트 슬라이드 100점

(1) 차트 작성 기능을 이용하여 슬라이드를 작성한다.
(2) 차트 : 종류(묶은 세로 막대형), 글꼴(돋움, 16pt), 외곽선

세부조건

※ 차트설명
- 차트제목 : 궁서, 24pt, 굵게,
  채우기(흰색), 테두리, 그림자(오프셋 아래쪽)
- 차트영역 : 채우기(노랑)
  그림영역 : 채우기(흰색)
- 데이터 서식 : 여학생 계열을 표식이 있는 꺾은 선형으로 변경 후 보조축으로 지정
- 값 표시 : 인천의 남학생 계열만

① 도형 삽입
– 스타일 : 미세 효과 – 파랑, 강조 1
– 글꼴 : 굴림, 18pt

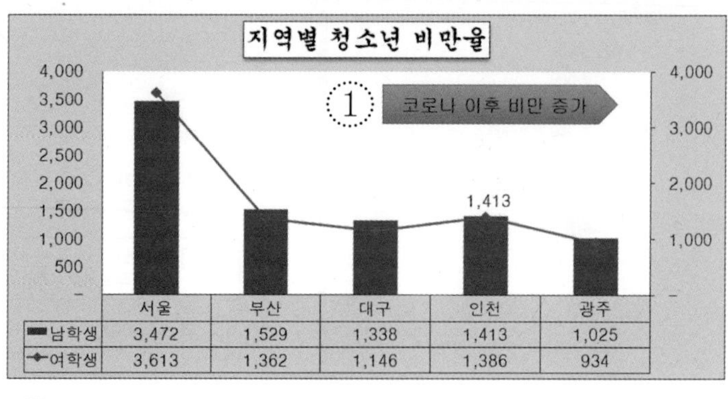

슬라이드 ❻ 도형 슬라이드 100점

(1) 슬라이드와 같이 도형 및 스마트아트를 배치한다(글꼴 : 굴림, 18pt).
(2) 애니메이션 순서 : ① ⇒ ②

세부조건

① 도형 편집
– 그룹화 후 애니메이션 효과 :
  나누기(가로 바깥쪽으로)

② 도형 및 스마트아트 편집
– 스마트아트 디자인 :
  3차원 만화,
  3차원 경사
– 그룹화 후 애니메이션 효과 :
  바운드

4. 다이어트 원리

저염식
수분조절
체중감소
활동대사량
섭취 대사량
신진대사촉진
근육량 높임
수분 섭취
습관개선
공복 효과
공복
인슐린 분비
글루카곤 분비
혈당 감소
지방 분해 효소
케토시스
탄수화물 섭취제한
육류위주섭취
① ②
6

⑥ [그림 서식]에서 [투명도]를 『50%』로 설정한다.

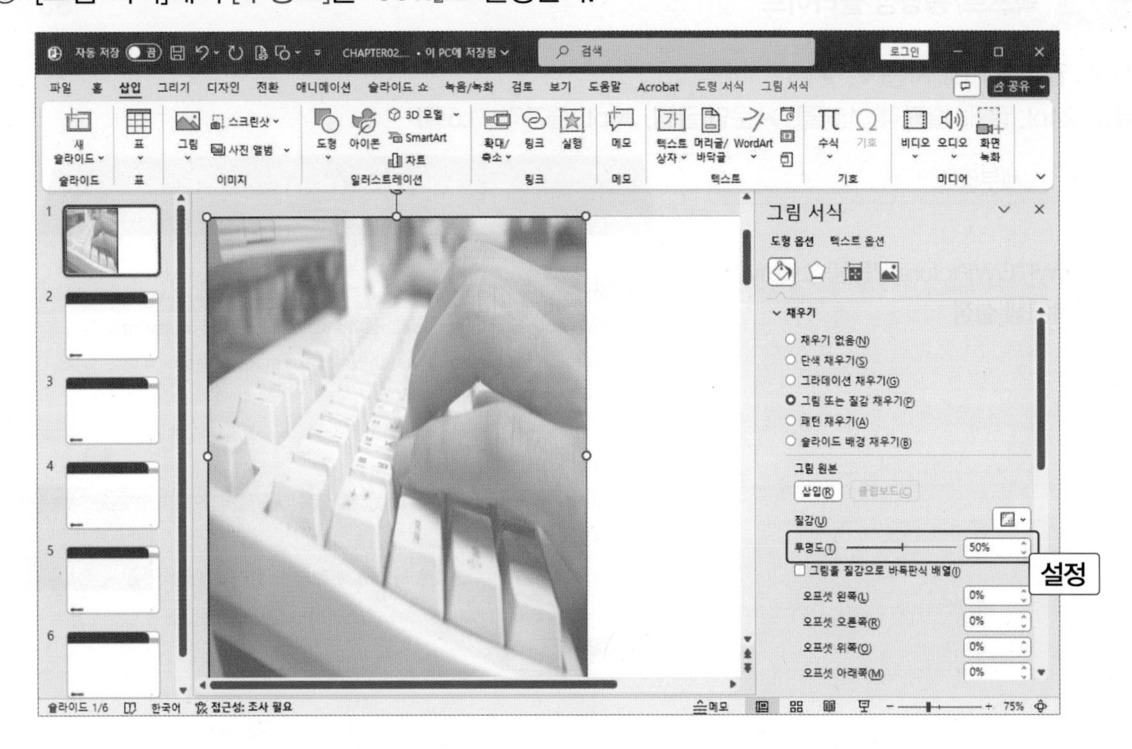

⑦ [효과]( ) – [부드러운 가장자리]에서 크기 『5pt』로 설정하고 닫기( )를 클릭한다.

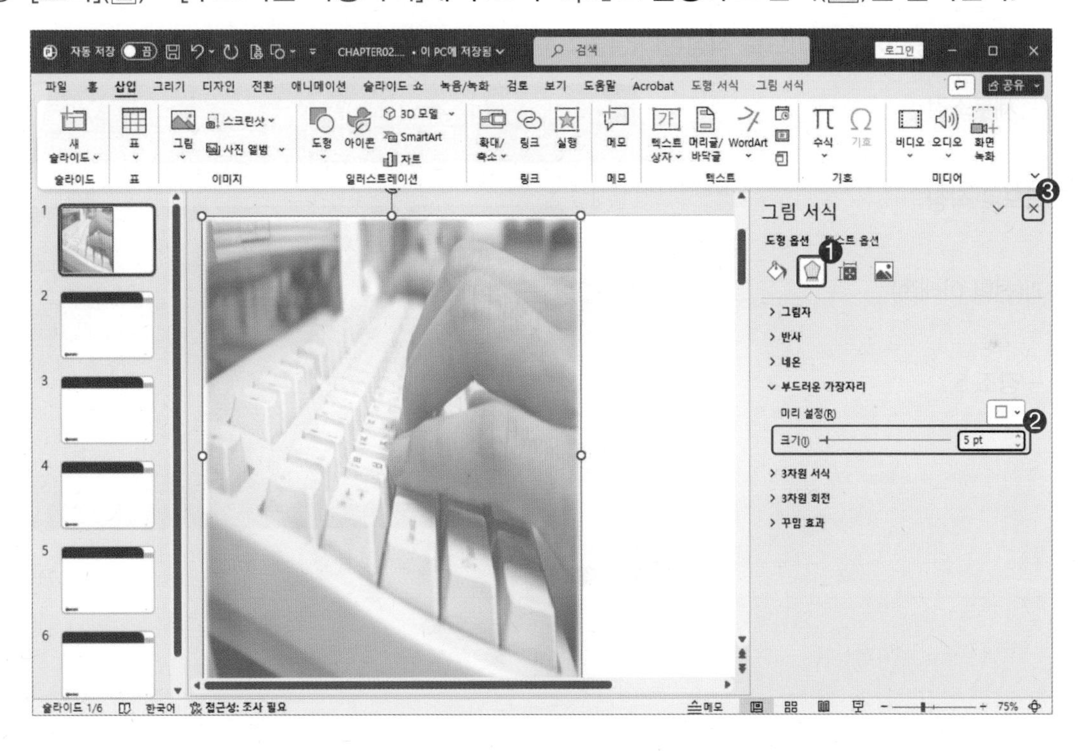

슬라이드 ❸ 텍스트/동영상 슬라이드 60점

(1) 텍스트 작성 : 글머리 기호 사용(❖, ➢)
❖문단(굴림, 24pt, 굵게, 줄간격 : 1.5줄), ➢문단(굴림, 20pt, 줄간격 : 1.5줄)

세부조건

① 동영상 삽입 :
– 「내 PC₩문서₩ITQ₩Picture₩동영상.wmv」
– 자동실행, 반복재생 설정

1. 다이어트의 의미

❖ Diet

➢ The word diet often implies the use of specific intake of nutrition for health or weight-management reasons with the two often being related

❖ 다이어트란

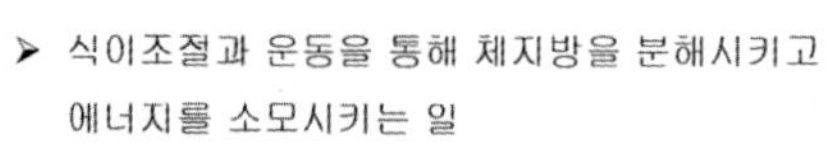

➢ 식이조절과 운동을 통해 체지방을 분해시키고 에너지를 소모시키는 일

➢ 생활패턴을 지속하려는 의지와 꾸준한 노력이 필요함

①

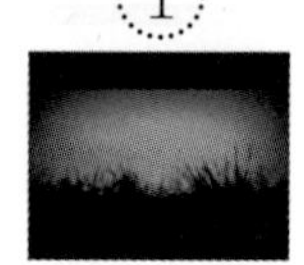

3

슬라이드 ❹ 표 슬라이드 80점

(1) 도형과 표 작성 기능을 이용하여 슬라이드를 작성한다(글꼴 : 돋움, 18pt).

세부조건

① 상단 도형 :
2개 도형의 조합으로 작성

② 좌측 도형 :
그라데이션 효과(선형 아래쪽)

③ 표 스타일 :
테마 스타일 1 – 강조 5

2. 체형별 다이어트 방법

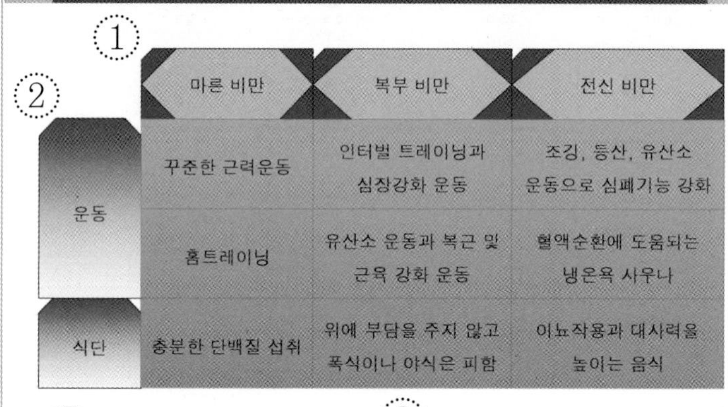

	마른 비만	복부 비만	전신 비만
운동	꾸준한 근력운동	인터벌 트레이닝과 심장강화 운동	조깅, 등산, 유산소 운동으로 심폐기능 강화
	홈트레이닝	유산소 운동과 복근 및 근육 강화 운동	혈액순환에 도움되는 냉온욕 사우나
식단	충분한 단백질 섭취	위에 부담을 주지 않고 폭식이나 야식은 피함	이뇨작용과 대사력을 높이는 음식

① ② ③

4

SECTION 02 워드아트 삽입

① [삽입] 탭 – [텍스트] 그룹에서 [WordArt]( ) – [그라데이션 채우기 – 파랑, 강조색 5, 반사]를 클릭한다.

② 워드아트 텍스트 입력상자에 『Mixed Reality』를 입력한다.

③ 워드아트 전체를 선택하고 [홈] 탭 – [글꼴] 그룹에서 글꼴 '돋움', '굵게', 글꼴 색 '검정, 텍스트 1'을 설정한다.

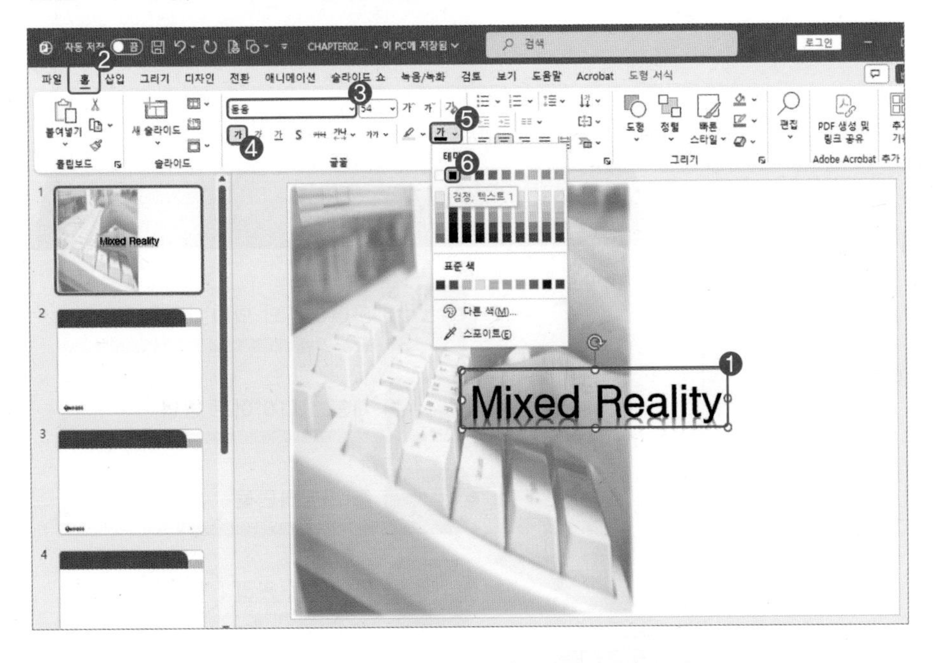

기적의 TIP

WordArt 고르기

시험에서는 WordArt 스타일에 대한 지시사항이 없으므로 문제지에 제시된 모양과 가장 유사한 것을 일단 선택한 다음 조건에 맞게 변경해야 한다.
채점은 최종적으로 만들어진 모양을 기준으로 한다.

해결 TIP

글꼴을 설정했는데 변화가 없어요!

텍스트를 둘러싸고 있는 입력상자가 선택되게 하거나 입력한 내용을 블록 지정한 상태에서 설정한다.

최신 기출문제 08회

수험번호 20252008 정답파일 PART 03 최신 기출문제₩최신08회_정답.pptx

전체구성 60점

(1) 슬라이드 크기 및 순서 : 크기를 A4 용지로 설정하고 슬라이드 순서에 맞게 작성한다.
(2) 슬라이드 마스터 : 2~6슬라이드의 제목, 하단 로고, 슬라이드 번호는 슬라이드 마스터를 이용하여 작성한다.
 – 제목 글꼴(돋움, 40pt, 흰색), 가운데 맞춤, 도형(선 없음)
 – 하단 로고(「내 PC₩문서₩ITQ₩Picture₩로고1.jpg」, 배경(회색) 투명색으로 설정)

슬라이드 ❶ 표지 디자인 40점

(1) 표지 디자인 : 도형, 워드아트 및 그림을 이용하여 작성한다.

세부조건
① 도형 편집 – 도형에 그림 채우기 : 「내 PC₩문서₩ITQ₩Picture₩그림2.jpg」, 투명도 50% – 도형 효과 : 부드러운 가장자리 5포인트 ② 워드아트 삽입 – 변환 : 갈매기형 수장, 위로【갈매기형 수장】 – 글꼴 : 돋움, 굵게 – 텍스트 반사 : 근접 반사, 4pt 오프셋 ③ 그림 삽입 – 「내 PC₩문서₩ITQ₩Picture₩로고1.jpg」 – 배경(회색) 투명색으로 설정

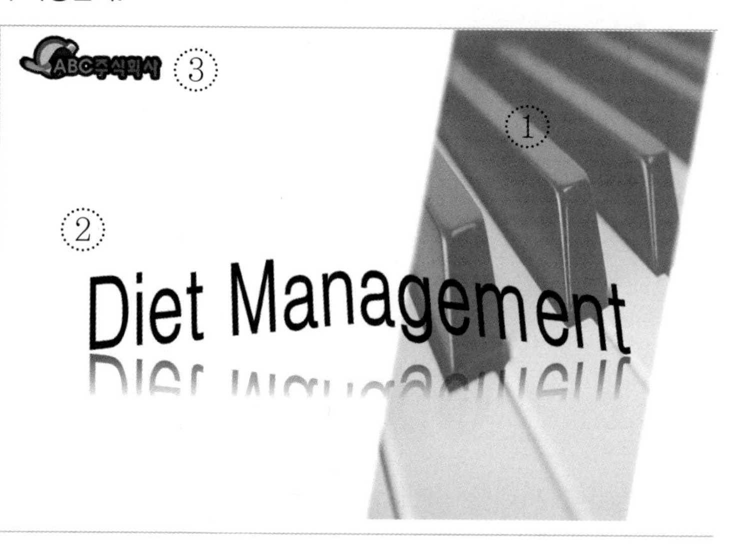

슬라이드 ❷ 목차 슬라이드 60점

(1) 출력형태와 같이 도형을 이용하여 목차를 작성한다(글꼴 : 굴림, 24pt). (2) 도형 : 선 없음

세부조건
① 텍스트에 링크【하이퍼링크】 적용 → '슬라이드 6' ② 그림 삽입 – 「내 PC₩문서₩ITQ₩Picture₩그림4.jpg」 – 자르기 기능 이용

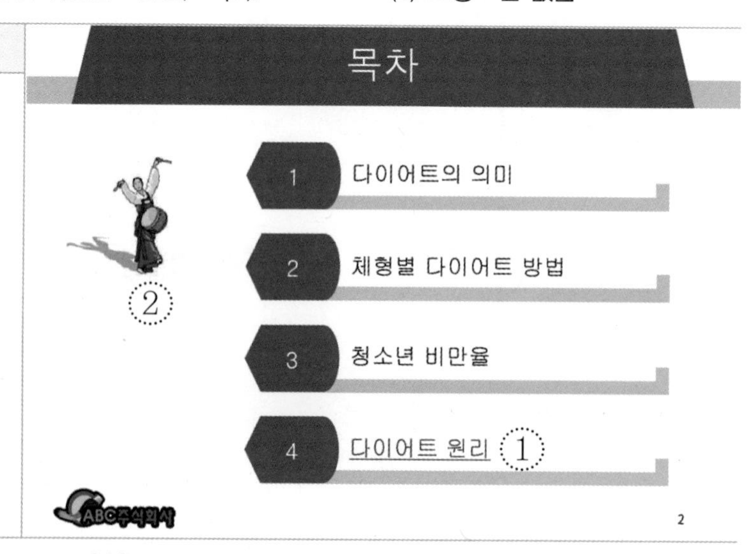

④ [도형 서식] 탭 – [WordArt 스타일] 그룹에서 [텍스트 효과](가) – [변환](가) – [삼각형: 위로]를 클릭한다.

⑤ [WordArt 스타일] 그룹에서 [텍스트 효과](가) – [반사](가) – [근접 반사: 4pt 오프셋]을 클릭한다.

슬라이드 ⑤ 차트 슬라이드 100점

(1) 차트 작성 기능을 이용하여 슬라이드를 작성한다.
(2) 차트 : 종류(묶은 세로 막대형), 글꼴(돋움, 16pt), 외곽선

세부조건

※ 차트설명
- 차트제목 : 궁서, 24pt, 굵게,
  채우기(흰색), 테두리, 그림자(오프셋 아래쪽)
- 차트영역 : 채우기(노랑)
  그림영역 : 채우기(흰색)
- 데이터 서식 : 1인 가구비율 계열을 표식이 있는 꺾은선형으로 변경 후 보조축으로 지정
- 값 표시 : 2021년의 1인 가구수 계열만

① 도형 삽입
- 스타일 : 미세 효과 – 파랑, 강조 1
- 글꼴 : 굴림, 18pt

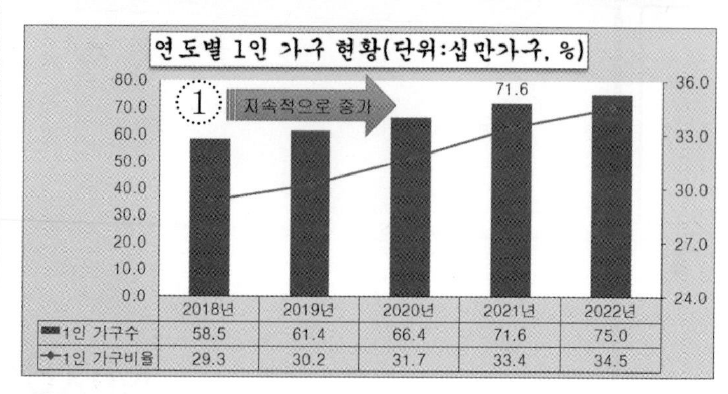

	2018년	2019년	2020년	2021년	2022년
1인 가구수	58.5	61.4	66.4	71.6	75.0
1인 가구비율	29.3	30.2	31.7	33.4	34.5

슬라이드 ⑥ 도형 슬라이드 100점

(1) 슬라이드와 같이 도형 및 스마트아트를 배치한다(글꼴 : 굴림, 18pt).
(2) 애니메이션 순서 : ① ⇒ ②

세부조건

① 도형 편집
- 그룹화 후 애니메이션 효과 :
  나누기(가로 바깥쪽으로)

② 도형 및 스마트아트 편집
- 스마트아트 디자인 :
  3차원 만화,
  3차원 벽돌
- 그룹화 후 애니메이션 효과 :
  바운드

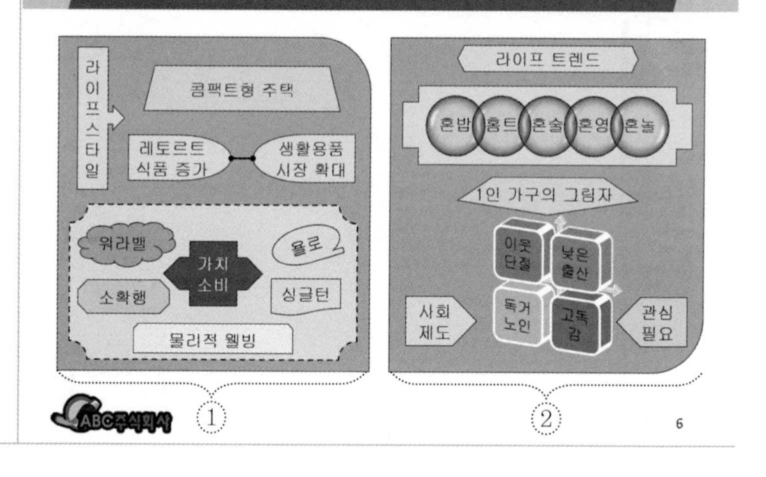

⑥ 출력형태와 비교하며 크기 조절점을 이용해 워드아트의 크기와 위치를 조절한다.

기적의 TIP

꼭짓점의 크기 조절점을 Shift를 누른 채 드래그하면 상하좌우 비율이 유지된 상태에서 크기가 조절된다.

SECTION 03 로고 그림 삽입

① [삽입] 탭 – [이미지] 그룹 – [그림]( )에서 [이 디바이스]( )를 클릭한다.
→ [그림 삽입] 대화상자가 나타나면 '내 PC₩문서₩ITQ₩Picture' 폴더에서 그림 파일 '로고2.jpg'를 선택하고 [삽입]을 클릭한다.

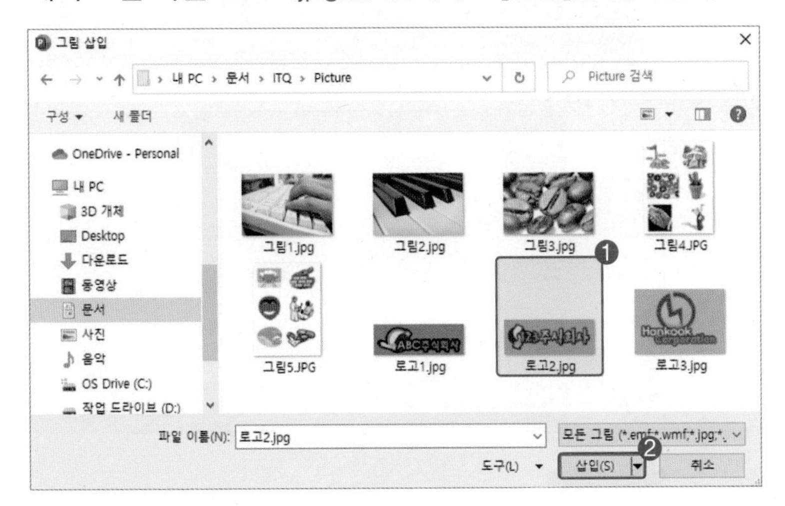

슬라이드 ❸ 텍스트/동영상 슬라이드 60점

(1) 텍스트 작성 : 글머리 기호 사용(❖, ➢)

❖문단(굴림, 24pt, 굵게, 줄간격 : 1.5줄), ➢문단(굴림, 20pt, 줄간격 : 1.5줄)

세부조건

① 동영상 삽입 :

– 「내 PC₩문서₩ITQ₩Picture₩동영상.wmv」

– 자동실행, 반복재생 설정

1. 1인 가구

❖ Single–person household

➢ It refers to the living unit that makes a living alone

➢ This is a more simplified form of home, where one person lives in one house or one space

❖ 1인 가구

➢ 한 명으로 구성된 생활 단위로, 혼자서 생계를 유지하고 있는 단순화된 형태의 가구로 한 집 또는 하나의 공간에 1인이 생활하는 것을 의미함

①

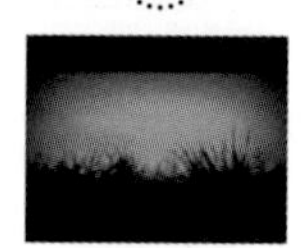

3

슬라이드 ❹ 표 슬라이드 80점

(1) 도형과 표 작성 기능을 이용하여 슬라이드를 작성한다(글꼴 : 돋움, 18pt).

세부조건

① 상단 도형 :
2개 도형의 조합으로 작성

② 좌측 도형 :
그라데이션 효과(선형 아래쪽)

③ 표 스타일 :
테마 스타일 1 – 강조 5

2. 1인 가구의 장단점

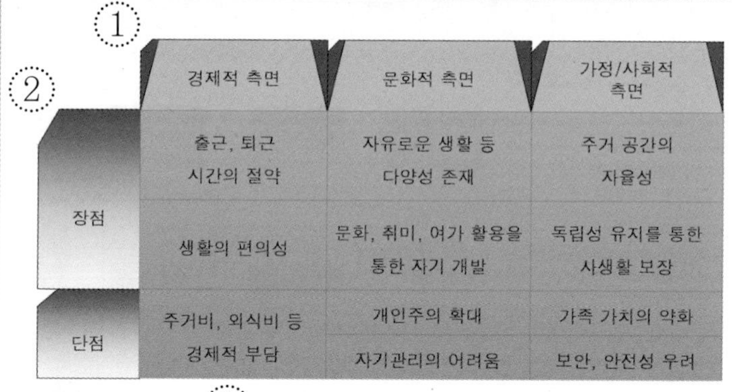

	경제적 측면	문화적 측면	가정/사회적 측면
장점	출근, 퇴근 시간의 절약	자유로운 생활 등 다양성 존재	주거 공간의 자율성
	생활의 편의성	문화, 취미, 여가 활용을 통한 자기 개발	독립성 유지를 통한 사생활 보장
단점	주거비, 외식비 등 경제적 부담	개인주의 확대	가족 가치의 약화
		자기관리의 어려움	보안, 안전성 우려

① ② ③

ABC주식회사

4

② [그림 서식] 탭-[조정] 그룹-[색]( )에서 [투명한 색 설정]( )을 클릭한다.

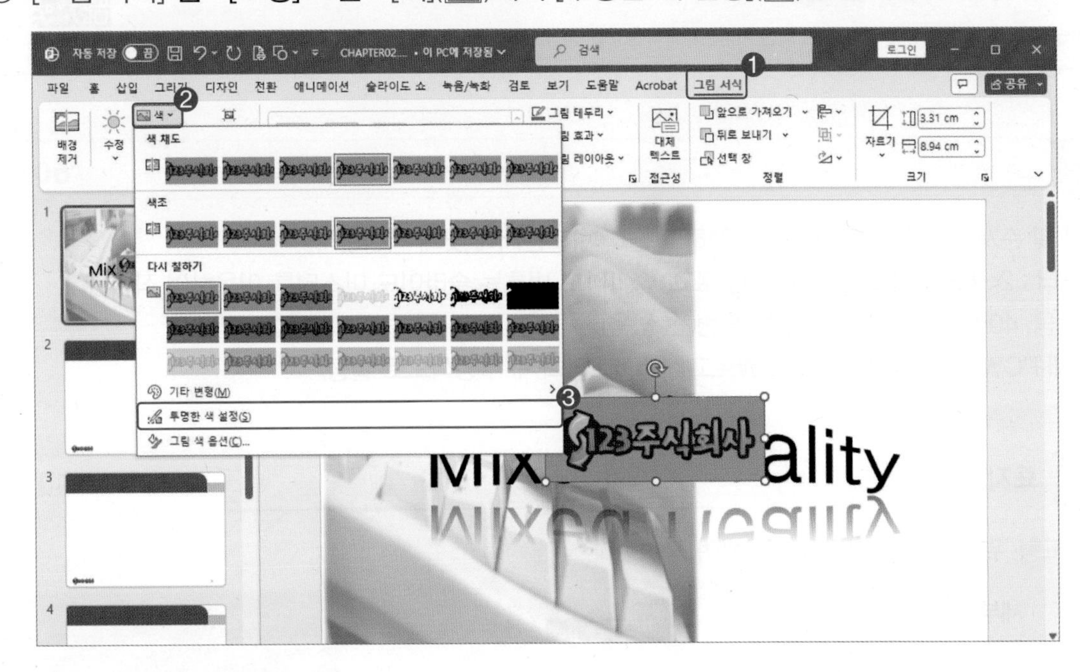

③ 마우스 포인터가 로 변경되면 회색 부분을 클릭하여 투명하게 만든다.

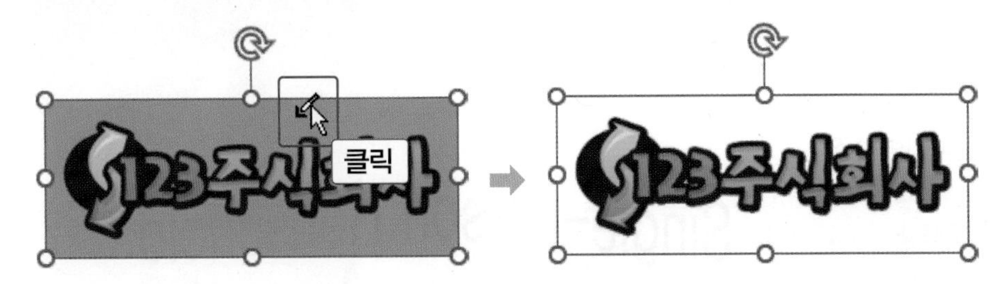

④ 그림의 크기를 조절점으로 조절하고, 문제지에 제시된 위치로 그림을 이동시킨다.

최신 기출문제 07회

수험번호 20252007 정답파일 PART 03 최신 기출문제₩최신07회_정답.pptx

전체구성 60점

(1) 슬라이드 크기 및 순서 : 크기를 A4 용지로 설정하고 슬라이드 순서에 맞게 작성한다.
(2) 슬라이드 마스터 : 2~6슬라이드의 제목, 하단 로고, 슬라이드 번호는 슬라이드 마스터를 이용하여 작성한다.
- 제목 글꼴(돋움, 40pt, 흰색), 가운데 맞춤, 도형(선 없음)
- 하단 로고(「내 PC₩문서₩ITQ₩Picture₩로고1.jpg」, 배경(회색) 투명색으로 설정)

슬라이드 ❶ 표지 디자인 40점

(1) 표지 디자인 : 도형, 워드아트 및 그림을 이용하여 작성한다.

세부조건

① 도형 편집
- 도형에 그림 채우기 : 「내 PC₩문서₩ITQ₩Picture₩그림2.jpg」, 투명도 50%
- 도형 효과 : 부드러운 가장자리 5포인트

② 워드아트 삽입
- 변환 : 갈매기형 수장, 위로【갈매기형 수장】
- 글꼴 : 돋움, 굵게
- 텍스트 반사 : 근접 반사, 4pt 오프셋

③ 그림 삽입
- 「내 PC₩문서₩ITQ₩Picture₩로고1.jpg」
- 배경(회색) 투명색으로 설정

ABC주식회사 ③
①
②
Single-Person Household

슬라이드 ❷ 목차 슬라이드 60점

(1) 출력형태와 같이 도형을 이용하여 목차를 작성한다(글꼴 : 굴림, 24pt). (2) 도형 : 선 없음

세부조건

① 텍스트에 링크【하이퍼링크】 적용
→ '슬라이드 6'

② 그림 삽입
- 「내 PC₩문서₩ITQ₩Picture₩그림4.jpg」
- 자르기 기능 이용

목차

1 1인 가구
2 1인 가구의 장단점
3 연도별 변화와 추이
4 라이프 스타일과 트렌드 ①

②

ABC주식회사

2

문제유형 ❶-1

정답파일 PART 01 시험 유형 따라하기₩유형1-1번_정답.pptx

세부조건

① 도형 편집
- 도형에 그림 채우기 : 「내 PC₩문서₩ITQ₩Picture₩그림1.jpg」, 투명도 50%
- 도형 효과 : 부드러운 가장자리 5포인트

② 워드아트 삽입
- 변환 : 페이드, 왼쪽
- 글꼴 : 돋움, 굵게
- 텍스트 반사 : 전체 반사, 터치

③ 그림 삽입
- 「내 PC₩문서₩ITQ₩Picture₩로고2.jpg」
- 배경(회색) 투명색으로 설정

문제유형 ❶-2

정답파일 PART 01 시험 유형 따라하기₩유형1-2번_정답.pptx

세부조건

① 도형 편집
- 도형에 그림 채우기 : 「내 PC₩문서₩ITQ₩Picture₩그림1.jpg」, 투명도 50%
- 도형 효과 : 부드러운 가장자리 5포인트

② 워드아트 삽입
- 변환 : 갈매기형 수장, 위로
- 글꼴 : 굴림, 굵게
- 텍스트 반사 : 근접 반사, 터치

③ 그림 삽입
- 「내 PC₩문서₩ITQ₩Picture₩로고1.jpg」
- 배경(회색) 투명색으로 설정

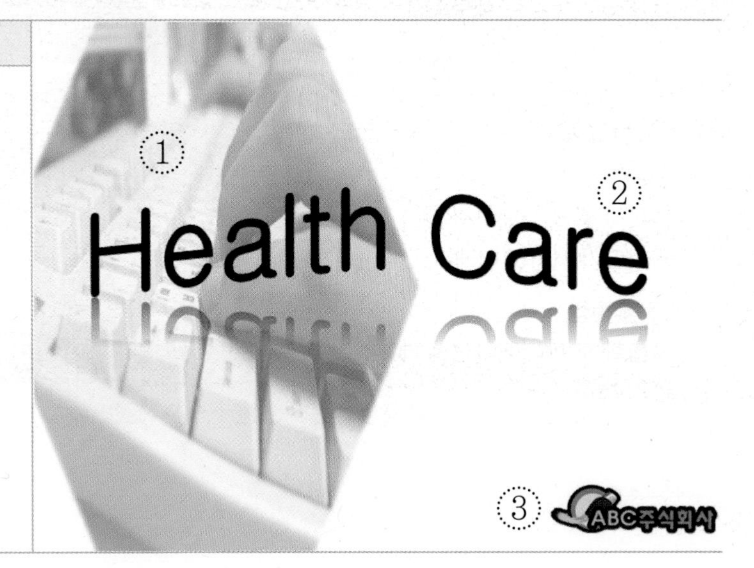

슬라이드 ⑤ 차트 슬라이드 100점

(1) 차트 작성 기능을 이용하여 슬라이드를 작성한다.
(2) 차트 : 종류(묶은 세로 막대형), 글꼴(돋움, 16pt), 외곽선

세부조건

※ 차트설명
- 차트제목 : 궁서, 24pt, 굵게, 채우기(흰색), 테두리, 그림자(오프셋 아래쪽)
- 차트영역 : 채우기(노랑)
  그림영역 : 채우기(흰색)
- 데이터 서식 : 업종수 계열을 표식이 있는 꺾은 선형으로 변경 후 보조축으로 지정
- 값 표시 : 2023년의 업체수 계열만

① 도형 삽입
– 스타일 : 미세 효과 – 파랑, 강조 1
– 글꼴 : 굴림, 18pt

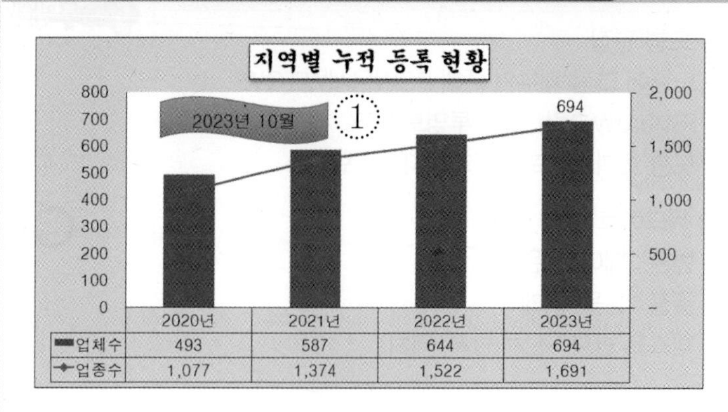

슬라이드 ⑥ 도형 슬라이드 100점

(1) 슬라이드와 같이 도형 및 스마트아트를 배치한다(글꼴 : 굴림, 18pt).
(2) 애니메이션 순서 : ① ⇒ ②

세부조건

① 도형 및 스마트아트 편집
– 스마트아트 디자인 :
3차원 만화,
3차원 경사
– 그룹화 후 애니메이션 효과 :
올라오기(서서히 아래로)

② 도형 편집
– 그룹화 후 애니메이션 효과 :
밝기 변화

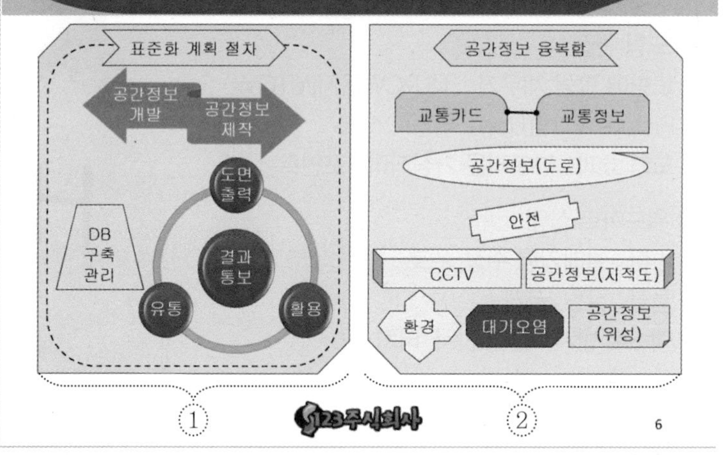

문제유형 ❶-3

정답파일 PART 01 시험 유형 따라하기₩유형1-3번_정답.pptx

세부조건
① 도형 편집 – 도형에 그림 채우기 : 「내 PC₩문서₩ITQ₩Picture₩그림1.jpg」, 투명도 50% – 도형 효과 : 부드러운 가장자리 5포인트 ② 워드아트 삽입 – 변환 : 갈매기형 수장, 아래로 – 글꼴 : 돋움, 굵게 – 텍스트 반사 : 1/2 반사, 터치 ③ 그림 삽입 – 「내 PC₩문서₩ITQ₩Picture₩로고2.jpg」 – 배경(회색) 투명색으로 설정

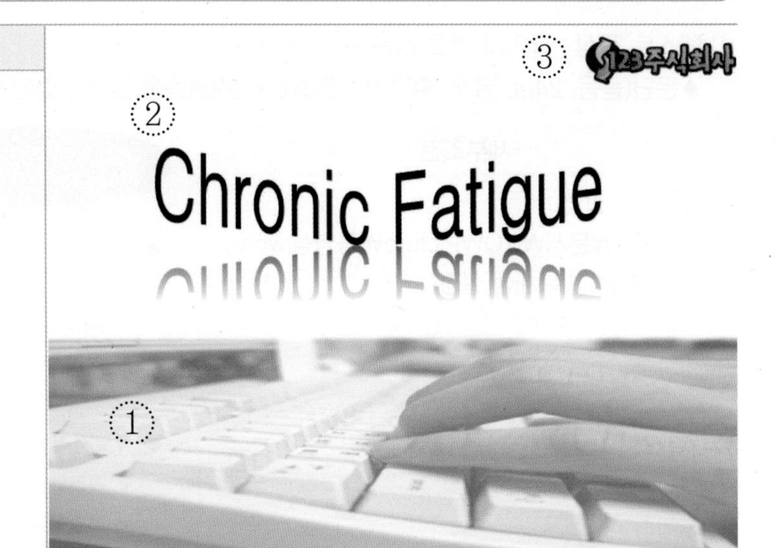

문제유형 ❶-4

정답파일 PART 01 시험 유형 따라하기₩유형1-4번_정답.pptx

세부조건
① 도형 편집 – 도형에 그림 채우기 : 「내 PC₩문서₩ITQ₩Picture₩그림3.jpg」, 투명도 50% – 도형 효과 : 부드러운 가장자리 5포인트 ② 워드아트 삽입 – 변환 : 기울기, 위로 – 글꼴 : 돋움, 굵게 – 텍스트 반사 : 근접 반사, 4pt 오프셋 ③ 그림 삽입 – 「내 PC₩문서₩ITQ₩Picture₩로고2.jpg」 – 배경(회색) 투명색으로 설정

슬라이드 ❸ 텍스트/동영상 슬라이드 60점

(1) 텍스트 작성 : 글머리 기호 사용(◆, ✓)

◆문단(돋움, 24pt, 굵게, 줄간격 : 1.5줄), ✓문단(돋움, 20pt, 줄간격 : 1.5줄)

세부조건
① 동영상 삽입 : – 「내 PC₩문서₩ITQ₩Picture₩동영상.wmv」 – 자동실행, 반복재생 설정

A. 국토지리정보원 소개

◆ About NGII

✓ Under our slogan, "Homeland love in our mind, geospatial information in daily life", we are devoting our sincere effort to make contribution to enhancing national prestige in the international society

◆ 국토지리정보원

✓ 국가기본도를 지속적으로 혁신하고 신속하게 제공

✓ 자율주행차, 스마트시티 등 미래의 성장 동력에 필요한 차세대 공간정보를 구축하며 4차 산업혁명 주도

3

슬라이드 ❹ 표 슬라이드 80점

(1) 도형과 표 작성 기능을 이용하여 슬라이드를 작성한다(글꼴 : 굴림, 18pt).

세부조건
① 상단 도형 : 2개 도형의 조합으로 작성 ② 좌측 도형 : 그라데이션 효과(선형 아래쪽) ③ 표 스타일 : 테마 스타일 1 – 강조 5

B. 아날로그 및 디지털 항공사진

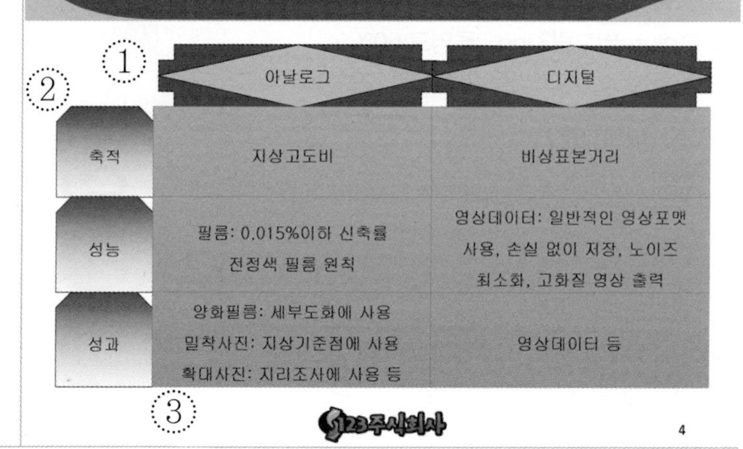

	아날로그	디지털
축적	지상고도비	비상표본거리
성능	필름: 0.015%이하 신축률 전정색 필름 원칙	영상데이터: 일반적인 영상포맷 사용, 손실 없이 저장, 노이즈 최소화, 고화질 영상 출력
성과	양화필름: 세부도화에 사용 밀착사진: 지상기준점에 사용 확대사진: 지리조사에 사용 등	영상데이터 등

4

유형분석 문항 ③

슬라이드 2
목차 슬라이드

배점 **60점** | A등급 목표점수 **50점**

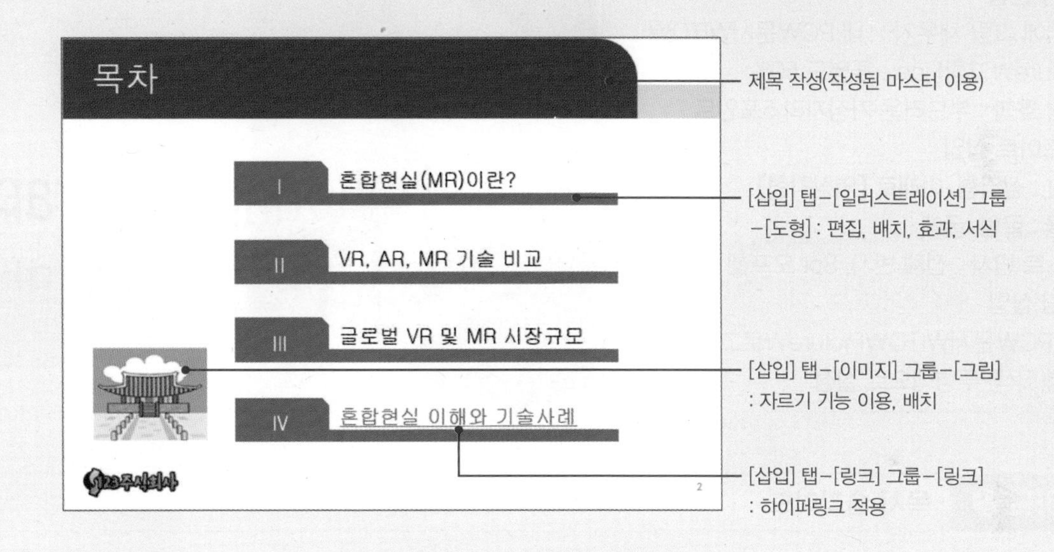

출제포인트

도형 편집 및 배치 · 그림 자르기 · 하이퍼링크

출제기준

도형을 편집하고 배치한 뒤 목차를 작성하는 능력과 하이퍼링크 설정, 그림 배치 능력을 평가하는 문항입니다.

A등급 TIP

전반적인 난이도는 어렵지 않지만, 목차의 도형을 일정하게 복사한 뒤 각각의 텍스트를 정확하게 입력할 수 있도록 유의하세요. 하이퍼링크와 그림 자르기는 한 번만 제대로 익히면 어렵지 않은 기능이므로 꼭 숙지하세요.

최신 기출문제 06회

수험번호 20252006 정답파일 PART 03 최신 기출문제₩최신06회_정답.pptx

전체구성 60점

(1) 슬라이드 크기 및 순서 : 크기를 A4 용지로 설정하고 슬라이드 순서에 맞게 작성한다.

(2) 슬라이드 마스터 : 2~6슬라이드의 제목, 하단 로고, 슬라이드 번호는 슬라이드 마스터를 이용하여 작성한다.

– 제목 글꼴(돋움, 40pt, 흰색), 가운데 맞춤, 도형(선 없음)

– 하단 로고(「내 PC₩문서₩ITQ₩Picture₩로고2.jpg, 배경(회색) 투명색으로 설정)

슬라이드 ❶ 표지 디자인 40점

(1) 표지 디자인 : 도형, 워드아트 및 그림을 이용하여 작성한다.

세부조건

① 도형 편집
– 도형에 그림 채우기 : 「내 PC₩문서₩ITQ₩Picture₩그림1.jpg」, 투명도 50%
– 도형 효과 : 부드러운 가장자리 5포인트

② 워드아트 삽입
– 변환 : 삼각형, 아래로【역삼각형】
– 글꼴 : 굴림, 굵게
– 텍스트 반사 : 전체 반사, 8pt 오프셋

③ 그림 삽입
–「내 PC₩문서₩ITQ₩Picture₩로고2.jpg」
– 배경(회색) 투명색으로 설정

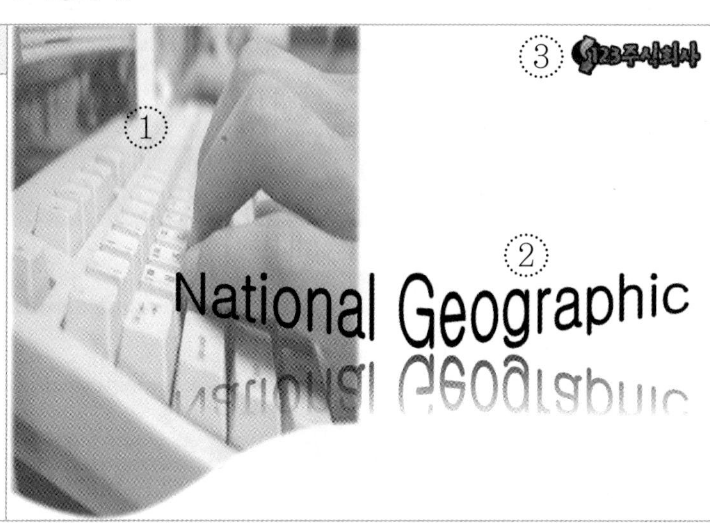

슬라이드 ❷ 목차 슬라이드 60점

(1) 출력형태와 같이 도형을 이용하여 목차를 작성한다(글꼴 : 굴림, 24pt).

(2) 도형 : 선 없음

세부조건

① 텍스트에 링크【하이퍼링크】 적용
→ '슬라이드 5'

② 그림 삽입
–「내 PC₩문서₩ITQ₩Picture₩그림4.jpg」
– 자르기 기능 이용

목차

A 국토지리정보원 소개

B 아날로그 및 디지털 항공사진

C 측량업 등록 현황 ①

D 공간정보 표준화 절차

②

123주식회사 2

CHAPTER 03

[슬라이드 2]

목차 슬라이드

난 이 도 상 중 (하)

반복학습 1 2 3

문제파일 PART 01 시험 유형 따라하기₩CHAPTER03.pptx

정답파일 PART 01 시험 유형 따라하기₩CHAPTER03_정답.pptx

문제보기

(1) 출력형태와 같이 도형을 이용하여 목차를 작성한다(글꼴 : 굴림, 24pt).

(2) 도형 : 선 없음

세부조건

① 텍스트에 링크【하이퍼링크】 적용
→ '슬라이드 6'

② 그림 삽입
- 「내 PC₩문서₩ITQ₩Picture₩그림5.jpg」
- 자르기 기능 이용

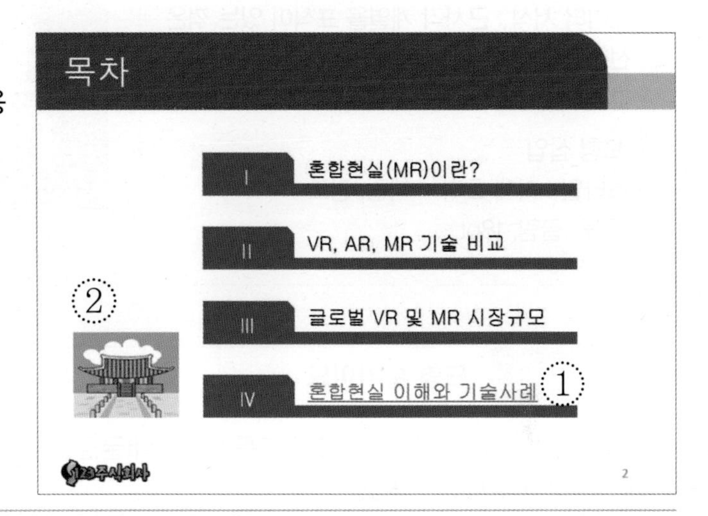

핵심기능

기능	바로 가기	메뉴
도형 삽입		[삽입] 탭 – [일러스트레이션] 그룹 – [도형]
하이퍼링크 설정	, Ctrl + K	[삽입] 탭 – [링크] 그룹 – [링크]
그림 자르기		[그림 서식] 탭 – [크기] 그룹 – [자르기]

슬라이드 ❺ 차트 슬라이드 100점

(1) 차트 작성 기능을 이용하여 슬라이드를 작성한다.
(2) 차트 : 종류(묶은 세로 막대형), 글꼴(돋움, 16pt), 외곽선

세부조건

※ 차트설명
- 차트제목 : 궁서, 24pt, 굵게, 채우기(흰색), 테두리, 그림자(오프셋 아래쪽)
- 차트영역 : 채우기(노랑)
  그림영역 : 채우기(흰색)
- 데이터 서식 : 근사각 계열을 표식이 있는 꺾은 선형으로 변경 후 보조축으로 지정
- 값 표시 : 장2의 계산각 계열만

① 도형 삽입
- 스타일 : 미세 효과 – 파랑, 강조 1
- 글꼴 : 굴림, 18pt

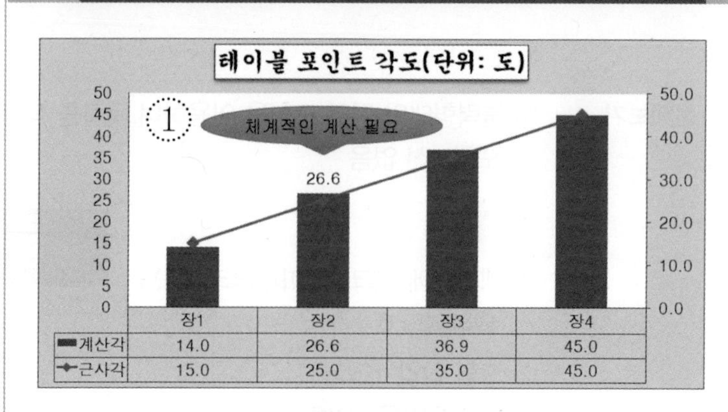

슬라이드 ❻ 도형 슬라이드 100점

(1) 슬라이드와 같이 도형 및 스마트아트를 배치한다(글꼴 : 굴림, 18pt).
(2) 애니메이션 순서 : ① ⇒ ②

세부조건

① 도형 및 스마트아트 편집
- 스마트아트 디자인 :
  3차원 벽돌,
  3차원 경사
- 그룹화 후 애니메이션 효과 :
  올라오기(서서히 아래로)

② 도형 편집
- 그룹화 후 애니메이션 효과 :
  밝기 변화

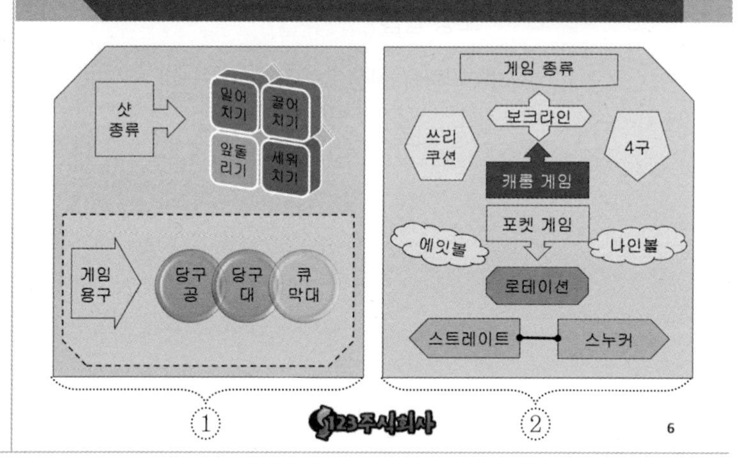

SECTION 01 슬라이드 제목 입력

① [슬라이드 및 개요] 창에서 슬라이드 2를 선택하고 슬라이드 제목 『목차』를 입력한다.

SECTION 02 도형으로 목차 작성

① 슬라이드에 있는 '텍스트를 입력하십시오' 상자를 삭제한다.
→ [삽입] 탭 – [일러스트레이션] 그룹에서 [도형]( ) – [사각형: 잘린 한쪽 모서리]를 선택하여 그린다.

슬라이드 ❸ 텍스트/동영상 슬라이드 60점

(1) 텍스트 작성 : 글머리 기호 사용(◆, ✓)

◆문단(돋움, 24pt, 굵게, 줄간격 : 1.5줄), ✓문단(돋움, 20pt, 줄간격 : 1.5줄)

세부조건
① 동영상 삽입 : –「내 PC₩문서₩ITQ₩Picture₩동영상.wmv」 – 자동실행, 반복재생 설정

A. 당구 게임

◆ Billiard game

✓ It is a sport in which several balls are placed on a standardized table and hit with a long stick to determine the game according to the rules

①

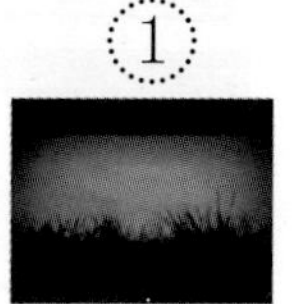

◆ 당구 게임

✓ 규격화된 테이블 위에 여러 개의 공을 놓고 긴 막대기로 쳐서 룰에 따라 승부를 가리는 스포츠

✓ 당구공 재질은 나무, 점토, 상아를 거쳐 현재 플라스틱으로 제작

3

슬라이드 ❹ 표 슬라이드 80점

(1) 도형과 표 작성 기능을 이용하여 슬라이드를 작성한다(글꼴 : 굴림, 18pt).

세부조건
① 상단 도형 : 2개 도형의 조합으로 작성 ② 좌측 도형 : 그라데이션 효과(선형 아래쪽) ③ 표 스타일 : 테마 스타일 1 – 강조 5

B. 프로대회 경기 규칙

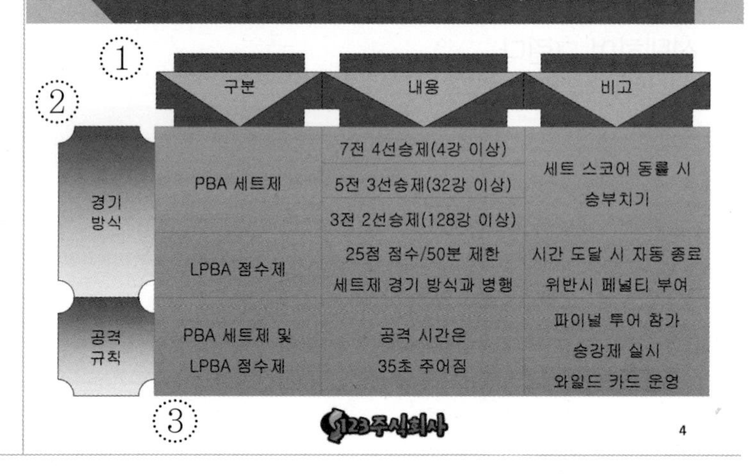

	구분	내용	비고
경기 방식	PBA 세트제	7전 4선승제(4강 이상) 5전 3선승제(32강 이상) 3전 2선승제(128강 이상)	세트 스코어 동률 시 승부치기
	LPBA 점수제	25점 점수/50분 제한 세트제 경기 방식과 병행	시간 도달 시 자동 종료 위반시 패널티 부여
공격 규칙	PBA 세트제 및 LPBA 점수제	공격 시간은 35초 주어짐	파이널 투어 참가 승강제 실시 와일드 카드 운영

② [도형 서식] 탭 – [도형 스타일] 그룹에서 [도형 채우기]를 임의의 색으로 설정한다.

> **기적의 TIP**
> 시험에서는 도형 색에 대한 명확한 지시가 없기 때문에 다른 도형과 구별되는 색을 임의로 선택한다.

③ [도형 윤곽선] – [윤곽선 없음]으로 설정한다.

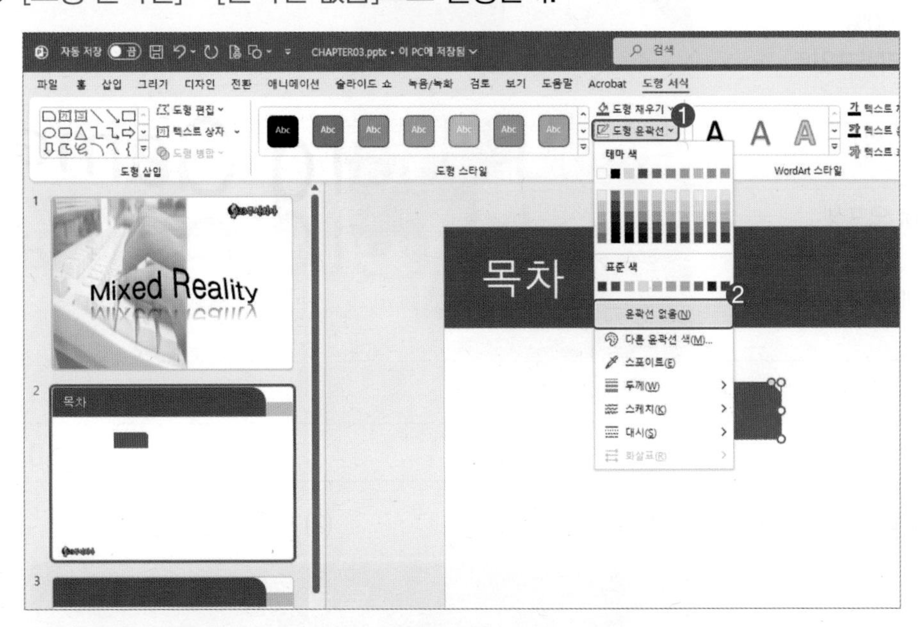

④ [삽입] 탭 – [일러스트레이션] 그룹에서 [도형]( ) – [직사각형]( )을 선택하여 그린다.

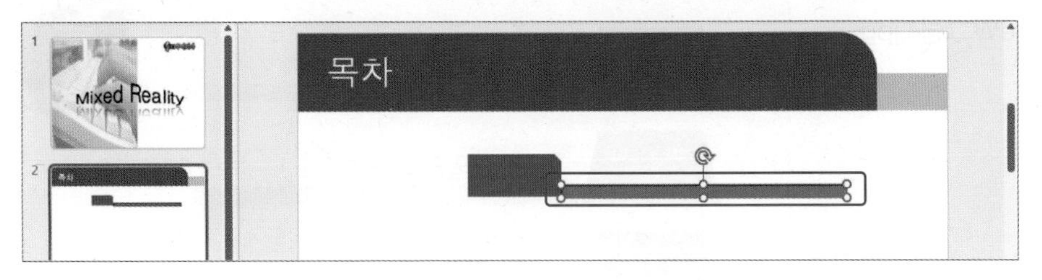

최신 기출문제 05회

수험번호 20252005 정답파일 PART 03 최신 기출문제₩최신05회_정답.pptx

전체구성 60점

(1) 슬라이드 크기 및 순서 : 크기를 A4 용지로 설정하고 슬라이드 순서에 맞게 작성한다.
(2) 슬라이드 마스터 : 2~6슬라이드의 제목, 하단 로고, 슬라이드 번호는 슬라이드 마스터를 이용하여 작성한다.
- 제목 글꼴(돋움, 40pt, 흰색), 가운데 맞춤, 도형(선 없음)
- 하단 로고(「내 PC₩문서₩ITQ₩Picture₩로고2.jpg」, 배경(회색) 투명색으로 설정)

슬라이드 ❶ 표지 디자인 40점

(1) 표지 디자인 : 도형, 워드아트 및 그림을 이용하여 작성한다.

세부조건

① 도형 편집
- 도형에 그림 채우기 : 「내 PC₩문서₩ITQ₩Picture₩그림1.jpg」, 투명도 50%
- 도형 효과 : 부드러운 가장자리 5포인트

② 워드아트 삽입
- 변환 : 삼각형, 아래로【역삼각형】
- 글꼴 : 굴림, 굵게
- 텍스트 반사 : 전체 반사, 8pt 오프셋

③ 그림 삽입
- 「내 PC₩문서₩ITQ₩Picture₩로고2.jpg」
- 배경(회색) 투명색으로 설정

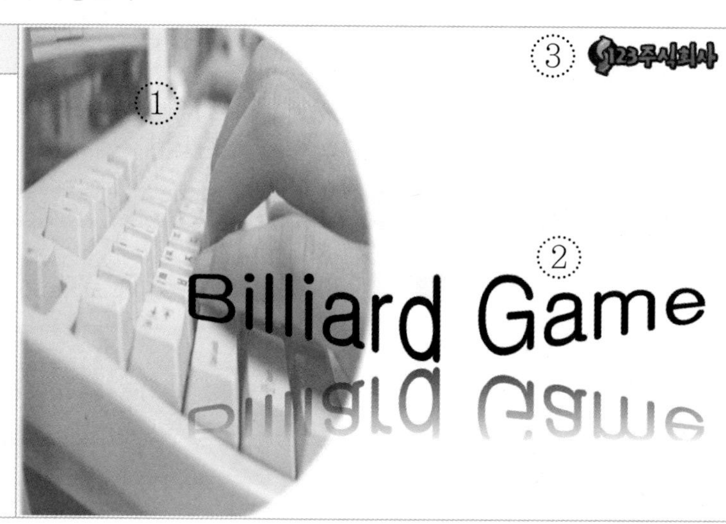

슬라이드 ❷ 목차 슬라이드 60점

(1) 출력형태와 같이 도형을 이용하여 목차를 작성한다(글꼴 : 굴림, 24pt). (2) 도형 : 선 없음

세부조건

① 텍스트에 링크【하이퍼링크】 적용
→ '슬라이드 5'

② 그림 삽입
- 「내 PC₩문서₩ITQ₩Picture₩그림4.jpg」
- 자르기 기능 이용

목차

A 당구 게임

B 프로대회 경기 규칙

C 테이블 포인트 위치 ①

D 샷 종류와 게임 종류

②

123주식회사

2

⑤ [도형 서식] 탭 – [도형 스타일] 그룹에서 [도형 채우기]를 먼저 그린 도형과 같은 색으로 설정한다.

→ [도형 윤곽선] – [윤곽선 없음]으로 설정한다.

⑥ 목차 번호가 들어갈 도형을 클릭한다.

→ [홈] 탭 – [글꼴] 그룹에서 글꼴 '굴림', '24pt', 글꼴 색 '흰색'을 설정한다.

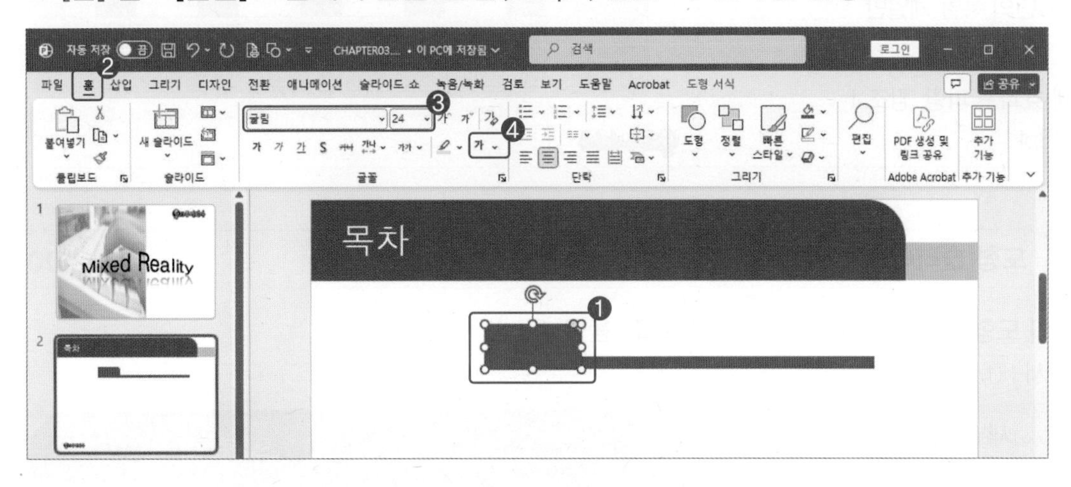

⑦ 목차 번호가 들어갈 도형에 마우스 오른쪽 버튼을 클릭하고 [텍스트 편집]을 클릭한다.

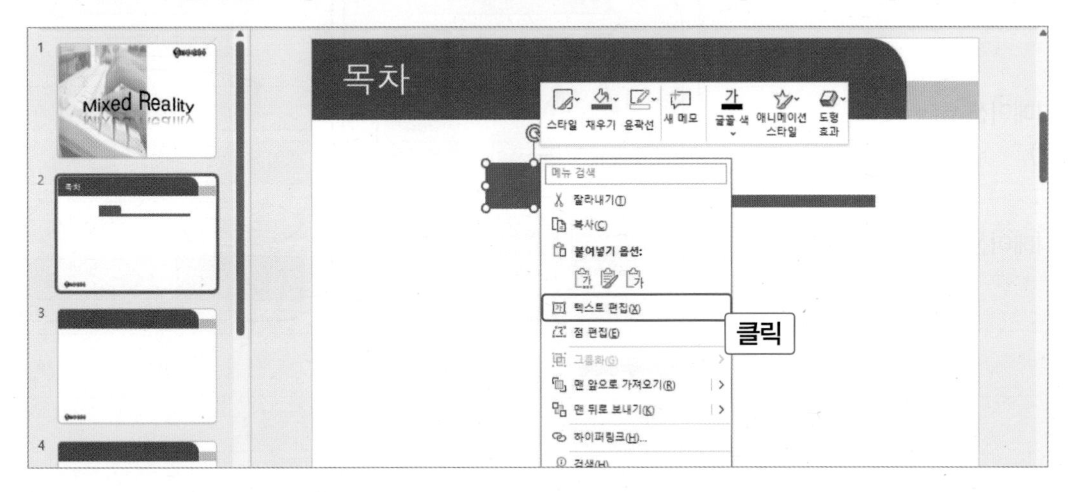

슬라이드 ⑤ 차트 슬라이드 100점

(1) 차트 작성 기능을 이용하여 슬라이드를 작성한다.
(2) 차트 : 종류(묶은 세로 막대형), 글꼴(굴림, 16pt), 외곽선

세부조건

※ 차트설명
- 차트제목 : 궁서, 24pt, 굵게,
  채우기(흰색), 테두리, 그림자(오프셋 아래쪽)
- 차트영역 : 채우기(노랑)
  그림영역 : 채우기(흰색)
- 데이터 서식 : 누출 계열을 표식이 있는 꺾은선 형으로 변경 후 보조축으로 지정
- 값 표시 : 2020년의 폭발 계열만

① 도형 삽입
– 스타일 : 미세 효과 – 파랑, 강조 1
– 글꼴 : 돋움, 18pt

3. 형태별 가스사고 현황

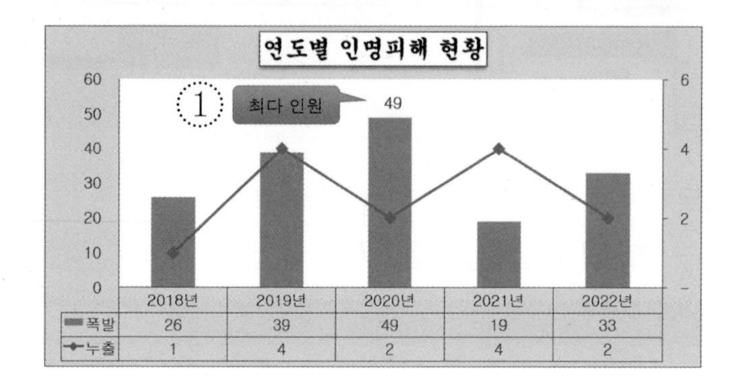

	2018년	2019년	2020년	2021년	2022년
폭발	26	39	49	19	33
누출	1	4	2	4	2

5

슬라이드 ⑥ 도형 슬라이드 100점

(1) 슬라이드와 같이 도형 및 스마트아트를 배치한다(글꼴 : 돋움, 18pt).
(2) 애니메이션 순서 : ① ⇒ ②

세부조건

① 도형 및 스마트아트 편집
– 스마트아트 디자인 :
  3차원 만화,
  3차원 벽돌
– 그룹화 후 애니메이션 효과 :
  실선 무늬(세로)

② 도형 편집
– 그룹화 후 애니메이션 효과 :
  회전

4. 안전관리 및 유통체계

도시가스 유통체계
산유국
가스공사
가스회사
인수기지
운반선
지구정압기
수요자
단독정압기

가스안전관리체계
산업통상자원부
시/도
가스공사
검사기관
지정
확인
가스사업자
안전유지
대량 사용자
일반 사용자

①
②
6

⑧ [삽입] 탭 – [기호] 그룹 – [기호](Ω)를 클릭한다.

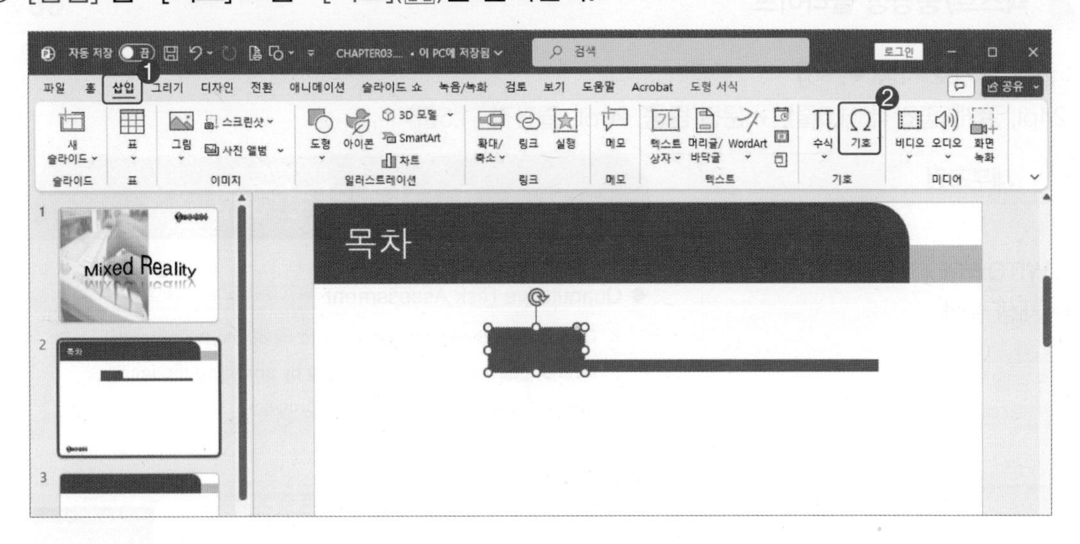

⑨ [기호] 대화상자가 나타나면 하위 집합 '로마 숫자'를 클릭한다.

→『Ⅰ』을 [삽입]한 후 [닫기]를 클릭한다.

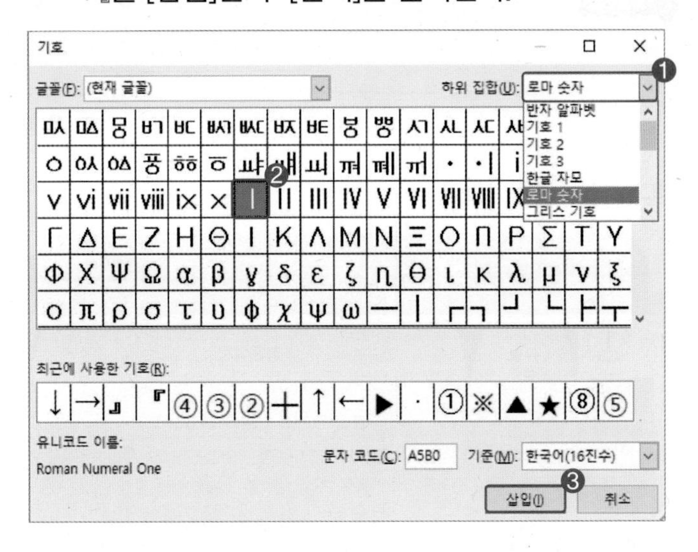

⑩ [삽입] 탭 – [텍스트] 그룹 – [텍스트 상자](가) – [가로 텍스트 상자 그리기]를 클릭한다.

슬라이드 ❸ 텍스트/동영상 슬라이드 60점

(1) 텍스트 작성 : 글머리 기호 사용(◆, ✓)

◆문단(돋움, 24pt, 굵게, 줄간격 : 1.5줄), ✓문단(돋움, 20pt, 줄간격 : 1.5줄)

세부조건
① 동영상 삽입 : –「내 PC₩문서₩ITQ₩Picture₩동영상.wmv」 – 자동실행, 반복재생 설정

1. 가스안전점검

◆ Quantitative Risk Assessment

✓ QRA is a method which enables to calculate the potential level of gas incident quantitatively by analyzing the facility, operation, work condition of the process

◆ 가스안전점검

✓ 가스렌지 : 가스누설여부, 퓨즈콕 설치여부, 호스길이(3m이내)상태 등

✓ 보일러 연결부 가스누출여부, 고시기준 미달여부

①

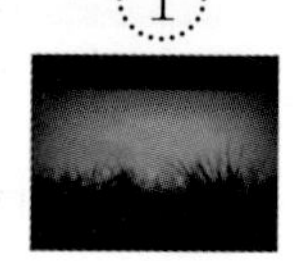

123주식회사 3

슬라이드 ❹ 표 슬라이드 80점

(1) 도형과 표 작성 기능을 이용하여 슬라이드를 작성한다(글꼴 : 굴림, 18pt).

세부조건
① 상단 도형 : 2개 도형의 조합으로 작성
② 좌측 도형 : 그라데이션 효과(선형 아래쪽)
③ 표 스타일 : 테마 스타일 1 – 강조 3

2. 가스안전 행동요령

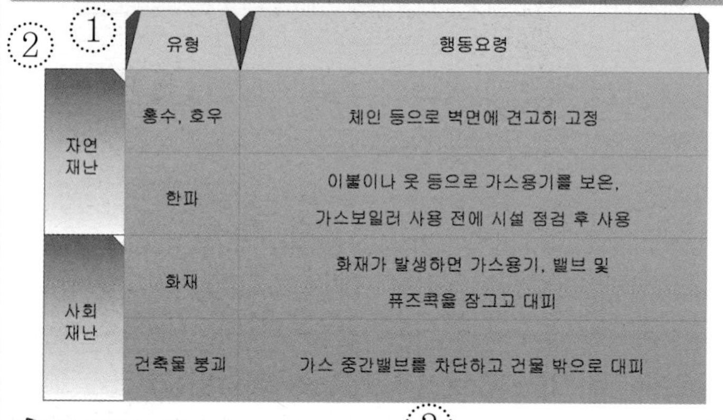

	유형	행동요령
자연 재난	홍수, 호우	체인 등으로 벽면에 견고히 고정
	한파	이불이나 옷 등으로 가스용기를 보온, 가스보일러 사용 전에 시설 점검 후 사용
사회 재난	화재	화재가 발생하면 가스용기, 밸브 및 퓨즈콕을 잠그고 대피
	건축물 붕괴	가스 중간밸브를 차단하고 건물 밖으로 대피

123주식회사 4

⑪ 출력형태를 참고하여 적당한 위치에 마우스 드래그하여 배치한다.

→ [홈] 탭 – [글꼴] 그룹에서 글꼴 '굴림', '24pt', 글꼴 색 '검정, 텍스트 1'을 설정한다.

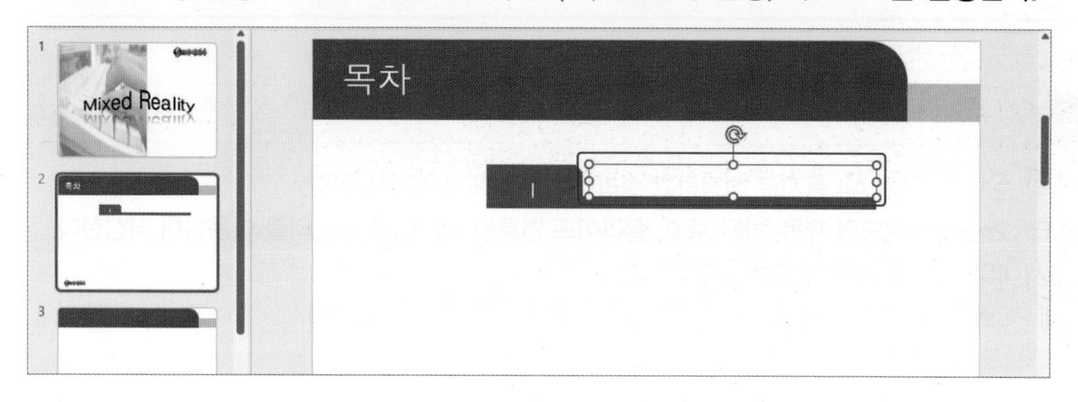

⑫ 텍스트 상자에 내용을 입력한다.

→ 마우스 드래그하여 도형들과 텍스트 상자를 모두 선택한다.

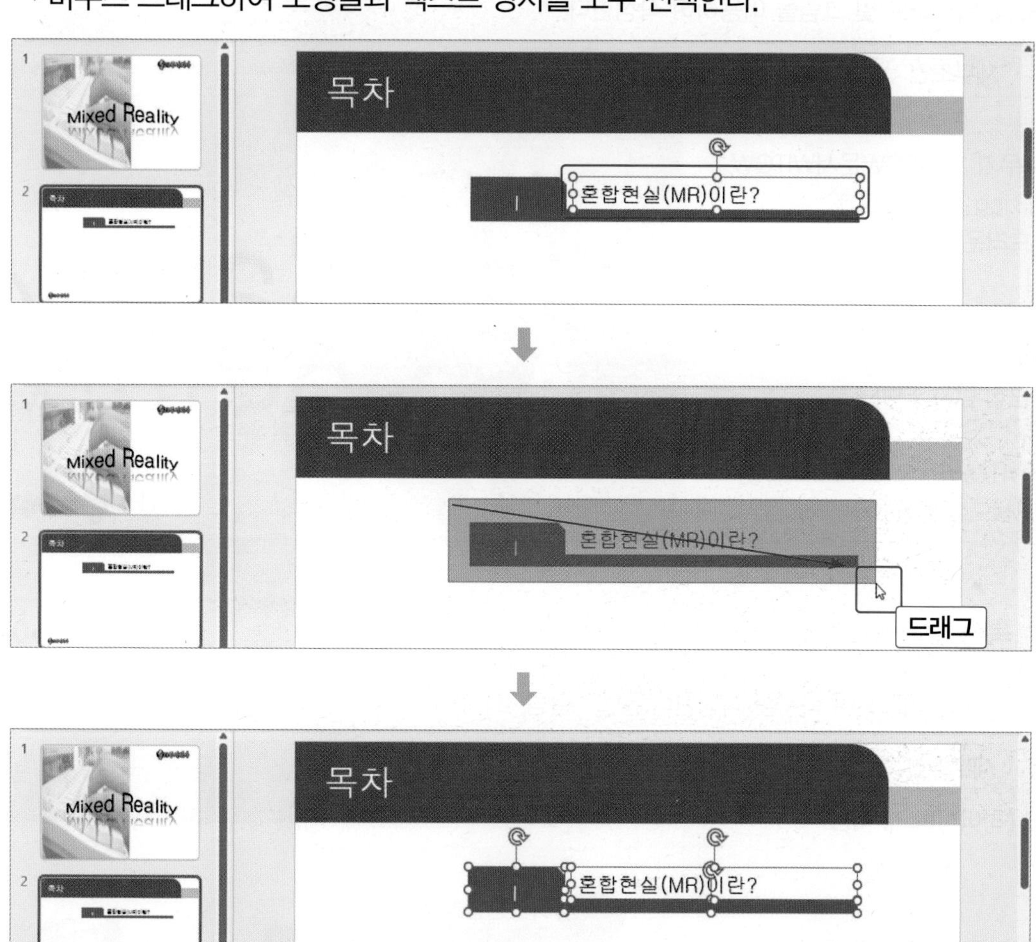

최신 기출문제 04회

수험번호 20252004 정답파일 PART 03 최신 기출문제₩최신04회_정답.pptx

전체구성 60점

(1) 슬라이드 크기 및 순서 : 크기를 A4 용지로 설정하고 슬라이드 순서에 맞게 작성한다.
(2) 슬라이드 마스터 : 2~6슬라이드의 제목, 하단 로고, 슬라이드 번호는 슬라이드 마스터를 이용하여 작성한다.
- 제목 글꼴(궁서, 40pt, 흰색), 가운데 맞춤, 도형(선 없음)
- 하단 로고(「내 PC₩문서₩ITQ₩Picture₩로고2.jpg」, 배경(회색) 투명색으로 설정)

슬라이드 ❶ 표지 디자인 40점

(1) 표지 디자인 : 도형, 워드아트 및 그림을 이용하여 작성한다.

세부조건	
① 도형 편집 – 도형에 그림 채우기 : 「내 PC₩문서₩ITQ₩Picture₩그림3.jpg」, 투명도 50% – 도형 효과 : 부드러운 가장자리 5포인트 ② 워드아트 삽입 – 변환 : 중지 – 글꼴 : 돋움, 굵게 – 텍스트 반사 : 근접 반사, 터치 ③ 그림 삽입 – 「내 PC₩문서₩ITQ₩Picture₩로고2.jpg」 – 배경(회색) 투명색으로 설정	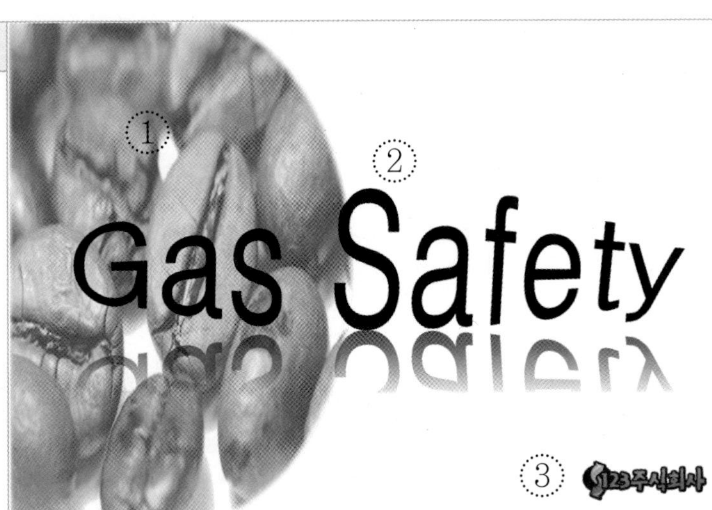

슬라이드 ❷ 목차 슬라이드 60점

(1) 출력형태와 같이 도형을 이용하여 목차를 작성한다(글꼴 : 굴림, 24pt). (2) 도형 : 선 없음

세부조건
① 텍스트에 링크【하이퍼링크】적용 → '슬라이드 4' ② 그림 삽입 – 「내 PC₩문서₩ITQ₩Picture₩그림4.jpg」 – 자르기 기능 이용

목차

1 가스안전점검

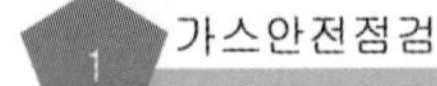

2 가스안전 행동요령 ①

3 형태별 가스사고 현황

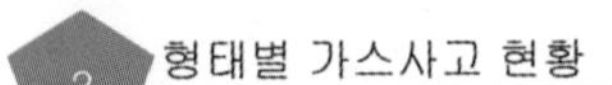

4 안전관리 및 유통체계

②

123주식회사 2

⑬ Ctrl + Shift 를 누른 채 아래로 드래그하여 복사한다.

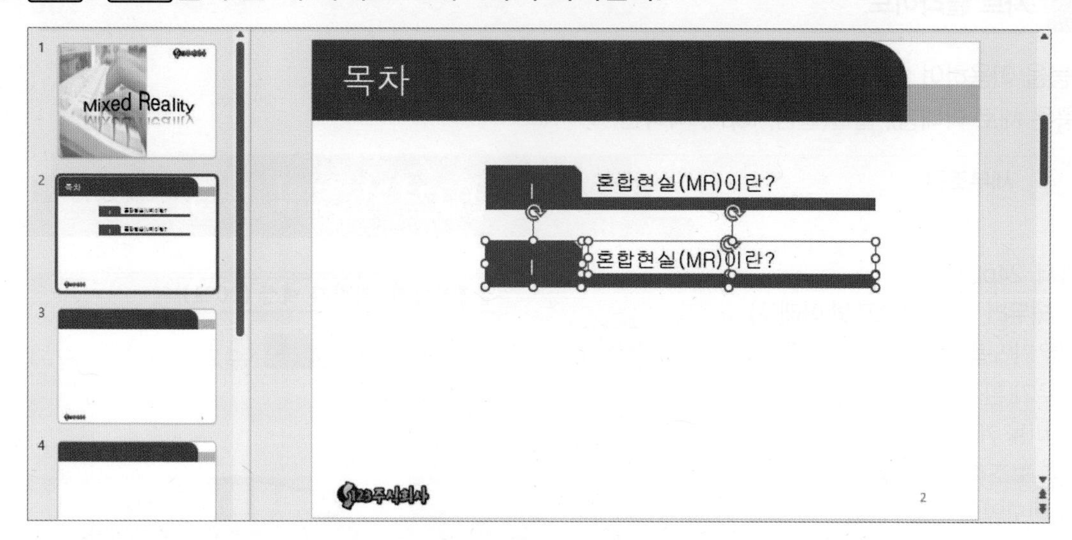

⑭ 동일한 방법으로 도형과 텍스트 상자를 복사하여 다음과 같이 배치한다.

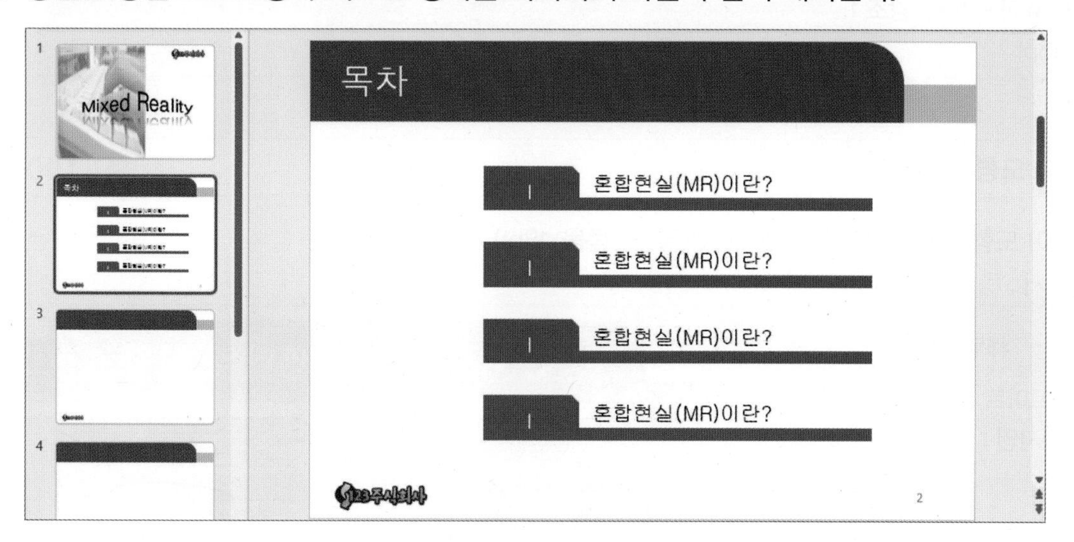

슬라이드 ❺ 차트 슬라이드 100점

(1) 차트 작성 기능을 이용하여 슬라이드를 작성한다.
(2) 차트 : 종류(묶은 세로 막대형), 글꼴(굴림, 16pt), 외곽선

세부조건
※ 차트설명 • 차트제목 : 궁서, 24pt, 굵게, 채우기(흰색), 테두리, 그림자(오프셋 아래쪽) • 차트영역 : 채우기(노랑) 그림영역 : 채우기(흰색) • 데이터 서식 : 비율 계열을 표식이 있는 꺾은선형으로 변경 후 보조축으로 지정 • 값 표시 : 모국인모임의 비율 계열만 ① 도형 삽입 – 스타일 : 미세 효과 – 파랑, 강조 1 – 글꼴 : 돋움, 18pt

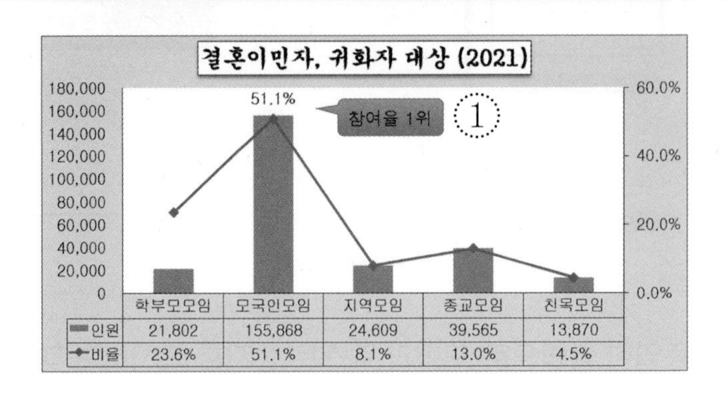

슬라이드 ❻ 도형 슬라이드 100점

(1) 슬라이드와 같이 도형 및 스마트아트를 배치한다(글꼴 : 돋움, 18pt).
(2) 애니메이션 순서 : ① ⇒ ②

세부조건
① 도형 및 스마트아트 편집 – 스마트아트 디자인 : 3차원 만화, 강한 효과 – 그룹화 후 애니메이션 효과 : 실선 무늬(세로) ② 도형 편집 – 그룹화 후 애니메이션 효과 : 회전

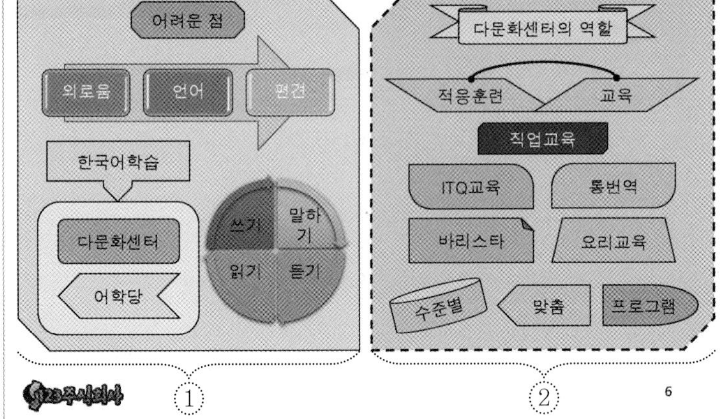

⑮ ⑧ ⑨와 같은 방법으로 다른 목차 도형에 『Ⅱ』, 『Ⅲ』, 『Ⅳ』를 순서대로 입력한다.

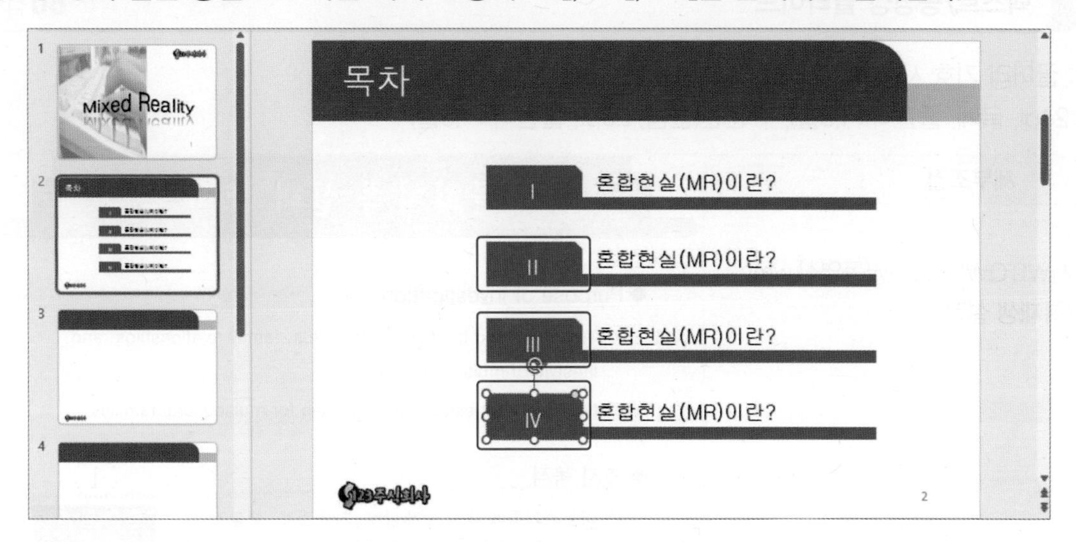

⑯ 나머지 텍스트 상자에 해당하는 내용을 모두 입력한다.

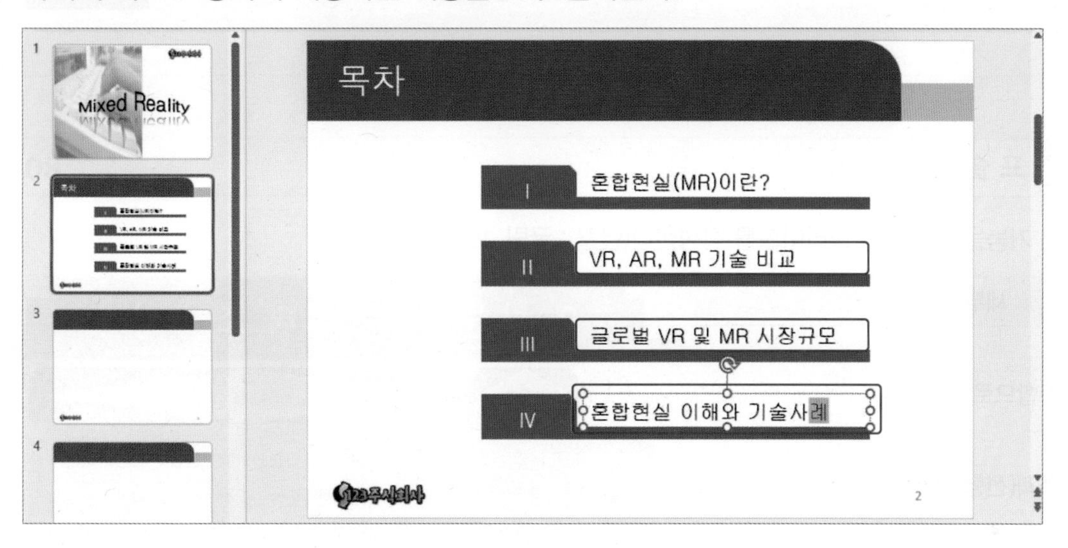

슬라이드 ③ 텍스트/동영상 슬라이드 60점

(1) 텍스트 작성 : 글머리 기호 사용(◆, ✓)
◆문단(돋움, 24pt, 굵게, 줄간격 : 1.5줄), ✓문단(돋움, 20pt, 줄간격 : 1.5줄)

세부조건

① 동영상 삽입 :
- 「내 PC₩문서₩ITQ₩Picture₩동영상.wmv」
- 자동실행, 반복재생 설정

1. 다문화가족 실태 조사 목적

◆ Purpose of investigation

✓ To understand the economic status, family relationships, and lifestyle of multicultural families

✓ Necessary for establishing policies for multicultural families

◆ 조사 목적

✓ 다문화가족에 대한 경제상태, 가족관계, 생활양식 등을 파악하여 다문화가족 정책수립에 필요한 기초 자료를 수집

①

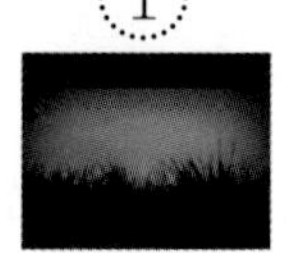

3

슬라이드 ④ 표 슬라이드 80점

(1) 도형과 표 작성 기능을 이용하여 슬라이드를 작성한다(글꼴 : 굴림, 18pt).

세부조건

① 상단 도형 :
2개 도형의 조합으로 작성

② 좌측 도형 :
그라데이션 효과(선형 아래쪽)

③ 표 스타일 :
테마 스타일 1 – 강조 3

2. 다문화가족 실태 조사 방법

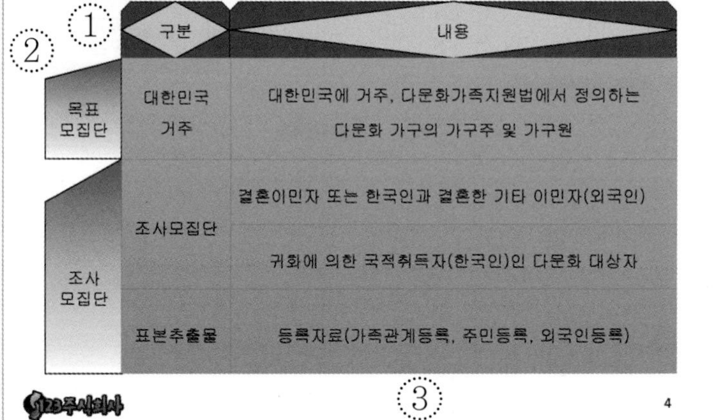

	구분	내용
목표 모집단	대한민국 거주	대한민국에 거주, 다문화가족지원법에서 정의하는 다문화 가구의 가구주 및 가구원
조사 모집단	조사모집단	결혼이민자 또는 한국인과 결혼한 기타 이민자(외국인)
		귀화에 의한 국적취득자(한국인)인 다문화 대상자
	표본추출물	등록자료(가족관계등록, 주민등록, 외국인등록)

4

① 하이퍼링크를 지정할 텍스트를 블록 설정하고, [삽입] 탭 – [링크] 그룹 – [링크]( )를 클릭한다.

> 기적의 TIP
>
> 블록 설정 상태에서 마우스 오른쪽 클릭하여 [하이퍼링크]를 클릭해도 된다.

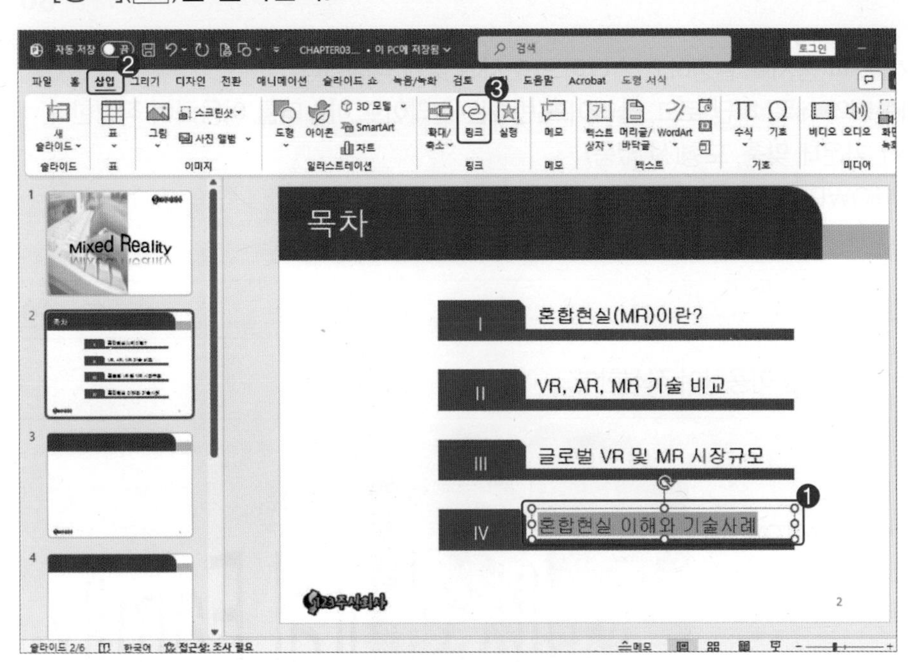

② [하이퍼링크 삽입] 대화상자가 나타나면 [현재 문서]를 클릭한다.
→ 이 문서에서 위치 선택 – '슬라이드 6'을 클릭한 후 [확인]을 클릭한다.

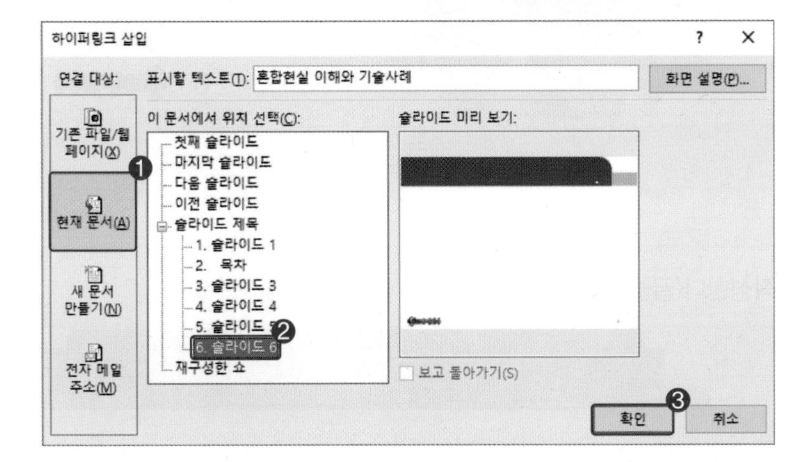

최신 기출문제 03회

수험번호 20252003 정답파일 PART 03 최신 기출문제₩최신03회_정답.pptx

전체구성 60점

(1) 슬라이드 크기 및 순서 : 크기를 A4 용지로 설정하고 슬라이드 순서에 맞게 작성한다.

(2) 슬라이드 마스터 : 2~6슬라이드의 제목, 하단 로고, 슬라이드 번호는 슬라이드 마스터를 이용하여 작성한다.

- 제목 글꼴(궁서, 40pt, 흰색), 가운데 맞춤, 도형(선 없음)
- 하단 로고(「내 PC₩문서₩ITQ₩Picture₩로고2.jpg, 배경(회색) 투명색으로 설정)

슬라이드 ❶ 표지 디자인 40점

(1) 표지 디자인 : 도형, 워드아트 및 그림을 이용하여 작성한다.

세부조건

① 도형 편집
- 도형에 그림 채우기 : 「내 PC₩문서₩ITQ₩Picture₩그림3.jpg」, 투명도 50%
- 도형 효과 : 부드러운 가장자리 5포인트

② 워드아트 삽입
- 변환 : 중지
- 글꼴 : 돋움, 굵게
- 텍스트 반사 : 근접 반사, 터치

③ 그림 삽입
- 「내 PC₩문서₩ITQ₩Picture₩로고2.jpg」
- 배경(회색) 투명색으로 설정

슬라이드 ❷ 목차 슬라이드 60점

(1) 출력형태와 같이 도형을 이용하여 목차를 작성한다(글꼴 : 굴림, 24pt). (2) 도형 : 선 없음

세부조건

① 텍스트에 링크【하이퍼링크】적용
→ '슬라이드 4'

② 그림 삽입
- 「내 PC₩문서₩ITQ₩Picture₩그림4.jpg」
- 자르기 기능 이용

목차

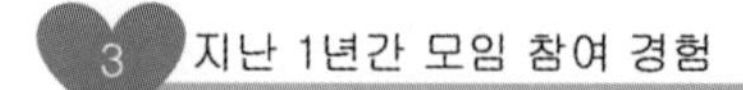

4 다문화가족 센터의 역할

②

2

③ 하이퍼링크가 설정되면 블록 설정했던 텍스트 밑에 밑줄이 표시되고, 색상도 변한다.

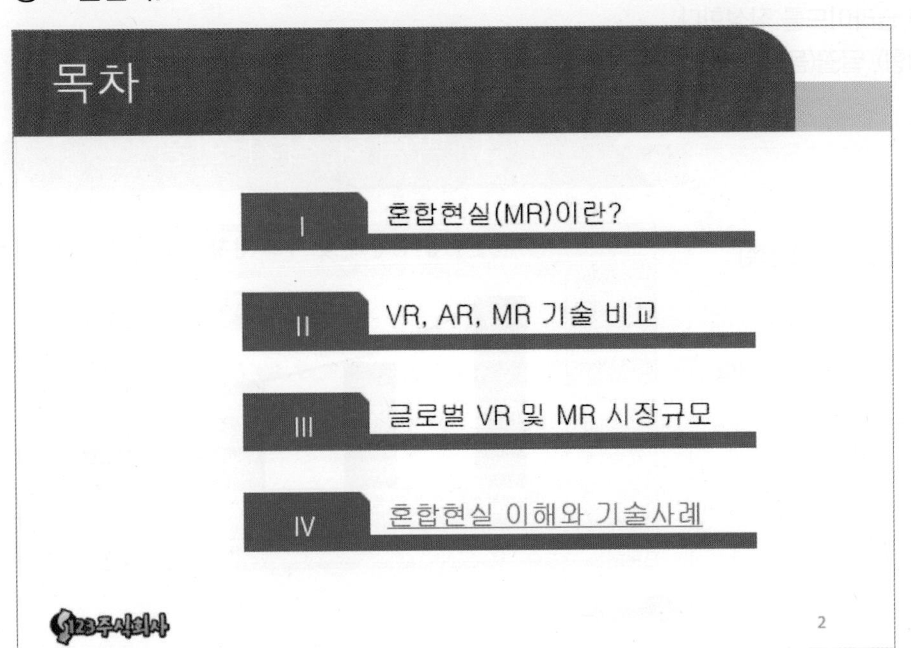

> 기적의 TIP
>
> 설정한 하이퍼링크가 올바르게 작동하는지 확인하려면 Ctrl을 누른 상태에서 클릭해본다.

SECTION 04 그림 삽입 및 자르기

① [삽입] 탭 – [이미지] 그룹 – [그림]( )에서 [이 디바이스]( )를 클릭한다.
→ [그림 삽입] 대화상자가 나타나면 '내 PC₩문서₩ITQ₩Picture' 폴더에서 그림 파일 '그림5.jpg'를 선택하고 [삽입]을 클릭한다.

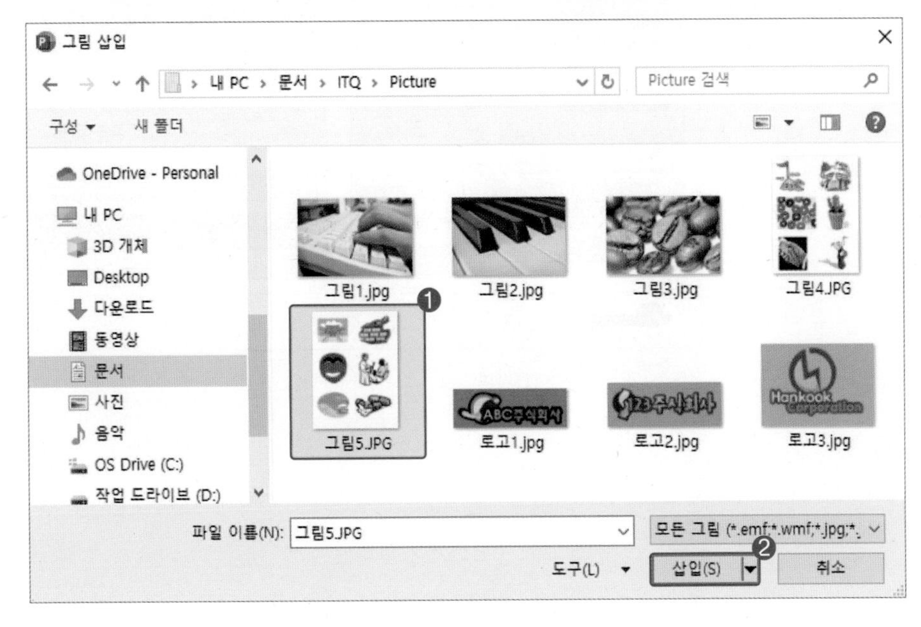

슬라이드 ⑤ 차트 슬라이드 100점

(1) 차트 작성 기능을 이용하여 슬라이드를 작성한다.
(2) 차트 : 종류(묶은 세로 막대형), 글꼴(돋움, 16pt), 외곽선

세부조건

※ 차트설명
- 차트제목 : 궁서, 24pt, 굵게, 채우기(흰색), 테두리, 그림자(오프셋 오른쪽)
- 차트영역 : 채우기(노랑)
  그림영역 : 채우기(흰색)
- 데이터 서식 : 부스수 계열을 표식이 있는 꺾은 선형으로 변경 후 보조축으로 지정
- 값 표시 : 메인무대의 단체수 계열만

① 도형 삽입
- 스타일 : 미세 효과 – 파랑, 강조 1
- 글꼴 : 굴림, 18pt

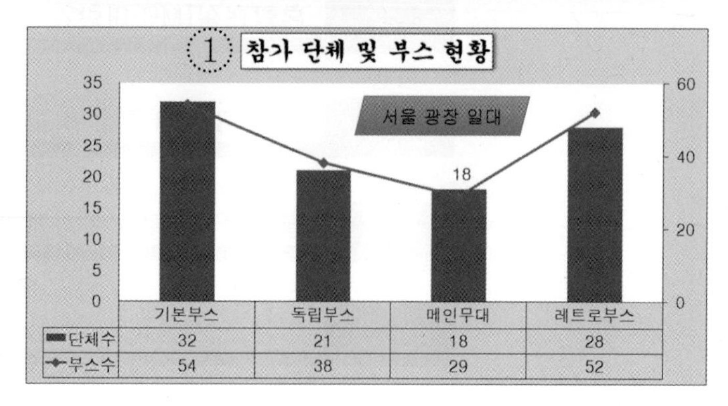

슬라이드 ⑥ 도형 슬라이드 100점

(1) 슬라이드와 같이 도형 및 스마트아트를 배치한다(글꼴 : 돋움, 18pt).
(2) 애니메이션 순서 : ① ⇒ ②

세부조건

① 도형 및 스마트아트 편집
- 스마트아트 디자인 :
  3차원 경사,
  3차원 만화
- 그룹화 후 애니메이션 효과 :
  닦아내기(위에서)

② 도형 편집
- 그룹화 후 애니메이션 효과 :
  회전

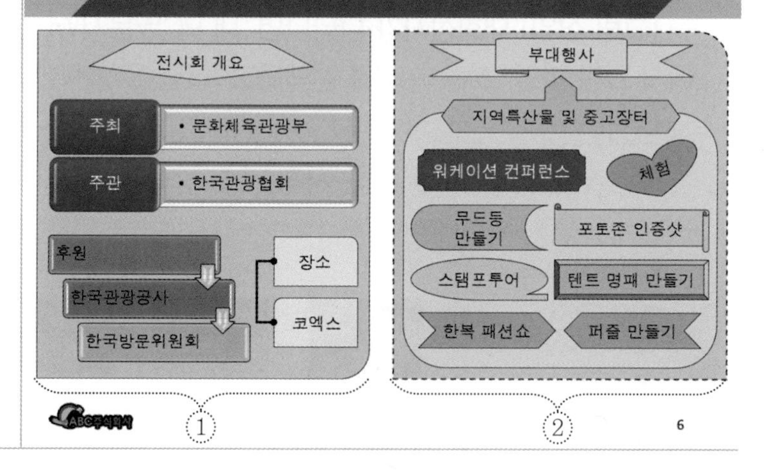

② 그림이 삽입되면 [그림 서식] 탭 – [크기] 그룹에서 [자르기]()를 클릭한다.

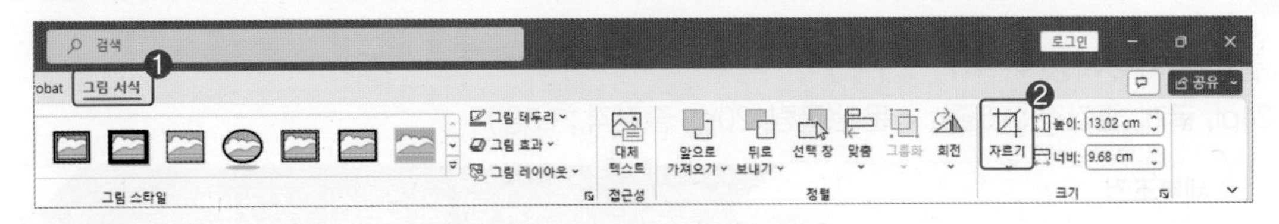

③ 그림의 모서리의 자르기 조절점들을 드래그하여 원하는 그림만 남겨놓고 다시 [자르기]를 클릭하여 그림을 자른다.

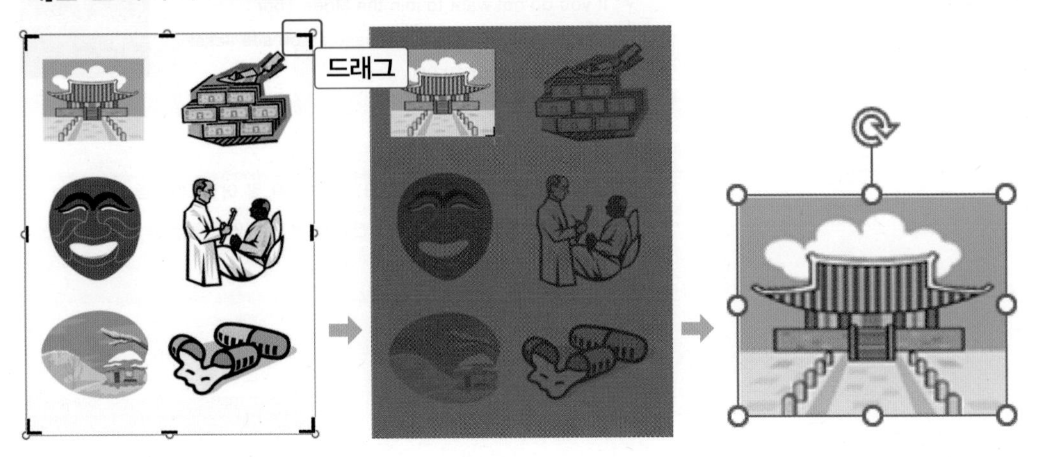

④ 그림의 크기와 위치를 조절한다.

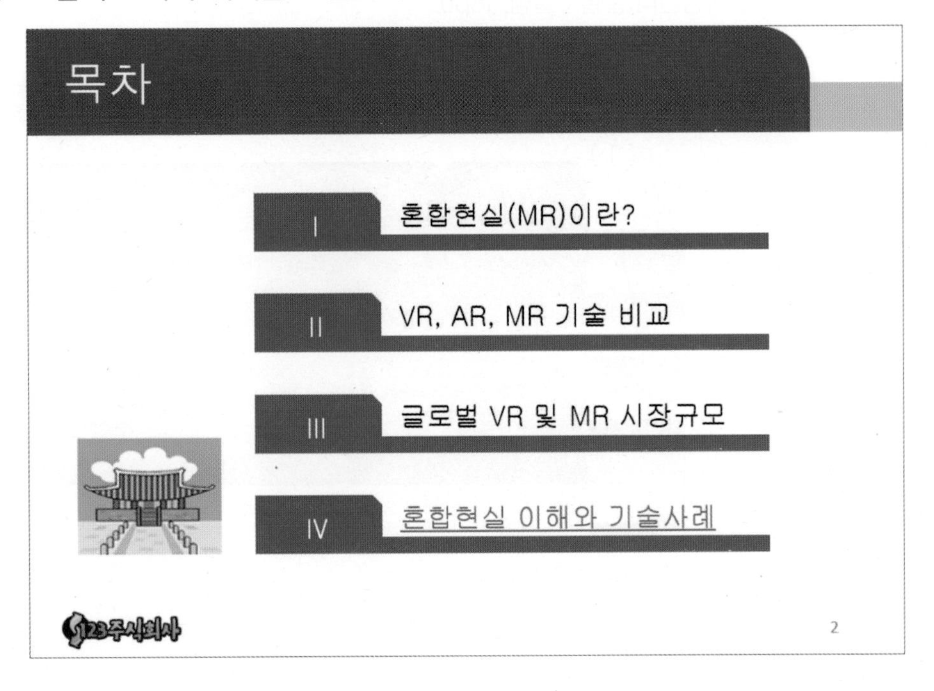

슬라이드 ❸ 텍스트/동영상 슬라이드 60점

(1) 텍스트 작성 : 글머리 기호 사용(◆, ✓)

◆문단(굴림, 24pt, 굵게, 줄간격 : 1.5줄), ✓문단(굴림, 20pt, 줄간격 : 1.5줄)

세부조건

① 동영상 삽입 :
- 「내 PC₩문서₩ITQ₩Picture₩동영상.wmv」
- 자동실행, 반복재생 설정

1. 여행박람회 소개

◆ Visitation Guide

✓ If you do not want to join the Mode Tour membership, you can purchase an on site ticket at a discount of 10,000 won

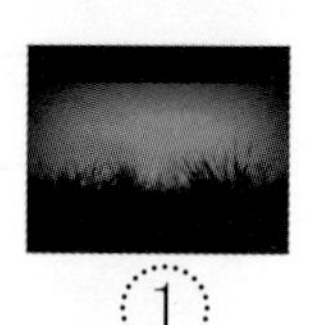

①

◆ 박람회 목적

✓ 올해의 관광 정책 및 관광도시, 주요 기관 및 여행 테마 등 소개

✓ 국내 관광을 활성화하고 축제산업의 전문화 및 체계화를 통한 새로운 문화산업 방향 제시

3

슬라이드 ❹ 표 슬라이드 80점

(1) 도형과 표 작성 기능을 이용하여 슬라이드를 작성한다(글꼴 : 굴림, 18pt).

세부조건

① 상단 도형 :
2개 도형의 조합으로 작성

② 좌측 도형 :
그라데이션 효과(선형 아래쪽)

③ 표 스타일 :
테마 스타일 1 – 강조 1

2. 여행작가 강연회

① ②

	11:00	13:00	16:00
1일차	여행카페	여행 크리에이터	풍경이 있는 우리 술 기행
2일차	여행 드로잉	구석구석 마을여행	내 아이가 똑똑해지는 교실 밖 체험 여행
3일차	캠핑카 스토리	인생을 바꾸는 여행의 힘	스마트 앱과 함께하는 매주 떠나는 체험 여행지
4일차	나도 여행작가	봄을 느끼며 걷기	

③

4

문제유형 ❷-1 정답파일 PART 01 시험 유형 따라하기₩유형2-1번_정답.pptx

세부조건
글꼴(굴림, 24pt), 도형(선 없음) ① 텍스트에 링크【하이퍼링크】적용 → '슬라이드 5' ② 그림 삽입 –「내 PC₩문서₩ITQ₩Picture₩그림4.jpg」 – 자르기 기능 이용

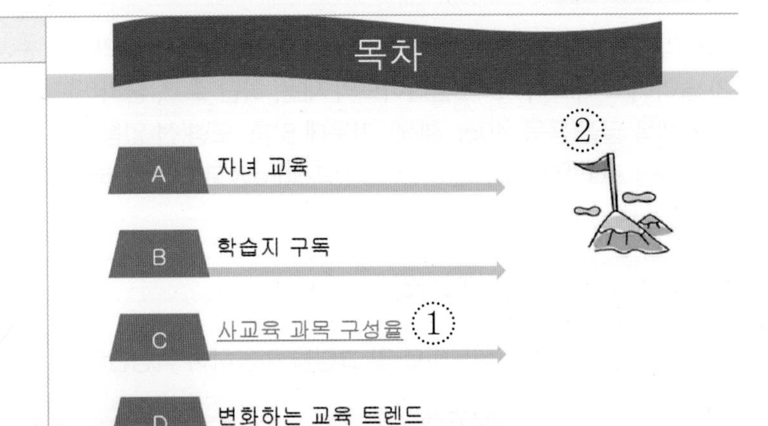

문제유형 ❷-2 정답파일 PART 01 시험 유형 따라하기₩유형2-2번_정답.pptx

세부조건
글꼴(돋움, 24pt), 도형(선 없음) ① 텍스트에 링크【하이퍼링크】적용 → '슬라이드 4' ② 그림 삽입 –「내 PC₩문서₩ITQ₩Picture₩그림5.jpg」 – 자르기 기능 이용

목차

②

1 건강 관리

2 균형있는 식생활 ①

3 건강을 해치는 흡연/음주

4 운동과 식습관 개선

ABC주식회사

2

최신 기출문제 02회

수험번호 20252002　　정답파일 PART 03 최신 기출문제₩최신02회_정답.pptx

전체구성 60점

(1) 슬라이드 크기 및 순서 : 크기를 A4 용지로 설정하고 슬라이드 순서에 맞게 작성한다.
(2) 슬라이드 마스터 : 2~6슬라이드의 제목, 하단 로고, 슬라이드 번호는 슬라이드 마스터를 이용하여 작성한다.
- 제목 글꼴(돋움, 40pt, 흰색), 가운데 맞춤, 도형(선 없음)
- 하단 로고(「내 PC₩문서₩ITQ₩Picture₩로고1.jpg」, 배경(회색) 투명색으로 설정)

슬라이드 ❶ 표지 디자인 40점

(1) 표지 디자인 : 도형, 워드아트 및 그림을 이용하여 작성한다.

세부조건

① 도형 편집
- 도형에 그림 채우기 : 「내 PC₩문서₩ITQ₩Picture₩그림1.jpg」, 투명도 50%
- 도형 효과 : 부드러운 가장자리 5포인트

② 워드아트 삽입
- 변환 : 삼각형, 위로 【삼각형】
- 글꼴 : 굴림, 굵게
- 텍스트 반사 : 1/2 반사, 4pt 오프셋

③ 그림 삽입
- 「내 PC₩문서₩ITQ₩Picture₩로고1.jpg」
- 배경(회색) 투명색으로 설정

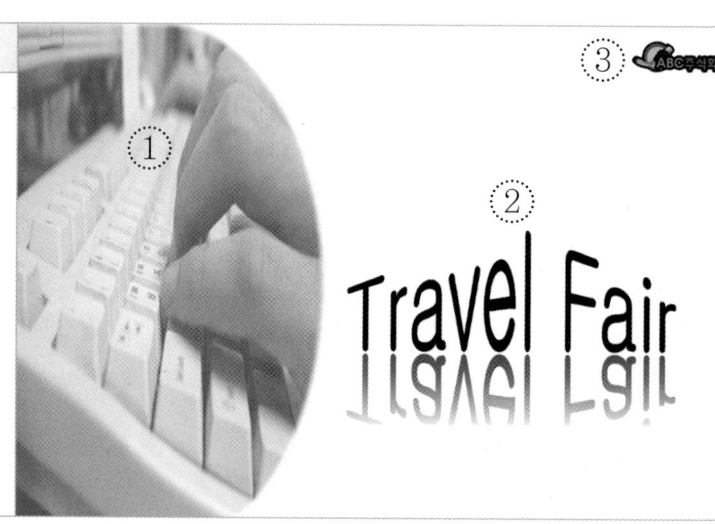

슬라이드 ❷ 목차 슬라이드 60점

(1) 출력형태와 같이 도형을 이용하여 목차를 작성한다(글꼴 : 돋움, 24pt).　　(2) 도형 : 선 없음

세부조건

① 텍스트에 링크 【하이퍼링크】 적용
→ '슬라이드 6'

② 그림 삽입
- 「내 PC₩문서₩ITQ₩Picture₩그림4.jpg」
- 자르기 기능 이용

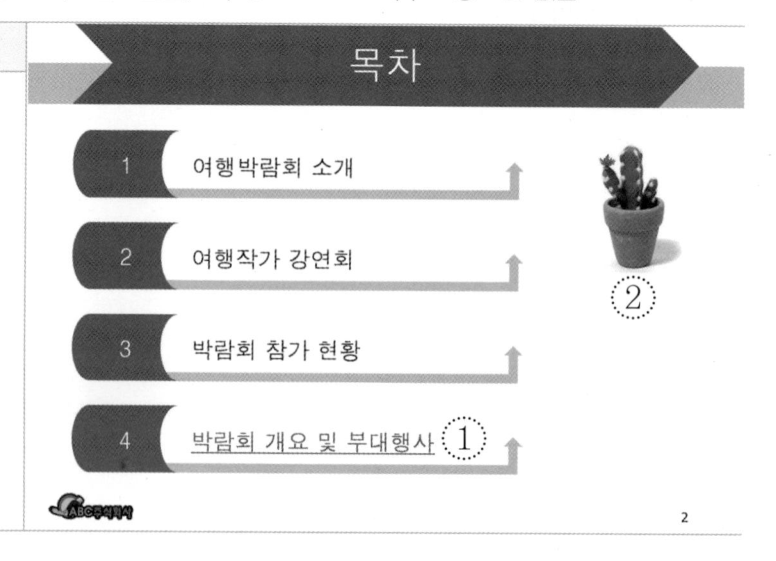

문제유형 ❷-3

정답파일 PART 01 시험 유형 따라하기₩유형2-3번_정답.pptx

세부조건

글꼴(굴림, 24pt), 도형(선 없음)

① 텍스트에 링크【하이퍼링크】 적용
→ '슬라이드 6'

② 그림 삽입
–「내 PC₩문서₩ITQ₩Picture₩그림5.jpg」
– 자르기 기능 이용

목차

1 만성피로의 정의

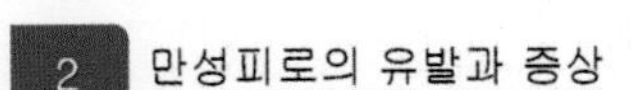

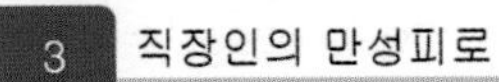

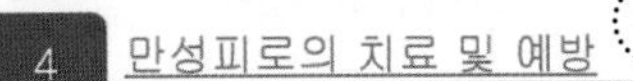

2

문제유형 ❷-4

정답파일 PART 01 시험 유형 따라하기₩유형2-4번_정답.pptx

세부조건

글꼴(돋움, 24pt), 도형(선 없음)

① 텍스트에 링크【하이퍼링크】 적용
→ '슬라이드 6'

② 그림 삽입
–「내 PC₩문서₩ITQ₩Picture₩그림5.jpg」
– 자르기 기능 이용

목차

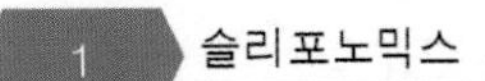

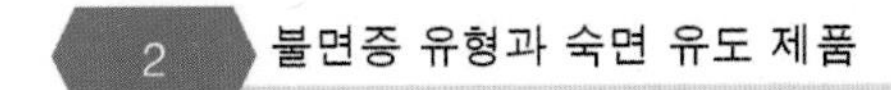

3 수면 장애 환자 1인당 진료비

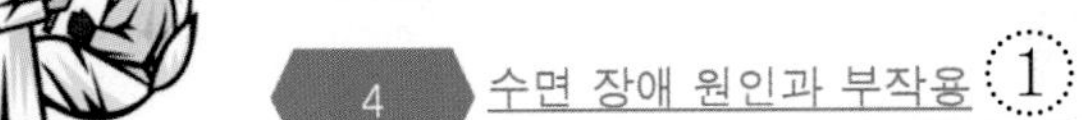

2

슬라이드 ⑤ 차트 슬라이드 100점

(1) 차트 작성 기능을 이용하여 슬라이드를 작성한다.
(2) 차트 : 종류(묶은 세로 막대형), 글꼴(돋움, 16pt), 외곽선

세부조건

※ 차트설명
- 차트제목 : 궁서, 24pt, 굵게,
  채우기(흰색), 테두리, 그림자(오프셋 오른쪽)
- 차트영역 : 채우기(노랑)
  그림영역 : 채우기(흰색)
- 데이터 서식 : 글로벌 계열을 표식이 있는 꺾은 선형으로 변경 후 보조축으로 지정
- 값 표시 : C금융그룹의 글로벌 계열만

① 도형 삽입
- 스타일 : 미세 효과 – 파랑, 강조 1
- 글꼴 : 굴림, 18pt

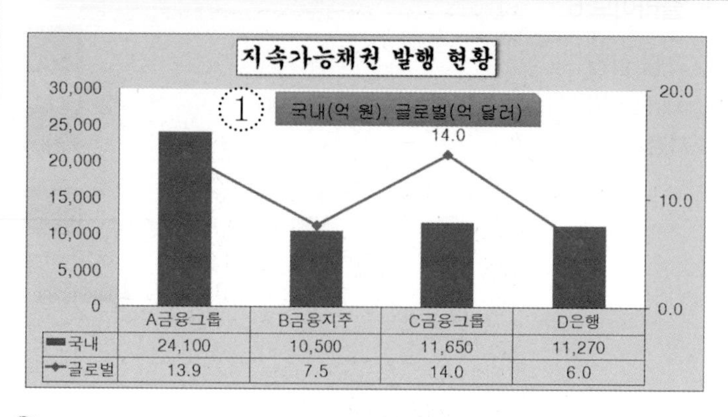

슬라이드 ⑥ 도형 슬라이드 100점

(1) 슬라이드와 같이 도형 및 스마트아트를 배치한다(글꼴 : 돋움, 18pt).
(2) 애니메이션 순서 : ① ⇒ ②

세부조건

① 도형 및 스마트아트 편집
- 스마트아트 디자인 :
  3차원 경사,
  3차원 만화
- 그룹화 후 애니메이션 효과 :
  닦아내기(위에서)

② 도형 편집
- 그룹화 후 애니메이션 효과 :
  회전

4. ESG 경영체제 구축
ESG경영
정보공개
경영체계
환경
지배구조
사회
ESG 관점
목표설정
정보공개
ESG 경영전략
기업가치
뉴 패러다임
재무제표 공시
경영보고서
재무적 관점
공시
ESG 관점
재무성과창출
비재무성과창출
6

유형분석 문항 ④

슬라이드 3
텍스트/동영상 슬라이드

배점 **60점** | A등급 목표점수 **50점**

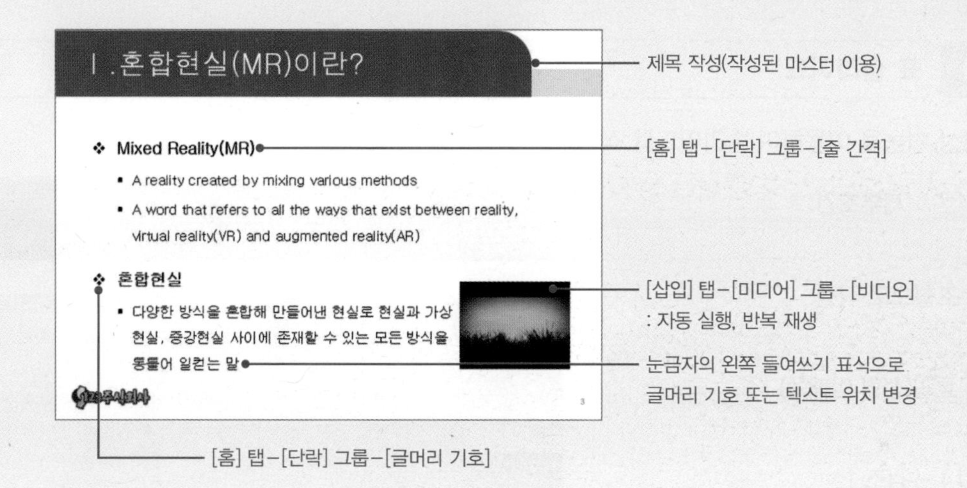

출제포인트

텍스트 입력 · 단락 설정 · 글머리 기호 · 동영상 삽입

출제기준

텍스트의 조화로운 배치 능력을 평가하는 문항으로, 단락 설정과 동영상 삽입 방법, 글머리 기호 작성법이 출제됩니다.

A등급 TIP

한글과 영문 텍스트를 직접 입력하는 문제이므로, 차분히 작성하여 오타가 나지 않도록 주의해야 합니다. 모의고사와 기출문제를 풀어보며 자주 나오는 글머리 기호를 익혀두고, 동영상 삽입과 설정 방법은 매번 고정적으로 출제되므로 정확히 숙지하세요.

슬라이드 ❸ 텍스트/동영상 슬라이드 60점

(1) 텍스트 작성 : 글머리 기호 사용(◆, ✓)

◆문단(굴림, 24pt, 굵게, 줄간격 : 1.5줄), ✓문단(굴림, 20pt, 줄간격 : 1.5줄)

세부조건

① 동영상 삽입 :
– 「내 PC₩문서₩ITQ₩Picture₩동영상.wmv」
– 자동실행, 반복재생 설정

1. 지속가능경영

◆ Sustainability

✓ Sustainability is improving the quality of human life while living within the carrying capacity of supporting eco-systems

①

◆ 지속가능경영(ESG)의 의미

✓ ESG는 환경(Environmental), 사회(Social), 지배구조(Governance)의 영문 첫 글자를 조합한 단어

✓ 기업 경영에서 지속가능성을 달성하기 위한 3가지 핵심 요소

3

슬라이드 ❹ 표 슬라이드 80점

(1) 도형과 표 작성 기능을 이용하여 슬라이드를 작성한다(글꼴 : 굴림, 18pt).

세부조건

① 상단 도형 :
2개 도형의 조합으로 작성

② 좌측 도형 :
그라데이션 효과(선형 아래쪽)

③ 표 스타일 :
테마 스타일 1 – 강조 1

2. 지속가능 목표 제안

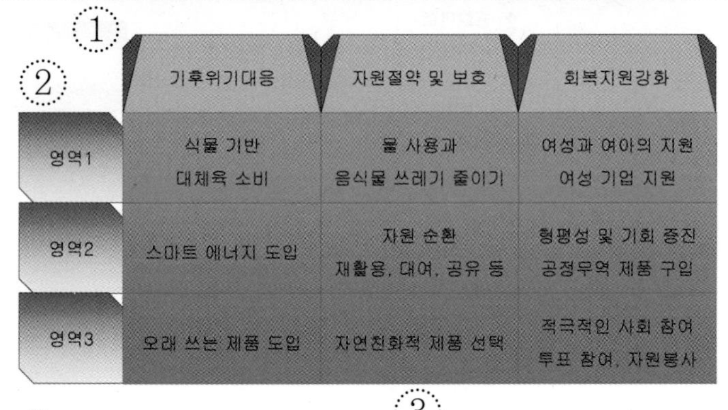

	기후위기대응	자원절약 및 보호	회복지원강화
영역1	식물 기반 대체육 소비	물 사용과 음식물 쓰레기 줄이기	여성과 여아의 지원 여성 기업 지원
영역2	스마트 에너지 도입	자원 순환 재활용, 대여, 공유 등	형평성 및 기회 증진 공정무역 제품 구입
영역3	오래 쓰는 제품 도입	자연친화적 제품 선택	적극적인 사회 참여 투표 참여, 자원봉사

4

[슬라이드 3]

텍스트/동영상 슬라이드

합격 강의

난 이 도 상 (중) 하

반복학습 1 2 3

문제파일 PART 01 시험 유형 따라하기₩CHAPTER04.pptx

정답파일 PART 01 시험 유형 따라하기₩CHAPTER04_정답.pptx

문제보기

(1) 텍스트 작성 : 글머리 기호 사용(❖, ■)

❖문단(굴림, 24pt, 굵게, 줄간격 : 1.5줄), ■문단(굴림, 20pt, 줄간격 : 1.5줄)

세부조건

① 동영상 삽입 :

– 「내 PC₩문서₩ITQ₩Picture₩동영상.wmv」

– 자동실행, 반복재생 설정

Ⅰ. 혼합현실(MR)이란?

❖ Mixed Reality(MR)

- A reality created by mixing various methods
- A word that refers to all the ways that exist between reality, virtual reality(VR) and augmented reality(AR)

①

❖ 혼합현실

- 다양한 방식을 혼합해 만들어낸 현실로 현실과 가상현실, 증강현실 사이에 존재할 수 있는 모든 방식을 통틀어 일컫는 말

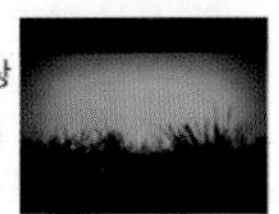

3

핵심기능

기능	바로 가기	메뉴
글머리 기호		[홈] 탭 – [단락] 그룹 – [글머리 기호]
줄 간격		[홈] 탭 – [단락] 그룹 – [줄 간격]
목록 수준 줄임	, Shift + Tab	내어쓰기 : [홈] 탭 – [단락] 그룹 – [목록 수준 줄임]
목록 수준 늘림	, Tab	들여쓰기 : [홈] 탭 – [단락] 그룹 – [목록 수준 늘림]
동영상 삽입		[삽입] 탭 – [미디어] 그룹 – [비디오]

최신 기출문제 01회

수험번호 20252001 정답파일 PART 03 최신 기출문제₩최신01회_정답.pptx

전체구성 60점

(1) 슬라이드 크기 및 순서 : 크기를 A4 용지로 설정하고 슬라이드 순서에 맞게 작성한다.
(2) 슬라이드 마스터 : 2~6슬라이드의 제목, 하단 로고, 슬라이드 번호는 슬라이드 마스터를 이용하여 작성한다.
  – 제목 글꼴(돋움, 40pt, 흰색), 가운데 맞춤, 도형(선 없음)
  – 하단 로고(「내 PC₩문서₩ITQ₩Picture₩로고1.jpg, 배경(회색) 투명색으로 설정)

슬라이드 ❶ 표지 디자인 40점

(1) 표지 디자인 : 도형, 워드아트 및 그림을 이용하여 작성한다.

세부조건

① 도형 편집
– 도형에 그림 채우기 : 「내 PC₩문서₩ITQ₩Picture₩그림1.jpg」, 투명도 50%
– 도형 효과 : 부드러운 가장자리 5포인트
② 워드아트 삽입
– 변환 : 삼각형, 위로【삼각형】
– 글꼴 : 굴림, 굵게
– 텍스트 반사 : 1/2 반사, 4pt 오프셋
③ 그림 삽입
–「내 PC₩문서₩ITQ₩Picture₩로고1.jpg」
– 배경(회색) 투명색으로 설정

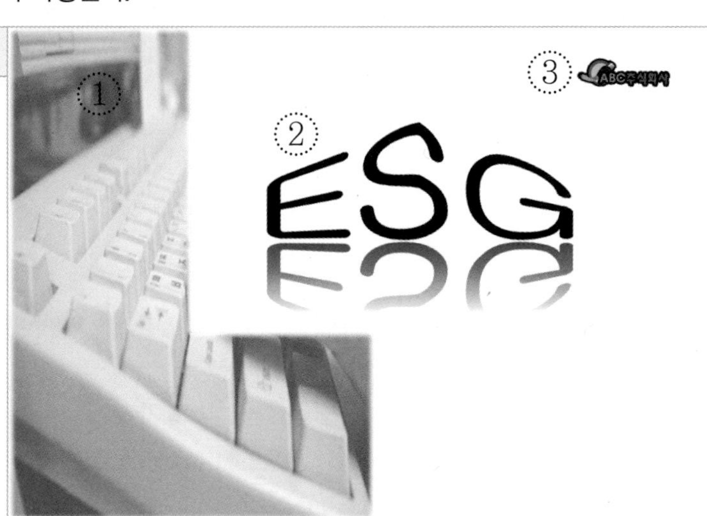

슬라이드 ❷ 목차 슬라이드 60점

(1) 출력형태와 같이 도형을 이용하여 목차를 작성한다(글꼴 : 돋움, 24pt). (2) 도형 : 선 없음

세부조건

① 텍스트에 링크【하이퍼링크】적용
→ '슬라이드 6'
② 그림 삽입
–「내 PC₩문서₩ITQ₩Picture₩그림4.jpg」
– 자르기 기능 이용

SECTION 01 텍스트 입력 및 글머리 기호 지정

① 슬라이드 3을 선택하고 슬라이드 제목 『Ⅰ. 혼합현실(MR)이란?』을 입력한다.

② 텍스트 상자에서 마우스 오른쪽 버튼을 클릭하여 [도형 서식] 탭을 연다.
→ [텍스트 옵션] – [텍스트 상자] – [자동 맞춤 안 함]에 체크하고 닫는다.

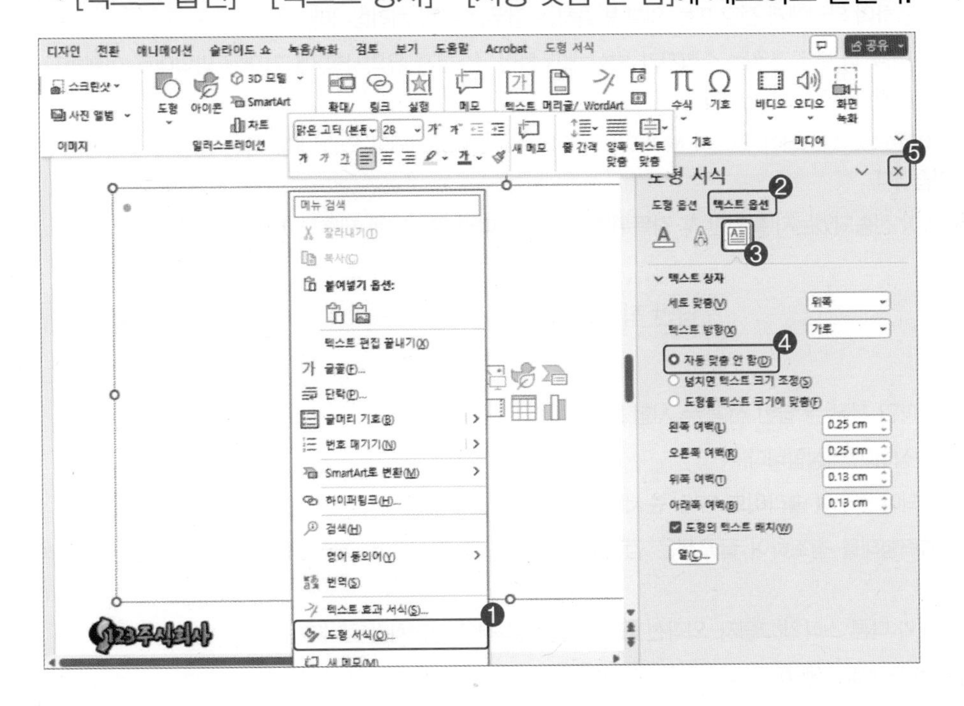

> **기적의 TIP**
>
> 텍스트 상자 크기에 따라 글씨 크기가 바뀌면 주어진 조건을 맞추기 어려울 수 있으므로 [자동 맞춤 안 함] 옵션을 이용하여 텍스트 크기를 고정시키는 것이 좋다.

정보기술자격(ITQ) 시험

MS오피스

과목	코드	문제유형	시험시간	수험번호	성명
한글파워포인트	1142	A	60분		

※ 최신 기출문제 01~10회 학습 시 답안 작성요령을 동일하게 적용하세요.

수험자 유의사항

- 수험자는 문제지를 받는 즉시 문제지와 **수험표상의 시험과목(프로그램)이 동일한지 반드시 확인**하여야 합니다.
- 파일명은 본인의 "수험번호-성명"으로 입력하여 답안폴더(내 PC₩문서₩ITQ)에 하나의 파일로 저장해야 하며, 답안문서 파일명이 "수험번호-성명"과 일치하지 않거나, 답안파일을 전송하지 않아 미제출로 처리될 경우 실격 처리합니다(예: 12345678-홍길동.pptx).
- 답안 작성을 마치면 파일을 저장하고, '답안 전송' 버튼을 선택하여 감독위원 PC로 답안을 전송하십시오. 수험생 정보와 저장한 파일명이 다를 경우 전송되지 않으므로 주의하시기 바랍니다.
- 답안 작성 중에도 **주기적으로 저장하고, '답안 전송'**하여야 문제 발생을 줄일 수 있습니다. 작업한 내용을 저장하지 않고 전송할 경우 이전에 저장된 내용이 전송되니 이점 유의하시기 바랍니다.
- 답안문서는 지정된 경로 외의 다른 보조기억장치에 저장하는 경우, 지정된 시험 시간 외에 작성된 파일을 활용할 경우, 기타 통신수단(이메일, 메신저, 네트워크 등)을 이용하여 타인에게 전달 또는 외부 반출하는 경우는 부정 처리합니다.
- 시험 중 부주의 또는 고의로 시스템을 파손한 경우는 수험자가 변상해야 하며, 〈수험자 유의사항〉에 기재된 방법대로 이행하지 않아 생기는 불이익은 수험생 당사자의 책임임을 알려 드립니다.
- 문제의 조건은 MS오피스 2021 버전으로 설정되어 있으며 MS오피스 2016은 【 】에 표기되어 있습니다. 이와 관련하여 작성한 답안의 출력형태가 문제지와 다를 수 있습니다.
- 시험을 완료한 수험자는 답안파일이 전송되었는지 확인한 후 감독위원의 지시에 따라 문제지를 제출하고 퇴실합니다.

답안 작성요령

- 온라인 답안 작성 절차
  수험자 등록 ⇒ 시험 시작 ⇒ 답안파일 저장 ⇒ 답안 전송 ⇒ 시험 종료
- 슬라이드의 크기는 A4 Paper로 설정하여 작성합니다.
- 슬라이드의 총 개수는 6개로 구성되어 있으며 슬라이드 1부터 순서대로 작업하고 반드시 문제와 세부 조건대로 합니다.
- 별도의 지시사항이 없는 경우 출력형태를 참조하여 글꼴색은 검정 또는 흰색으로 작성하고, 기타사항은 전체적인 균형을 고려하여 작성합니다.
- 슬라이드 도형 및 개체에 출력형태와 다른 스타일(그림자, 외곽선 등)을 적용했을 경우 감점처리 됩니다.
- 슬라이드 번호를 작성합니다(슬라이드 1에는 생략).
- 2~6번 슬라이드 제목 도형과 하단 로고는 슬라이드 마스터를 이용하여 출력형태와 동일하게 작성합니다(슬라이드 1에는 생략).
- 문제와 세부조건, 세부조건 번호 ◌(점선원)는 입력하지 않습니다.
- 각 개체의 위치는 오른쪽의 슬라이드와 동일하게 구성합니다.
- 그림 삽입 문제의 경우 반드시 「내 PC₩문서₩ITQ₩Picture」 폴더에서 정확한 파일을 선택하여 삽입하십시오.
- 각 슬라이드를 각각의 파일로 작업해서 저장할 경우 실격 처리됩니다.

③ 텍스트 상자에 첫 번째 문단의 내용을 입력하고 [Enter]를 누른다.
→ [Tab]을 눌러 그 다음 문단의 내용을 입력한다.

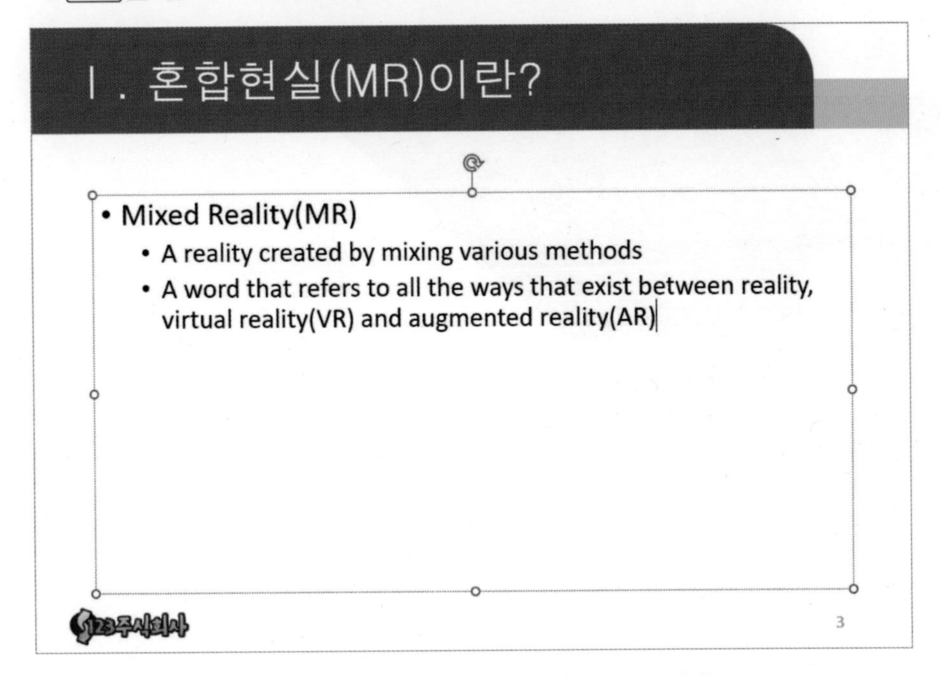

④ 『❖』이 들어갈 문단을 마우스 드래그하여 블록 설정한다.
→ [홈] 탭 – [단락] 그룹에서 [글머리 기호](☰) – [별표 글머리 기호]를 선택한다.

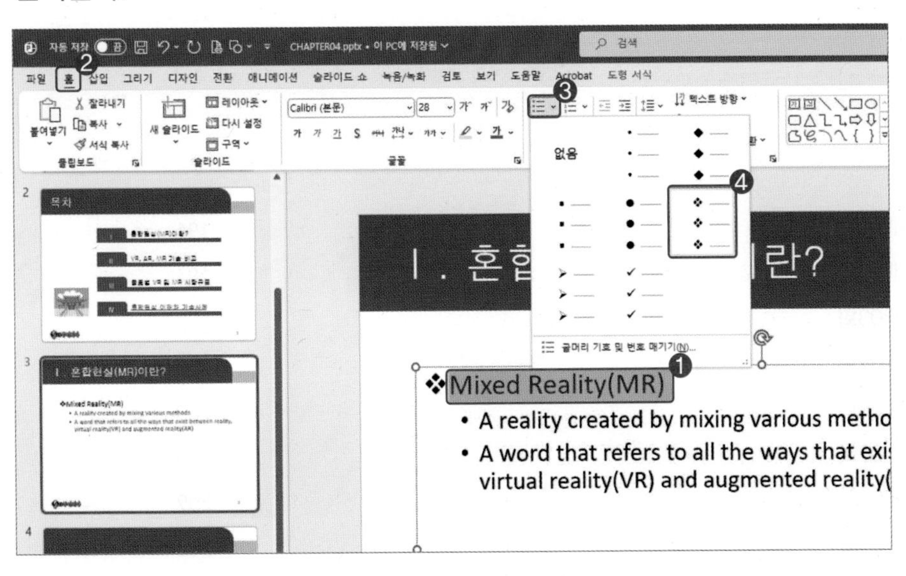

기적의 TIP

목록 수준 늘림 : [Tab]
목록 수준 줄임 : [Shift]+[Tab]

기적의 TIP

글머리 기호 없이 줄 바꿈을 하려면 [Shift]+[Enter]를 누른다.

해결 TIP

텍스트 입력 시 텍스트 상자가 양옆으로 늘어나요!

텍스트 상자의 정렬이 '가운데 맞춤'이나 '양쪽 맞춤'으로 되어 있을 경우 양옆으로 늘어난다. 늘어나지 않게 하려면 '왼쪽 맞춤'을 선택한다.

기적의 TIP

둘 이상의 문단을 동시에 선택할 때는, [Ctrl]을 누른 채 각각 드래그하여 블록 설정한다.

해결 TIP

문제지와 동일한 글머리 기호를 못 찾겠어요!

[글머리 기호 및 번호 매기기] 대화상자에서 [사용자 지정]을 클릭하고 [기호] 대화상자가 나타나면 '글꼴'을 'Wingdings'로 선택한다. 대부분의 시험 문제는 'Wingdings'에서 출제된다.

PART

03

최신 기출문제

⑤ ❖ 문단이 블록 설정된 상태에서 [홈] 탭 – [글꼴] 그룹의 글꼴 '굴림', '24pt', '굵게'를 설정한다.

→ [단락] 그룹에서 [줄 간격](☰) – [1.5]를 클릭한다.

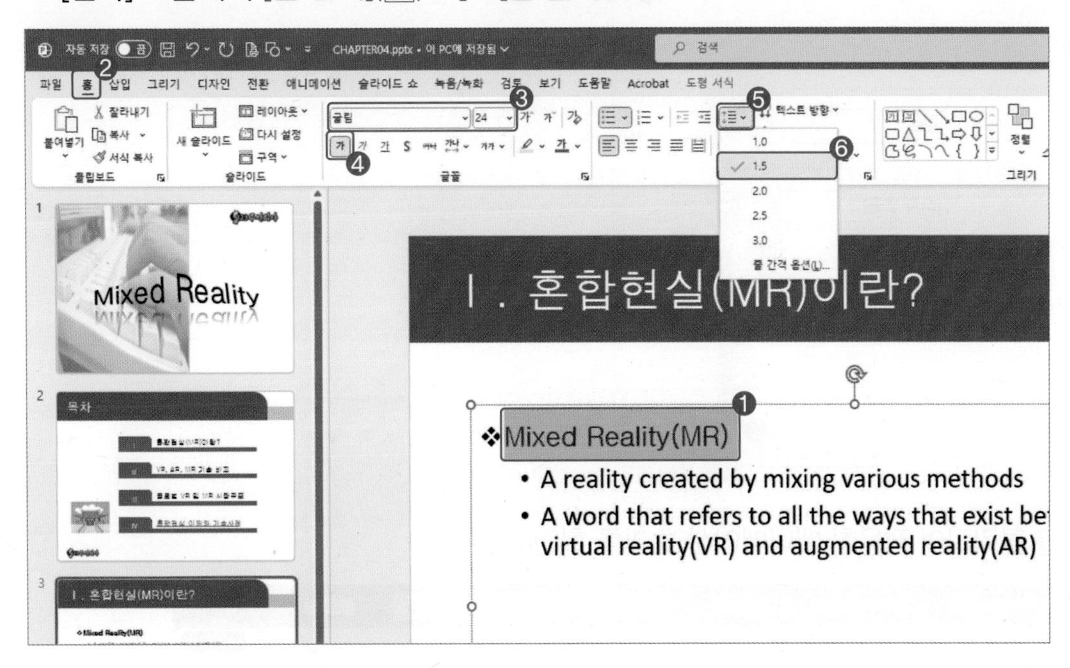

⑥ 나머지 문단을 블록 설정한다.

→ [홈] 탭 – [단락] 그룹에서 [글머리 기호](☰) – [속이 찬 정사각형 글머리 기호]를 설정한다.

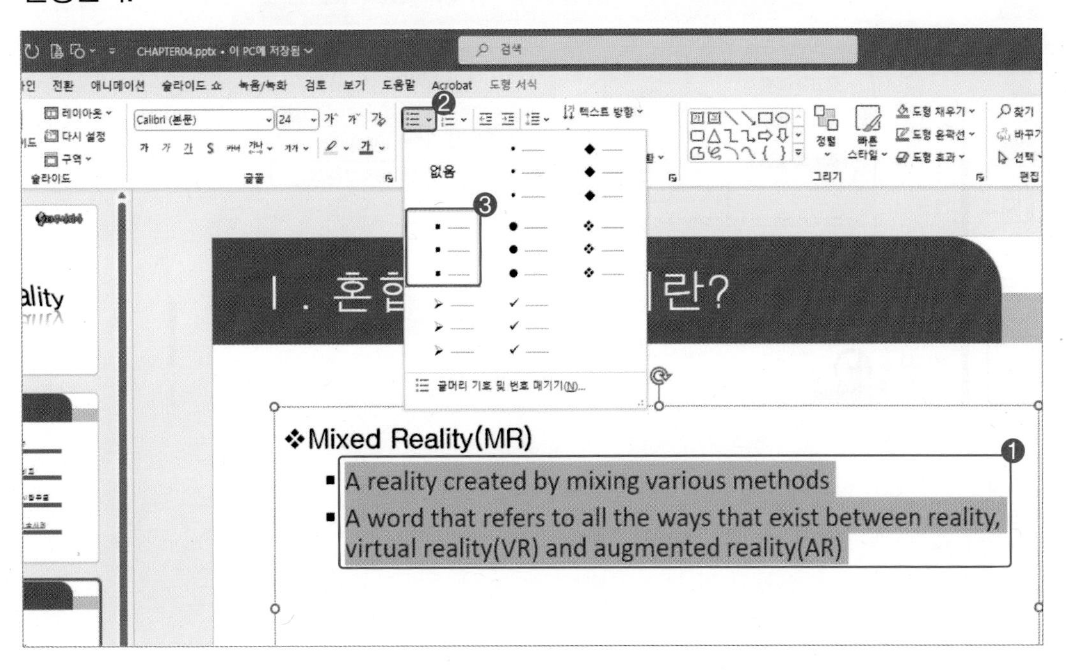

⑤ [실선 무늬] 대화상자가 나타나면 [효과] 탭에서 방향 '세로'를 설정한 후 [확인]을 클릭한다.

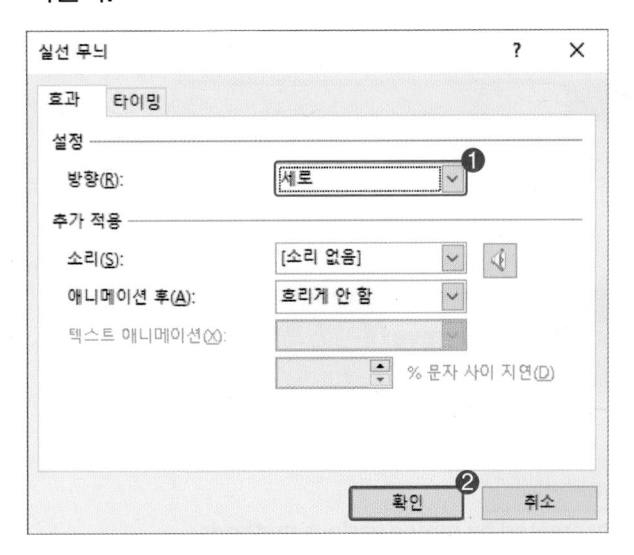

⑥ [미리 보기]를 클릭하여 적용한 애니메이션 효과를 확인해 본다.

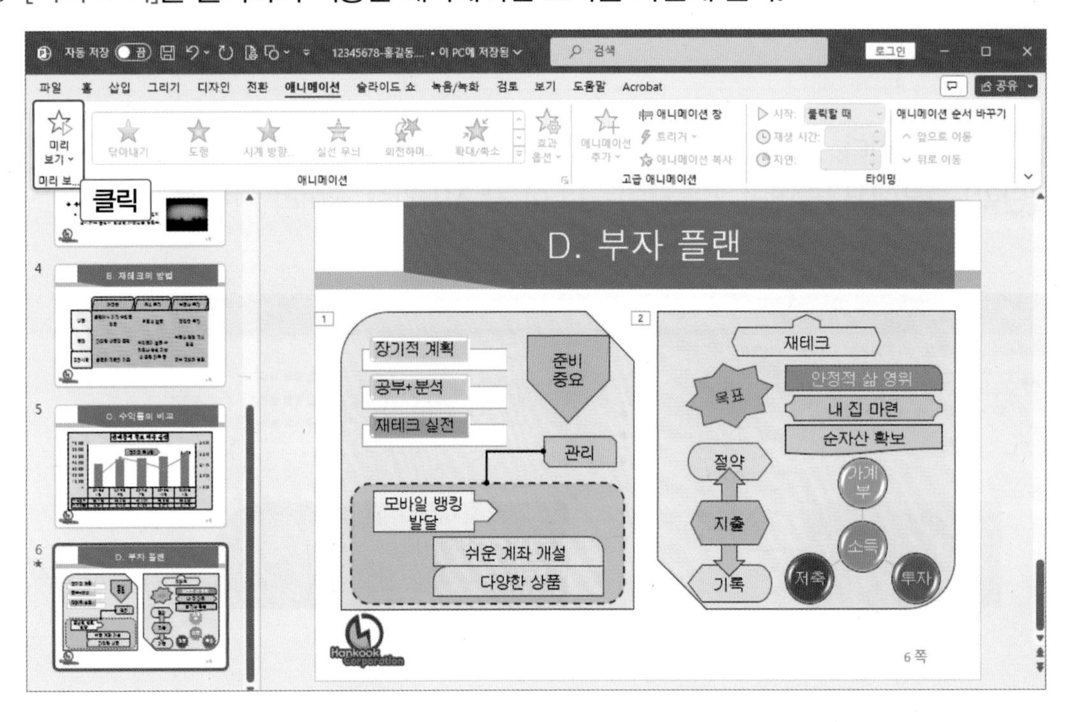

⑦ ■ 문단이 블록 설정된 상태에서 [홈] 탭 – [글꼴] 그룹의 글꼴 '굴림', '20pt'를 설정한다.

→ [단락] 그룹에서 [줄 간격](☰) – [1.5]를 클릭한 후 텍스트 상자의 크기를 조절한다.

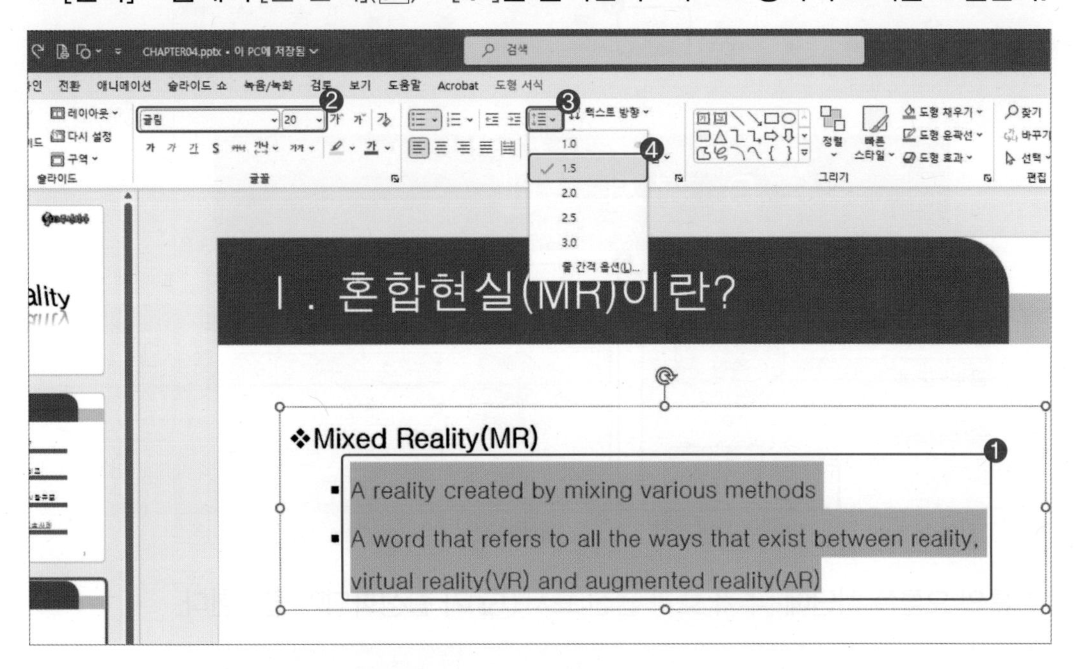

⑧ 텍스트 상자를 Ctrl+Shift를 누른 채 아래로 드래그하여 복사한다.

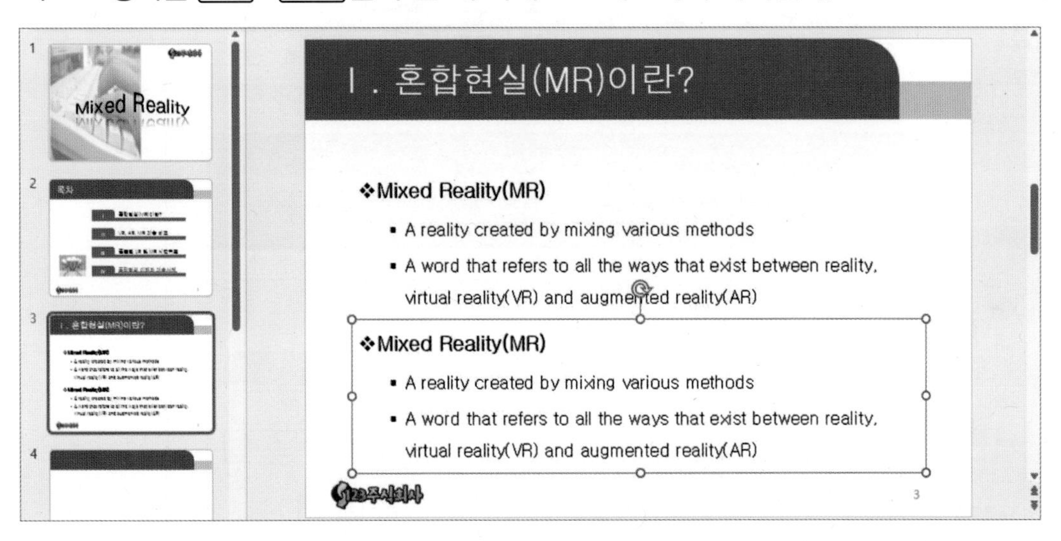

③ 오른쪽 도형 그룹을 선택한 후 [애니메이션] 탭 – [실선 무늬]를 클릭한다.

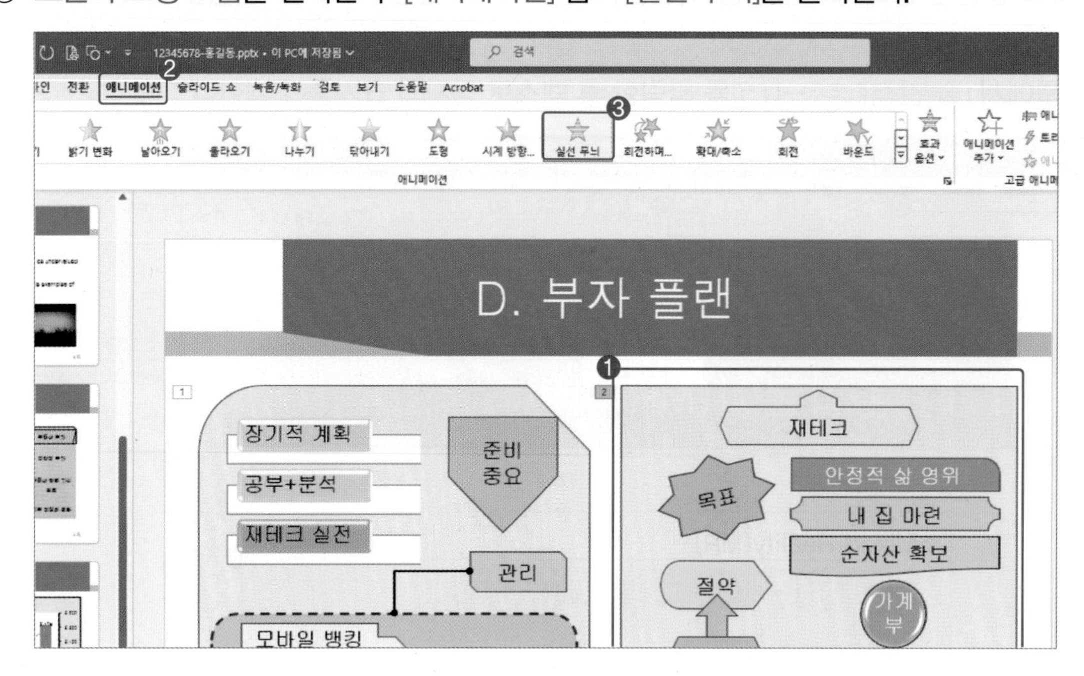

④ [애니메이션] 그룹의 오른쪽 하단에 [추가 효과 옵션 표시](◲)가 활성화되면 클릭한다.

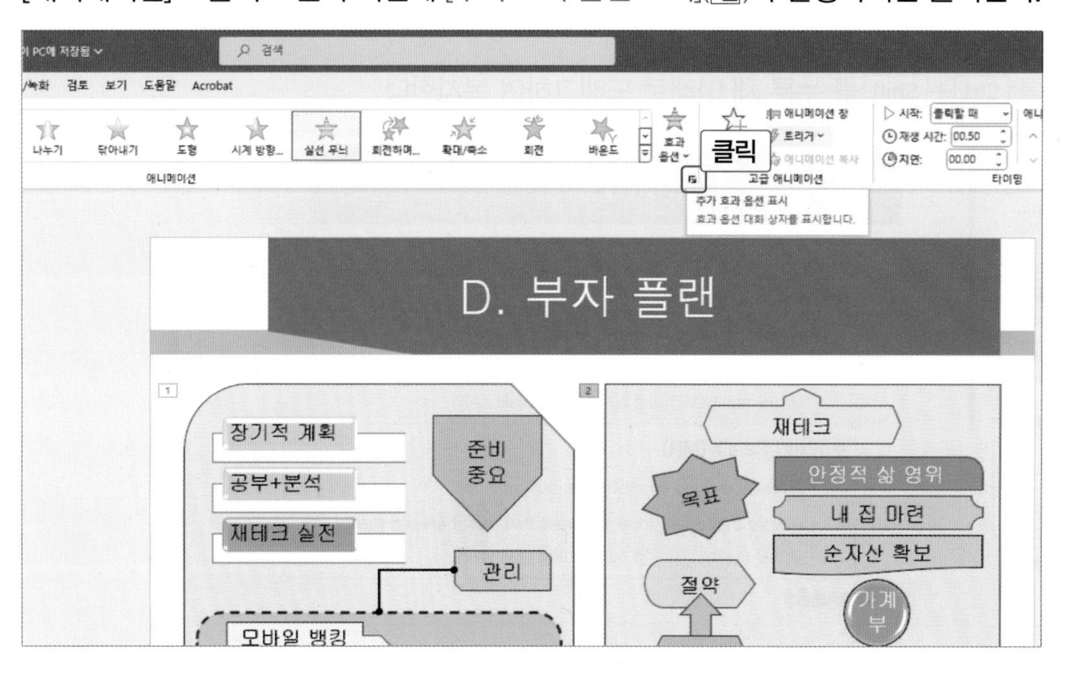

⑨ 복사된 텍스트 상자의 내용을 수정하고 출력형태와 같이 크기와 위치를 맞춘다.

> 기적의 TIP
> 입력된 내용의 양쪽 끝 위치가 출력형태와 동일한지 확인하며 텍스트 상자의 위치와 너비를 조절해야 한다.

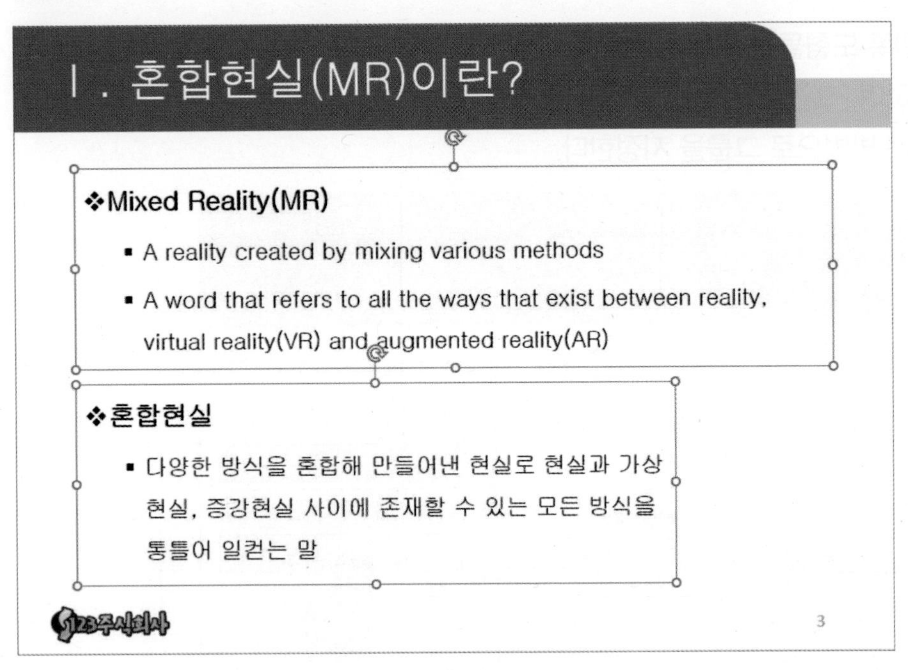

⑩ [보기] 탭 – [표시] 그룹에서 [눈금자]를 체크한다.

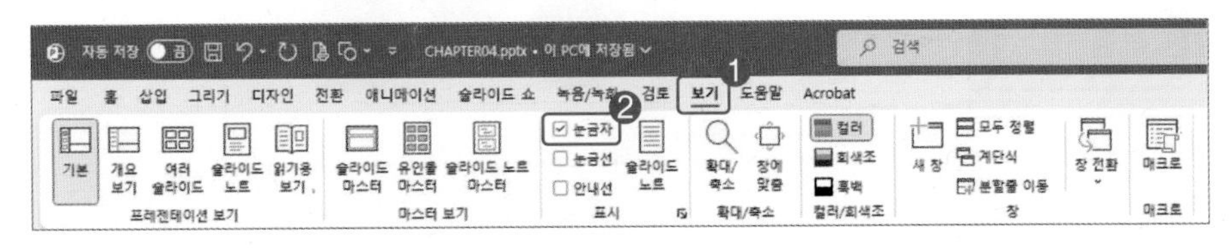

⑪ ❖ 문단에 해당하는 내용을 블록 설정한다.
→ 왼쪽 들여쓰기 표식의 뾰족한 부분을 드래그하여 텍스트의 시작 위치를 조정한다.

> 기적의 TIP
> 문단의 들여쓰기 조절 시 텍스트에 글머리 기호 항목이나 번호 매기기 항목이 두 수준 이상 포함되어 있으면 각 수준에 대한 들여쓰기 표식이 눈금자에 표시된다.
>
> 
>
> 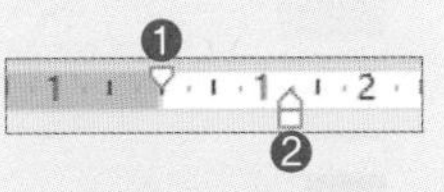
>
> ❶ 글머리 기호 또는 번호의 들여쓰기 위치
> ❷ 텍스트의 들여쓰기 위치

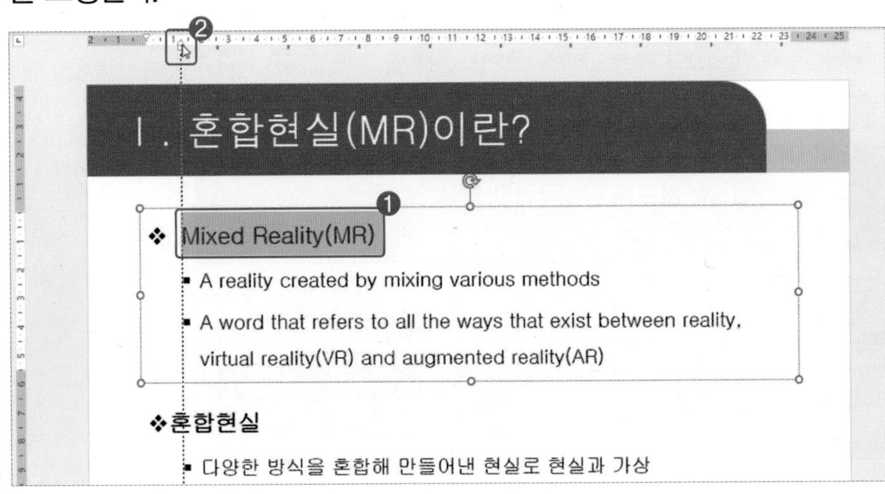

① 마우스를 드래그하여 왼쪽 도형들을 모두 선택한다.
→ 마우스 오른쪽 클릭하여 [그룹화]( ) - [그룹]을 클릭한다.
→ 오른쪽 도형들도 같은 방법으로 그룹을 지정한다.

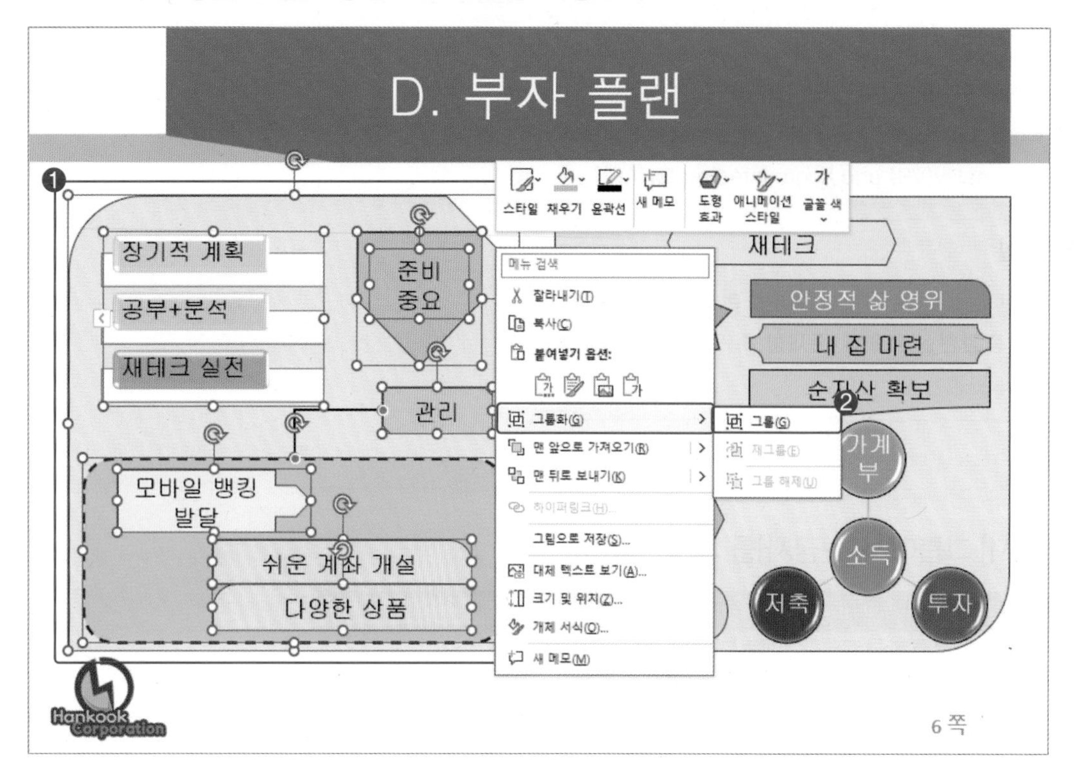

② 왼쪽 도형 그룹을 선택한 후 [애니메이션] 탭 – [시계 방향 회전]을 클릭한다.

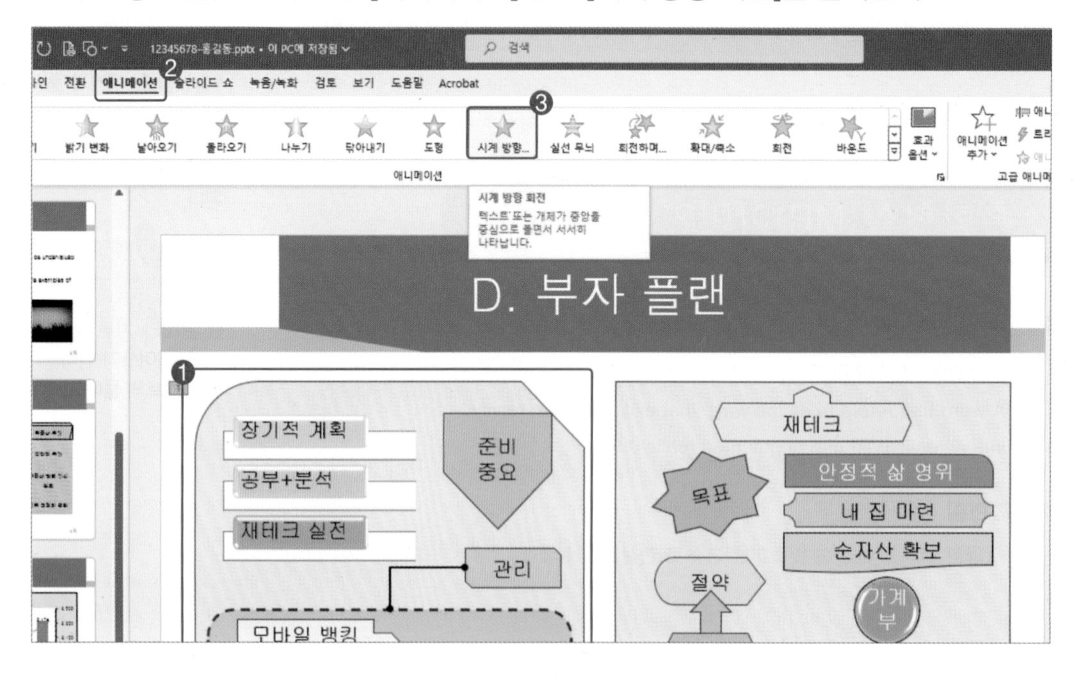

⑫ ■ 문단도 동일한 방법으로 시작 위치를 맞춘다.

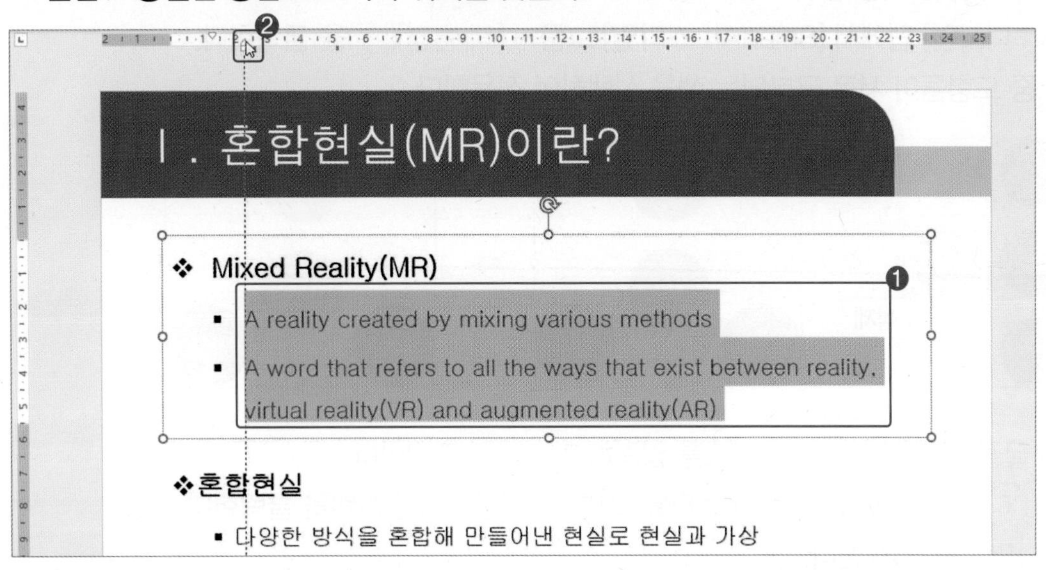

⑬ 두 번째 텍스트 상자의 문단들도 같은 방법으로 시작 위치를 맞춘다.
→ 작업을 마치면 [보기] 탭 – [표시] 그룹에서 [눈금자] 체크를 해제한다.

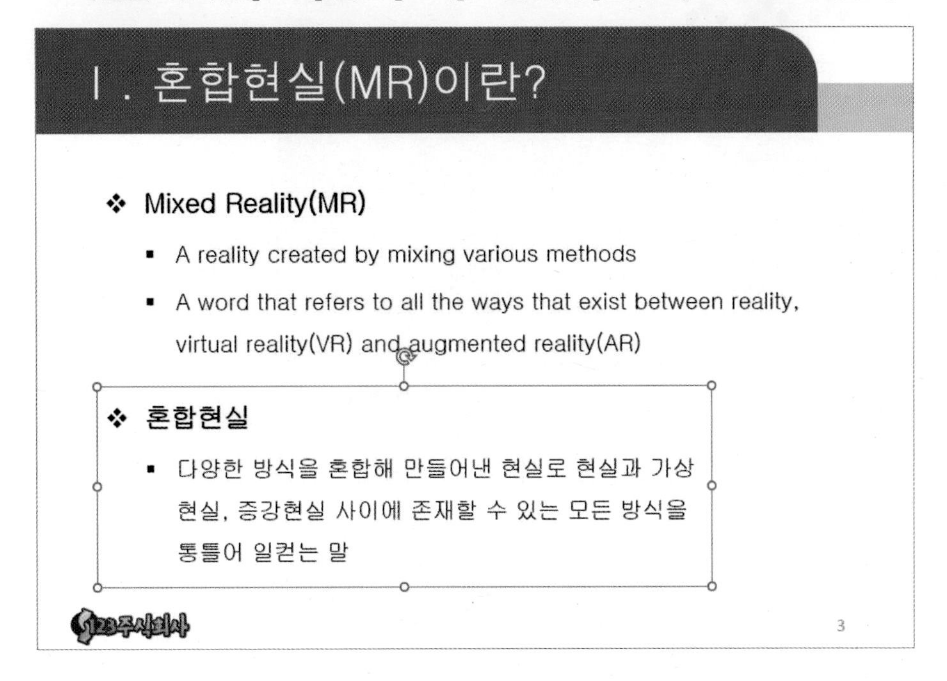

⑩ 중앙에 위치하지 않은 도형 중 하나를 삭제한다.

→ [SmartArt 디자인] 탭에서 [SmartArt 스타일] 그룹 – [색 변경]( )을 클릭한다.

→ [색상형] 중 도형들이 서로 구분되는 색을 선택하여 적용한다.

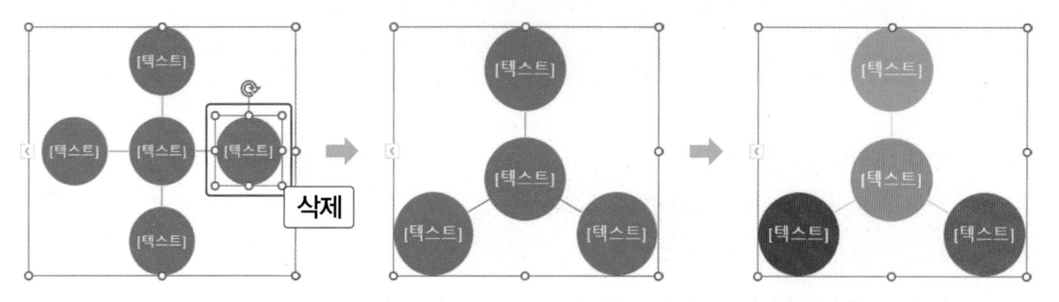

⑪ SmartArt에 글꼴 '굴림', '18pt'로 텍스트를 입력하고 크기를 조절한다.

→ [SmartArt 디자인] 탭 – [SmartArt 스타일] 그룹 – [빠른 스타일]( )을 클릭한다.

→ [3차원] – [만화]를 클릭한다.

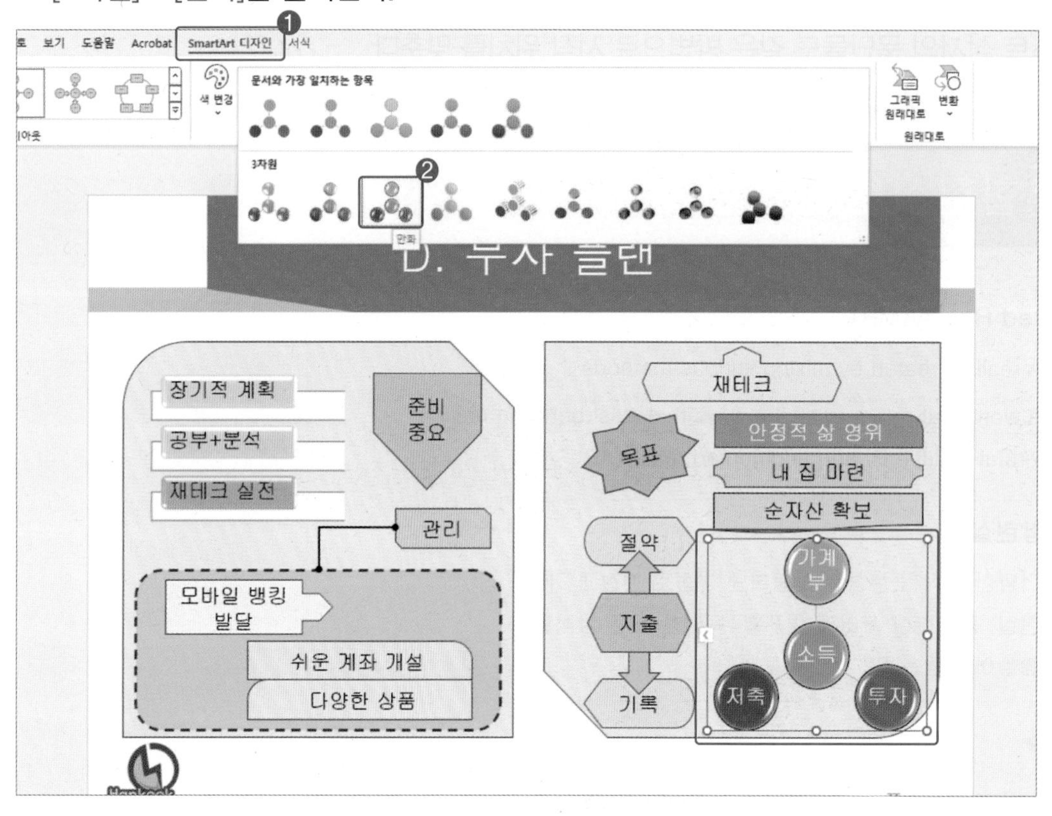

SECTION 02 동영상 삽입

① [삽입] 탭 – [미디어] 그룹에서 [비디오]( ) – [이 디바이스]를 클릭한다.
→ [비디오 삽입] 대화상자가 나타나면 '내 PC₩문서₩ITQ₩Picture' 폴더에서 '동영상.wmv'를 선택하고 [삽입]을 클릭한다.

② 슬라이드에 삽입된 동영상의 크기와 위치를 조절한다.

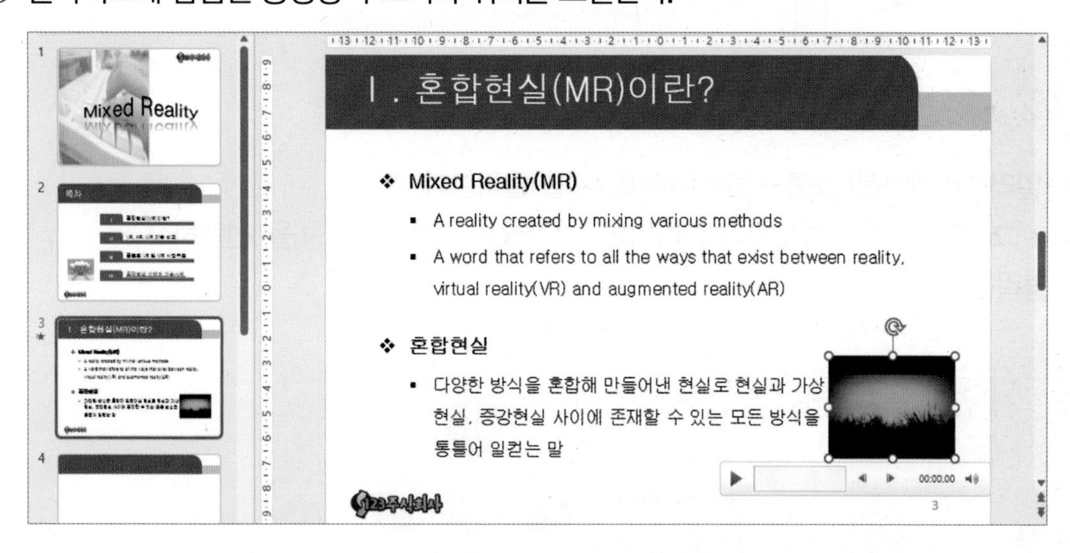

③ [재생] 탭 – [비디오 옵션] 그룹에서 [시작]( ) – [자동 실행]을 선택한다.
→ [반복 재생]에 체크한다.

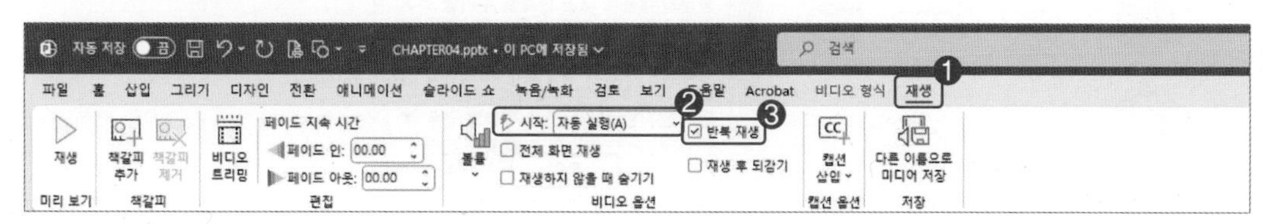

⑦ [도형](icon) – [순서도: 화면 표시]를 선택하여 그리고 『기록』을 입력한다.

→ Ctrl+드래그로 복사하고 [도형 서식] 탭 – [정렬] 그룹 – [회전](icon)에서 [좌우 대칭]을 클릭한다.

→ 텍스트를 『절약』으로 수정한다.

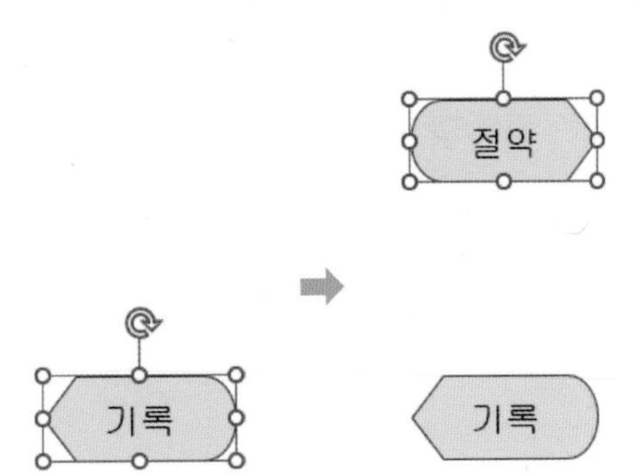

⑧ [도형](icon) – [블록 화살표] – [화살표: 위쪽/아래쪽]을 선택하여 그린다.

→ [기본 도형] – [육각형]을 위에 그리고 『지출』을 입력한다.

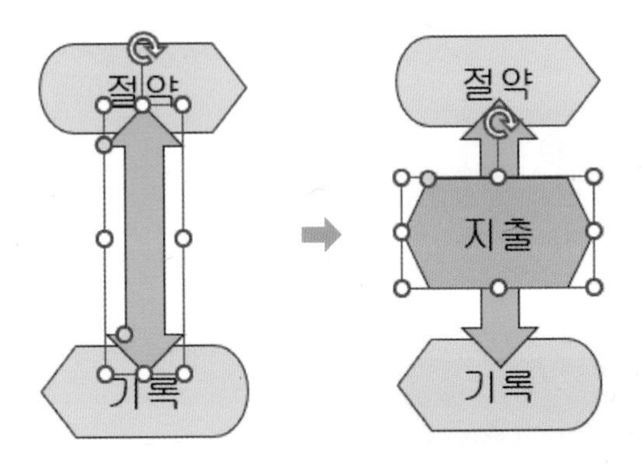

⑨ [삽입] 탭 – [일러스트레이션] 그룹 – [SmartArt](icon)를 클릭한다.

→ [SmartArt 그래픽 선택] 대화상자가 나타나면 [관계형] – [기본 방사형]을 선택하고 [확인]을 클릭한다.

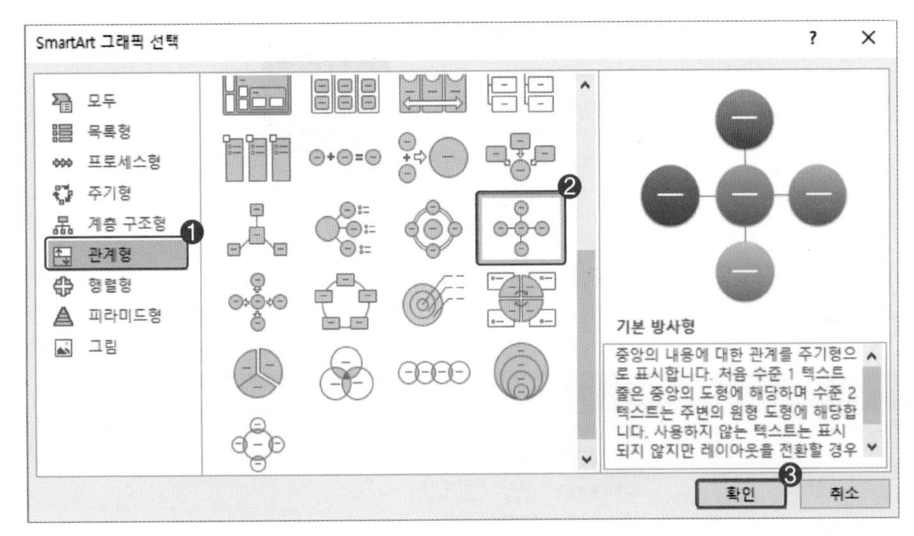

문제유형 ❸-1

정답파일 PART 01 시험 유형 따라하기₩유형3-1번_정답.pptx

세부조건
텍스트 작성 : 글머리 기호 사용(➢, ✓) ➢문단(돋움, 24pt, 굵게, 줄간격 : 1.5줄) ✓ 문단(돋움, 20pt, 줄간격 : 1.5줄) ① 동영상 삽입 : –「내 PC₩문서₩ITQ₩Picture₩동영상.wmv」 – 자동실행, 반복재생 설정

A. 자녀 교육

➢ Children education

✓ Children education develops humanity formation and social adaptability as a social being

✓ These include personality traits and knowledge transfer

➢ 자녀 교육

✓ 교육은 자녀를 사회적 존재로서 인간성 형성과 사회 적응성을 기르는 데 중점을 두고 있으며 여기에는 성격 특성과 지식 전달을 포함하고 있음

①

3

문제유형 ❸-2

정답파일 PART 01 시험 유형 따라하기₩유형3-2번_정답.pptx

세부조건
텍스트 작성 : 글머리 기호 사용(➢, ✓) ➢문단(굴림, 24pt, 굵게, 줄간격 : 1.5줄) ✓ 문단(굴림, 20pt, 줄간격 : 1.5줄) ① 동영상 삽입 : –「내 PC₩문서₩ITQ₩Picture₩동영상.wmv」 – 자동실행, 반복재생 설정

1. 건강 관리

➢ Health care

✓ In general, health care refers to physical health

✓ Regular health care satisfies one's desire for health and makes one mentally happy

①

➢ 건강 관리

✓ 일반적으로 신체적 건강을 가리키는 경우가 많으며 규칙적인 건강 관리는 자신의 건강을 향한 욕구를 충족시키는 동시에 정신적으로도 행복하게 함

3

③ [도형]( ) – [별 및 현수막] – [별: 꼭짓점 8개]를 선택하여 그리고 『목표』를 입력한다.
→ '회전 핸들'을 마우스 드래그하여 출력형태처럼 왼쪽으로 회전시킨다.

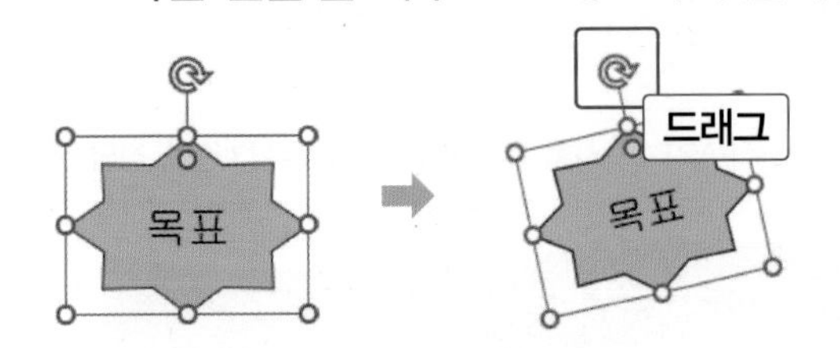

④ [도형]( ) – [사각형: 둥근 한쪽 모서리]를 선택하여 그린다.
→ '모양 조절 핸들'을 드래그하여 곡선을 더 크게 하고 『안정적 삶 영위』를 입력한다.

⑤ [도형]( ) – [기본 도형] – [배지]를 선택하여 그린다.
→ '모양 조절 핸들'을 드래그하여 곡선을 조절하고 『내 집 마련』을 입력한다.

⑥ [도형]( ) – [순서도: 문서]를 선택하여 그리고 『순자산 확보』를 입력한다.

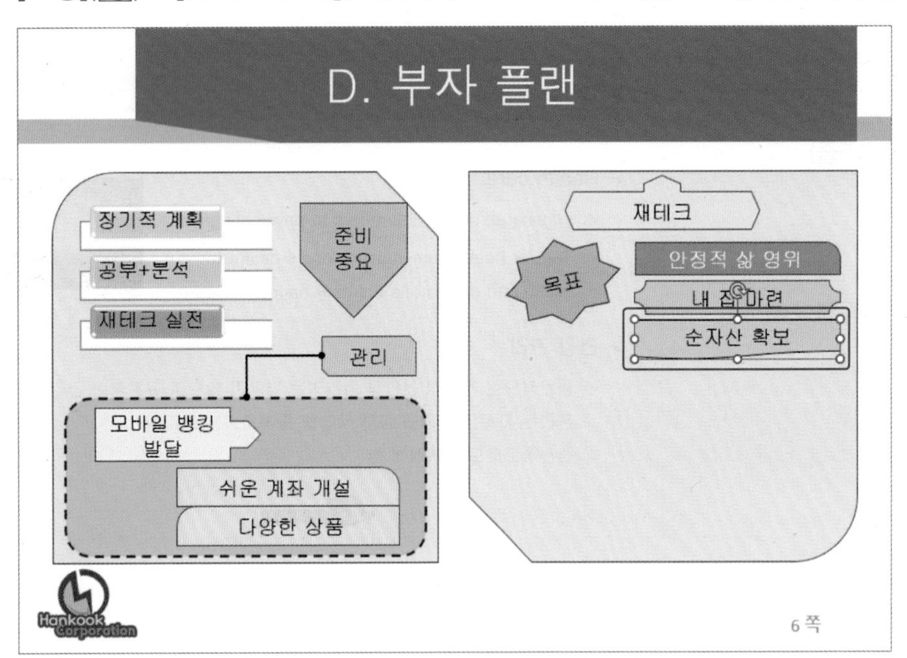

문제유형 ❸-3

정답파일 PART 01 시험 유형 따라하기₩유형3-3번_정답.pptx

세부조건

텍스트 작성 : 글머리 기호 사용(❖, ✓)
❖ 문단(굴림, 24pt, 굵게, 줄간격 : 1.5줄)
✓ 문단(굴림, 20pt, 줄간격 : 1.5줄)

① 동영상 삽입 :
–「내 PC₩문서₩ITQ₩Picture₩동영상.wmv」
– 자동실행, 반복재생 설정

1. 만성피로의 정의

❖ Chronic fatigue syndrome
✓ Self-reported impairment in short-term memory or concentration
✓ Tender cervical or axillary nodes
✓ Post-exertional malaise lasting more than 24 hours

❖ 만성피로증후군
✓ 특별한 원인이 밝혀지지 않은 상태로, 일을 줄이고 휴식을 취해도 6개월 이상 지속되거나 반복되는 심한 피로 증상

①

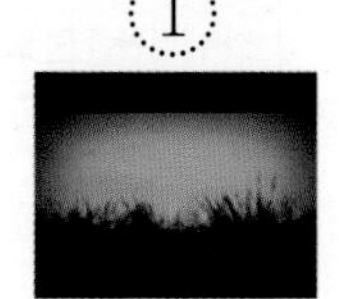

123주식회사 3

문제유형 ❸-4

정답파일 PART 01 시험 유형 따라하기₩유형3-4번_정답.pptx

세부조건

텍스트 작성 : 글머리 기호 사용(❖, ■)
❖ 문단(굴림, 24pt, 굵게, 줄간격 : 1.5줄)
■ 문단(굴림, 20pt, 줄간격 : 1.5줄)

① 동영상 삽입 :
–「내 PC₩문서₩ITQ₩Picture₩동영상.wmv」
– 자동실행, 반복재생 설정

1. 슬리포노믹스

❖ Sleeponomics
▪ Sleeponomics is a compound word that combines 'sleep' and 'economy' and is a related industry that grows as it pays a lot of money for a good night's sleep

❖ 슬리포노믹스
▪ 수면과 경제를 합친 합성어로 숙면을 위해 많은 돈을 지불함에 따라 성장하는 관련 산업
▪ 수면상태를 분석하는 슬립테크와 함께 성장

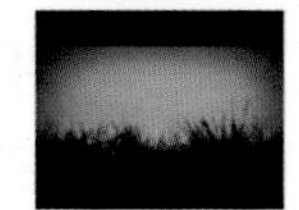

3

① 왼쪽 도형들 중 가장 뒤에 배치되어 있는 [사각형: 위쪽 모서리의 한쪽은 둥글고 다른 한쪽은 잘림]을 Ctrl+Shift를 누른 채 마우스 드래그하여 오른쪽으로 복사한다.
→ [도형 서식] 탭 – [정렬] 그룹 – [회전]( )에서 [상하 대칭]과 [좌우 대칭]을 한 번씩 클릭한다.

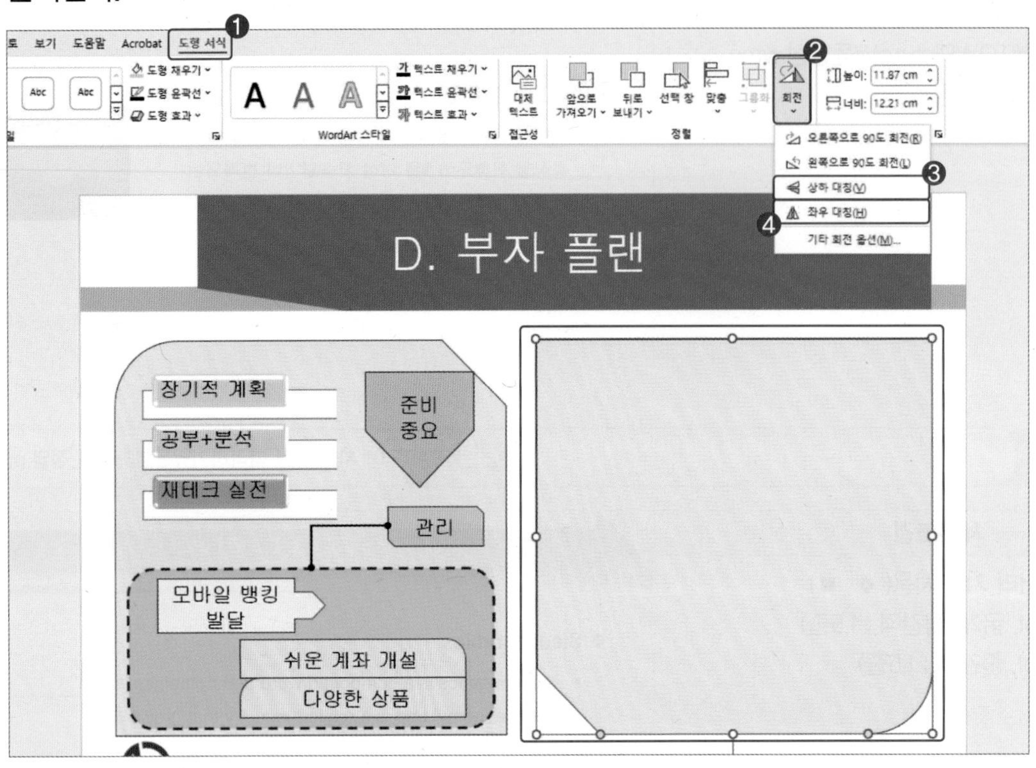

② [삽입] 탭 – [일러스트레이션] 그룹에서 [도형]( ) – [블록 화살표] – [화살표: 왼쪽/오른쪽/위쪽]을 선택하여 그린다.
→ '모양 조절 핸들'을 드래그하여 출력형태처럼 모양을 변경하고 『재테크』를 입력한다.

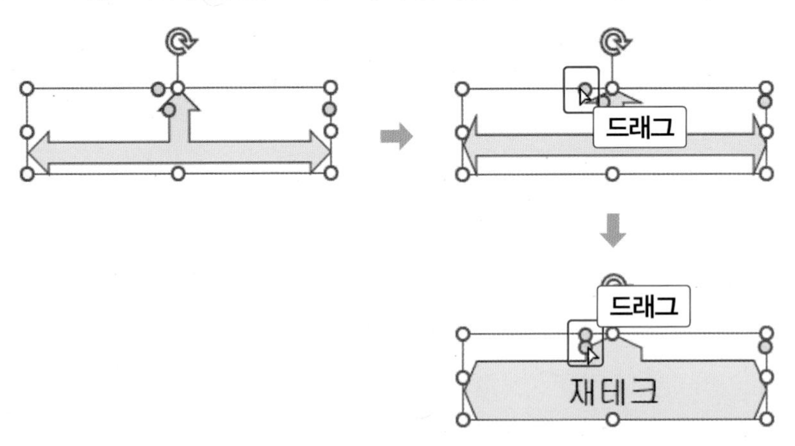

모두들 당신이 해낼 수 없다고 여기는
무언가를 해내는 것은
인생의 커다란 기쁨이다.

월터 게이저트(Walter Gagehot)

⑫ [도형]( ) – [선] – [연결선: 꺾임]을 선택하여 연결하려는 도형에 마우스를 위치한다.
→ 연결점( )이 생기면 클릭하고 연결하려는 다음 도형까지 드래그한다.

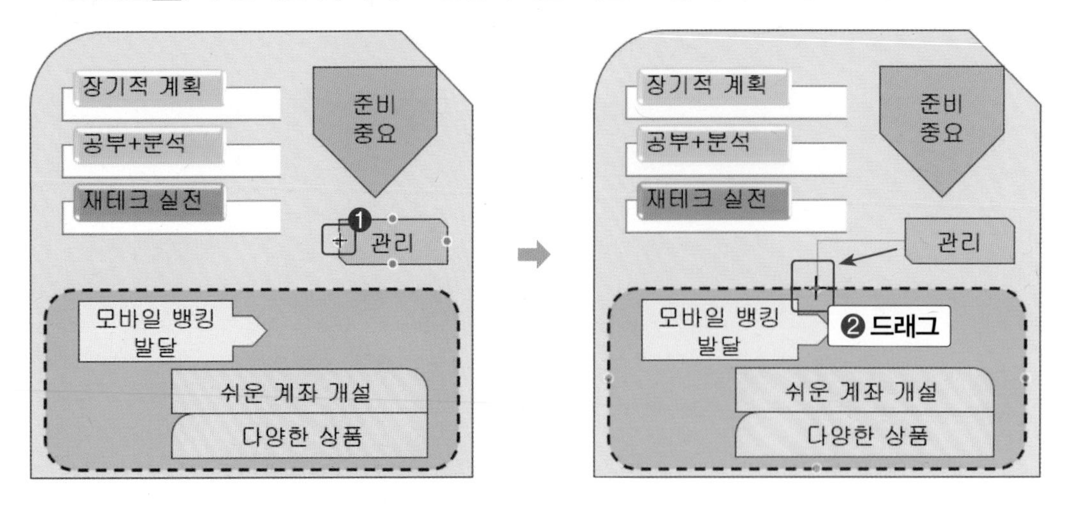

⑬ [도형 서식] 탭 – [도형 스타일] 그룹 – [도형 윤곽선]( )을 클릭한다.
→ 색과 두께는 출력형태와 가장 유사하게 설정하고 [화살표] – [화살표 스타일 11]을 설정한다.

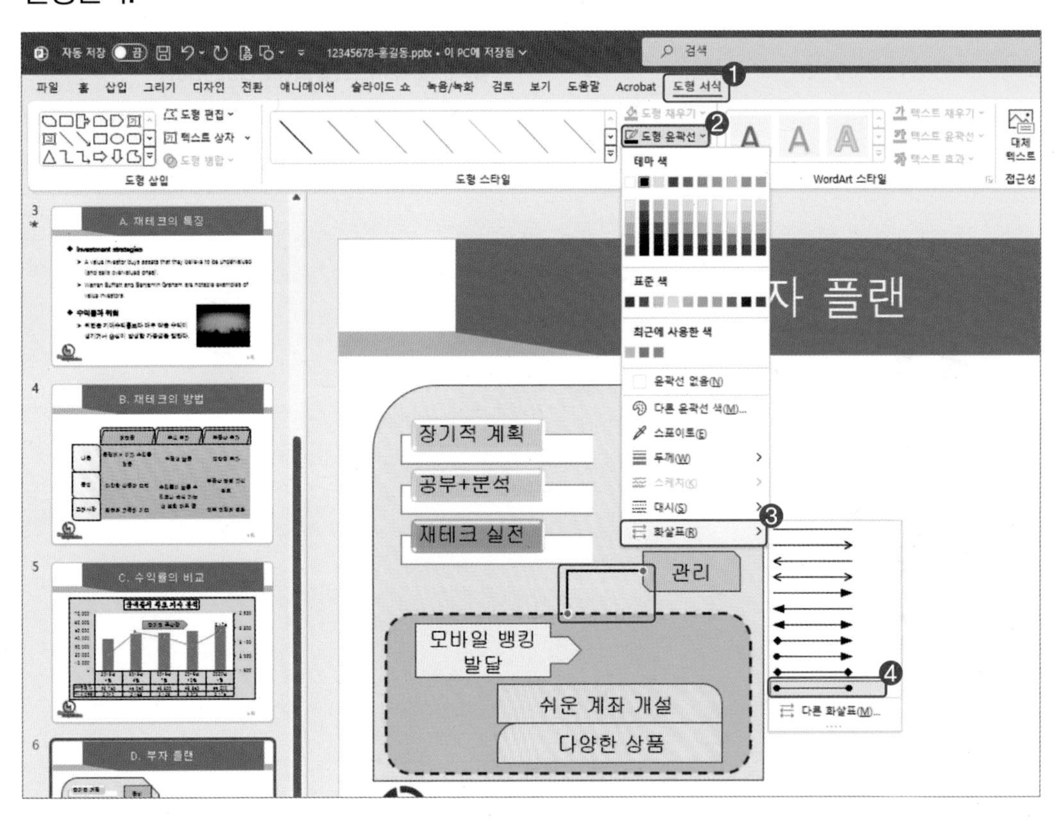

유형분석 문항 5

슬라이드 4
표 슬라이드

배점 **80점** | A등급 목표점수 **70점**

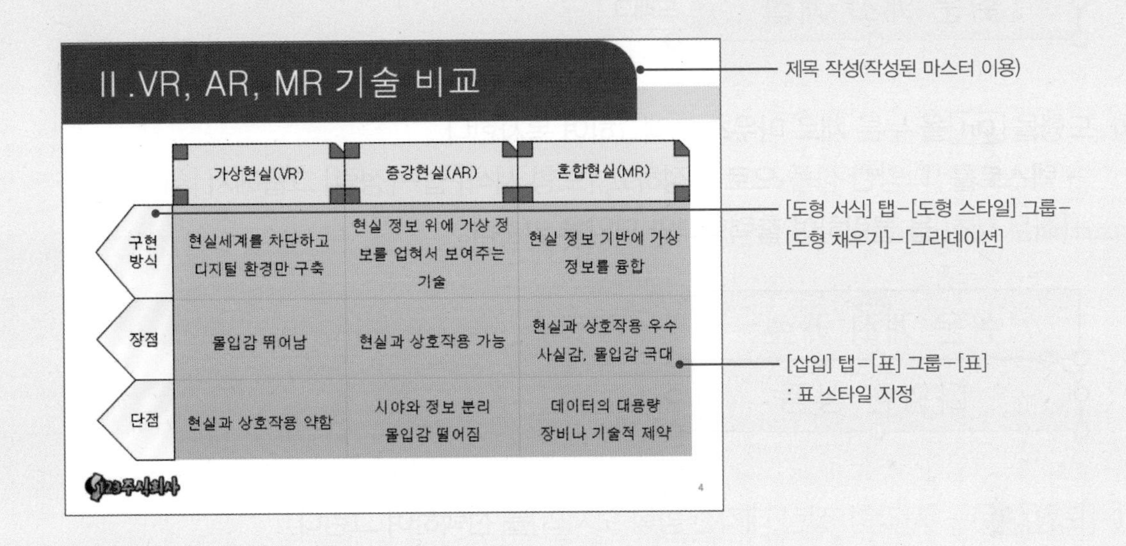

출제포인트
표 작성 · 표 스타일 · 도형 편집

출제기준
파워포인트 내에서의 표 작성능력과 도형 편집능력을 평가하는 문항입니다.

A등급 TIP
표 안의 텍스트를 직접 입력해야 하므로 오타가 나지 않도록 꼼꼼히 작성하세요. 도형의 경우 기본 형태에서 회전하거나, 두 가지 도형을 겹쳐서 작성하는 유형이 출제되므로 미리 다양한 도형을 연습해 보면서 형태를 익히도록 합니다.

⑧ [삽입] 탭 – [일러스트레이션] 그룹에서 [도형]( ) – [블록 화살표] – [설명선: 오른쪽 화살표]를 선택하여 그린다.

→ '모양 조절 핸들'을 드래그하여 출력형태처럼 조절하고 글꼴 '굴림', '18pt'로 텍스트를 입력한다.

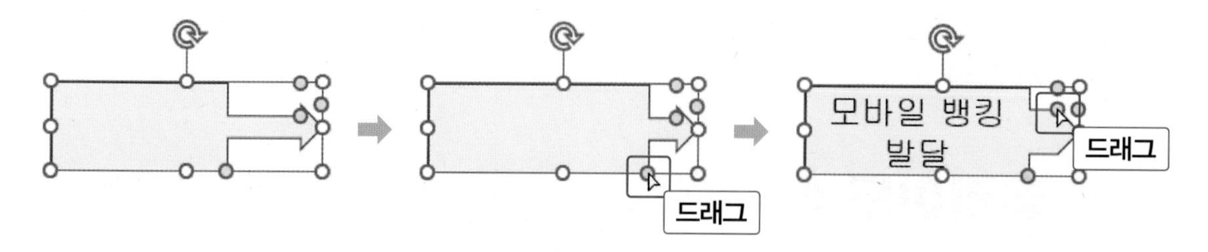

⑨ [도형]( ) – [사각형: 둥근 한쪽 모서리]를 선택하여 그린다.

→ '모양 조절 핸들'을 드래그하여 곡선을 더 크게 하고 『쉬운 계좌 개설』을 입력한다.

⑩ 도형을 Ctrl 을 누른 채로 마우스 드래그하여 복사한다.

→ 텍스트를 『다양한 상품』으로 수정하고, [도형 서식] 탭 – [정렬] 그룹에서 [회전]( ) – [좌우 대칭]을 클릭하여 출력형태와 모양을 맞춘다.

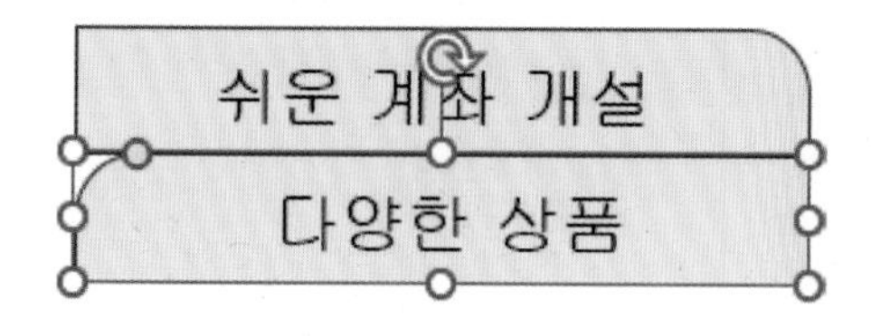

⑪ [도형]( ) – [사각형: 잘린 대각선 방향 모서리]를 선택하여 그린다.

→ 『관리』를 입력한다.

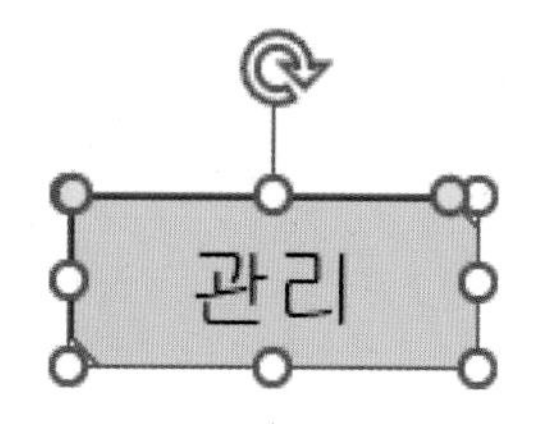

CHAPTER 05

[슬라이드 4]

표 슬라이드

합격 강의

난 이 도 상 (중) 하

반복학습 1 2 3

문제파일 PART 01 시험 유형 따라하기₩CHAPTER05.pptx

정답파일 PART 01 시험 유형 따라하기₩CHAPTER05_정답.pptx

문제보기

(1) 도형과 표 작성 기능을 이용하여 슬라이드를 작성한다(글꼴 : 돋움, 18pt).

세부조건

① 상단 도형 : 2개 도형의 조합으로 작성

② 좌측 도형 : 그라데이션 효과 (선형 아래쪽)

③ 표 스타일 : 테마 스타일 1 – 강조 1

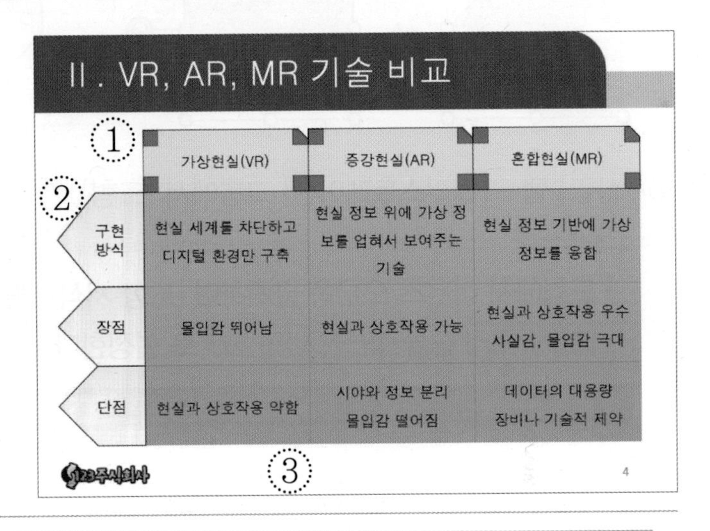

핵심기능

기능	바로 가기	메뉴
표 삽입		[삽입] 탭 – [표]
표 스타일		[테이블 디자인] 탭 – [표 스타일] 그룹
도형 삽입		[삽입] 탭 – [일러스트레이션] 그룹 – [도형]
도형 채우기		[도형 서식] 탭 – [도형 스타일] 그룹 – [도형 채우기]
도형 윤곽선		[도형 서식] 탭 – [도형 스타일] 그룹 – [도형 윤곽선]

⑥ [삽입] 탭 – [일러스트레이션] 그룹에서 [도형]( ) – [블록 화살표] – [화살표: 오각형]을 선택하여 그린다.

→ [도형 서식] 탭 – [정렬] 그룹 – [회전]( )에서 [오른쪽으로 90도 회전]을 클릭한다.

→ [삽입] 탭 – [텍스트] 그룹 – [텍스트 상자]( )를 도형 위에 배치하고 글꼴 '굴림', '18pt'로 입력한다.

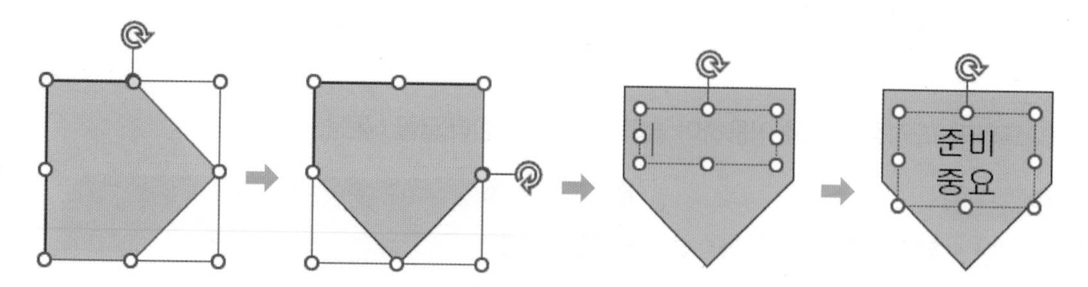

⑦ [삽입] 탭 – [일러스트레이션] 그룹에서 [도형]( ) – [사각형: 둥근 모서리]를 선택해 그린다.

→ 도형에서 마우스 오른쪽 클릭하여 [도형 서식] 탭을 연다.

→ [선] – 대시 종류 '파선', 너비 '2pt'로 설정한다.

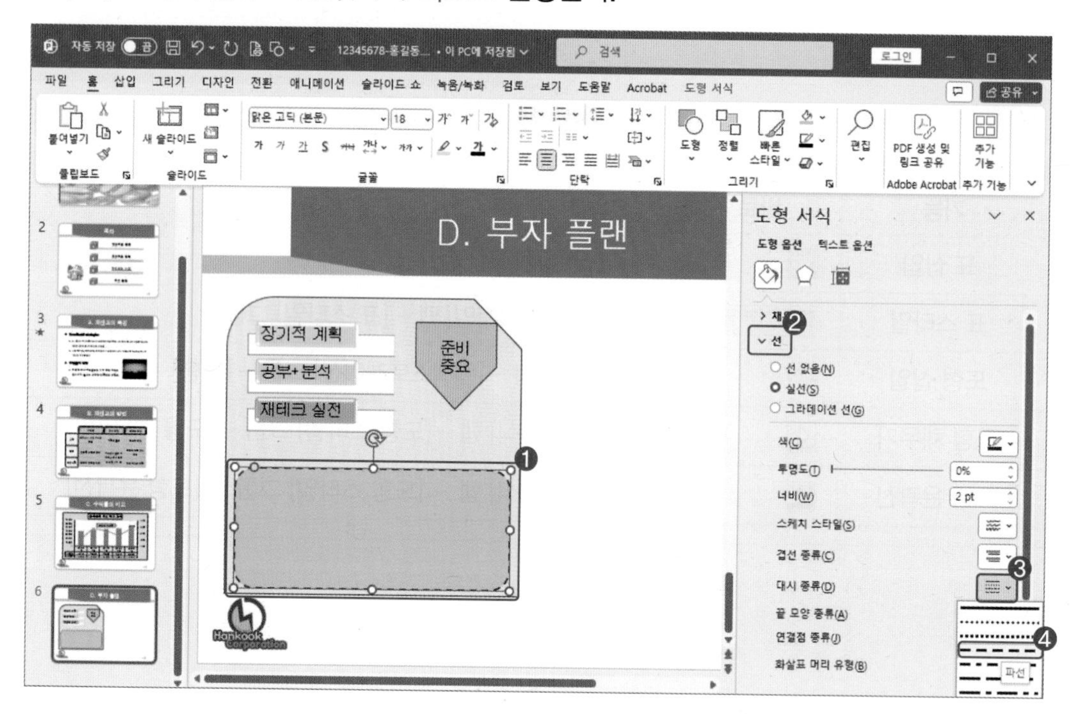

① 슬라이드 4를 선택하고 슬라이드 제목『Ⅱ. VR, AR, MR 기술 비교』를 입력한다.

② 텍스트 상자에서 [표 삽입]( )을 클릭한다.
→ 표 삽입 대화상자가 나타나면 열 개수『3』, 행 개수『3』 입력 후 [확인]을 클릭한다.

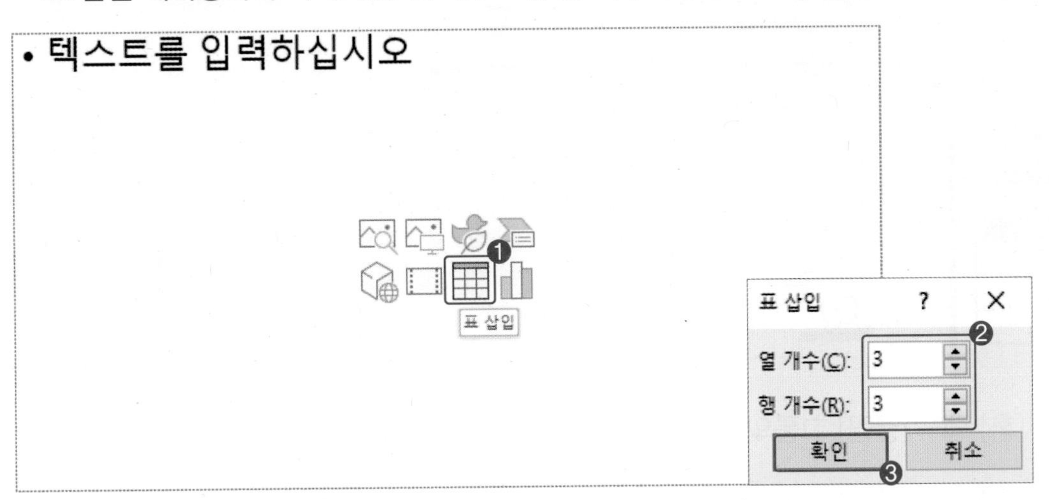

③ 표를 선택하고 [테이블 디자인] 탭 – [표 스타일 옵션] 그룹에서 [머리글 행]과 [줄무늬 행]을 선택 해제한다.

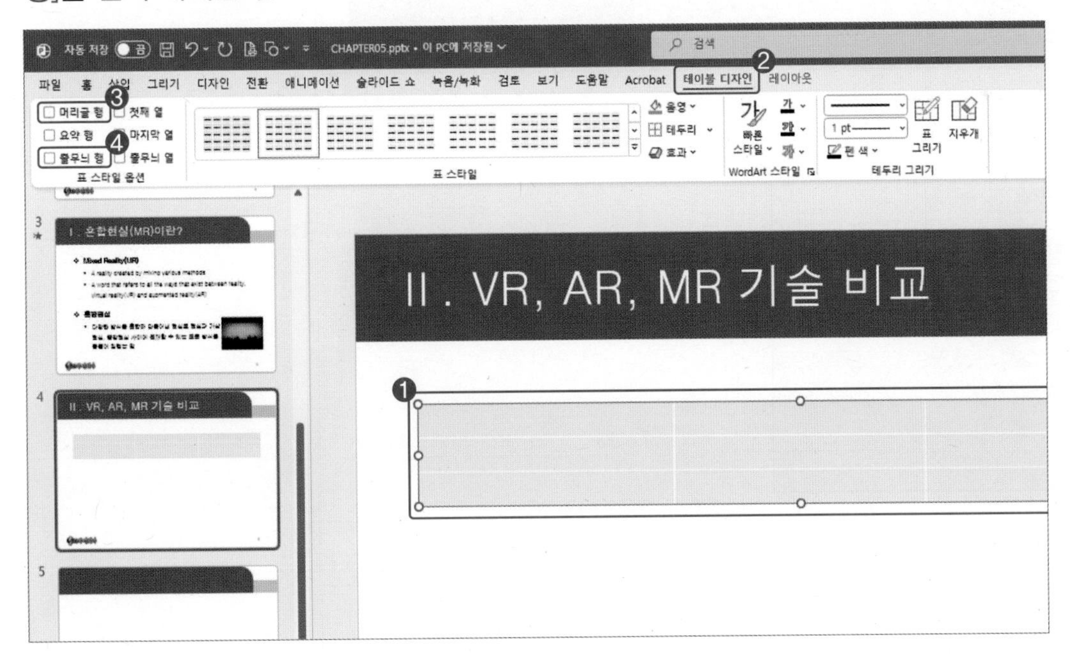

④ 크기와 위치를 조절하고 [SmartArt 디자인] 탭 – [SmartArt 스타일] 그룹 – [빠른 스타일](⊟)을 클릭한다.
→ [3차원] – [광택 처리]를 클릭한다.

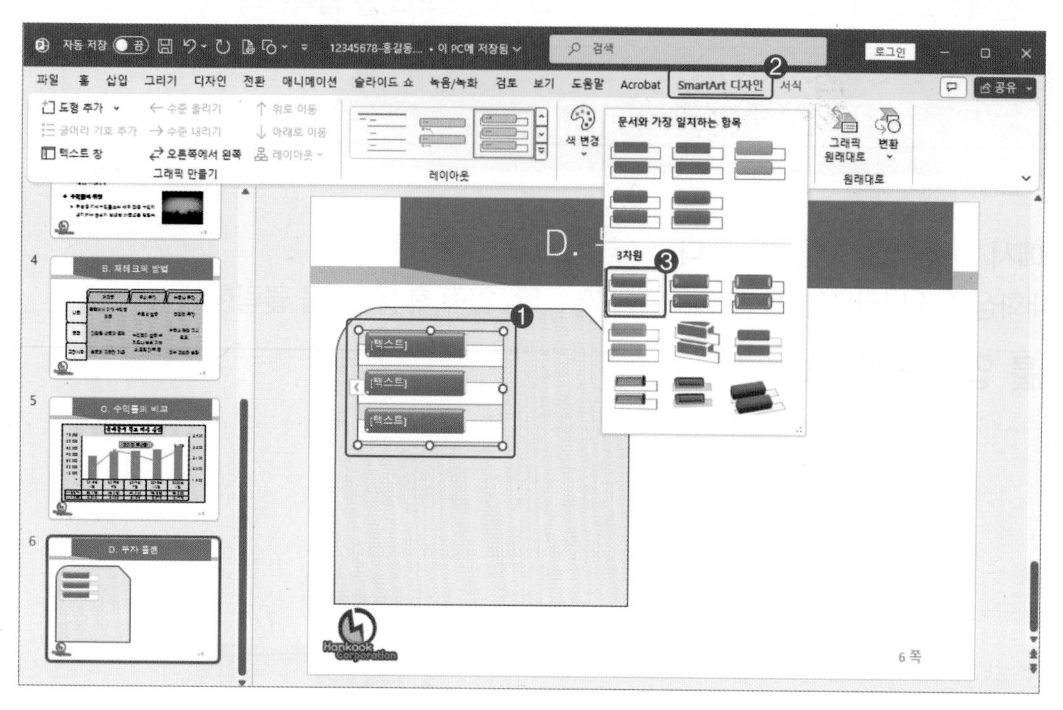

⑤ SmartArt에 [홈] 탭 – [글꼴] 그룹의 글꼴 '굴림', '18pt', '검정'을 설정하고 내용을 입력한다.
→ [서식] 탭 – [도형 채우기]를 이용하여 도형에 서로 구분되는 색을 적용한다.

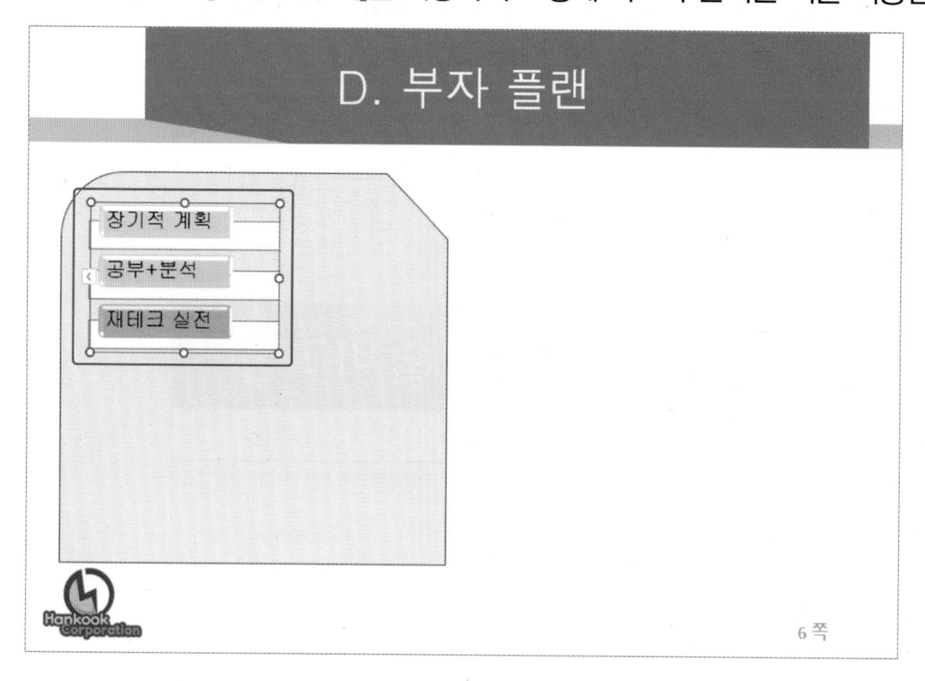

④ [테이블 디자인] 탭 – [표 스타일] 그룹에서 [빠른 스타일](☐) – [테마 스타일 1 – 강조 1]을 선택한다.

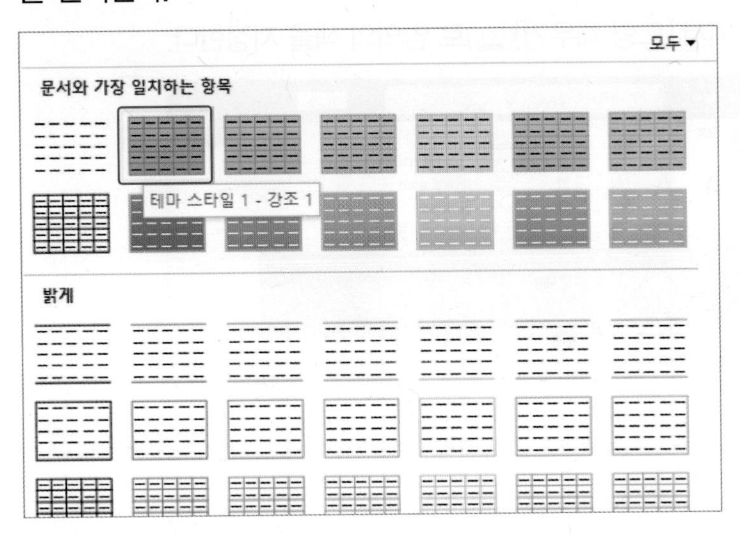

⑤ 마우스 드래그로 표 전체를 블록 설정한다.
→ [홈] 탭 – [글꼴] 그룹의 글꼴 '돋움', '18pt'를 설정한다.
→ [단락] 그룹에서 [가운데 맞춤](☰), [줄 간격](☰) – [1.5]를 설정한다.

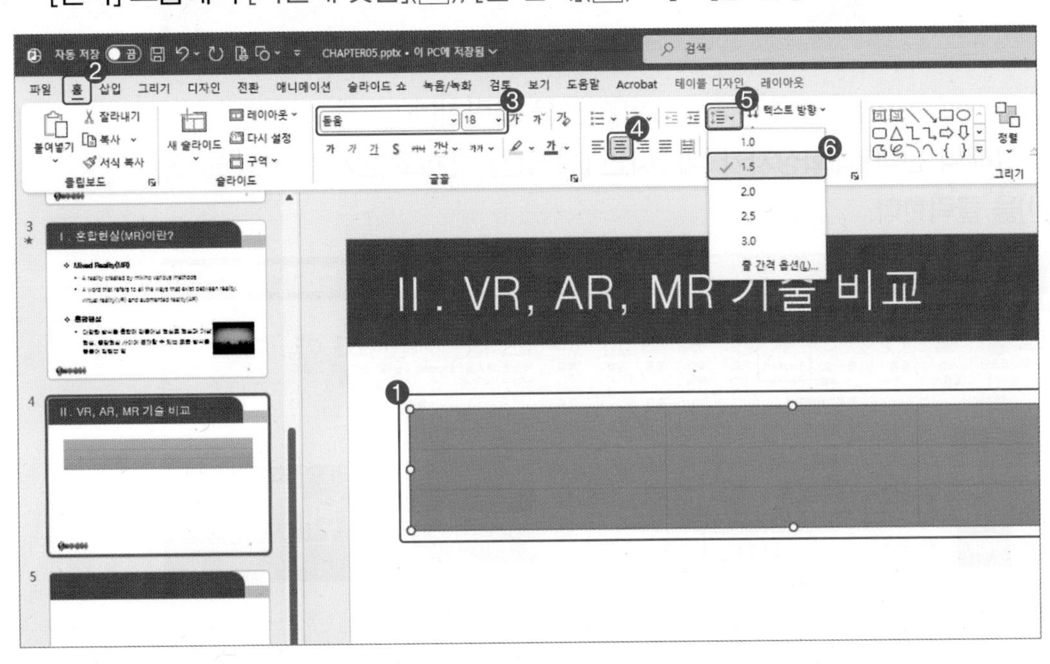

⑥ [레이아웃] 탭 – [맞춤] 그룹 – [세로 가운데 맞춤](☐)을 클릭한다.

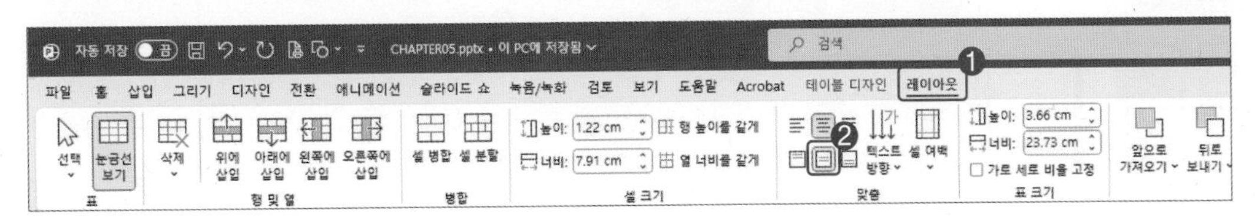

② [삽입] 탭 – [일러스트레이션] 그룹에서 [도형]( ) – [사각형: 위쪽 모서리의 한쪽은 둥글고 다른 한쪽은 잘림]을 선택하여 도형을 그린다.
→ [도형 서식] 탭 – [도형 스타일] 그룹에서 [도형 채우기]( )로 임의의 색을 지정한다.

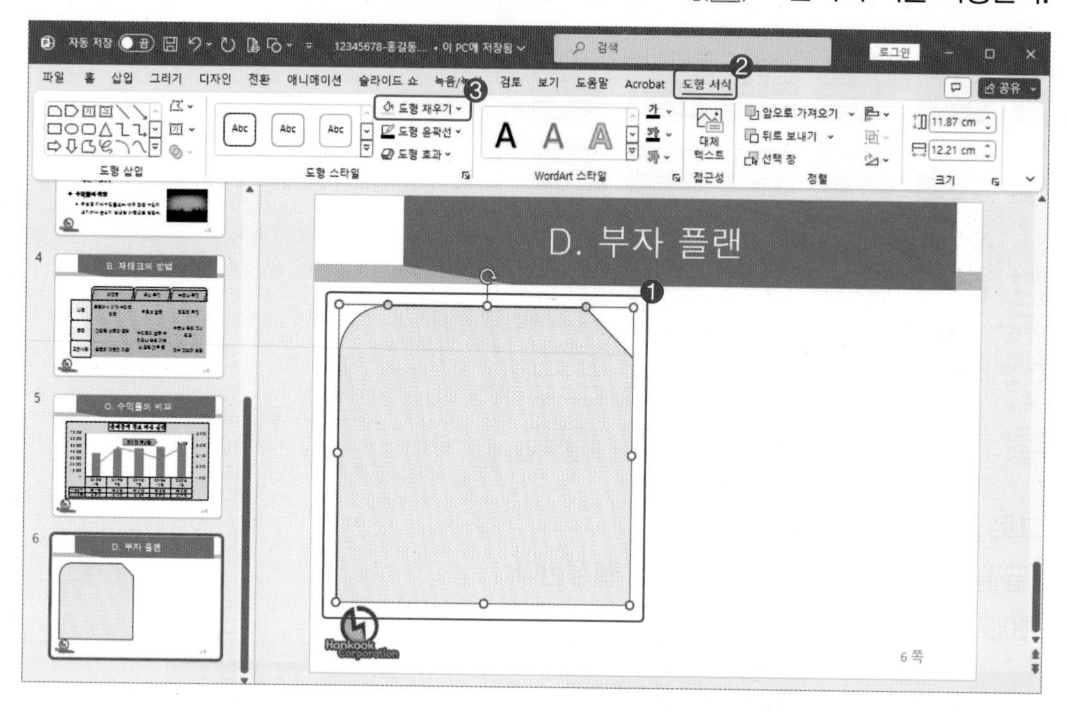

③ [삽입] 탭 – [일러스트레이션] 그룹 – [SmartArt]( )를 클릭한다.
→ [SmartArt 그래픽 선택] 대화상자가 나타나면 [목록형] – [세로 상자 목록형]을 선택하고 [확인]을 클릭한다.

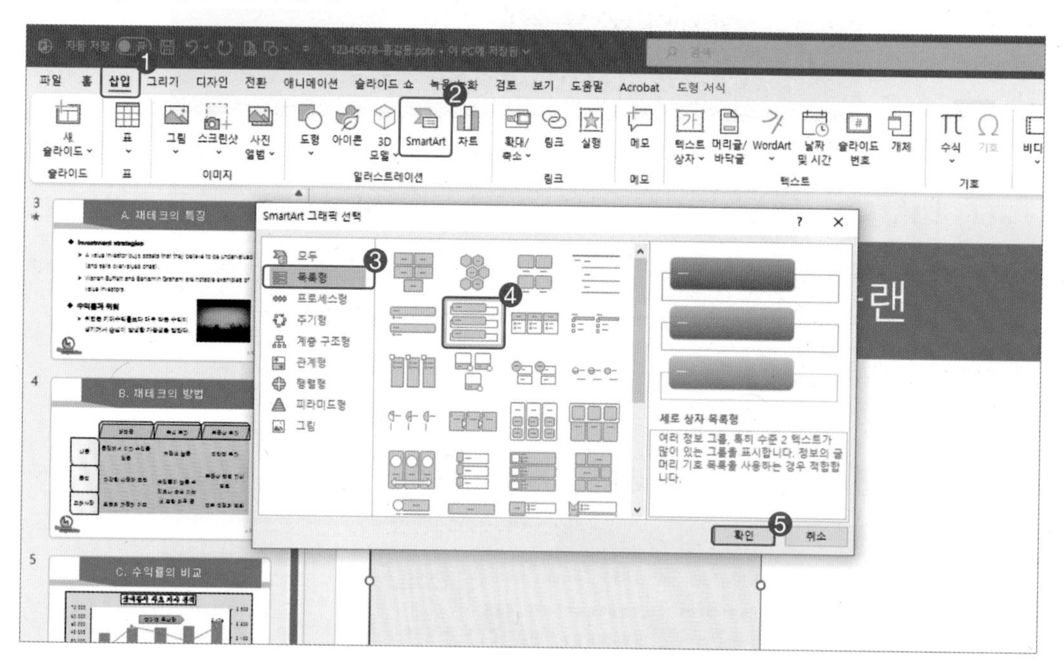

⑦ 출력형태를 참고하여 내용을 입력하고 마우스로 표의 크기와 위치를 조절한다.

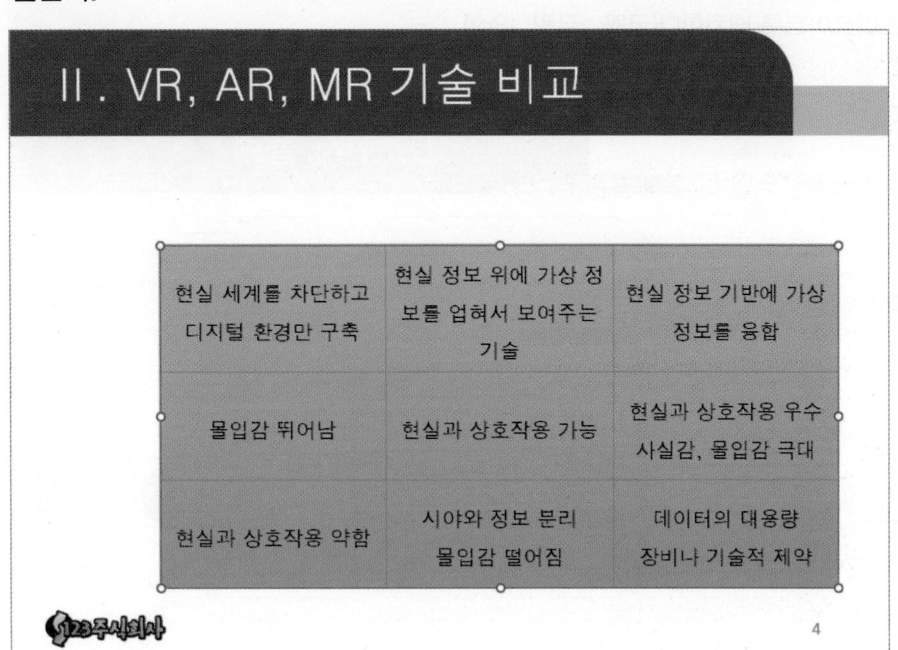

> **기적의 TIP**
>
> 표 내용을 작성하며 Tab을 누르면 다음 셀로 이동한다. 마지막 행 오른쪽 끝 셀에서 Tab을 누르면 아래에 행이 새로 삽입된다.

SECTION 02 상단 도형 작성

① [삽입] 탭 – [일러스트레이션] 그룹 – [도형]( )에서 [사각형: 잘린 한쪽 모서리]를 클릭한다.

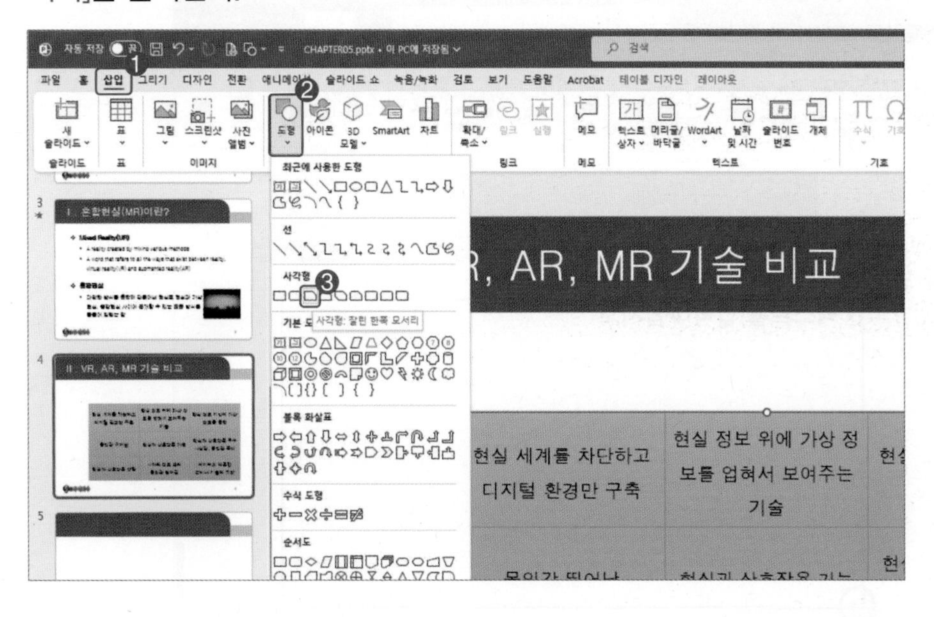

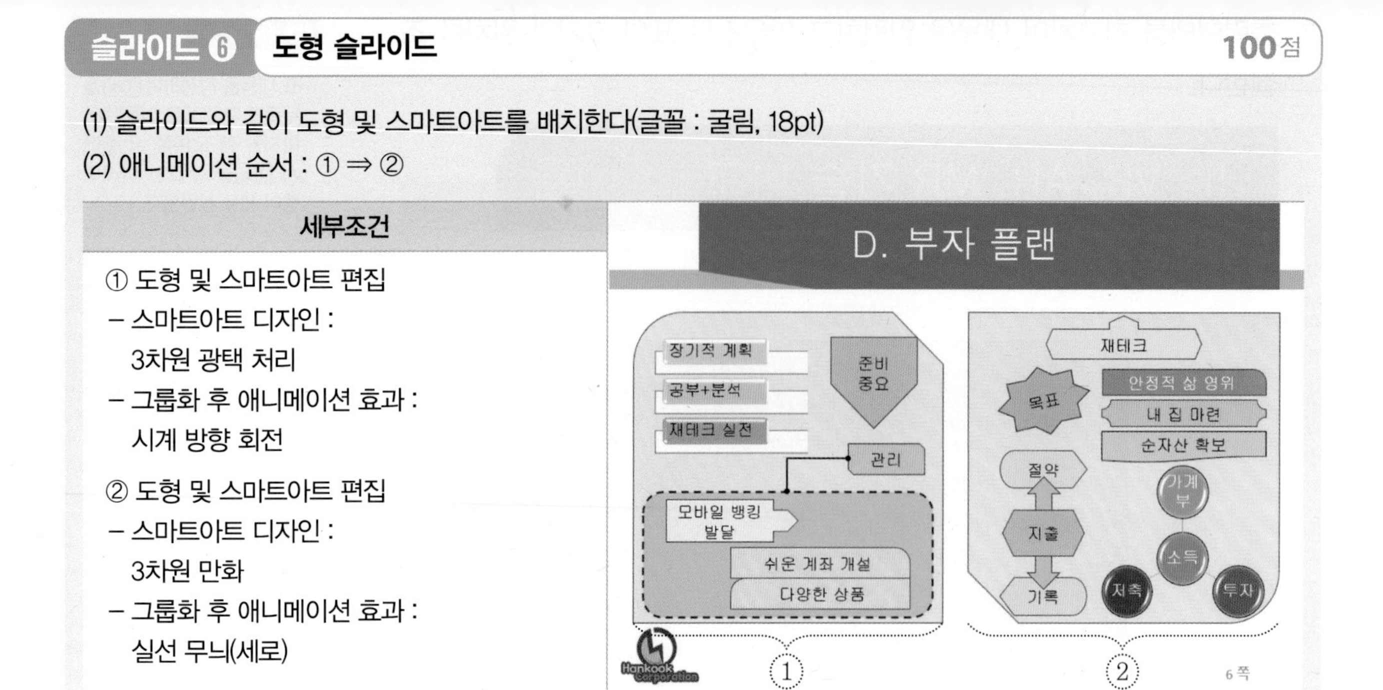

슬라이드 ❻ 도형 슬라이드 100점

(1) 슬라이드와 같이 도형 및 스마트아트를 배치한다(글꼴 : 굴림, 18pt)
(2) 애니메이션 순서 : ① ⇒ ②

세부조건
① 도형 및 스마트아트 편집 – 스마트아트 디자인 : 3차원 광택 처리 – 그룹화 후 애니메이션 효과 : 시계 방향 회전 ② 도형 및 스마트아트 편집 – 스마트아트 디자인 : 3차원 만화 – 그룹화 후 애니메이션 효과 : 실선 무늬(세로)

SECTION 01 왼쪽 도형 작성

① 슬라이드 6을 선택하고 슬라이드 제목에 『D. 부자 플랜』을 입력한 후 '텍스트를 입력하십시오' 상자를 삭제한다.

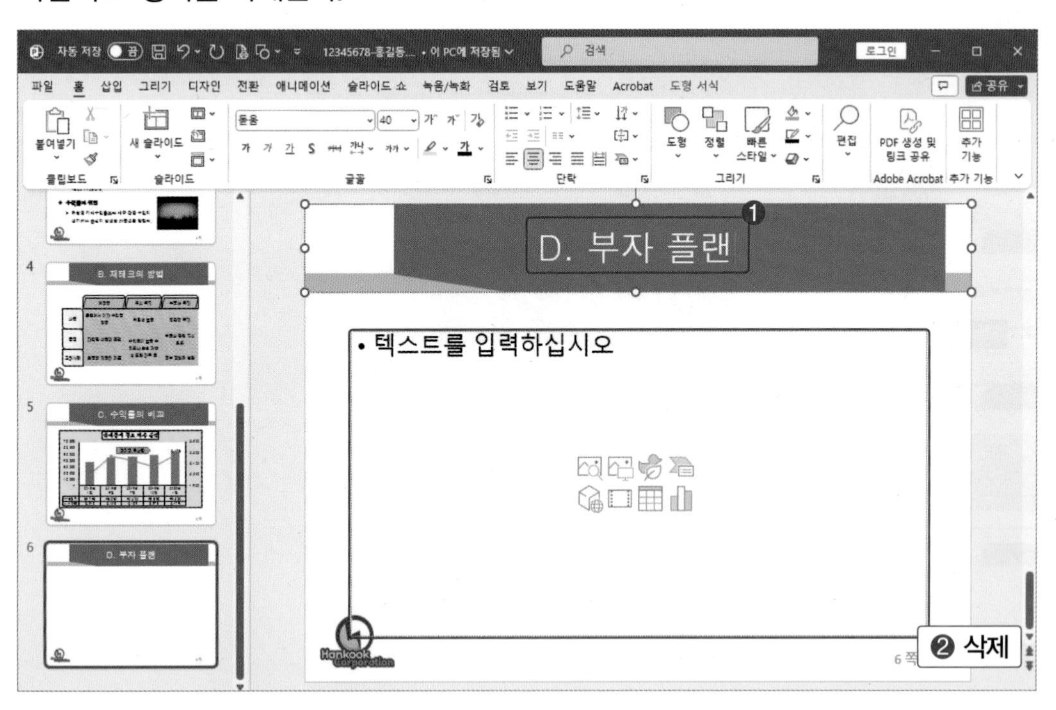

② 표 위쪽에 마우스를 드래그하여 도형을 그린다.

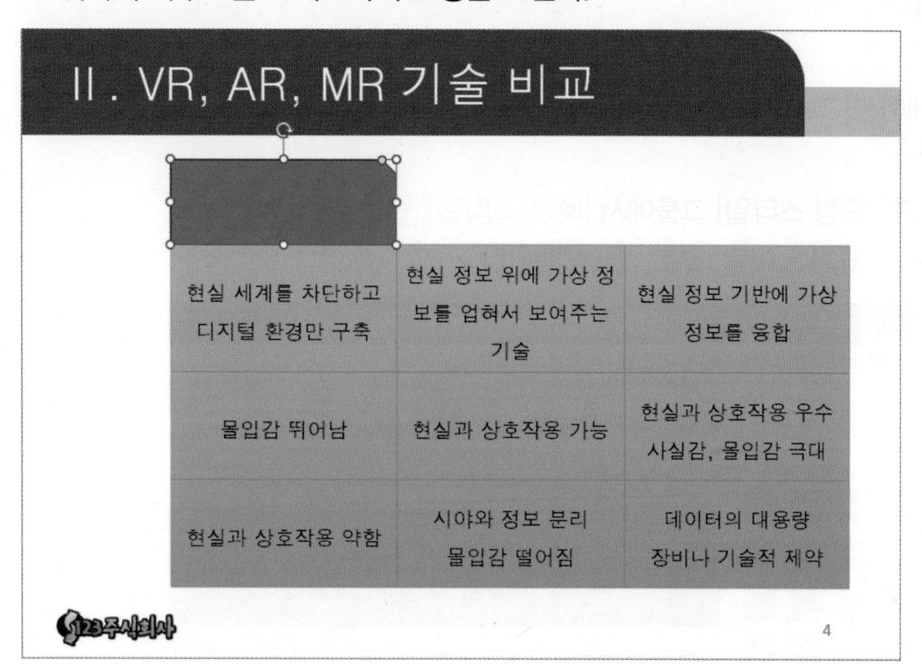

해결 TIP

여러 개의 도형을 작성할 때 순서는?

뒤에 놓인 도형부터 작업하는 것이 좋으며, 비슷한 도형은 복사하여 사용하면 편리하다.

③ 도형이 선택된 상태에서 [도형 서식] 탭 – [도형 스타일] 그룹의 [도형 채우기]( )와 [도형 윤곽선]( )을 임의로 설정한다.

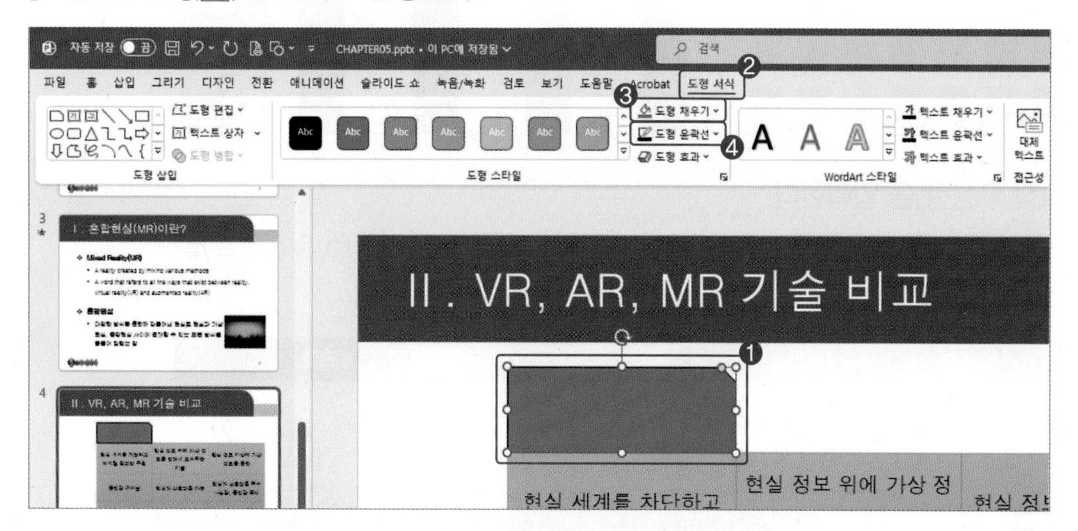

④ [삽입] 탭 – [일러스트레이션] 그룹 – [도형]( )에서 [기본 도형] – [십자형]을 클릭한다.

⑤ 첫 번째 도형 위에 마우스 드래그하여 겹쳐 보이게 삽입한다.
→ [도형 서식] 탭 – [도형 스타일] 그룹에서 [도형 채우기]와 [도형 윤곽선]을 임의로 설정한다.

① [삽입] 탭 – [일러스트레이션] 그룹 – [도형]( )에서 [블록 화살표] – [화살표: 오각형]을 클릭한다.
→ 적당한 크기로 그린 후 [도형 스타일] 그룹에서 [빠른 스타일]( )을 클릭한다.
→ [테마 스타일]에서 '미세 효과 – 파랑, 강조 1'을 선택한다.

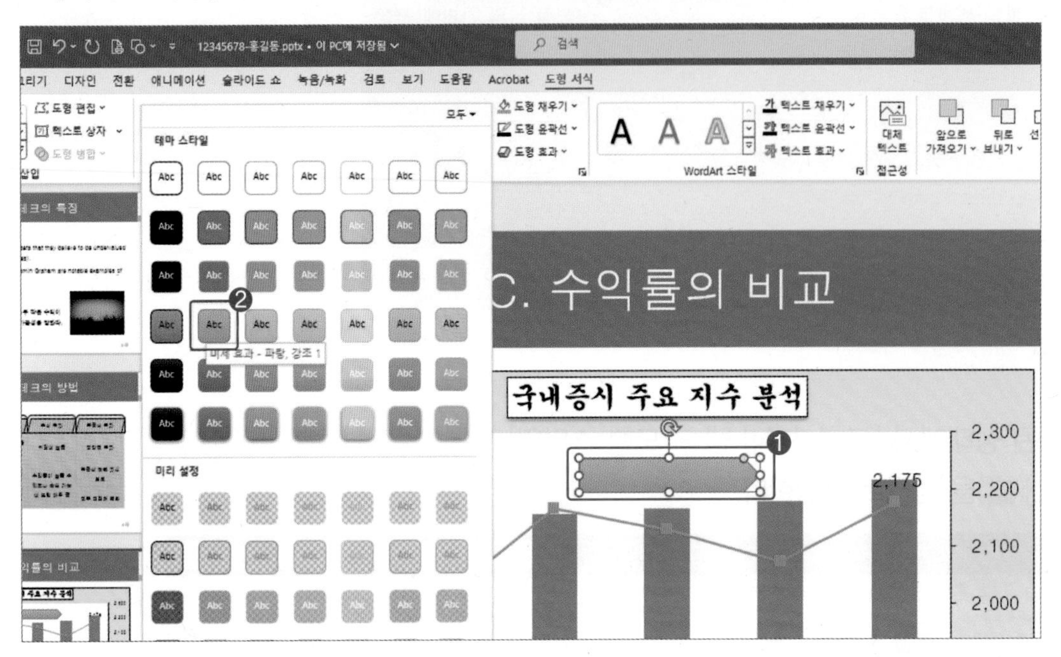

② 도형에 『장기적 우상향』을 입력한다.
→ [홈] 탭 – [글꼴] 그룹에서 글꼴 '굴림', '18pt', [단락] 그룹에서 [가운데 맞춤]( )을 설정한다.

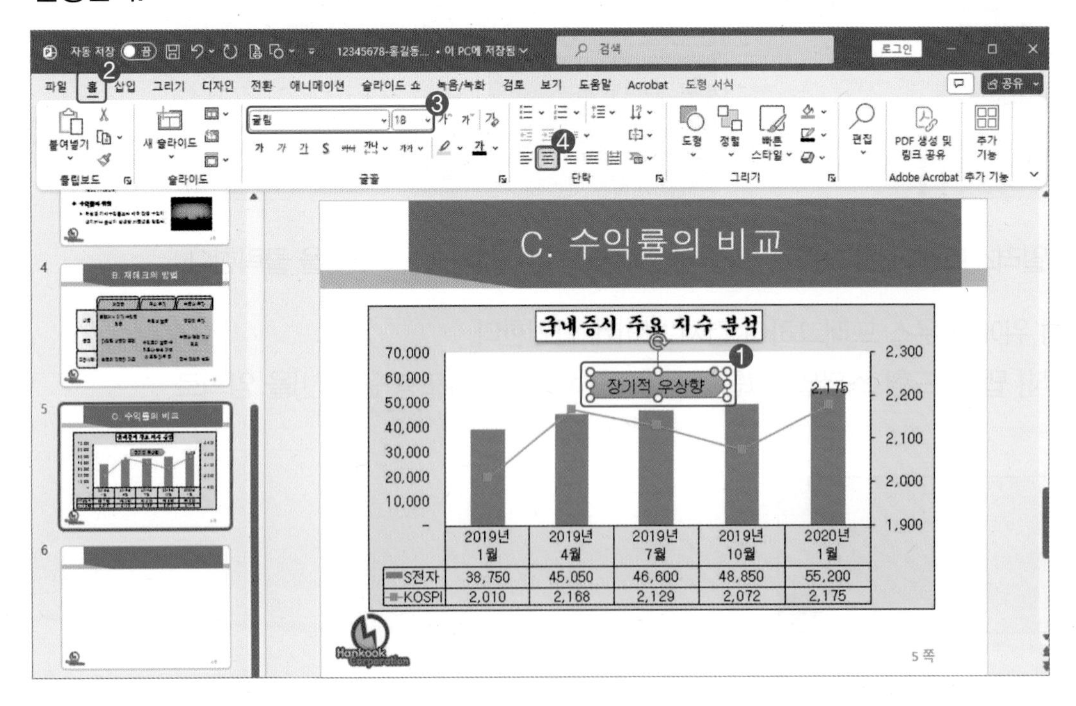

⑥ 도형을 선택한 상태에서 [홈] 탭 – [글꼴] 그룹의 글꼴 '돋움', '18pt'를 설정하고 『가상현실(VR)』을 입력한다.

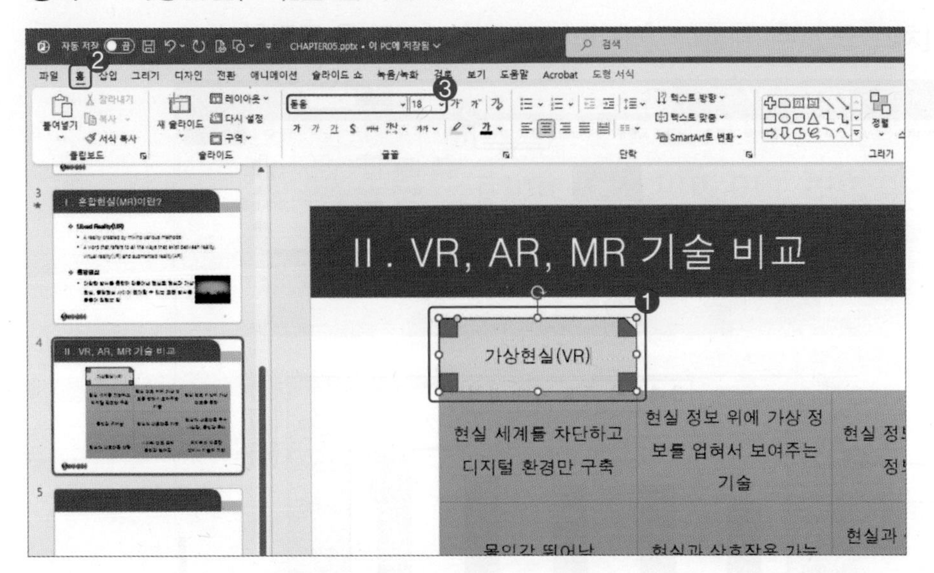

⑦ 2개의 도형을 모두 선택하고 마우스 오른쪽 클릭한다.
→ [그룹화] – [그룹]()을 클릭한다.

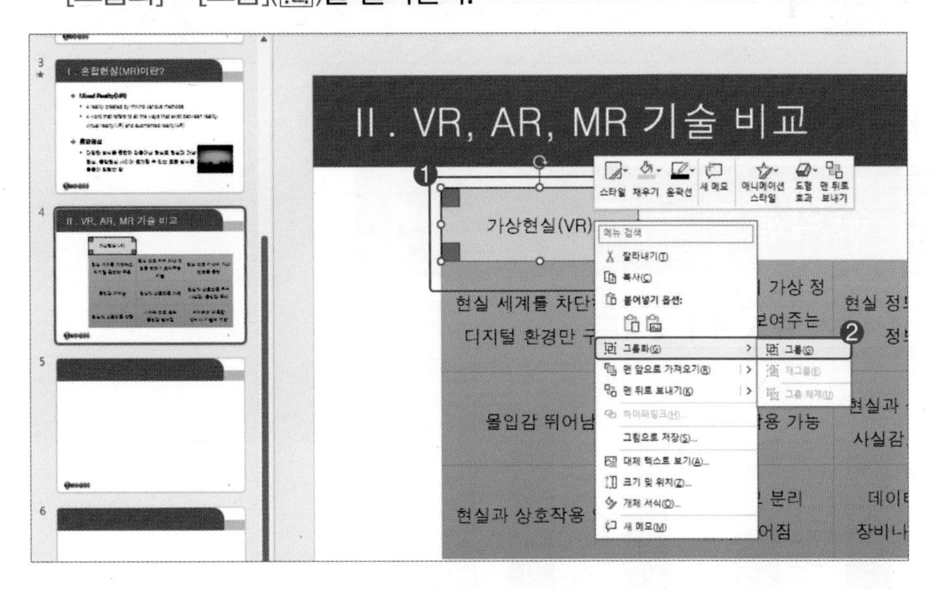

기적의 TIP

단축키 Ctrl+G를 누르면 그룹화를 빠르게 할 수 있다.

⑧ 값을 표시하기 위해 꺾은선형 차트인 KOSPI 계열에서 '2020년 1월 표식'만 마우스로 선택한다.

→ [차트 디자인] 탭의 [차트 요소 추가]( ) – [데이터 레이블] – [위쪽]을 클릭한다.

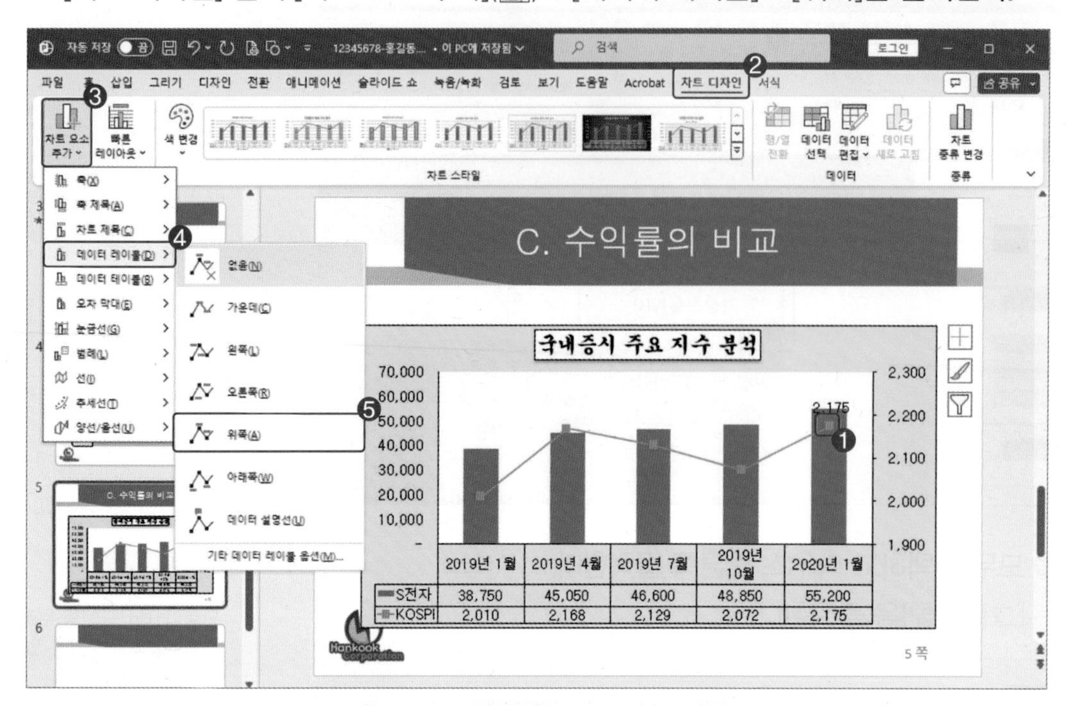

⑨ 출력형태를 참고하여 차트영역의 크기와 위치 등을 조절한다.

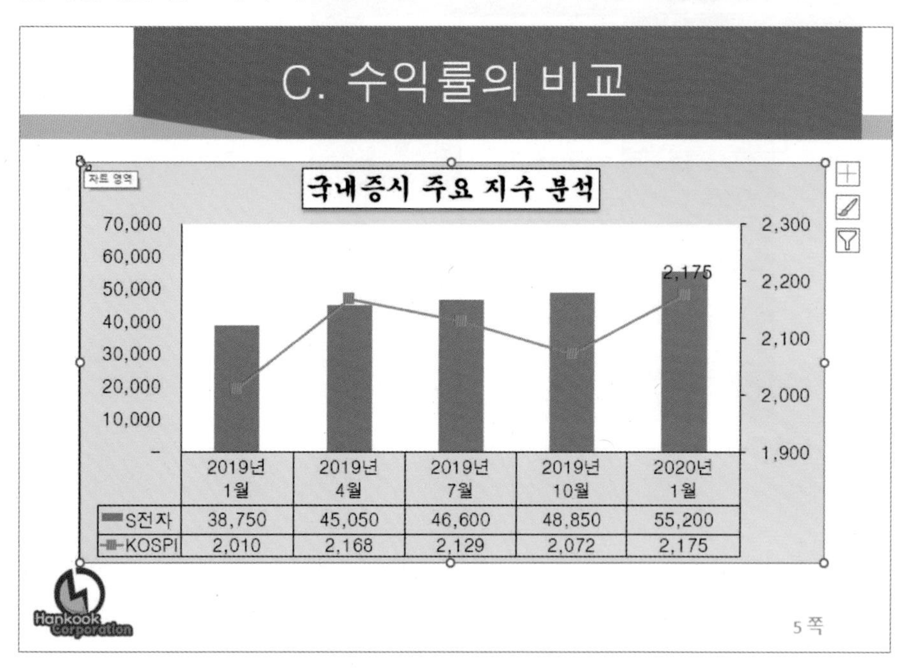

⑧ 그룹화된 도형을 Ctrl+Shift를 누른 채 오른쪽으로 복사하고 텍스트 내용을 수정한다.

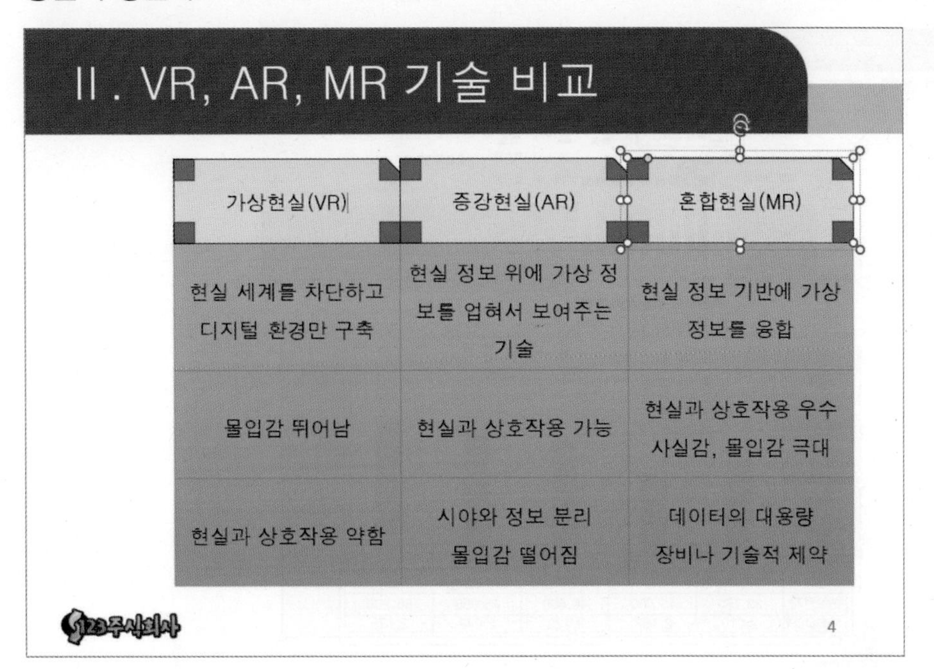

> **기적의 TIP**
> 도형을 Ctrl+Shift를 누른 채 드래그하면 수직 · 수평으로 복사할 수 있다.

> **기적의 TIP**
> 도형의 크기는 Alt를 누른 채 드래그하면 더 세밀하게 조절할 수 있다.

SECTION 03 좌측 도형 작성

① [삽입] 탭 – [일러스트레이션] 그룹 – [도형]( )에서 [블록 화살표] – [화살표: 오각형]을 클릭한다.

② 왼쪽 공간에 마우스 드래그하여 도형을 그린다.

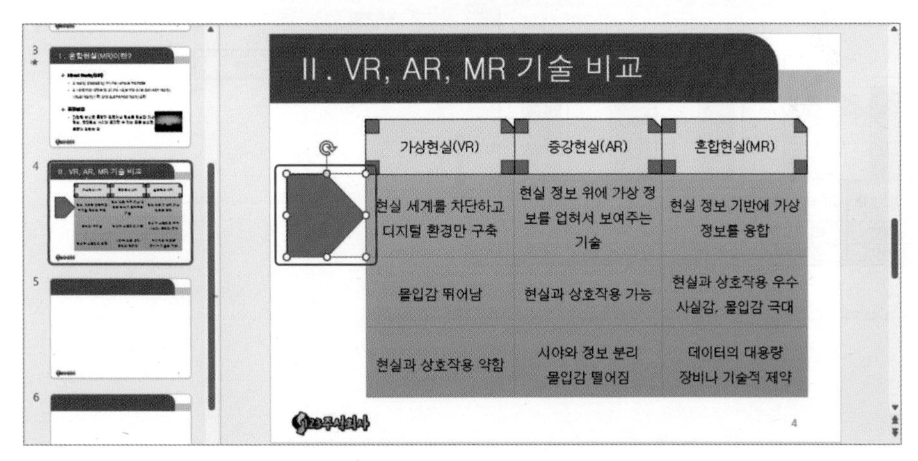

⑥ [서식] 탭 – [도형 스타일] 그룹 – [도형 윤곽선]( )을 설정한다.
→ '세로 (값) 축', '데이터 테이블'에 같은 방법으로 [도형 윤곽선]( )을 설정한다.

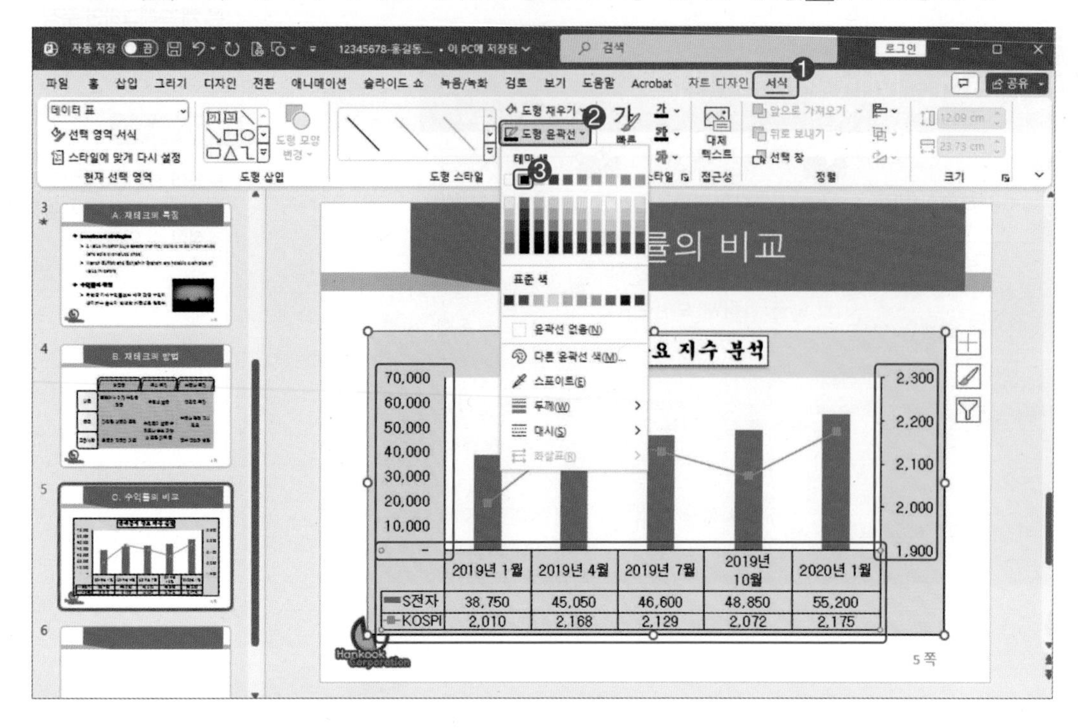

⑦ S전자 계열 차트에 마우스 오른쪽 클릭하여 [데이터 계열 서식]을 클릭한다.
→ [계열 옵션]에서 간격 너비 '150%'로 설정한다.

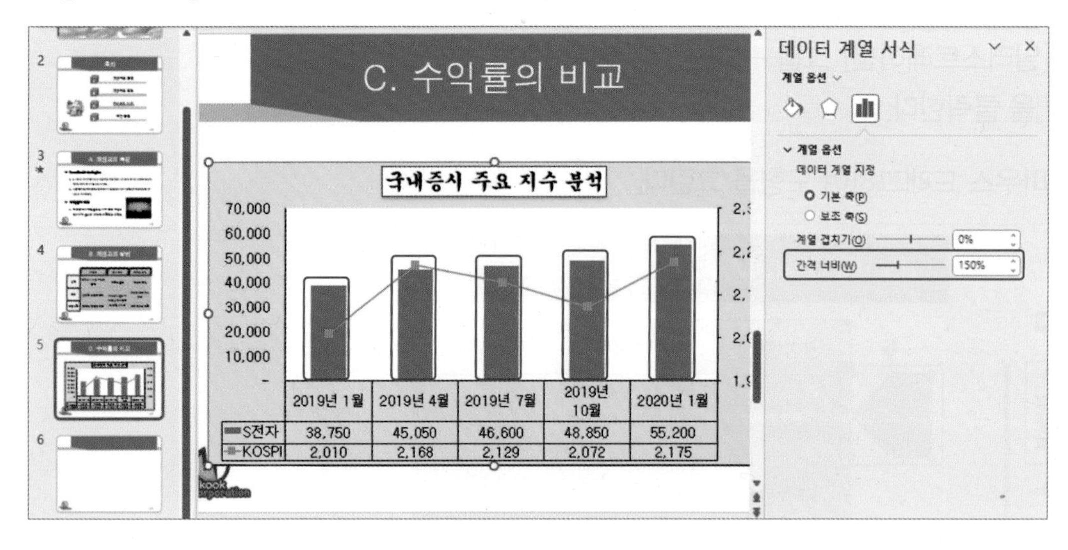

③ [도형 서식] 탭 – [정렬] 그룹에서 [회전]( ) – [좌우 대칭]을 클릭한다.

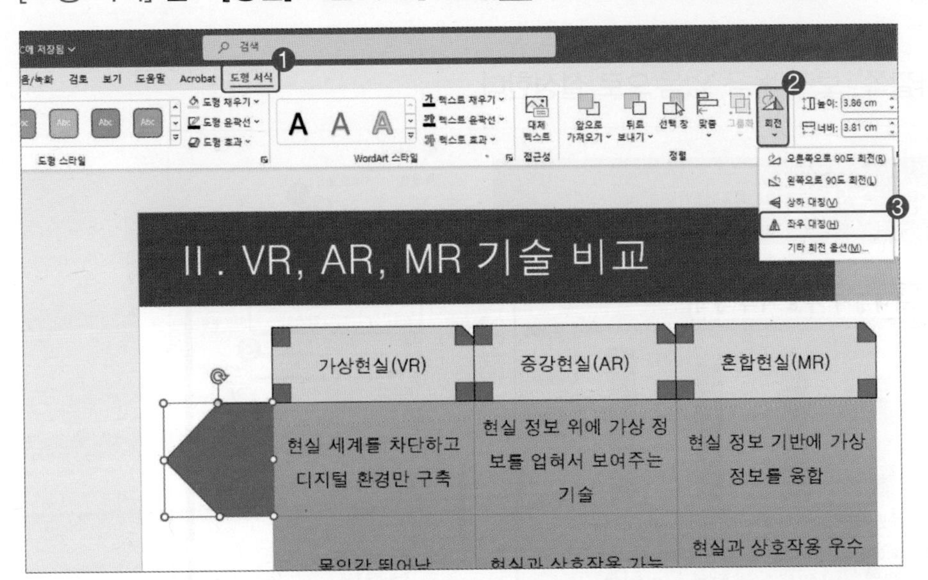

④ [도형 서식] 탭 – [도형 스타일] 그룹에서 [도형 채우기]와 [도형 윤곽선]을 임의로 설정한다.

⑤ 다시 [도형 스타일] 그룹 – [도형 채우기]를 클릭하고 [그라데이션]( ) – [선형 아래쪽]을 선택한다.

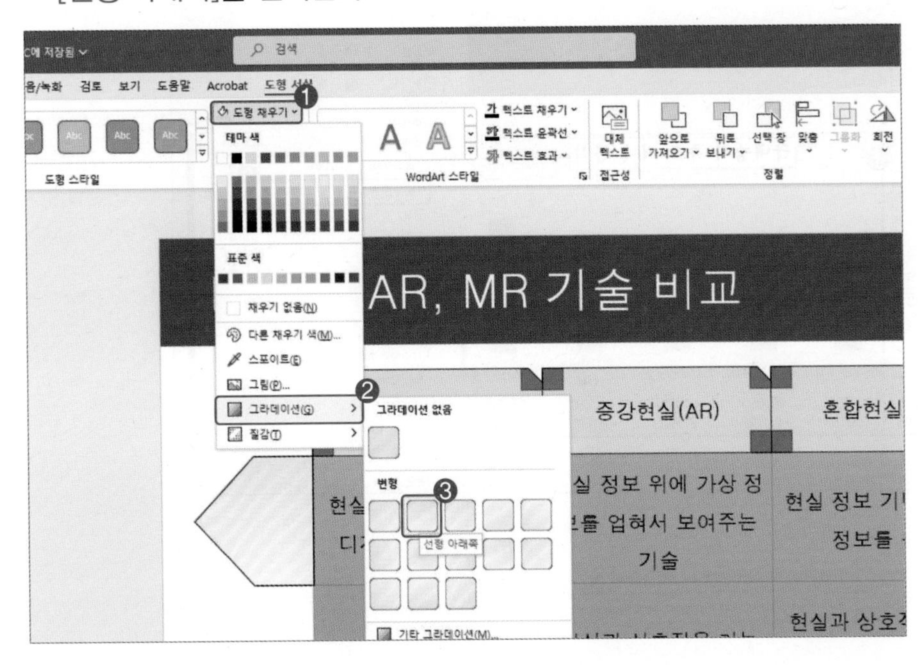

기적의 TIP

좌우, 상하 대칭을 생각하여 문제와 맞는 도형을 찾아 삽입한다.

해결 TIP

그라데이션 스타일을 상세하게 변경하려면?

[도형 서식] 탭의 [채우기] 옵션에서 각각의 그라데이션 중지점을 선택하면 그라데이션 스타일을 더 세밀하게 적용할 수 있다.

④ [축 옵션](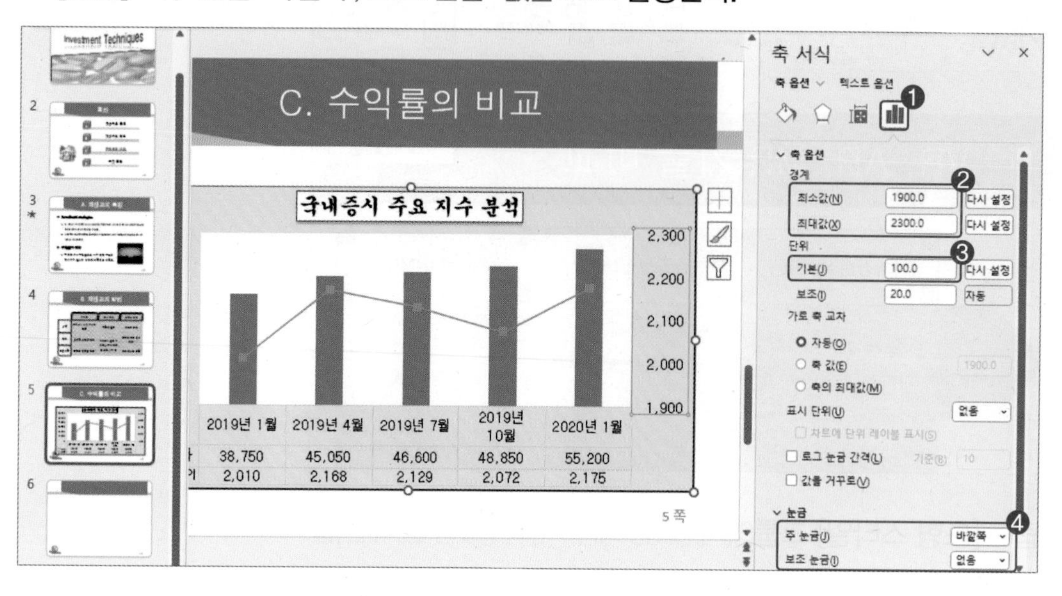)을 클릭하고 [경계] – 최소값 『1900』, 최대값 『2300』, [단위] – 기본 『100』을 입력한다.

→ [눈금] – 주 눈금 '바깥쪽', 보조 눈금 '없음'으로 설정한다.

⑤ [축 서식] 탭이 열려 있는 상태에서 마우스로 '세로 (값) 축'을 클릭한다.

→ [축 옵션] – [경계] – 최대값 『70000』을 입력한다.

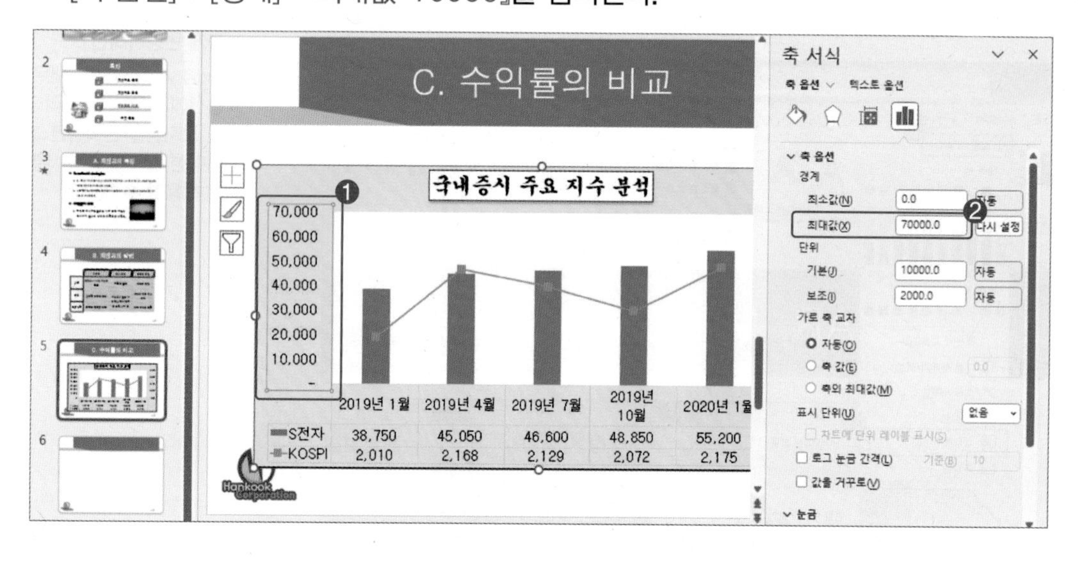

⑥ 도형을 선택한 상태에서 [홈] 탭 – [글꼴] 그룹의 글꼴 '돋움', '18pt', 글꼴 색 '검정, 텍스트 1'을 설정하고 『구현방식』을 입력한다.

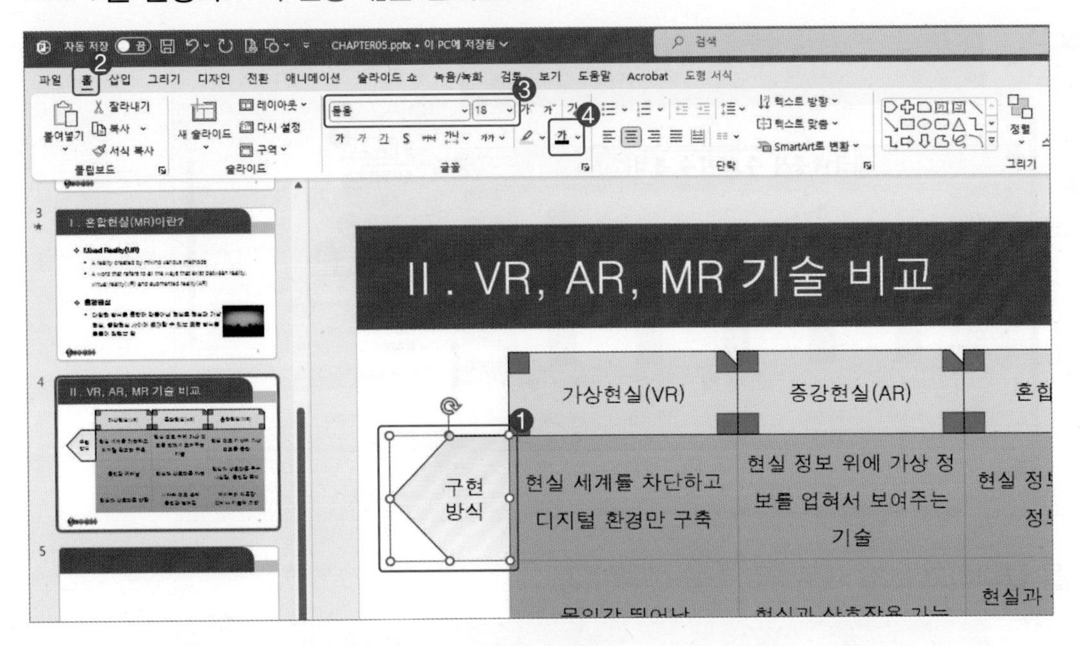

⑦ 도형을 선택한 후 Ctrl+Shift를 누른 채 아래쪽으로 복사하고, 도형의 크기와 텍스트 내용을 수정한다.

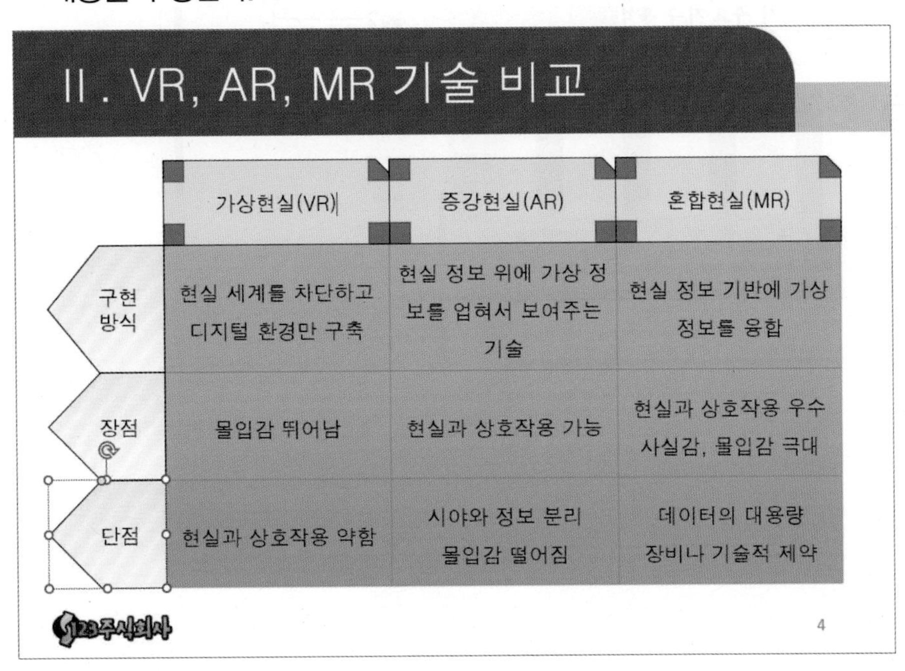

② [데이터 계열 서식] 탭에서 [표식] – [표식 옵션]을 클릭한다.
→ 기본 제공을 선택하고 형식 '네모', 크기 '10'으로 설정한다.

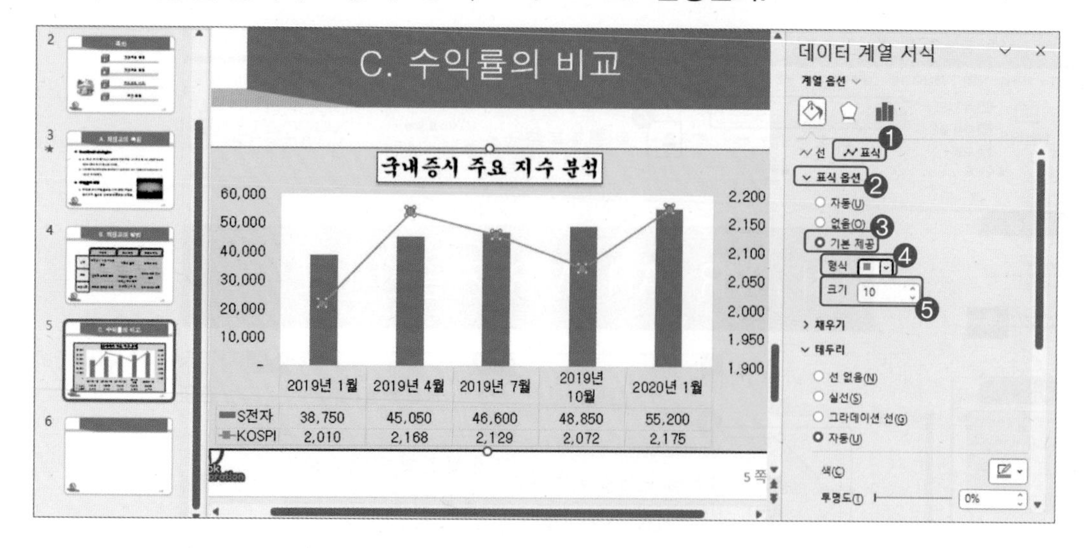

③ [계열 옵션]을 클릭하고 보조 세로 (값) 축을 선택한다.

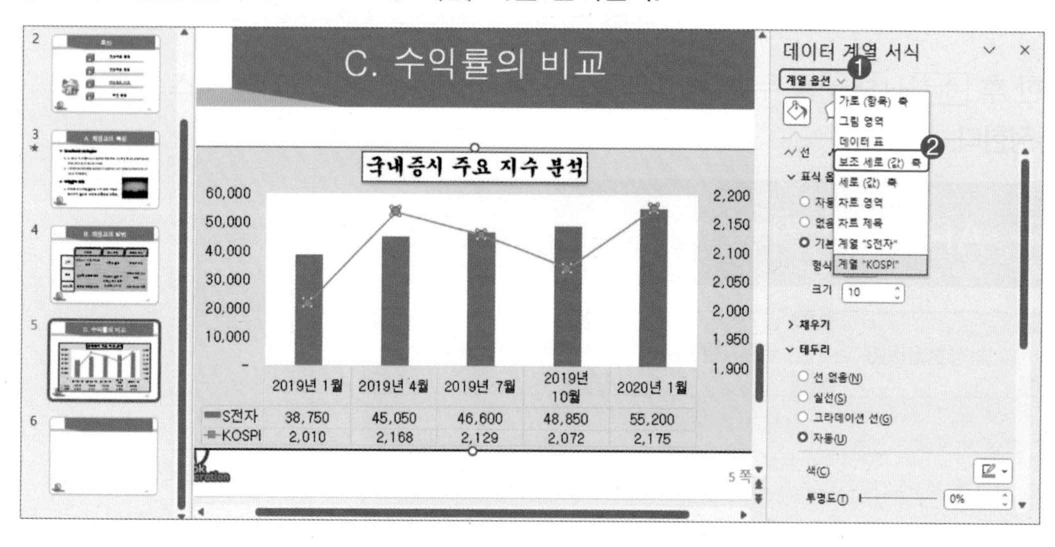

문제유형 ❹-1 정답파일 PART 01 시험 유형 따라하기₩유형4-1번_정답.pptx

세부조건

글꼴 : 돋움, 18pt

① 상단 도형 : 2개 도형의 조합으로 작성

② 좌측 도형 : 그라데이션 효과(선형 아래쪽)

③ 표 스타일 : 테마 스타일 1 – 강조 6

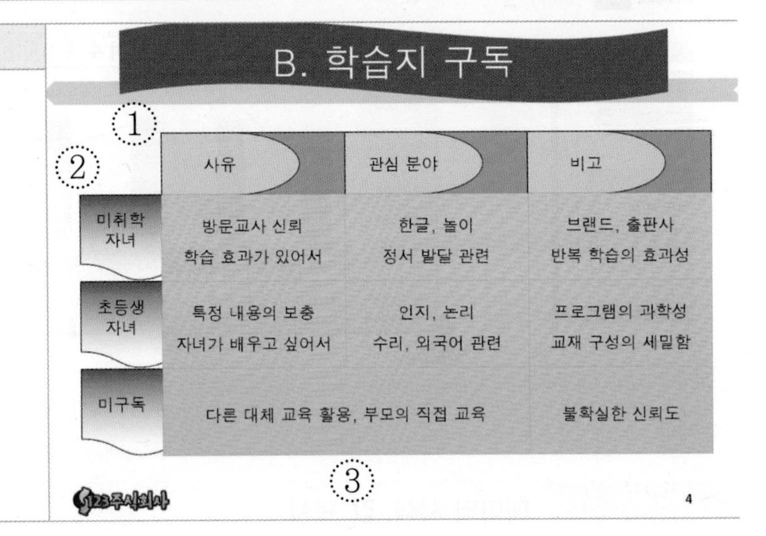

문제유형 ❹-2 정답파일 PART 01 시험 유형 따라하기₩유형4-2번_정답.pptx

세부조건

글꼴 : 굴림, 18pt

① 상단 도형 : 2개 도형의 조합으로 작성

② 좌측 도형 : 그라데이션 효과(선형 아래쪽)

③ 표 스타일 : 테마 스타일 1 – 강조 5

2. 균형있는 식생활

	밥류	면류	빵류
구분	진지한 식사 쌀, 현미, 잡곡	다양한 형태 국수, 라면, 스파게티	간편한 식사 식빵, 도넛, 바게트
선호	건강에 좋기 때문에, 소화가 잘 되어서	빠른 시간 먹기 편해서, 식감이 좋아서	휴대가 편리해서, 음료와 어울려서
비선호	식단 준비의 번거로움	밥이 곧 식사라는 이미지	선택적 간식거리로 인식

ABC주식회사 4

④ 차트 오른쪽 상단의 [차트 요소](⊞) 아이콘을 클릭하여 [눈금선]과 [범례]를 체크 해제한다.

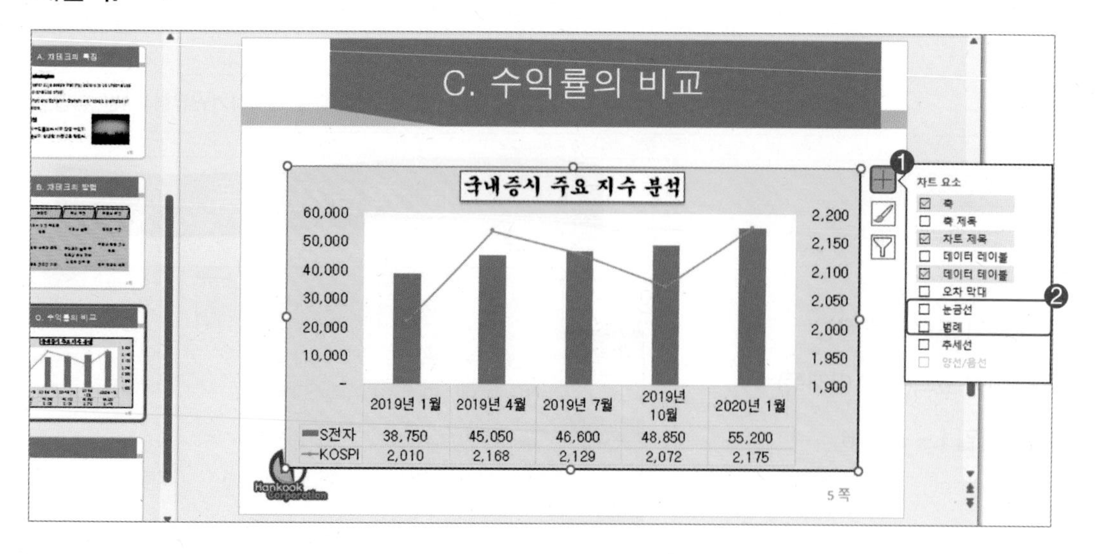

SECTION 04 데이터 서식, 값 표시

① '차트 영역'에서 마우스 오른쪽 클릭하여 [차트 영역 서식]을 클릭한다.
→ [차트 옵션]을 클릭하고 계열 "KOSPI"를 선택한다.

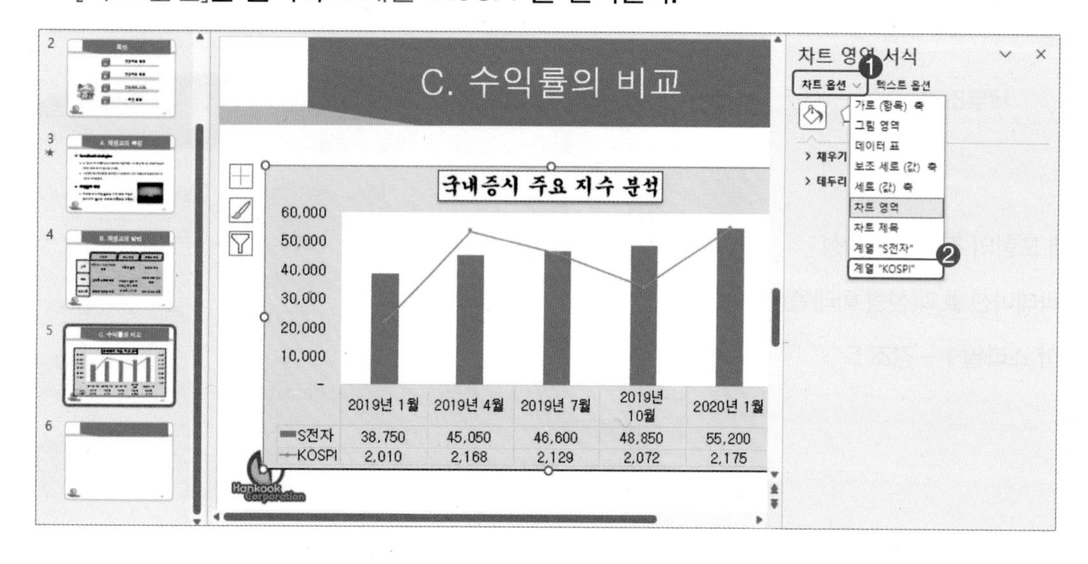

문제유형 ④-3

정답파일 PART 01 시험 유형 따라하기₩유형4-3번_정답.pptx

세부조건

글꼴 : 돋움, 18pt

① 상단 도형 : 2개 도형의 조합으로 작성

② 좌측 도형 : 그라데이션 효과(선형 아래쪽)

③ 표 스타일 : 테마 스타일 1 – 강조 6

2. 만성피로의 유발과 증상

	유발 가능 원인	증상
관련 장애	우울증, 불안증, 신체화 장애	운동 후 심한 피로
	신경안정제 등 약물 부작용	집중력 저하, 기억력 장애
관련 질환	내분비 및 대사 질환	수면 장애, 위장 장애
	결핵, 간염 등 감염 질환	두통, 근육통, 관절통, 전신 통증

123주식회사 4

문제유형 ④-4

정답파일 PART 01 시험 유형 따라하기₩유형4-4번_정답.pptx

세부조건

글꼴 : 돋움, 18pt

① 상단 도형 : 2개 도형의 조합으로 작성

② 좌측 도형 : 그라데이션 효과(선형 아래쪽)

③ 표 스타일 : 테마 스타일 1 – 강조 5

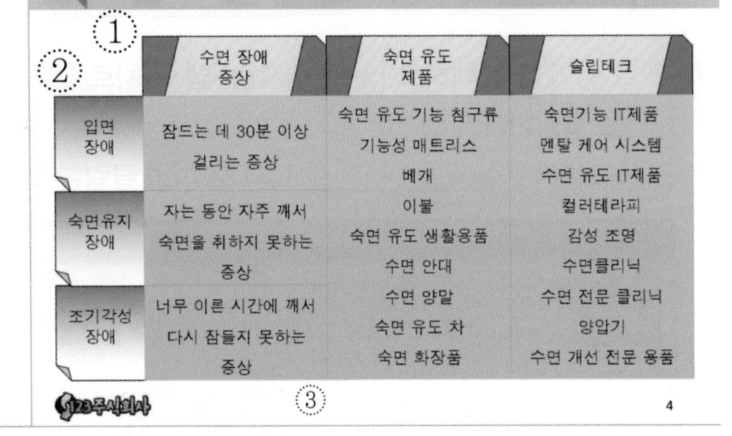

① '차트 영역'을 선택하고 [서식] 탭 – [도형 스타일] 그룹 – [도형 채우기]()를 클릭한다.
→ [색] – [노랑]을 설정한다.

② '그림 영역'을 선택하고 [서식] 탭 – [도형 스타일] 그룹 – [도형 채우기]()를 클릭한다.
→ [색] – [흰색]을 설정한다.

③ '차트 영역'을 선택하고 [차트 디자인] 탭 – [차트 레이아웃] 그룹 – [차트 요소 추가]()를 클릭한다.
→ [데이터 테이블]() – [범례 표지 포함]을 클릭한다.

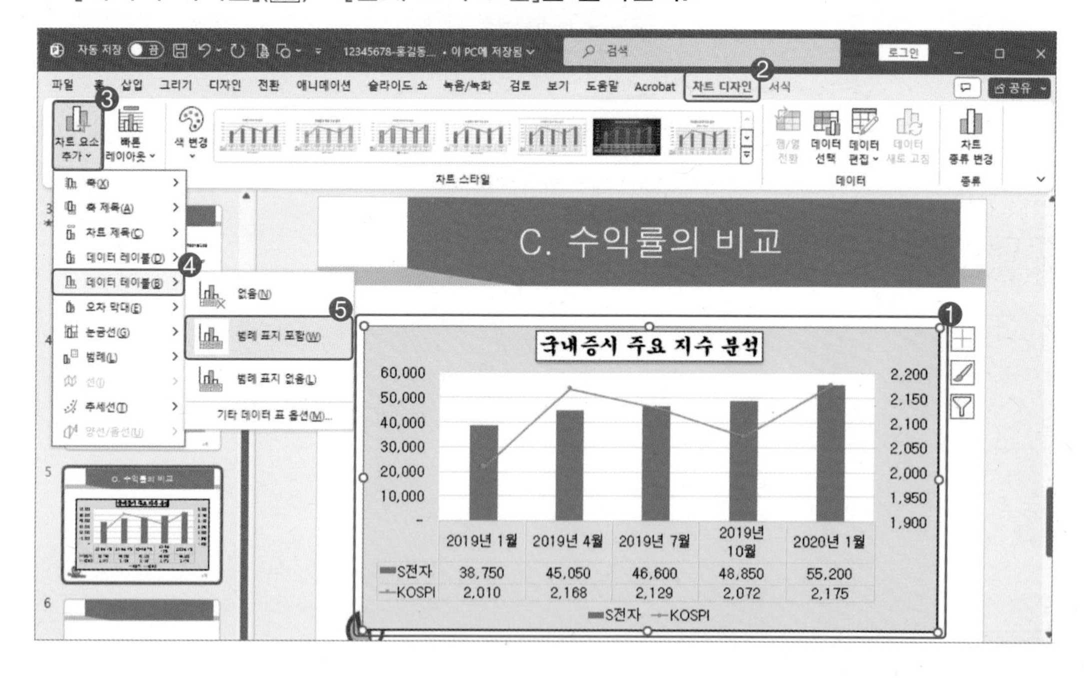

유형분석 문항 6

슬라이드 5
차트 슬라이드

배점 **100점** | A등급 목표점수 **80점**

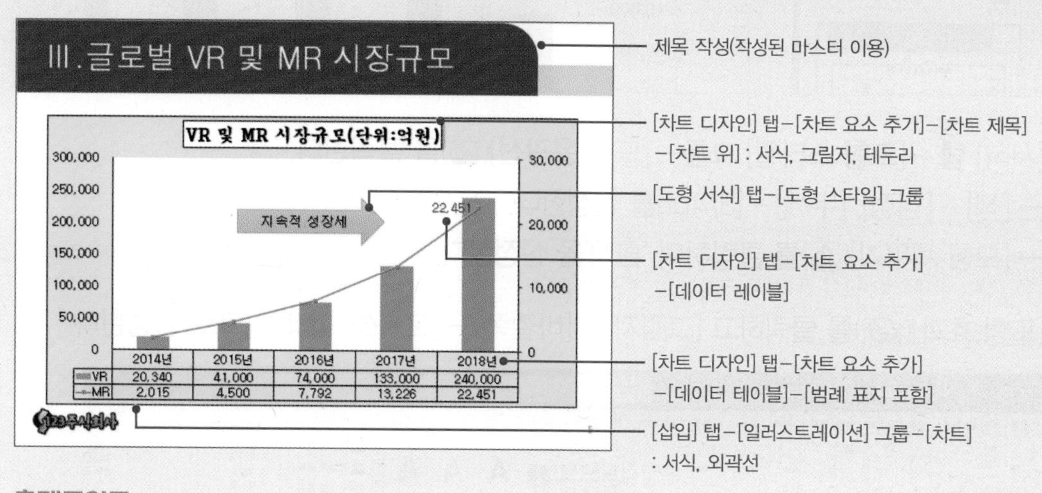

출제포인트

차트 작성 · 데이터 편집 · 차트 디자인 · 도형 편집

출제기준

프레젠테이션용 차트를 작성하는 능력을 평가하는 문항으로, 차트 삽입과 데이터 편집, 차트 디자인 편집 등 종합적인 기능이 출제됩니다.

A등급 TIP

차트 작성의 종합적인 능력을 평가하는 문제로, 배점도 가장 크고 난이도도 높은 문항입니다. 지시사항을 충실히 따라야 할 뿐 아니라, 지시사항에 주어지지 않은 부분도 출력형태와 동일하게 표현될 수 있도록 꼼꼼히 작업해야 합니다. 풀이를 마친 후 출력형태와 비교해 보며 검토하는 것을 잊지 마세요.

① 차트 제목 상자를 클릭하고 『국내증시 주요 지수 분석』을 입력한다.
→ [홈] 탭 – [글꼴] 그룹에서 글꼴 '궁서', '24pt', '굵게' 설정을 한다.

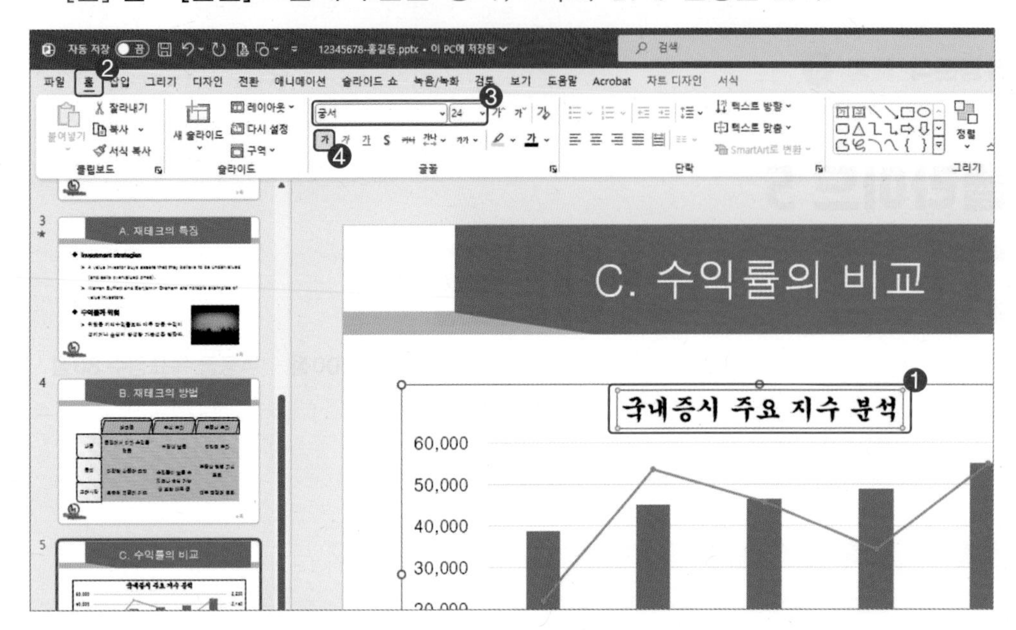

② [서식] 탭 – [도형 스타일] 그룹 – [도형 윤곽선]()을 클릭한다.
→ [색] – [검정], [두께] – [3/4pt]를 설정한다.
→ [도형 채우기]()를 클릭하여 '흰색'을 설정한다.

③ [도형 효과]()를 클릭하고 [그림자] – [바깥쪽] – [오프셋: 아래쪽]으로 설정한다.

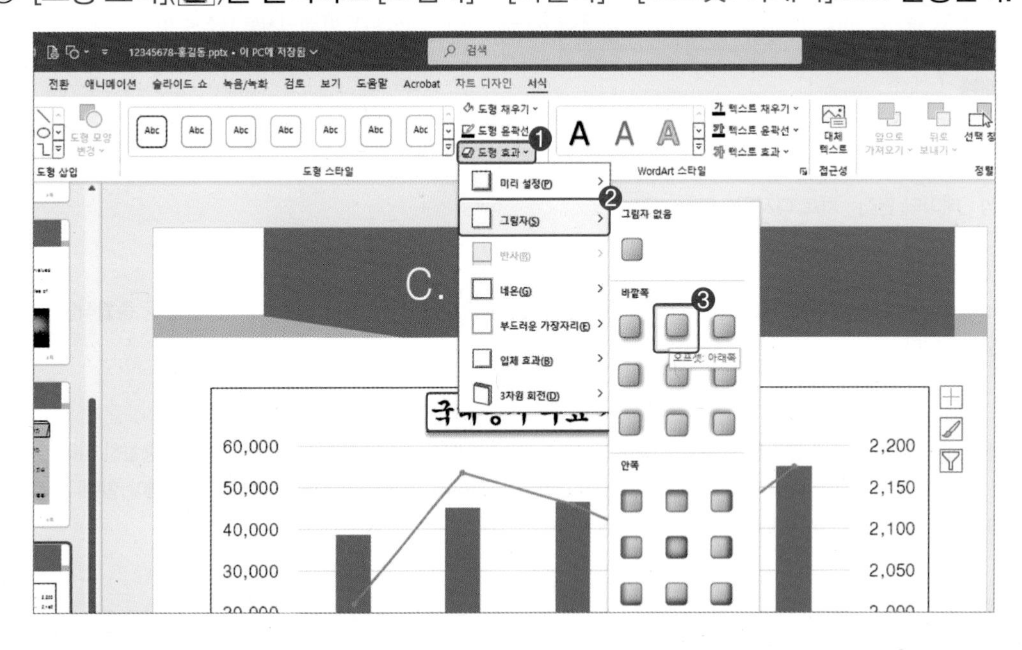

CHAPTER

06

[슬라이드 5]

차트 슬라이드

합격 강의

난 이 도 (상) 중 하

반복학습 1 2 3

문제파일 PART 01 시험 유형 따라하기₩CHAPTER06.pptx

정답파일 PART 01 시험 유형 따라하기₩CHAPTER06_정답.pptx

문제보기

(1) 차트 작성 기능을 이용하여 슬라이드를 작성한다.

(2) 차트 : 종류(묶은 세로 막대형), 글꼴(돋움, 16pt), 외곽선

세부조건

※ 차트설명

- 차트제목 : 궁서, 24pt, 굵게, 채우기(흰색), 테두리, 그림자(오프셋 오른쪽)
- 차트영역 : 채우기(노랑)
- 그림영역 : 채우기(흰색)
- 데이터 서식 : MR 계열을 표식이 있는 꺾은선형으로 변경 후 보조축으로 지정
- 값 표시 : 2018년의 MR 계열만

① 도형 삽입

– 스타일 : 미세 효과 – 파랑, 강조 1

– 글꼴 : 굴림, 18pt

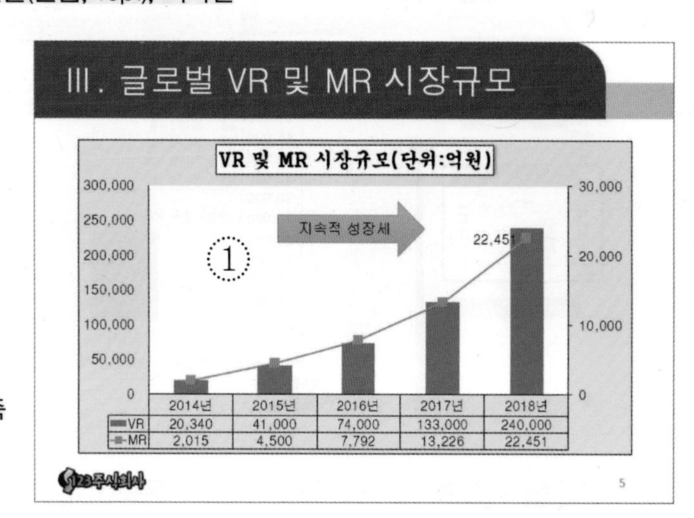

핵심기능

기능	바로 가기	메뉴
차트 삽입		[삽입] 탭 – [일러스트레이션] 그룹 – [차트]
데이터 레이블		[차트 디자인] 탭 – [차트 레이아웃] 그룹 – [차트 요소 추가] – [데이터 레이블]
데이터 표(테이블)		[차트 디자인] 탭 – [차트 레이아웃] 그룹 – [차트 요소 추가] – [데이터 테이블]

⑦ [차트 디자인] 탭 – [데이터] 그룹에서 [데이터 선택]( )을 클릭한다.
→ [데이터 원본 선택] 대화상자가 나타나면 [행/열 전환]( )을 클릭하고 [확인]을 클릭한다.
→ 데이터 시트를 닫는다.

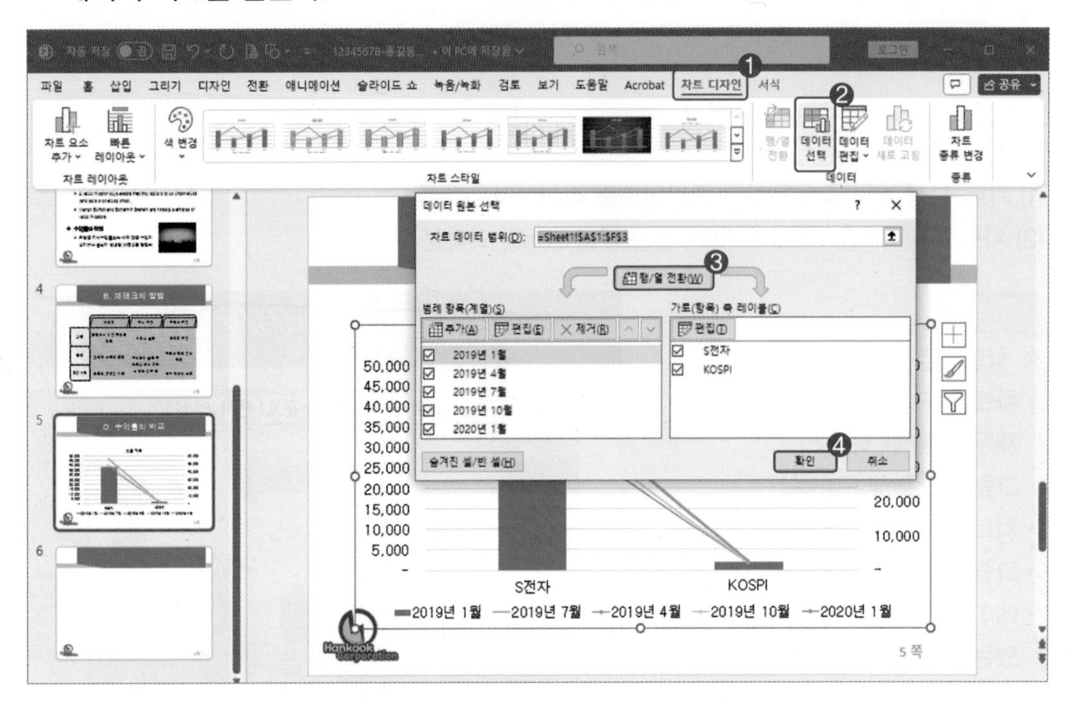

⑧ [서식] 탭 – [도형 스타일] 그룹 – [도형 윤곽선]( )을 클릭한다.
→ [색] – [검정], [두께] – [3/4pt]를 설정하여 외곽선을 지정해준다.

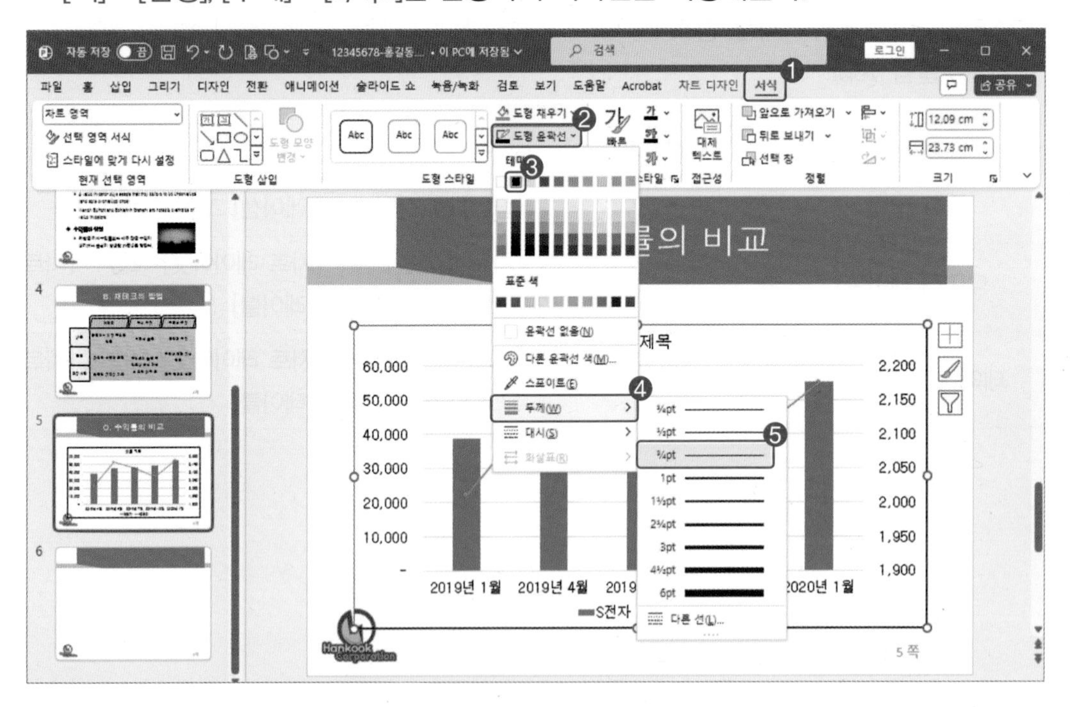

① 슬라이드 5를 선택하고 슬라이드 제목『Ⅲ. 글로벌 VR 및 MR 시장규모』를 입력한다.

Ⅲ. 글로벌 VR 및 MR 시장규모

② 텍스트 상자에서 [차트 삽입]( )을 클릭한다.
→ 차트 삽입 대화상자가 나타나면 [세로 막대형] – [묶은 세로 막대형]을 선택한 후 [확인]을 클릭한다.

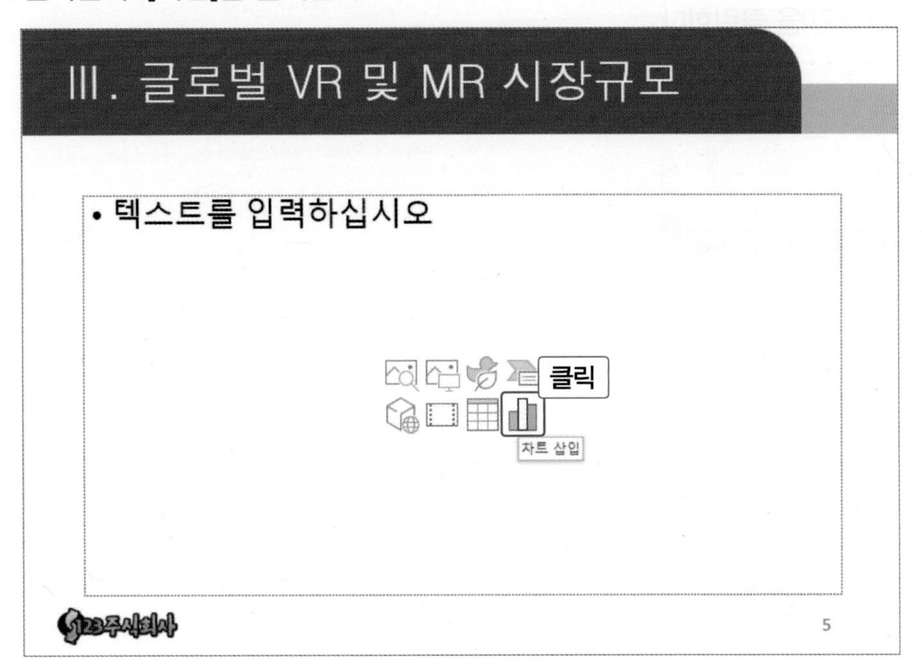

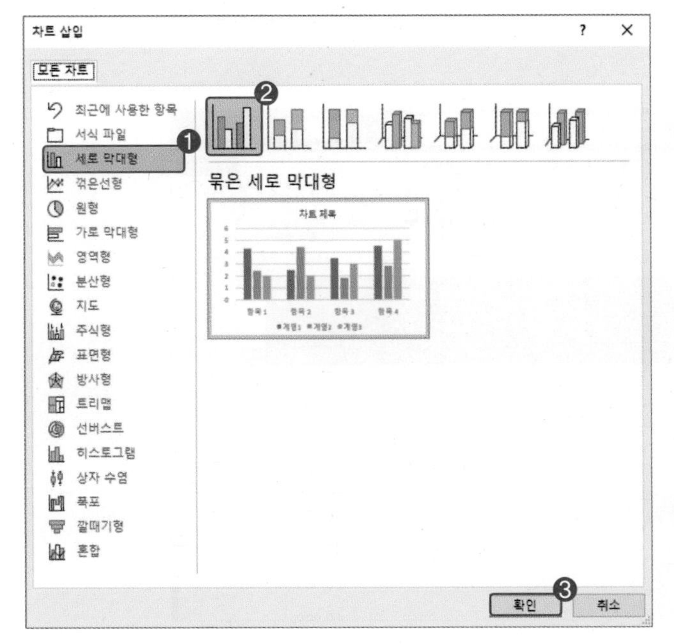

기적의 TIP
그림 영역, 데이터 계열 서식, 값, 데이터 테이블 등 차트를 구성하는 용어를 정확히 알고 있어야 한다.

③ 데이터 시트 창이 열리면 내용을 입력한 후 데이터 범위를 지정한다.

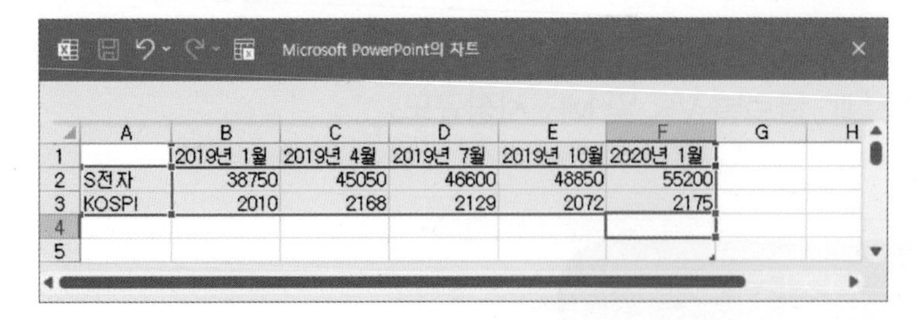

④ 숫자 데이터가 입력된 「B2:F3」 영역을 블록 설정한다.
→ 마우스 오른쪽 클릭하여 [셀 서식]을 클릭한다.

⑤ [셀 서식] 대화상자 – [표시 형식] 탭의 범주에서 '회계'를 클릭한다.
→ 기호 '없음'을 설정하고 [확인]을 클릭한다.

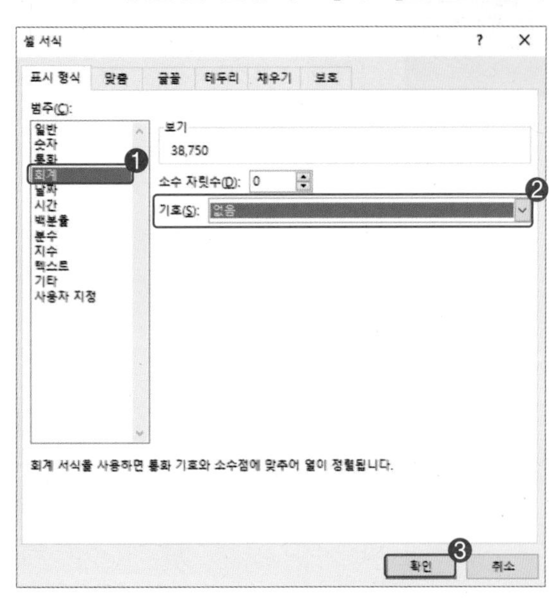

⑥ 데이터 시트를 닫고, [홈] 탭 – [글꼴] 그룹에서 글꼴 '돋움', '16pt', 글꼴 색 '검정'을 설정한다.

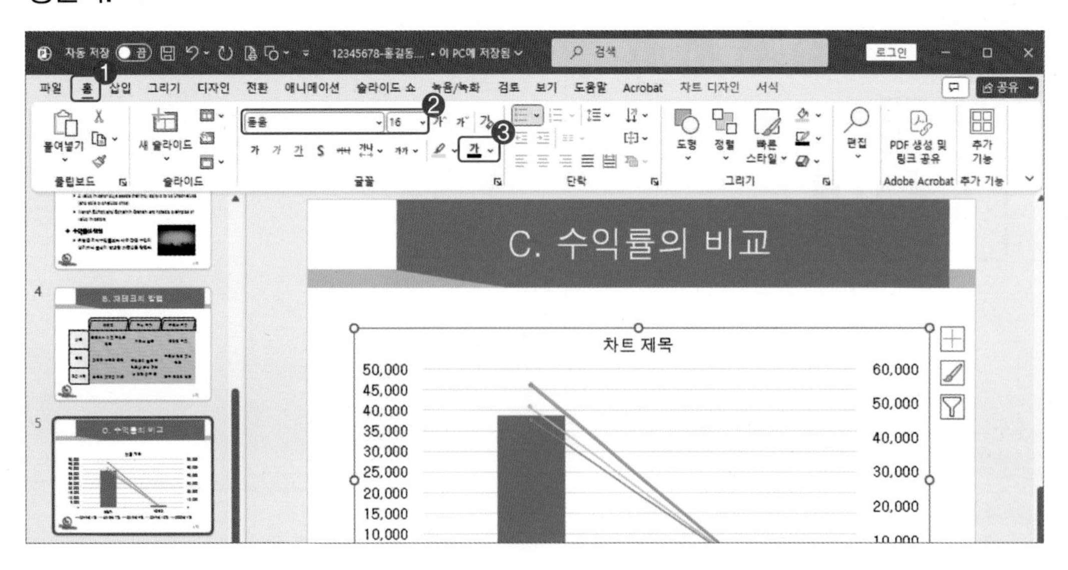

③ 데이터 시트 창이 열리면 내용을 입력한 후 데이터 범위를 지정한다.

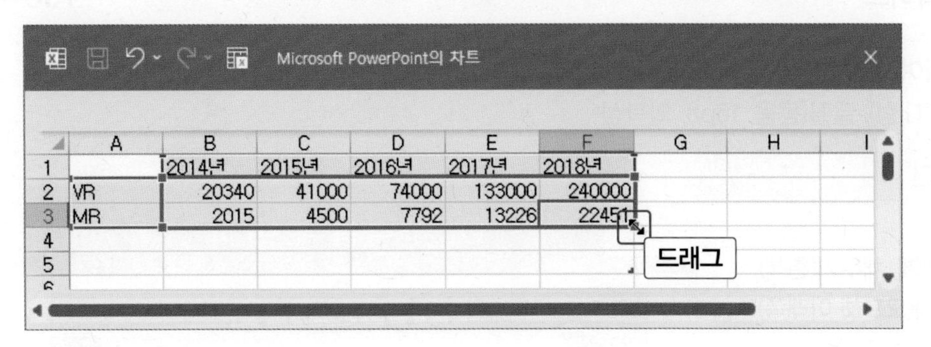

> **해결 TIP**
>
> **차트의 내용을 변경하려면?**
> 데이터 시트는 엑셀의 워크시트 사용 방법과 동일하다. 셀의 내용 일부를 변경할 때에는 해당 셀을 더블 클릭하거나 F2를 누른다.

④ 숫자 데이터가 입력된 「B2:F3」 영역을 블록 설정한다.
→ 마우스 오른쪽 클릭하여 [셀 서식]을 클릭한다.

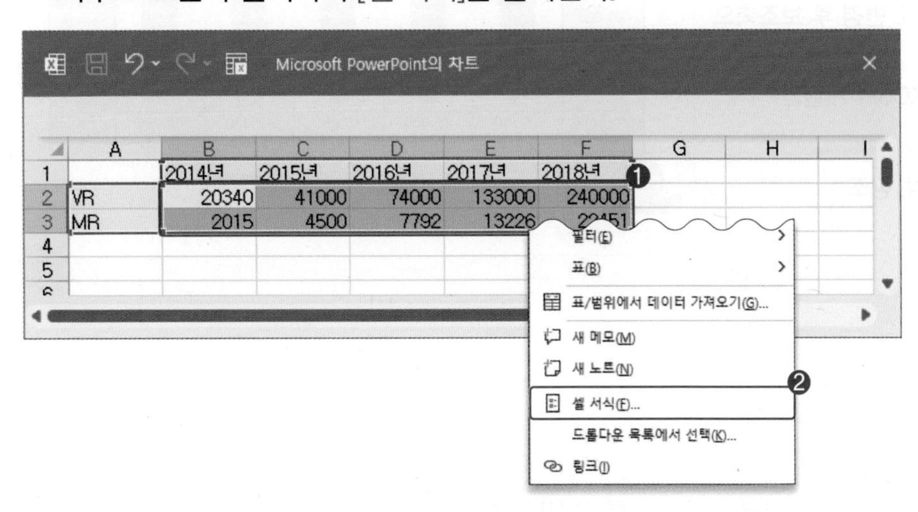

⑤ [셀 서식] 대화상자 – [표시 형식] 탭의 범주에서 '숫자'를 클릭한다.
→ 1000 단위 구분 기호(,) 사용에 체크한 후 [확인]을 클릭한다.

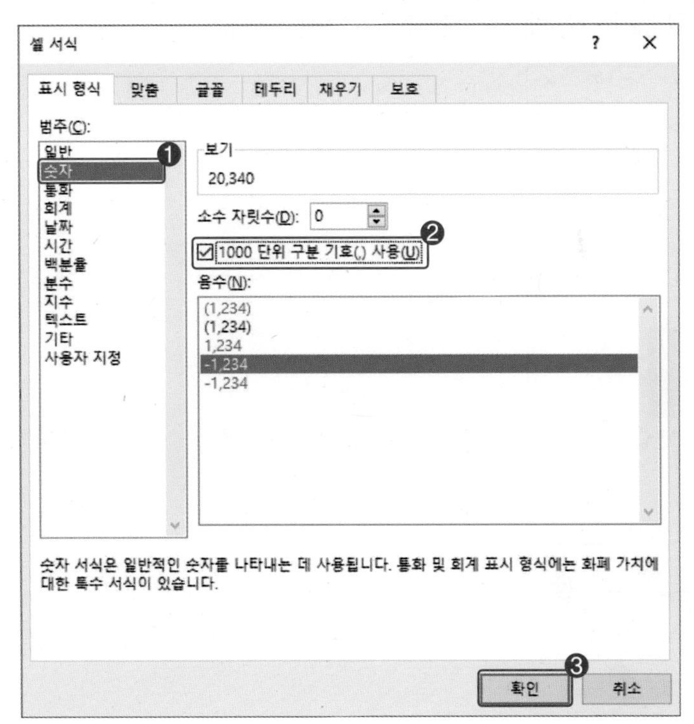

슬라이드 ⑤ 차트 슬라이드 100점

(1) 차트 작성 기능을 이용하여 슬라이드를 작성한다.
(2) 차트 : 종류(묶은 세로 막대형), 글꼴(돋움, 16pt), 외곽선

세부조건
※ 차트설명 • 차트제목 : 궁서, 24pt, 굵게, 채우기(흰색), 테두리, 그림자(오프셋 아래쪽) • 차트영역 : 채우기(노랑) • 그림영역 : 채우기(흰색) • 데이터 서식 : KOSPI 계열을 표식이 있는 꺾은선형으로 변경 후 보조축으로 지정 • 값 표시 : 2020년 1월의 KOSPI 계열만 ① 도형 삽입 – 스타일 : 미세 효과 – 파랑, 강조 1 – 글꼴 : 굴림, 18pt

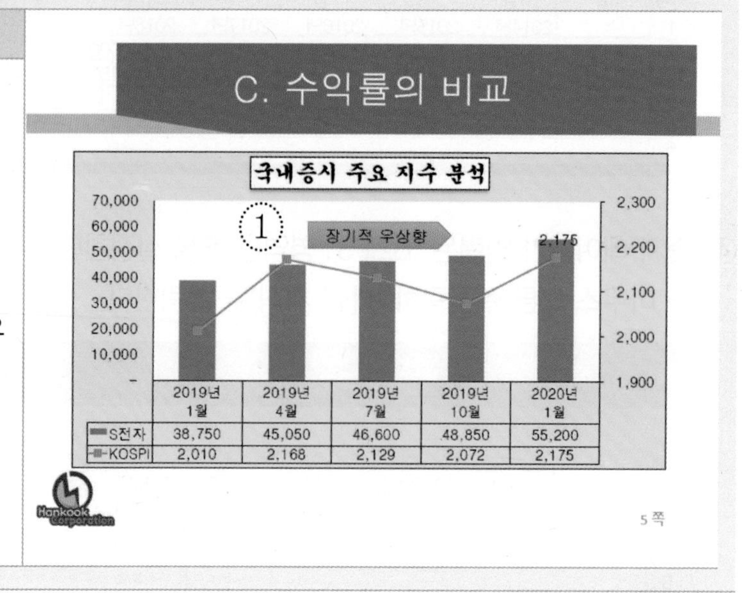

SECTION 01 차트 작성

① 슬라이드 5를 선택하고 슬라이드 제목 『C. 수익률의 비교』를 입력한다.

② 텍스트 상자에서 [차트 삽입]( )을 클릭하고 대화상자가 나타나면 [혼합]을 클릭한다.
→ 계열2를 '표식이 있는 꺾은선형' 설정하고 [보조 축]에 체크한 후 [확인]을 클릭한다.

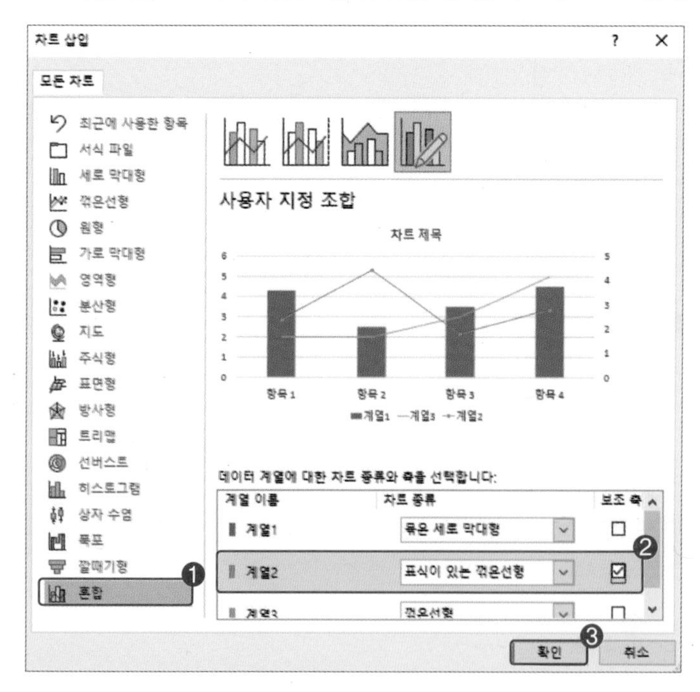

⑥ 데이터 시트를 닫고, [홈] 탭 – [글꼴] 그룹에서 글꼴 '돋움', '16pt', 글꼴 색 '검정'을 설정한다.

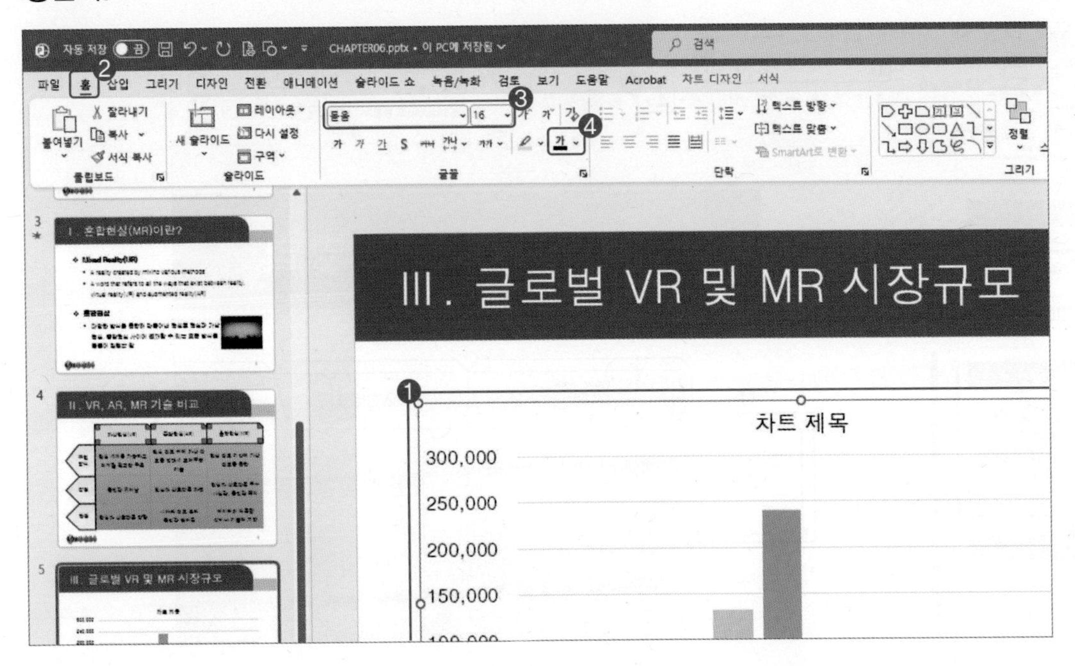

⑦ [차트 디자인] 탭 – [데이터] 그룹에서 [데이터 선택]( )을 클릭한다.
→ [데이터 원본 선택] 대화상자가 나타나면 [행/열 전환]( )을 클릭하고 [확인]을 클릭한다.
→ 데이터 시트를 닫는다.

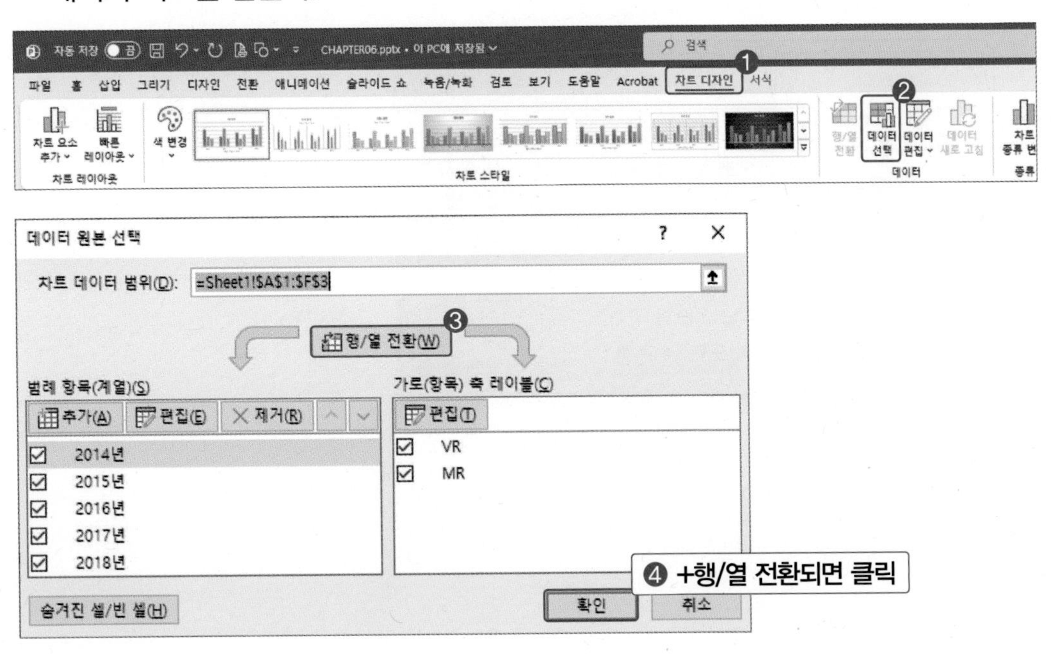

④ 도형에 [홈] 탭 – [글꼴] 그룹의 글꼴 '굴림', '18pt', 글꼴 색 '검정, 텍스트 1'을 설정하고 『내용』을 입력한다.

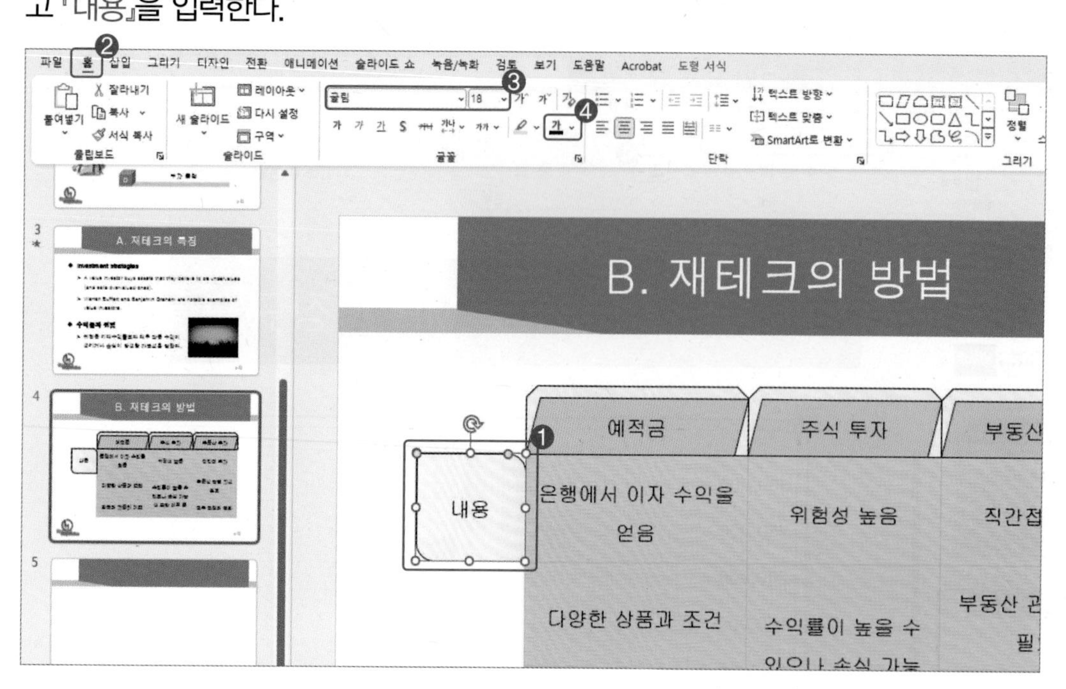

⑤ 도형을 Ctrl+Shift를 누른 채 아래쪽으로 복사하고 크기와 텍스트를 수정한다.

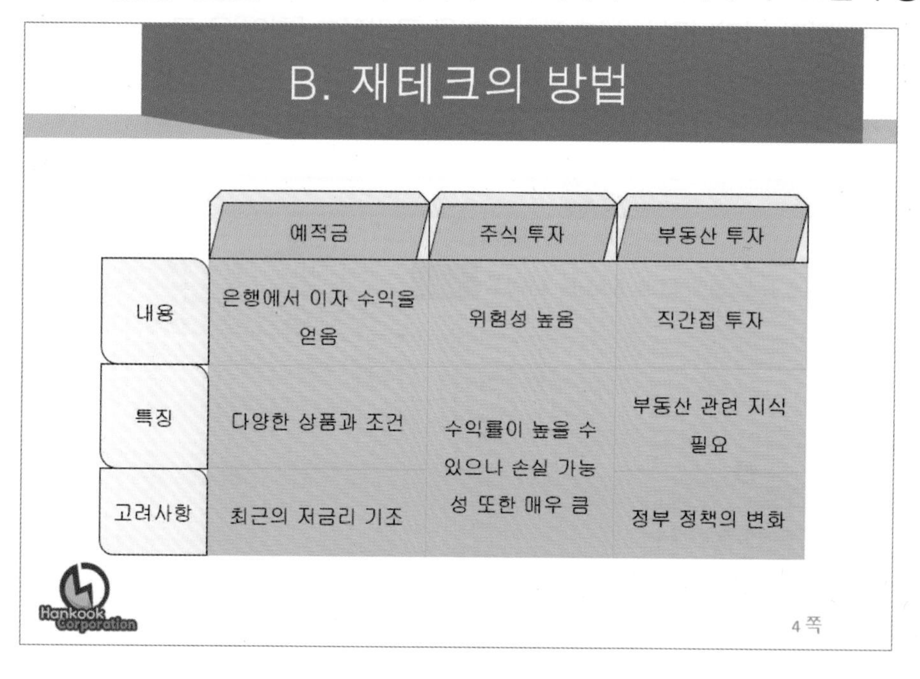

⑧ [서식] 탭 – [도형 스타일] 그룹 – [도형 윤곽선]( )을 클릭한다.
→ [색] – [검정], [두께] – [3/4pt]를 설정하여 외곽선을 지정해준다.

> 기적의 TIP
> 도형 윤곽선의 색과 두께에 대한 명확한 지시는 없으므로 출력형태를 보고 비슷하게 설정한다.

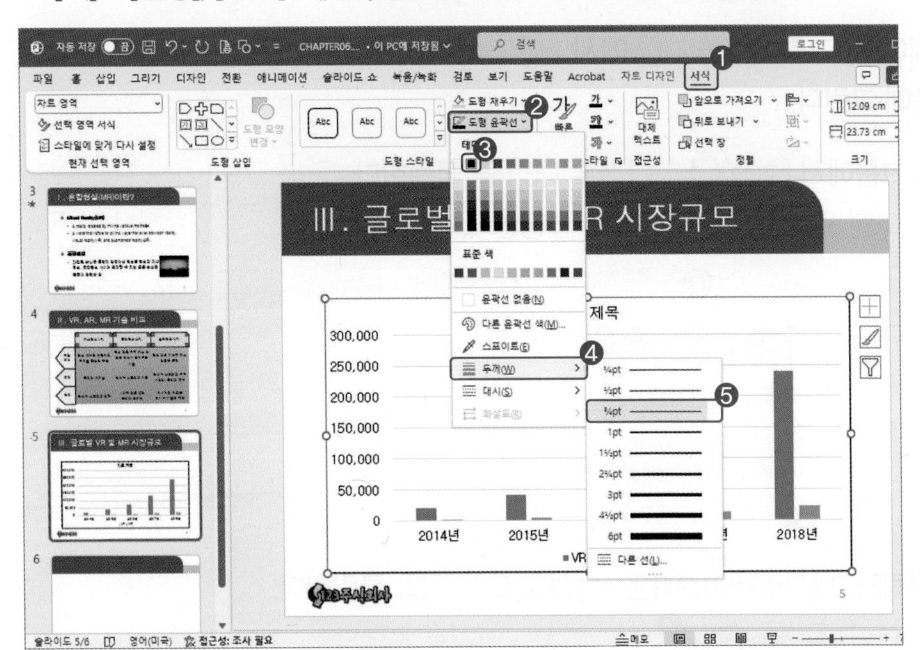

SECTION 02 차트 제목

① 차트 제목 상자를 클릭하고 『VR 및 MR 시장규모(단위:억원)』을 입력한다.
→ [홈] 탭 – [글꼴] 그룹에서 글꼴 '궁서', '24pt', '굵게' 설정을 한다.

> 기적의 TIP
> [차트 디자인] 탭 – [차트 요소 추가]에서 다양한 요소들을 설정할 수 있다.

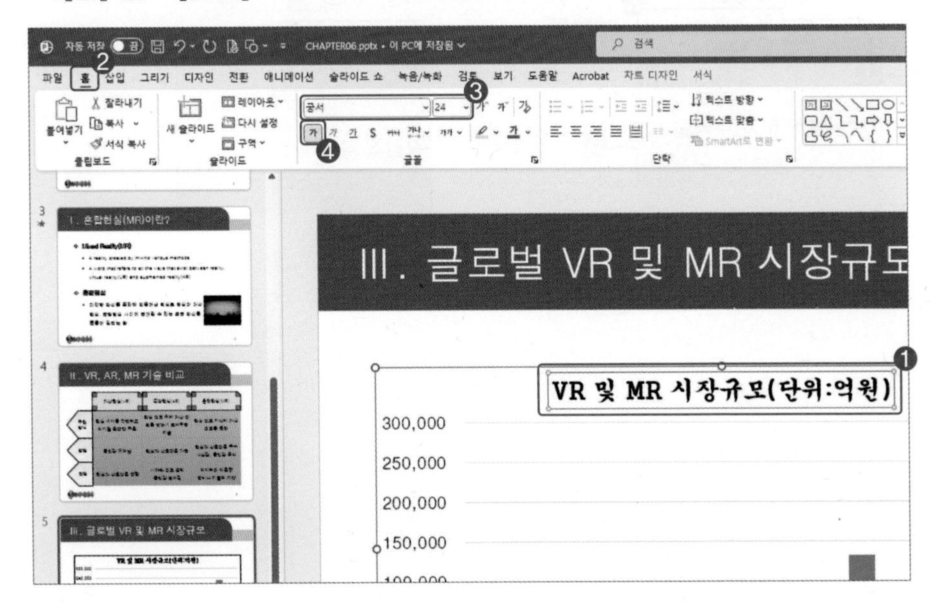

SECTION 03 좌측 도형 작성

① [삽입] 탭 – [일러스트레이션] 그룹 – [도형]( )에서 [사각형: 둥근 대각선 방향 모서리]를 선택하여 표 왼쪽에 그린다.

② [도형 서식] 탭 – [정렬] 그룹에서 [회전]( ) – [좌우 대칭]을 클릭한다.
→ [도형 채우기]( )와 [도형 윤곽선]( )을 임의로 설정한다.

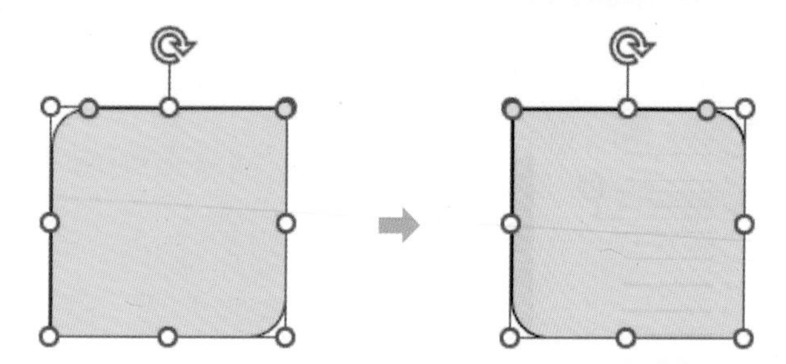

③ 다시 [도형 채우기]를 클릭하고 [그라데이션]( ) – [선형 오른쪽]을 클릭한다.

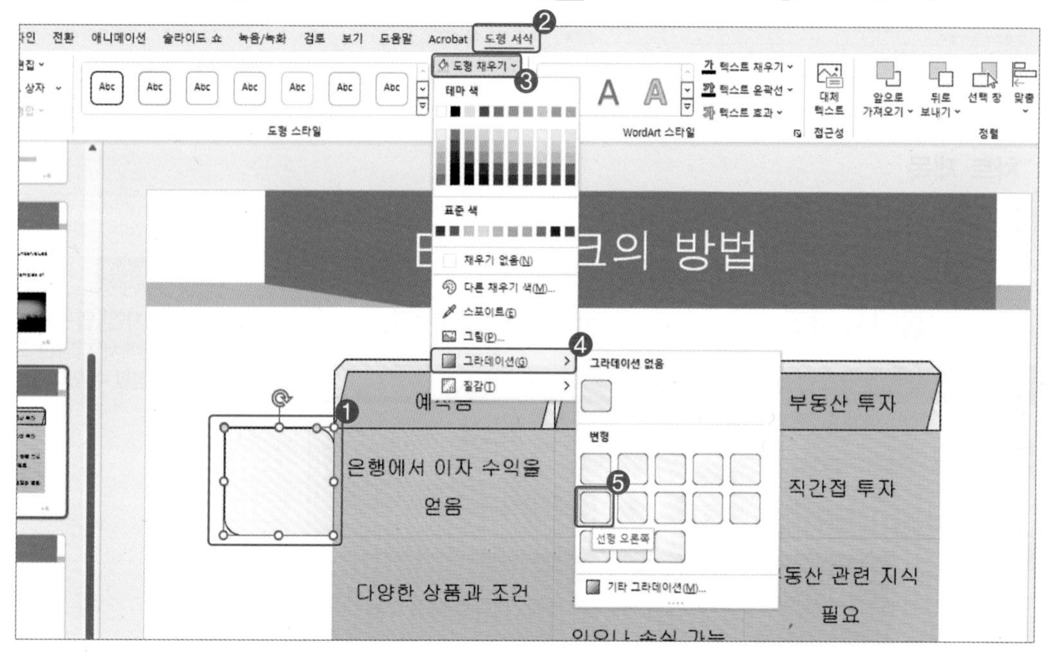

② [서식] 탭 – [도형 스타일] 그룹 – [도형 윤곽선]( )을 클릭한다.
→ [색] – [검정], [두께] – [3/4pt]를 설정한다.
→ [도형 채우기]( )를 클릭하여 '흰색'을 설정한다.

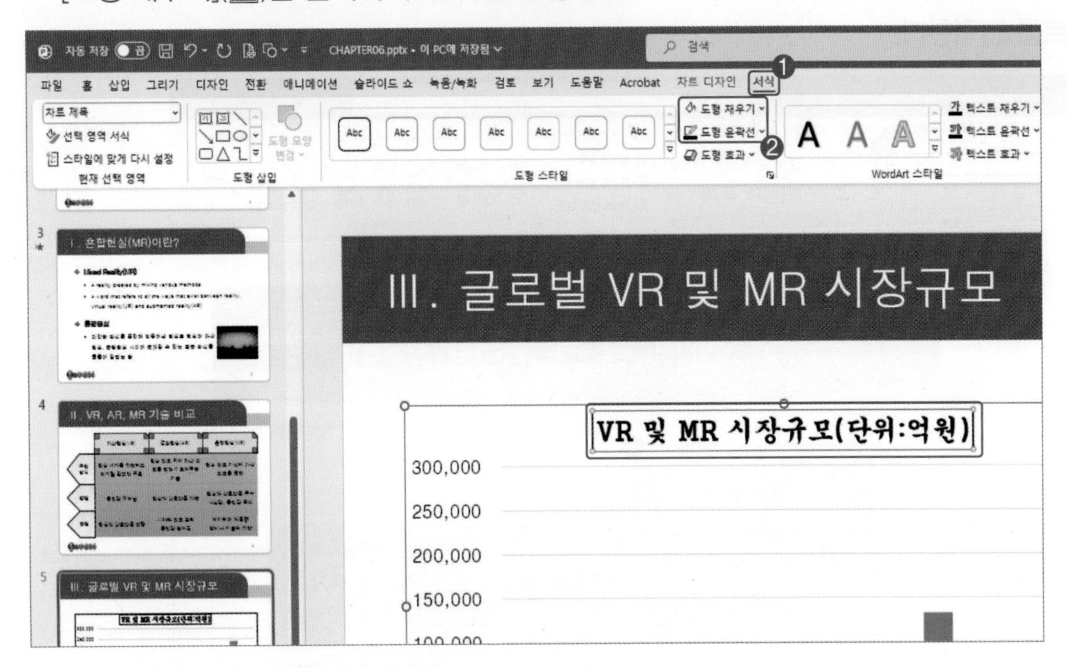

③ [도형 효과]( )를 클릭하고 [그림자] – [바깥쪽] – [오프셋: 오른쪽]으로 설정한다.

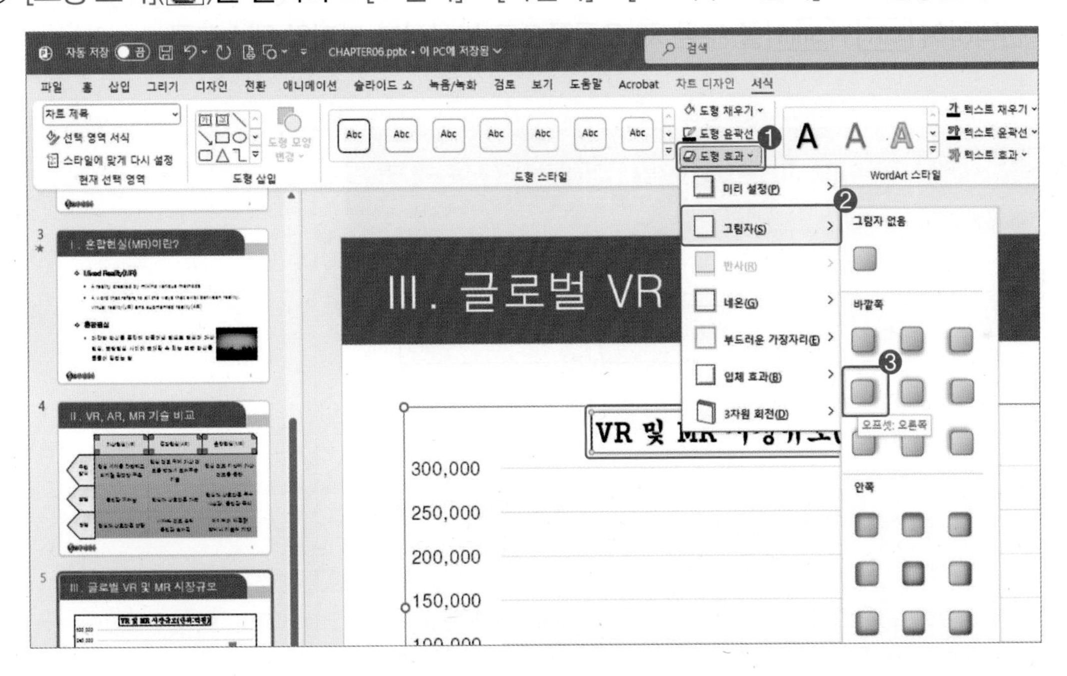

② [삽입] 탭 – [일러스트레이션] 그룹 – [도형]( )에서 [기본 도형] – [평행 사변형]을 선택하고 겹치게 그린다.

→ [도형 채우기]( )와 [도형 윤곽선]( )을 임의로 설정하고 글꼴 '굴림', '18pt'를 설정하여 텍스트를 입력한다.

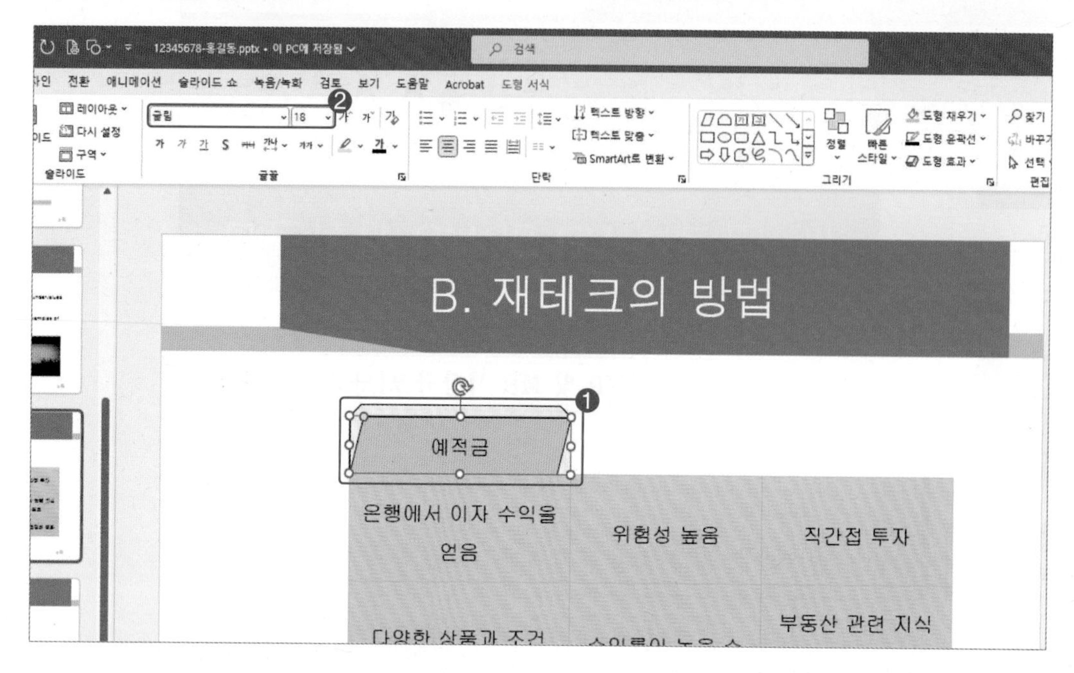

③ 도형을 모두 선택하여 Ctrl+Shift를 누른 채 오른쪽으로 복사하고 크기와 텍스트를 수정한다.

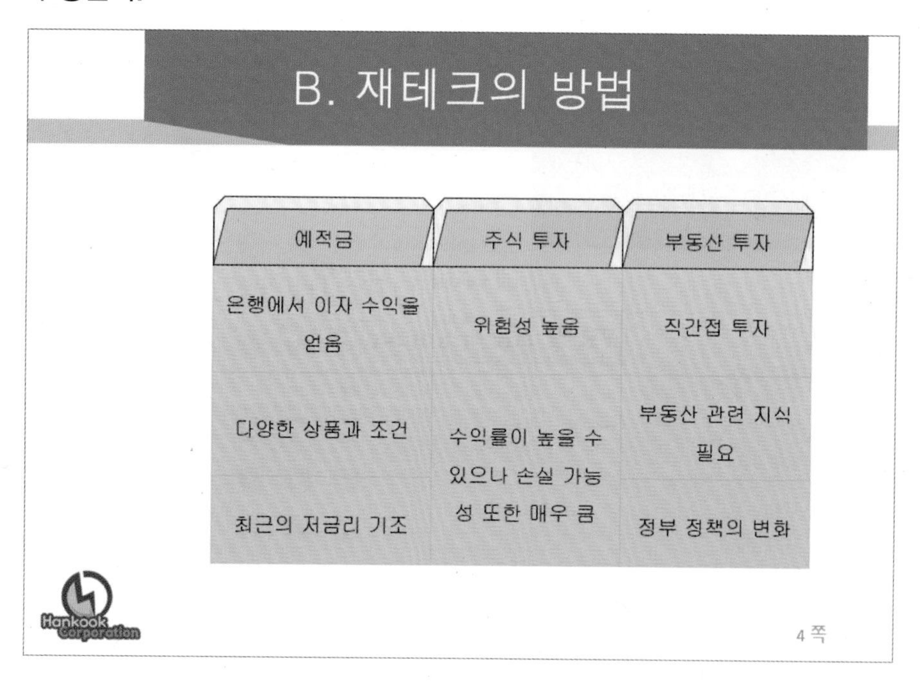

① '차트 영역'을 선택하고 [서식] 탭 – [도형 스타일] 그룹에서 [도형 채우기]( )를 클릭한다.
→ [색] – [노랑]을 설정한다.

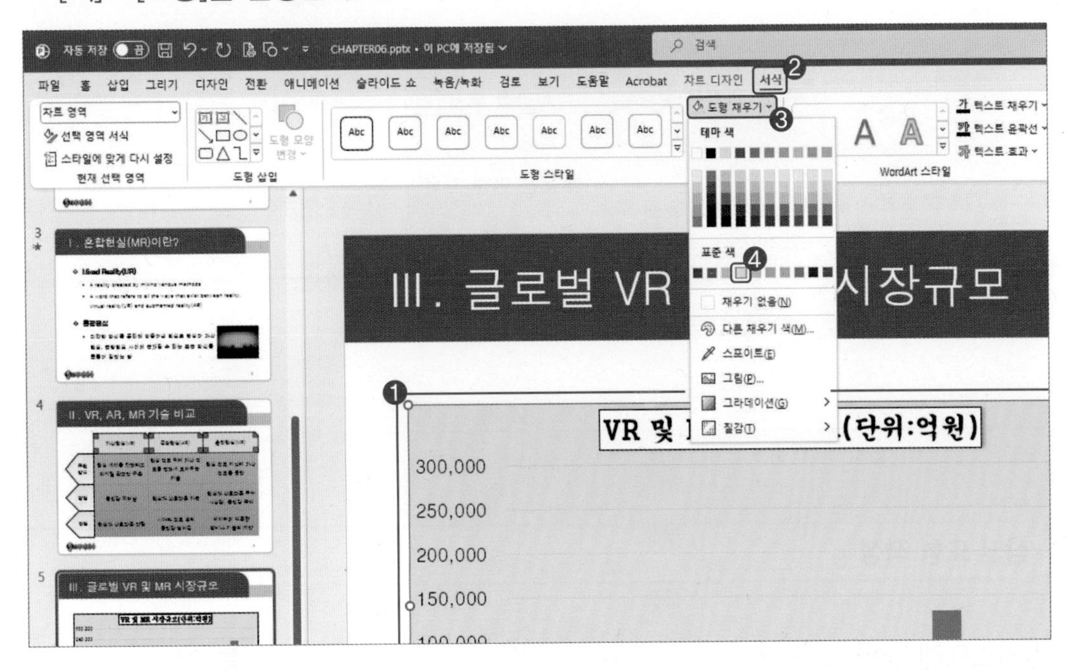

② '그림 영역'을 선택하고 [서식] 탭 – [도형 스타일] 그룹에서 [도형 채우기]( )를 클릭한다.
→ [색] – [흰색]을 설정한다.

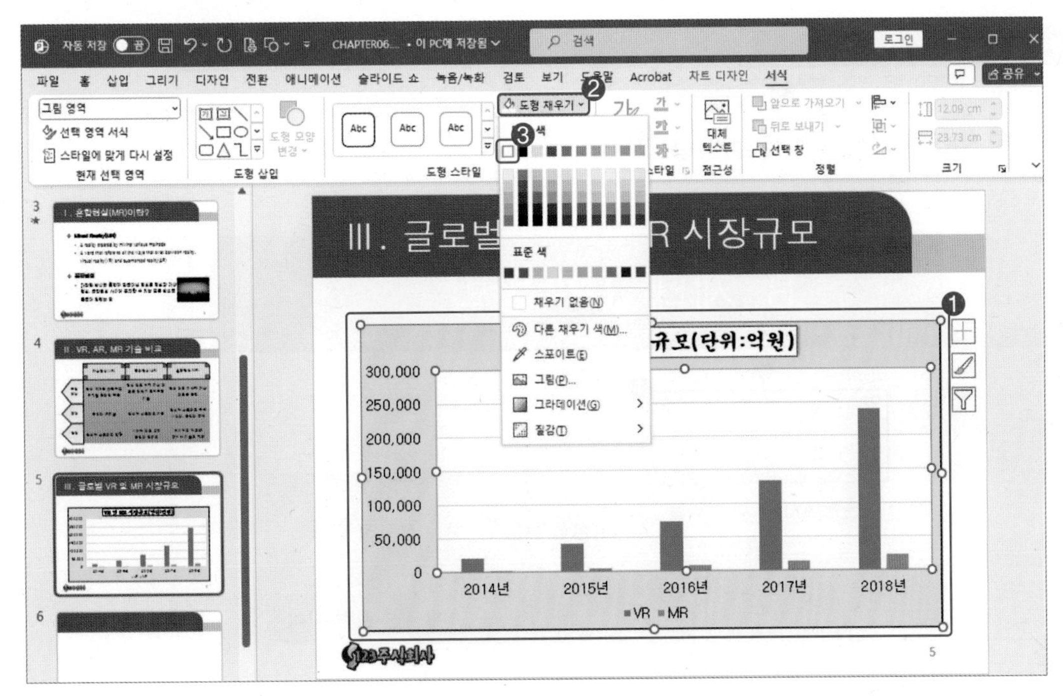

⑧ 출력형태를 참고하여 내용을 입력하고 마우스로 표의 크기와 위치를 조절한다.

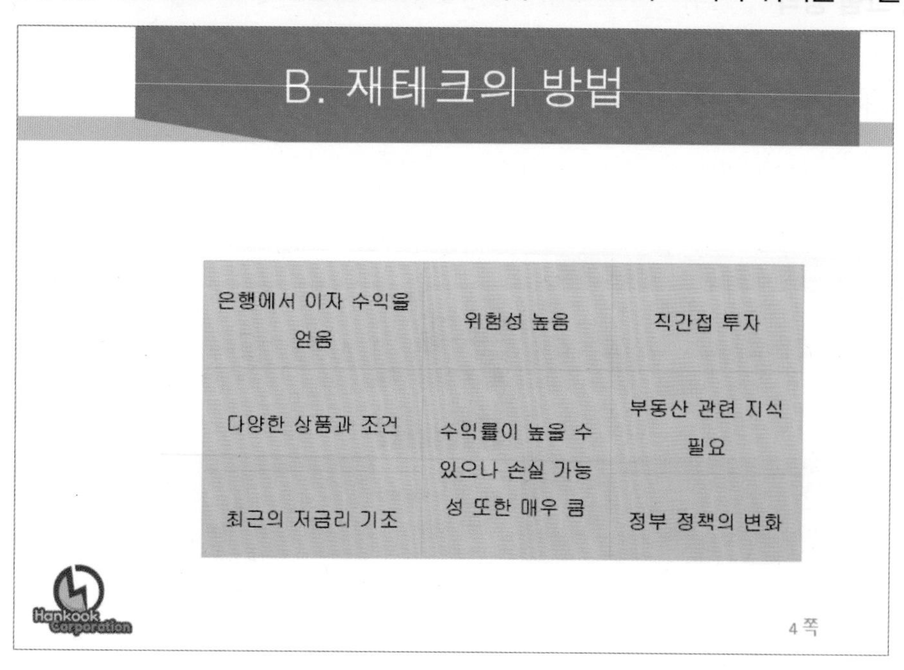

SECTION 02 상단 도형 작성

① [삽입] 탭 – [일러스트레이션] 그룹 – [도형]( )에서 [사각형: 잘린 위쪽 모서리]를 선택하여 표 위쪽에 그린다.
→ [도형 서식] 탭 – [도형 스타일] 그룹의 [도형 채우기]( )와 [도형 윤곽선]( )을 임의로 설정한다.

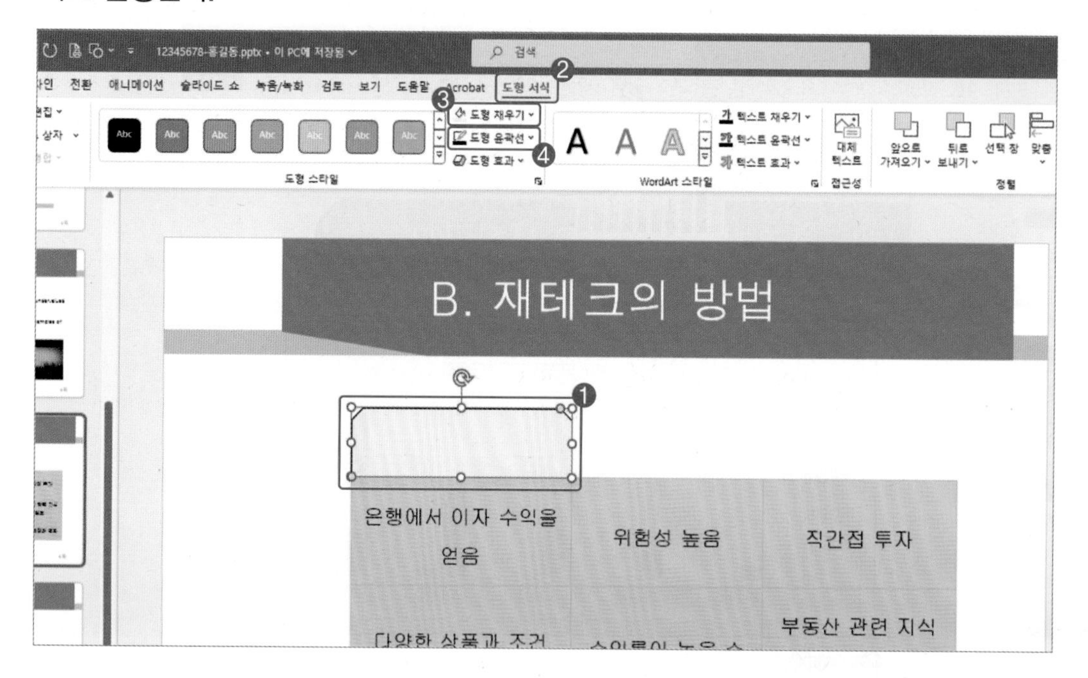

③ '차트 영역'을 선택하고 [차트 디자인] 탭 – [차트 레이아웃] 그룹 – [차트 요소 추가] ( )를 클릭한다.

→ [데이터 테이블]( ) – [범례 표지 포함]을 클릭한다.

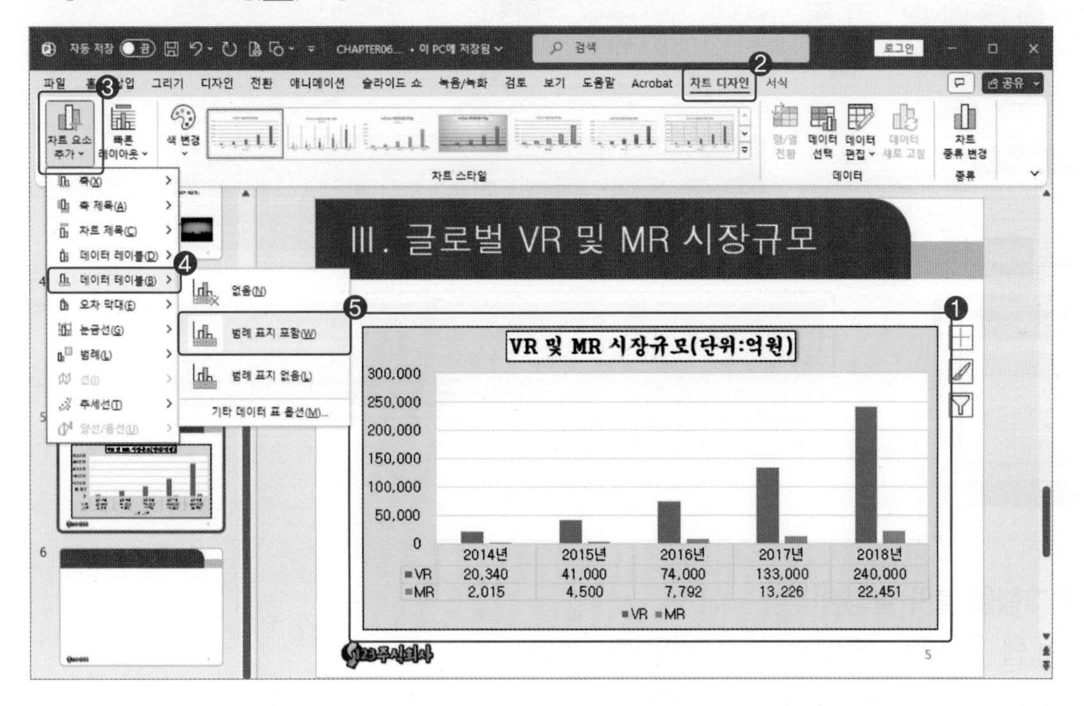

④ 차트 오른쪽 상단의 [차트 요소]( ) 아이콘을 클릭하여 [눈금선]과 [범례]를 체크 해제한다.

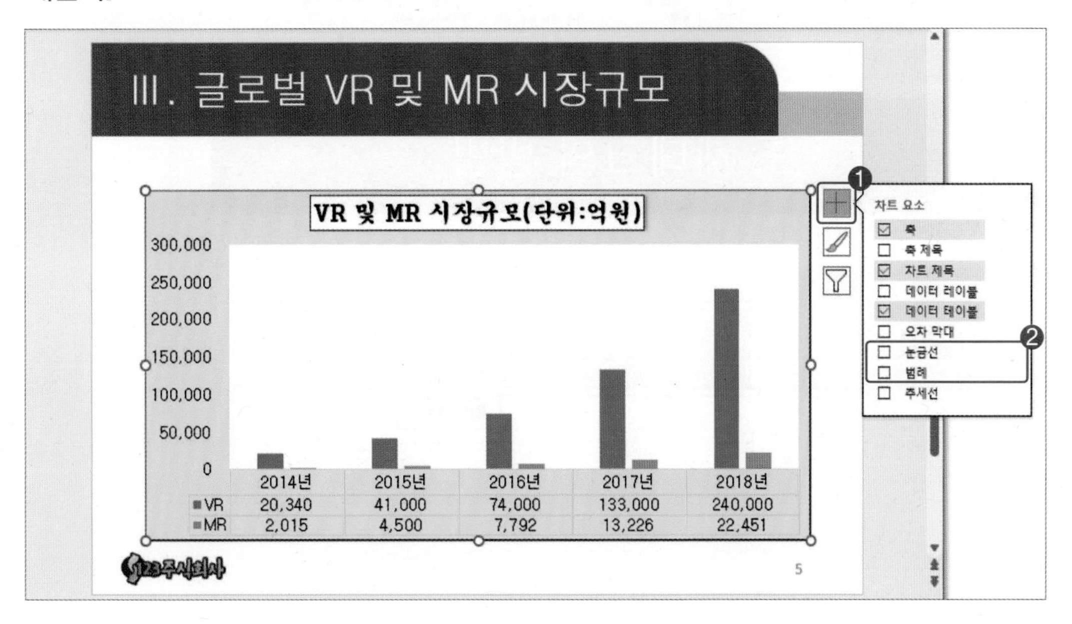

⑥ [레이아웃] 탭 – [맞춤] 그룹 – [세로 가운데 맞춤](⊟)을 클릭한다.

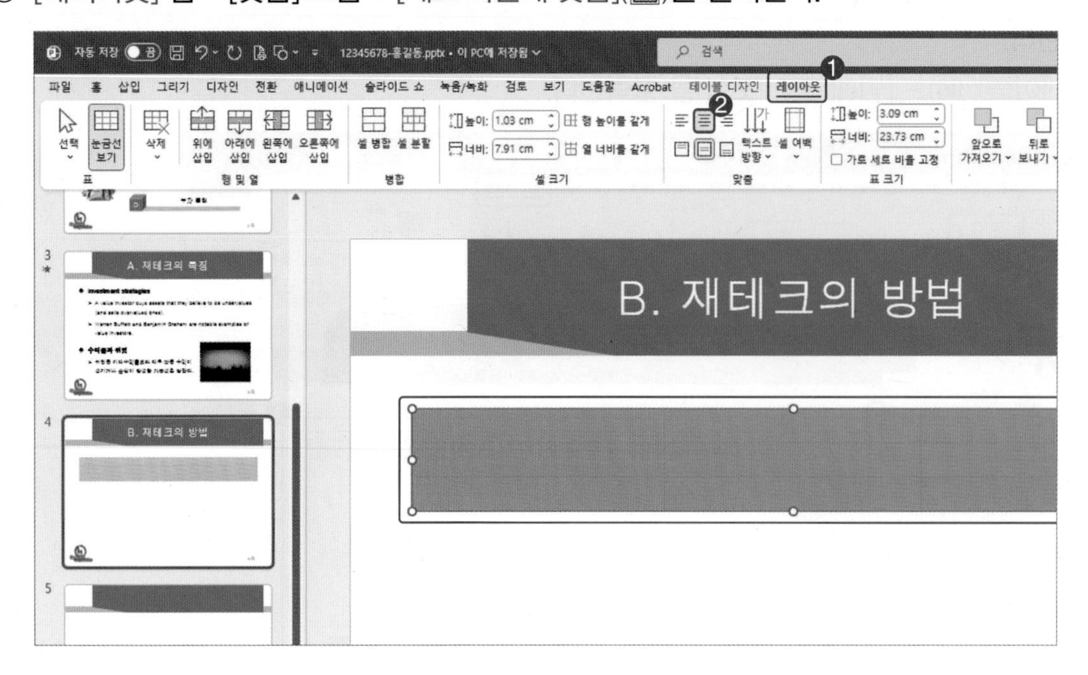

⑦ 2열의 2행과 3행을 블록 설정한다.
→ [레이아웃] 탭 – [병합] 그룹에서 [셀 병합]을 클릭한다.

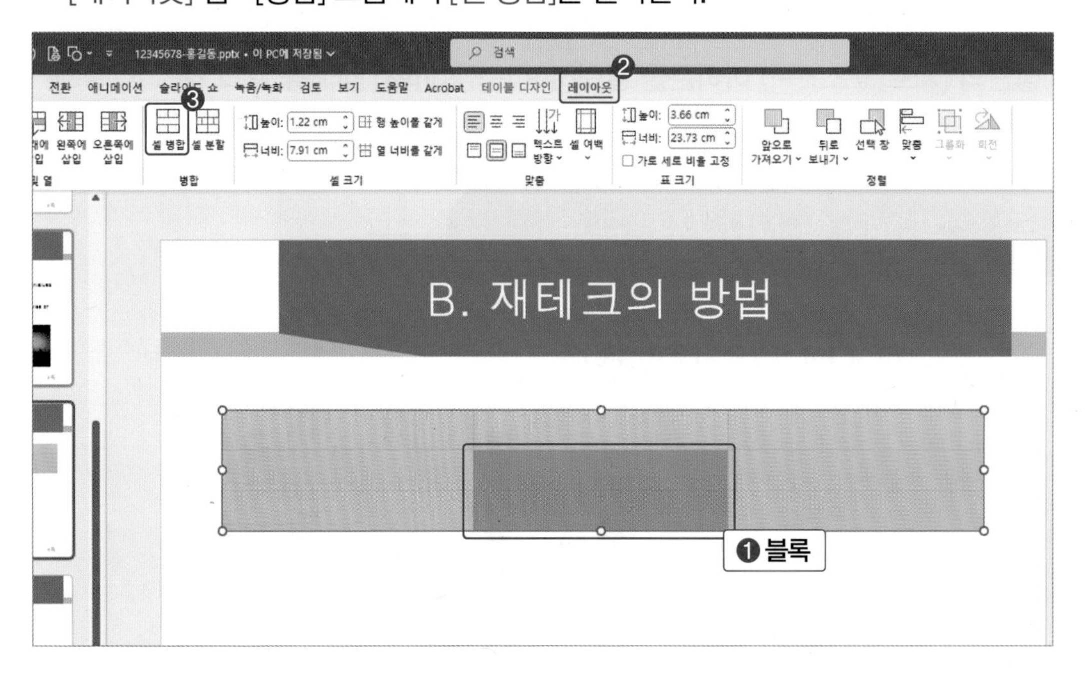

① MR 계열을 꺾은선형으로 변경하기 위해 '차트 영역'에 마우스 오른쪽 클릭하여 [차트 종류 변경]을 클릭한다.

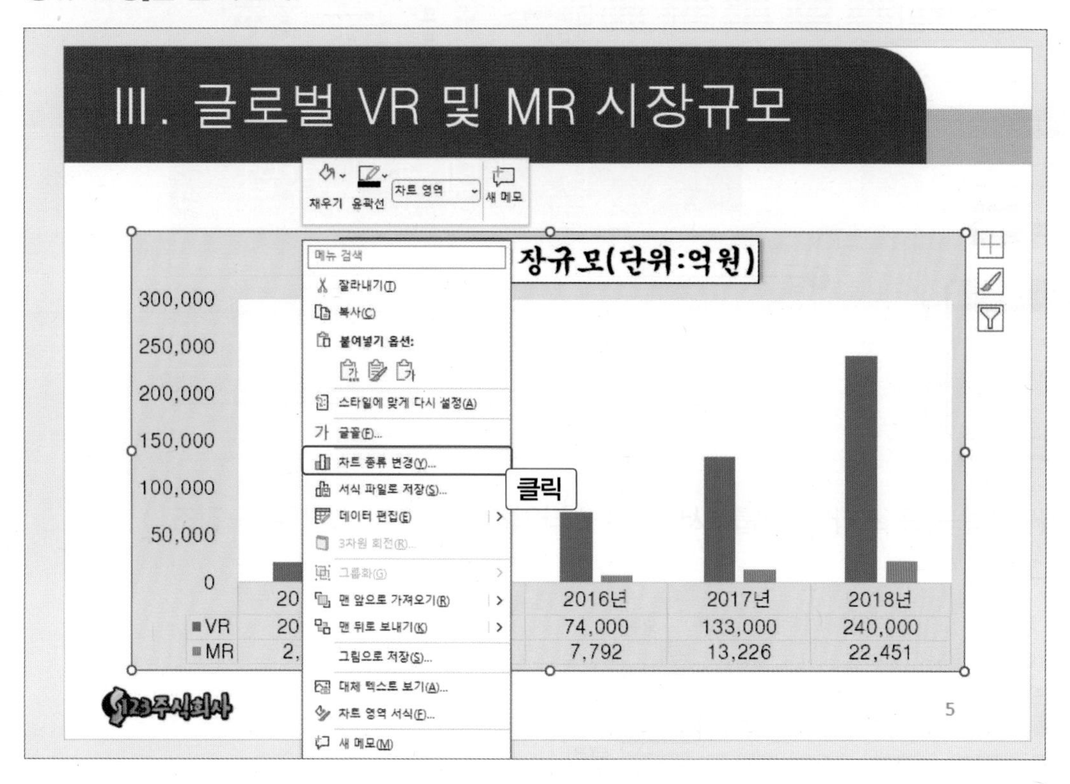

② [차트 종류 변경] 대화상자가 나타나면 [혼합]을 선택한다.
→ MR 계열에서 차트 종류를 '표식이 있는 꺾은선형'으로 설정하고 [보조 축]에 체크한 후 [확인]을 클릭한다.

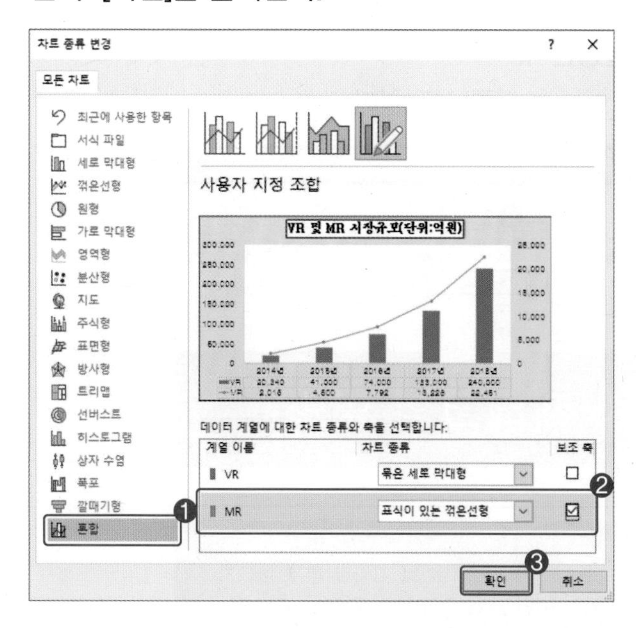

③ 표를 선택하고 [테이블 디자인] 탭 – [표 스타일 옵션] 그룹에서 [머리글 행]과 [줄무늬 행]을 선택 해제한다.

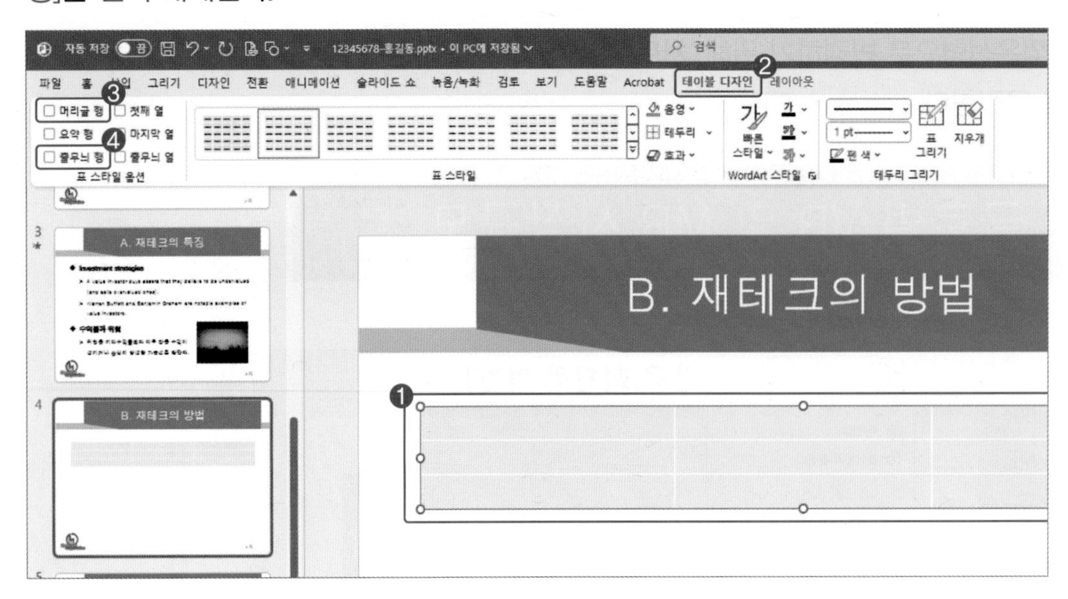

④ [테이블 디자인] 탭 – [표 스타일] 그룹에서 [빠른 스타일](⊽) – [테마 스타일 1 – 강조 6]을 선택한다.

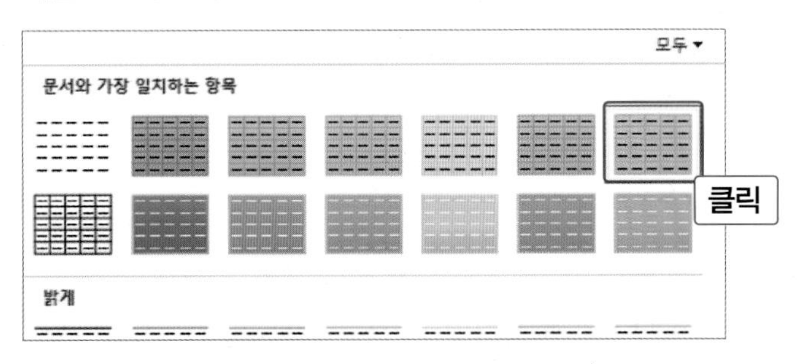

⑤ 마우스 드래그로 표 전체를 블록 설정한다.

→ [홈] 탭 – [글꼴] 그룹의 글꼴 '굴림', '18pt'를 설정한다.

→ [단락] 그룹에서 [가운데 맞춤](☰), [줄 간격](☰) – [1.5]를 설정한다.

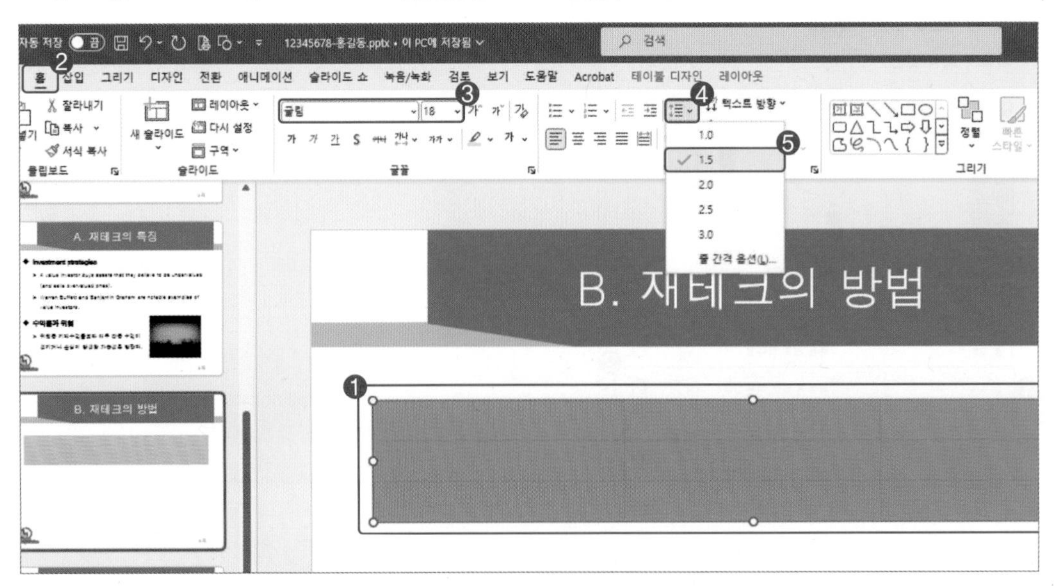

③ '차트 영역'에서 마우스 오른쪽 클릭하여 [차트 영역 서식]을 클릭한다.

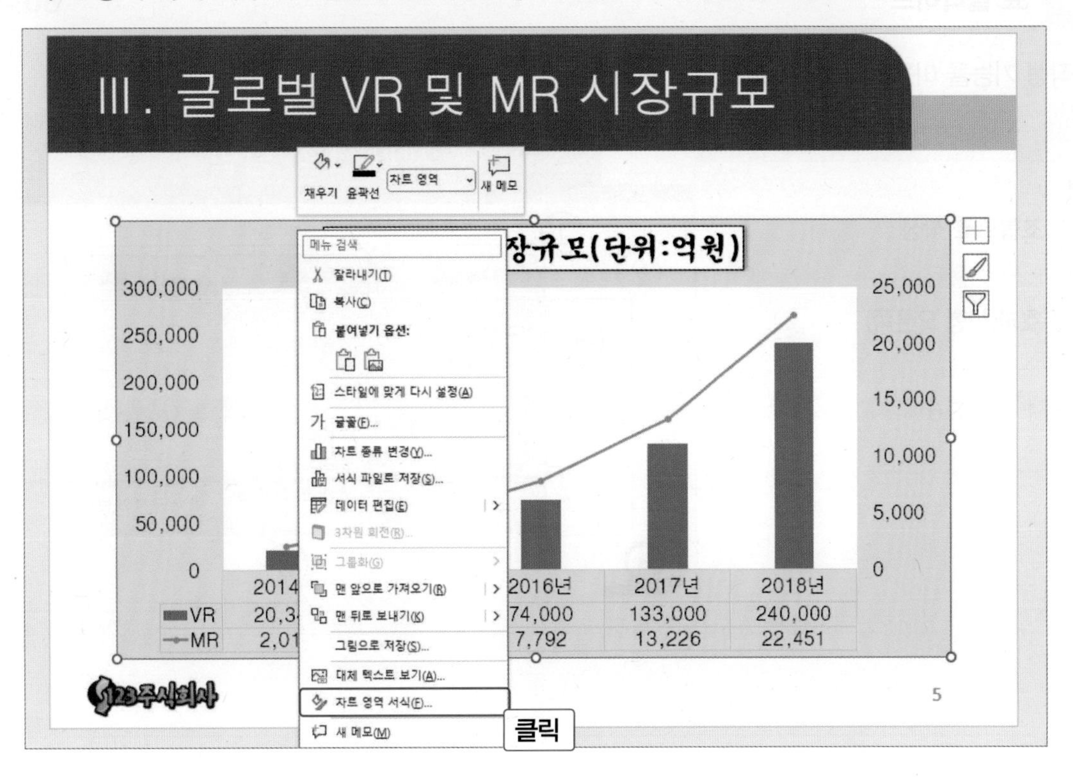

④ [차트 옵션]을 클릭하고 계열 "MR"을 선택한다.

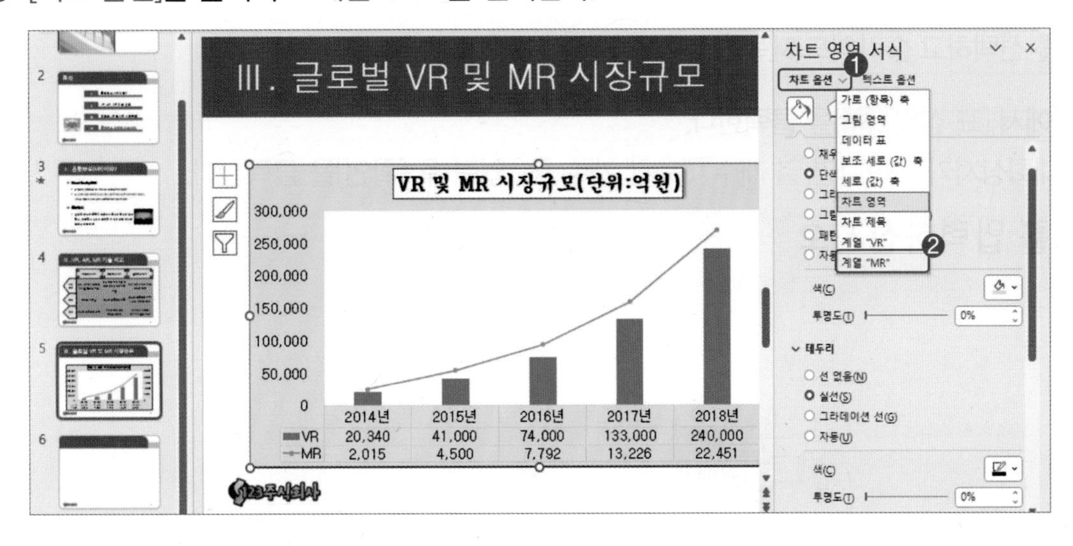

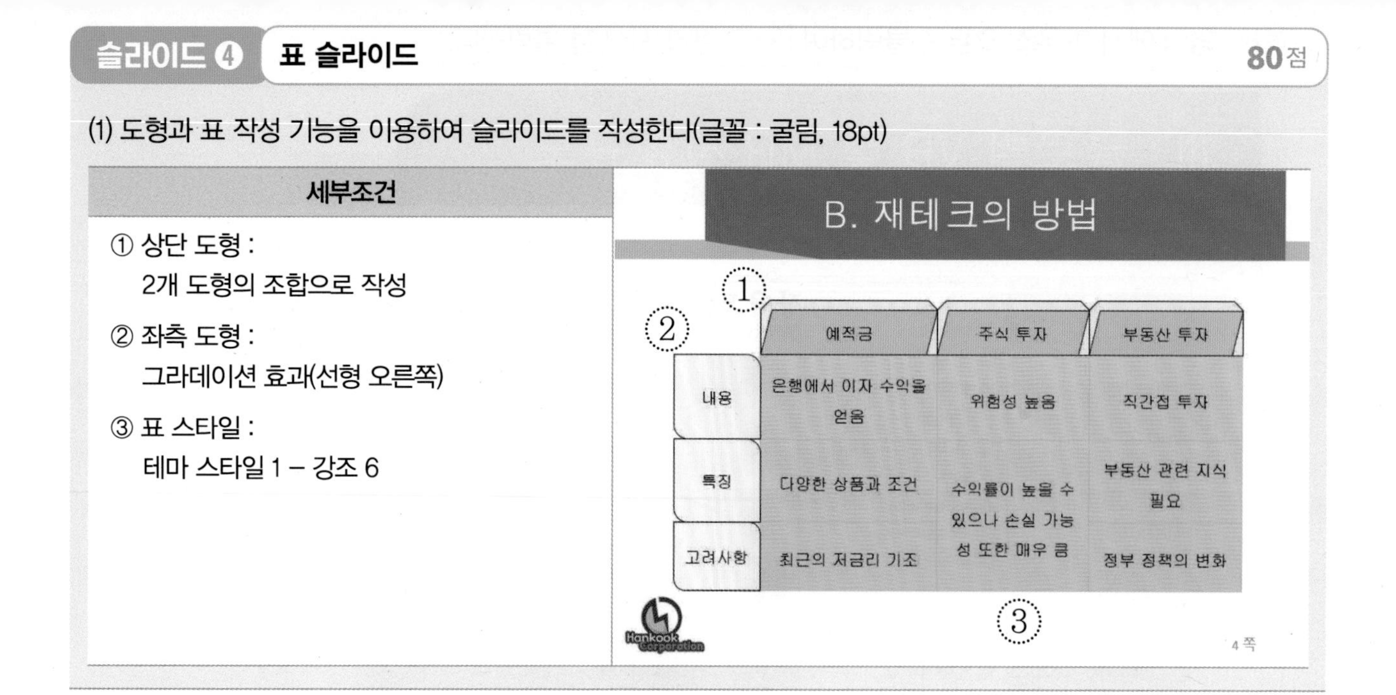

SECTION 01 표 삽입

① 슬라이드 4를 선택하고 슬라이드 제목 『B. 재테크의 방법』을 입력한다.

② 텍스트 상자에서 [표 삽입](▦)을 클릭한다.
→ 표 삽입 대화상자가 나타나면 열 개수 『3』, 행 개수 『3』 입력 후 [확인]을 클릭한다.

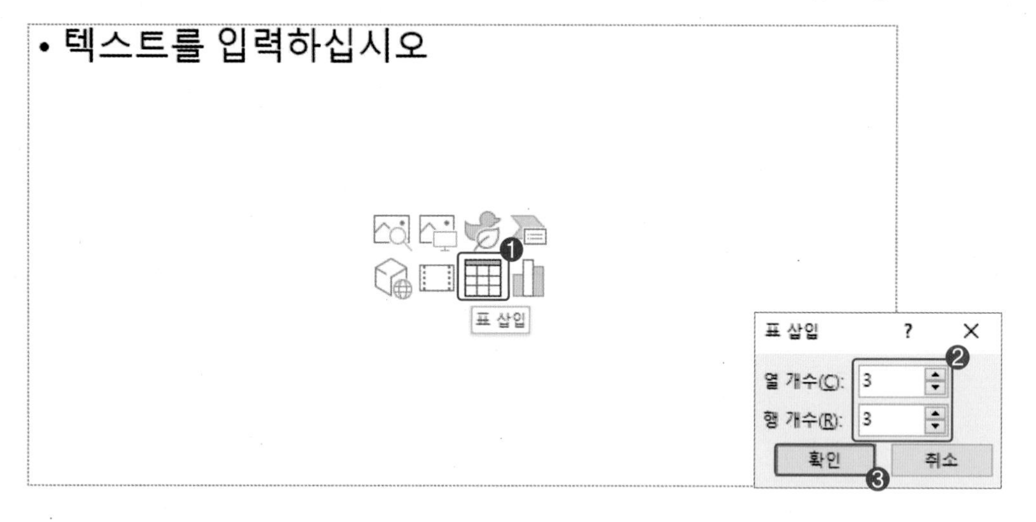

⑤ [데이터 계열 서식] 탭에서 [표식] – [표식 옵션]을 클릭한다.
→ 기본 제공을 선택하고 형식 '네모', 크기 '12'로 설정한다.

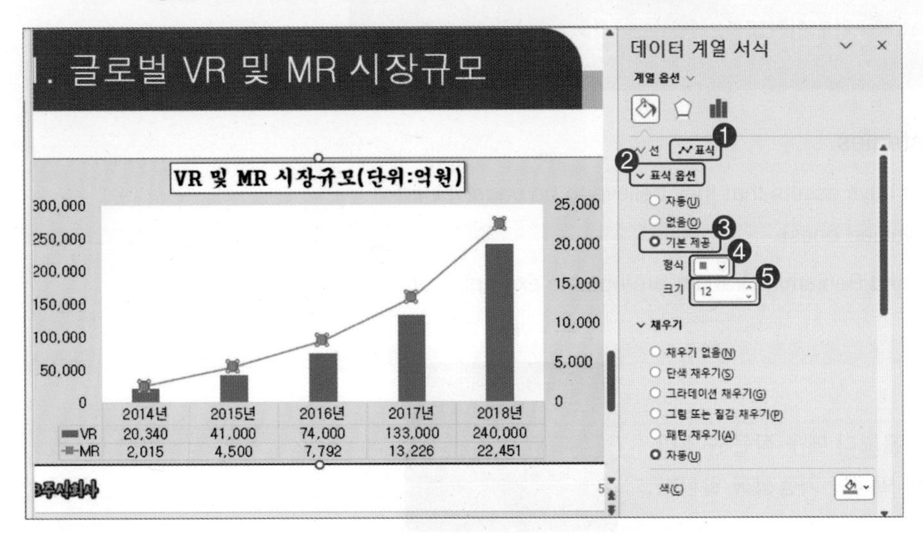

> **기적의 TIP**
> 표식의 크기는 지시사항으로 주어지지 않을 경우 10~12 정도로 적당히 설정한다.

⑥ [계열 옵션]을 클릭하고 보조 세로 (값) 축을 선택한다.

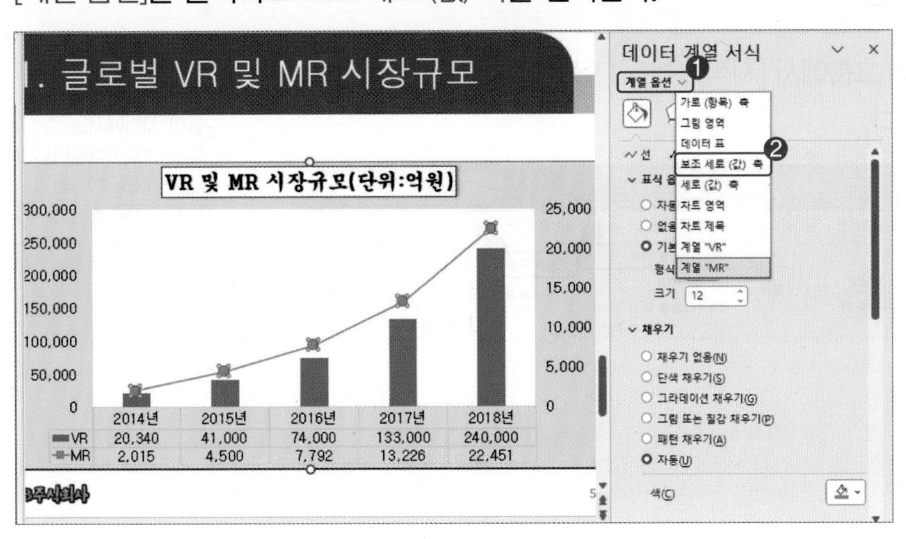

② 슬라이드에 삽입된 동영상의 크기와 위치를 조절한다.

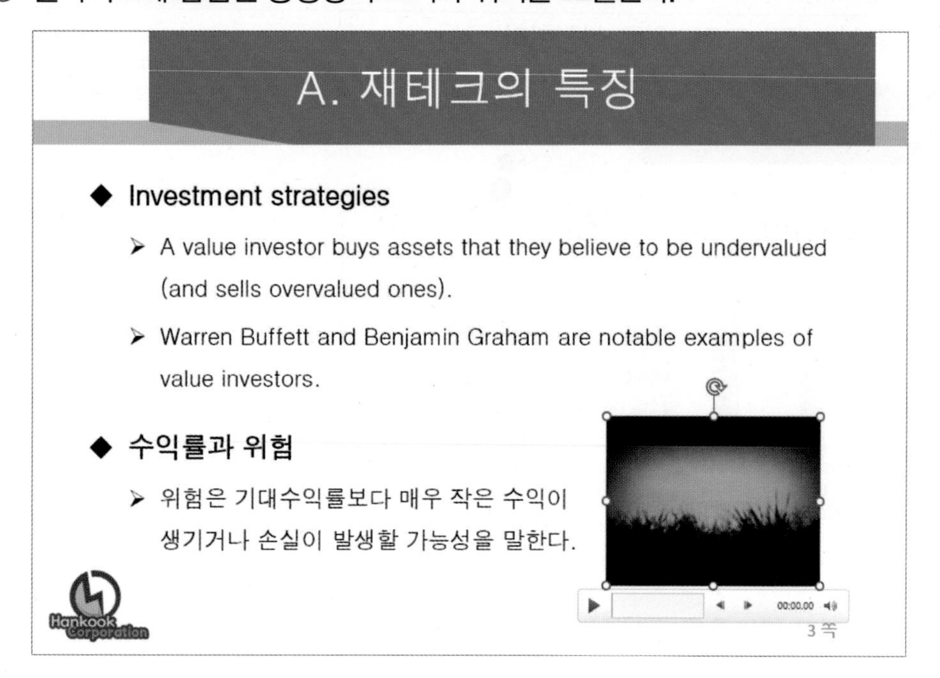

③ [재생] 탭 – [비디오 옵션] 그룹에서 [시작]( ) – [자동 실행]으로 선택한다. → [반복 재생]에 체크한다.

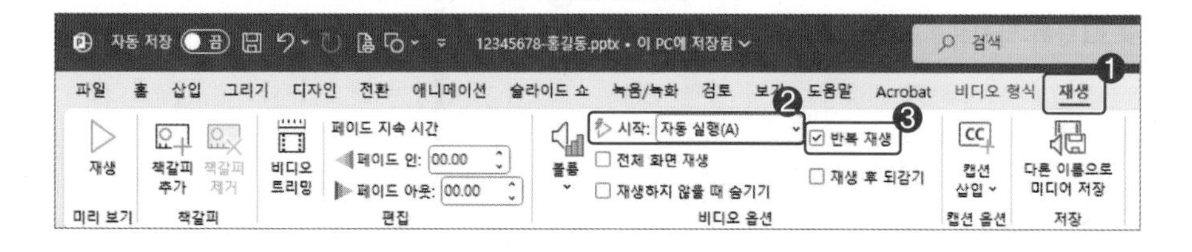

> **기적의 TIP**
>
> 실제 시험에서는 슬라이드를 완성할 때마다 [답안 전송]을 하는 것이 좋다.
> 시험은 최종 전송한 파일로 제출된다.

⑦ [축 옵션](📊)을 클릭하고 [경계] – 최대값 『30000』, [단위] – 기본 『10000』을 입력한다.
→ [눈금] – 주 눈금 '바깥쪽', 보조 눈금 '없음'으로 설정한다.

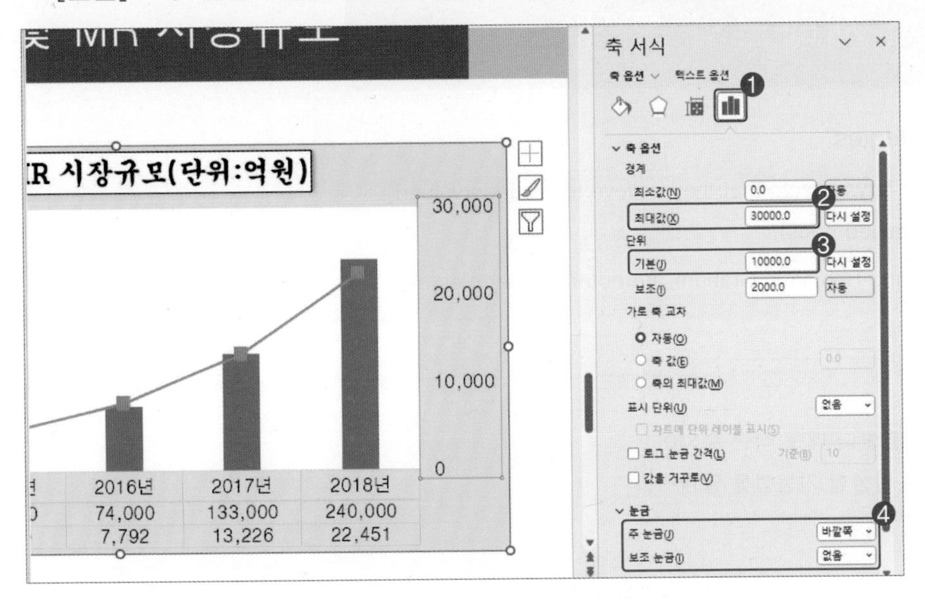

> **해결 TIP**
>
> **축의 눈금 간격이 다를 경우 어떻게 조절하나요?**
>
> [축 서식] 탭의 [축 옵션]에서 최소값, 최대값, 기본 단위, 보조 단위를 수정하여 눈금 단위를 조절한다.

> **기적의 TIP**
>
> **세로 (값) 축에서 '0' 대신 '–' 만드는 법**
>
> [축 서식] – [축 옵션]에서 [표시 형식] – 범주 '회계', 기호 '없음'으로 설정한다.

⑧ [서식] 탭 – [도형 스타일] 그룹 – [도형 윤곽선](✎)을 설정한다.
→ 마우스로 '세로 (값) 축'을 선택하여 같은 방법으로 [도형 윤곽선](✎)을 설정한다.

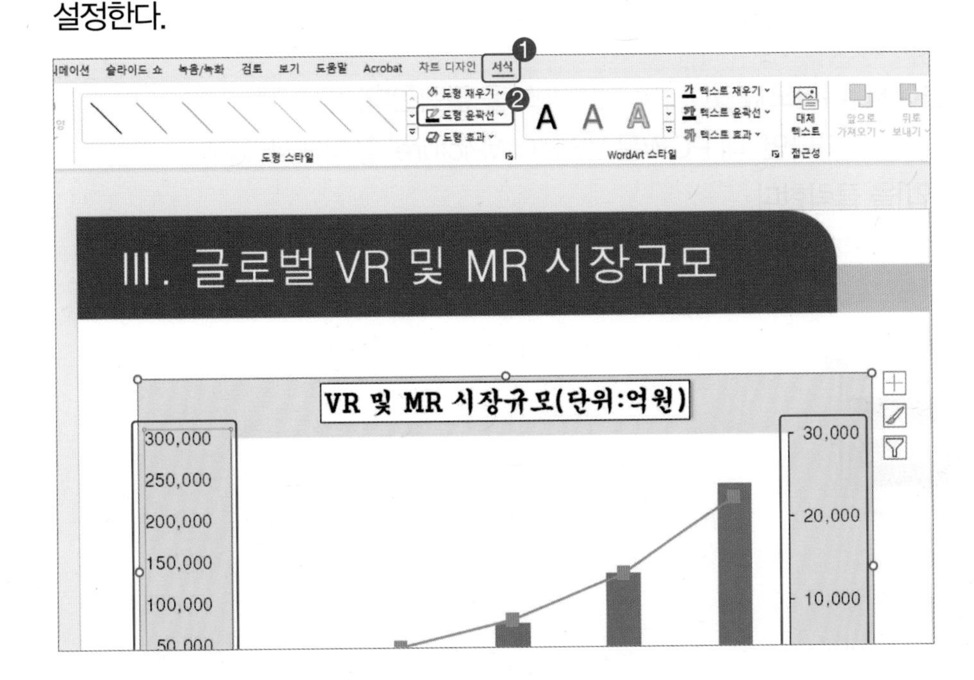

> **기적의 TIP**
>
> 영역 선택은 마우스로 각 영역을 직접 클릭하거나 [서식] 탭의 [현재 선택 영역] 그룹에서 선택하면 된다.

⑪ 두 번째 텍스트 상자의 문단들도 같은 방법으로 시작 위치를 맞춘다.
→ 작업을 마치면 [보기] 탭 – [표시] 그룹에서 [눈금자] 체크를 해제한다.

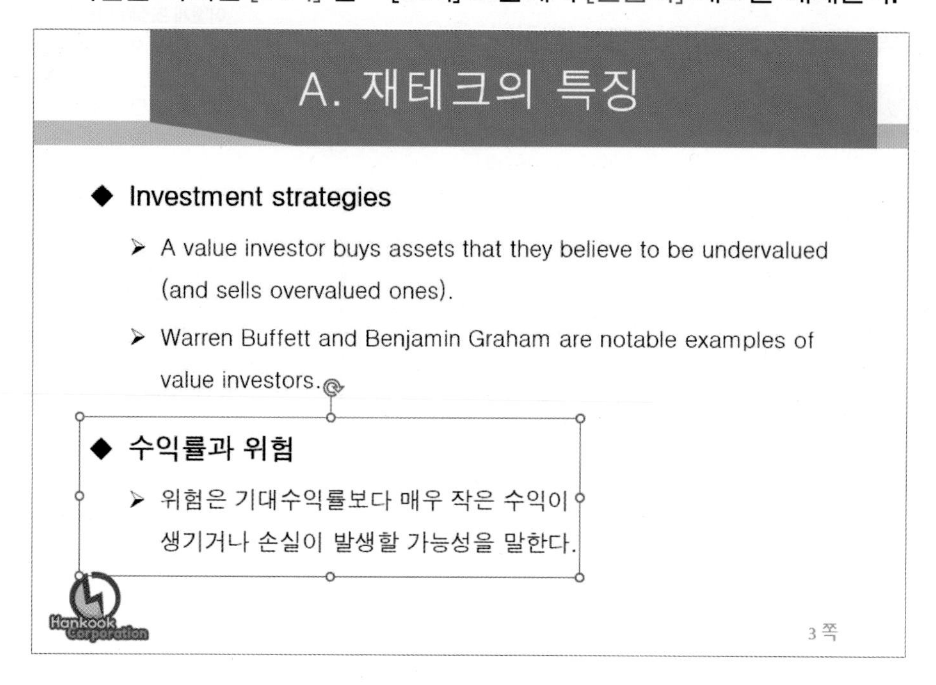

SECTION 02 동영상 삽입

① [삽입] 탭 – [미디어] 그룹에서 [비디오]( ) – [이 디바이스]를 클릭한다.
→ [비디오 삽입] 대화상자가 나타나면 '내 PC₩문서₩ITQ₩Picture' 폴더에서 '동영상.wmv'를 선택하고 [삽입]을 클릭한다.

⑨ 마우스로 '데이터 테이블'을 선택한다.

→ [서식] 탭 – [도형 스타일] 그룹 – [도형 윤곽선]( )을 설정한다.

> 기적의 TIP
>
> 일반적으로 선 두께는 3/4pt를 설정하면 된다.

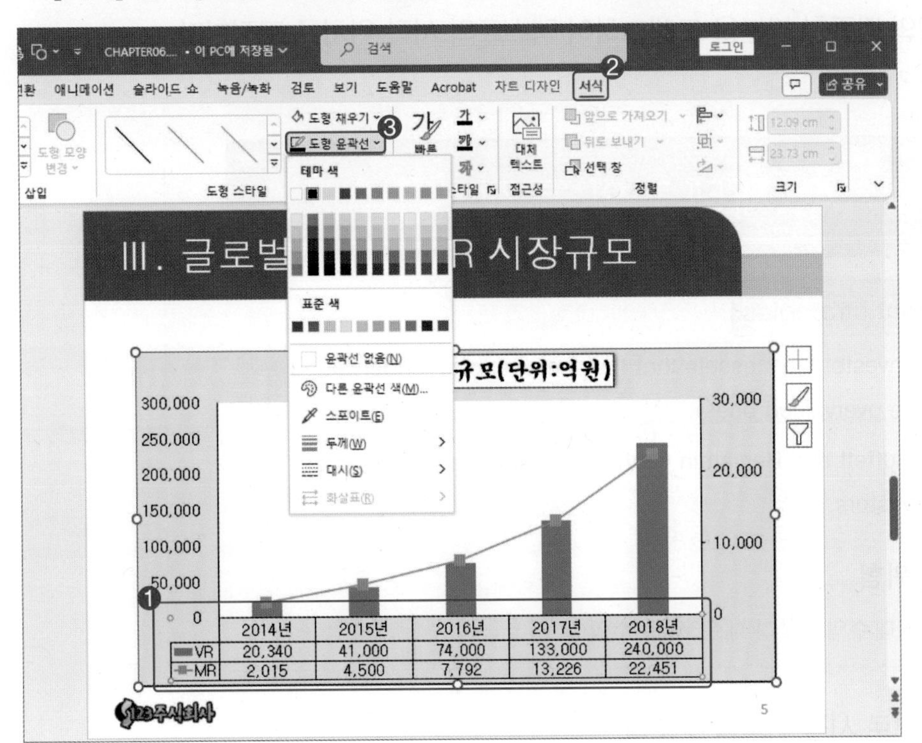

⑩ VR 계열 차트에 마우스 오른쪽 클릭하여 [데이터 계열 서식]을 클릭한다.

→ [계열 옵션]에서 간격 너비 '150%'로 설정한다.

> 기적의 TIP
>
> 세부조건에서 지시하지 않는 사항은 문제의 출력형태를 참고하여 비슷하게 설정한다.

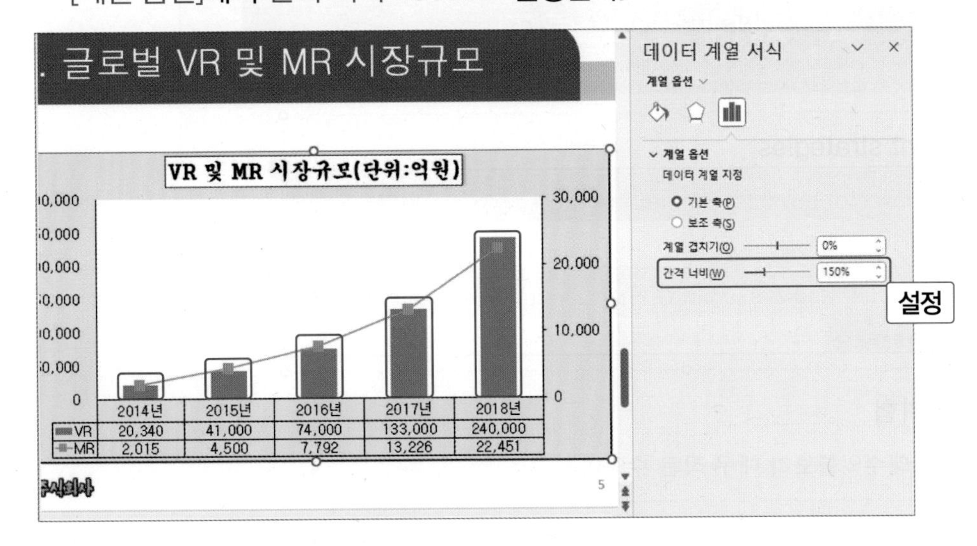

⑨ [보기] 탭 – [표시] 그룹에서 [눈금자]를 체크한다.

→ ◆ 문단에 해당하는 내용을 블록 설정한다.

→ 왼쪽 들여쓰기 표식의 뾰족한 부분을 드래그하여 텍스트의 시작 위치를 조정한다.

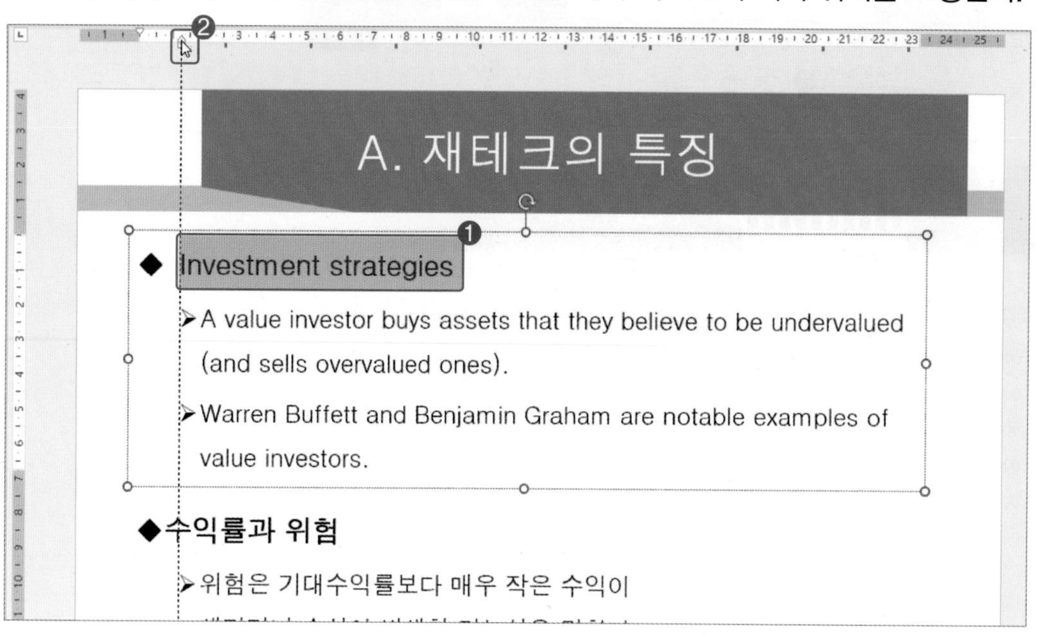

⑩ ➢ 문단도 동일한 방법으로 시작 위치를 맞춘다.

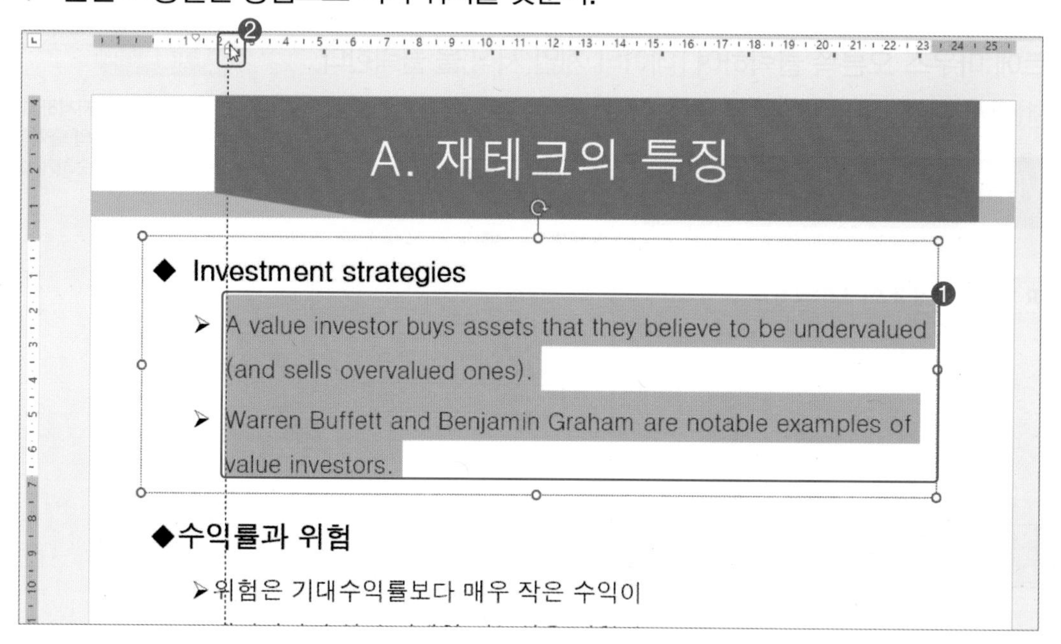

⑪ 값을 표시하기 위해 꺾은선형 차트인 MR 계열에서 '2018년 표식'만 마우스로 선택한다.
→ [차트 디자인] 탭의 [차트 요소 추가]( ) – [데이터 레이블] – [왼쪽]을 클릭한다.

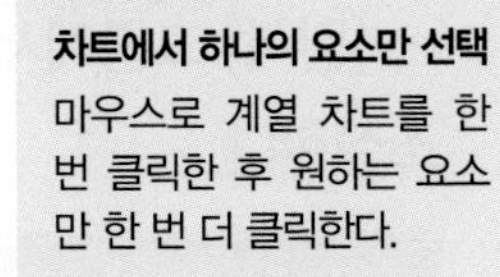

차트에서 하나의 요소만 선택
마우스로 계열 차트를 한 번 클릭한 후 원하는 요소만 한 번 더 클릭한다.

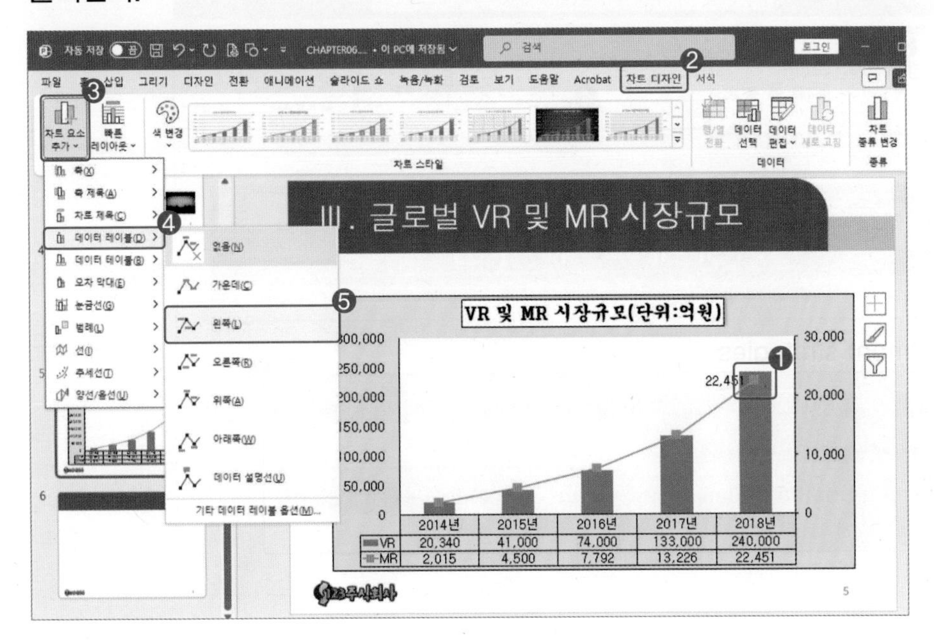

SECTION 05 도형 삽입

① [삽입] 탭 – [일러스트레이션] 그룹 – [도형]( )에서 [블록 화살표] – [화살표: 오른쪽]을 클릭한다.
→ 적당한 크기로 그린 후 [도형 스타일] 그룹에서 [빠른 스타일]( )을 클릭한다.

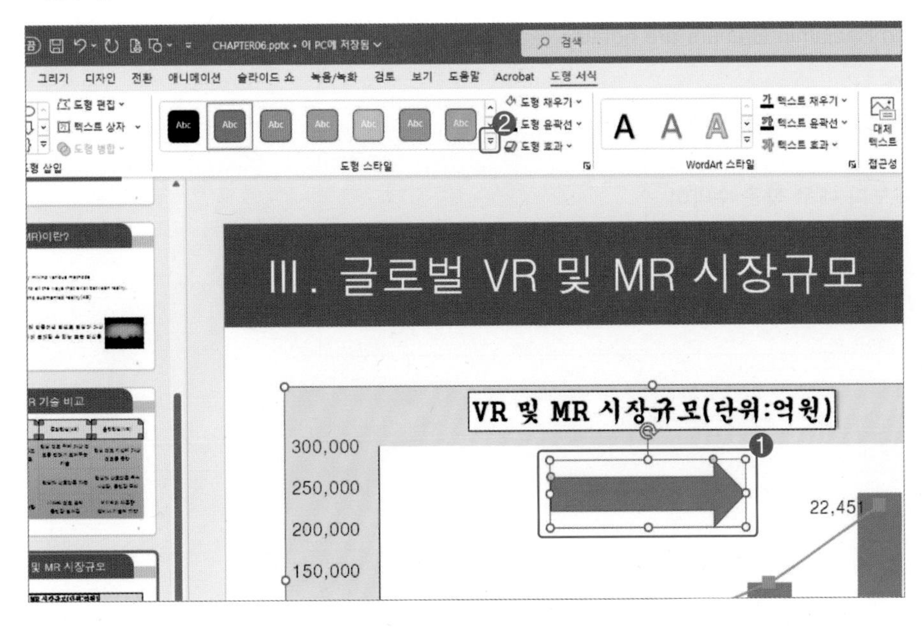

⑦ ➤ 문단이 블록 설정된 상태에서 [글꼴] 그룹의 글꼴 '돋움', '20pt'를 설정한다.
→ [단락] 그룹에서 [줄 간격]( ) – [1.5]를 클릭한 다음 텍스트 상자의 크기와 위치를 조절한다.

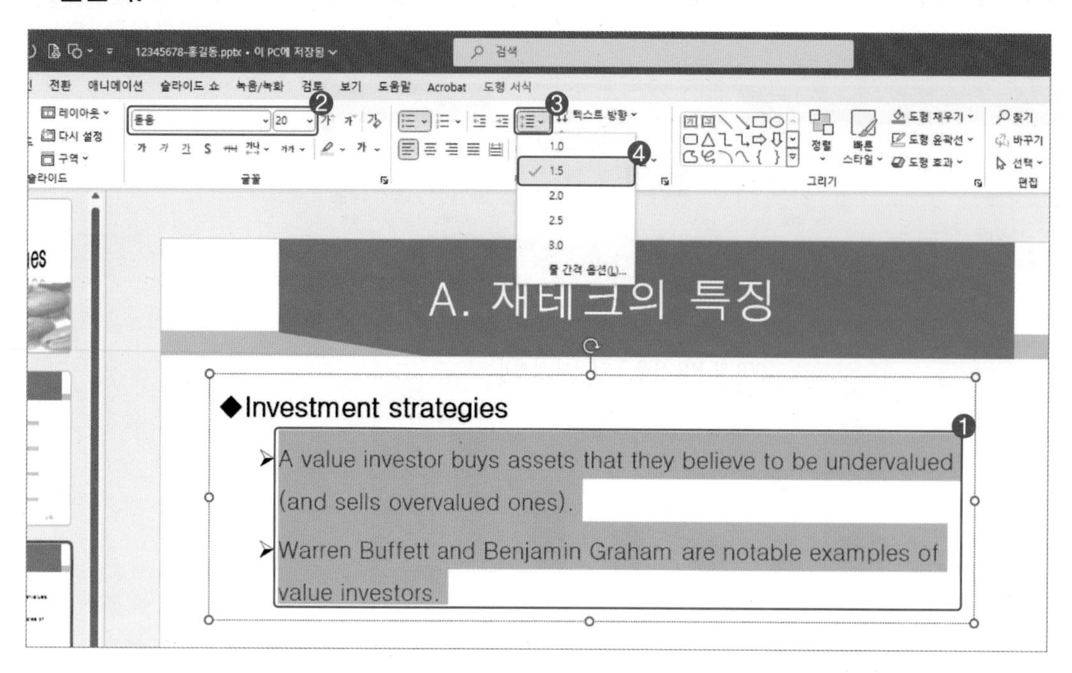

⑧ 텍스트 상자를 Ctrl+Shift를 누른 채 아래로 드래그하여 복사한다.
→ 텍스트 상자의 내용을 수정하고 출력형태와 같이 크기와 위치를 맞춘다.

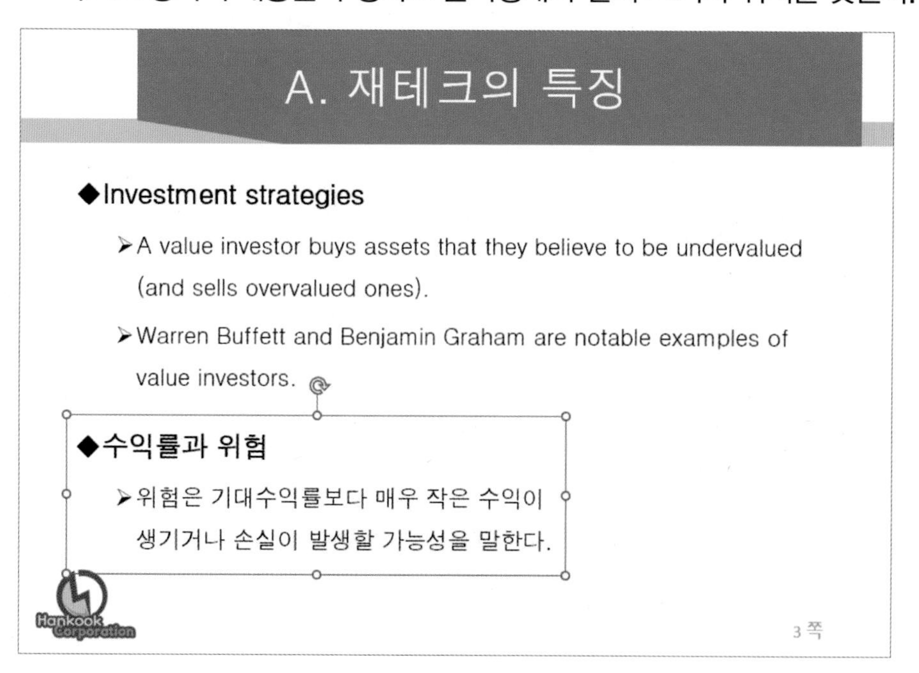

② [테마 스타일]에서 '미세 효과 – 파랑, 강조 1'을 선택한다.

③ 도형에 『지속적 성장세』를 입력한다.

→ [홈] 탭 – [글꼴] 그룹에서 글꼴 '굴림', '18pt', [단락] 그룹에서 [가운데 맞춤](☰)을 설정한다.

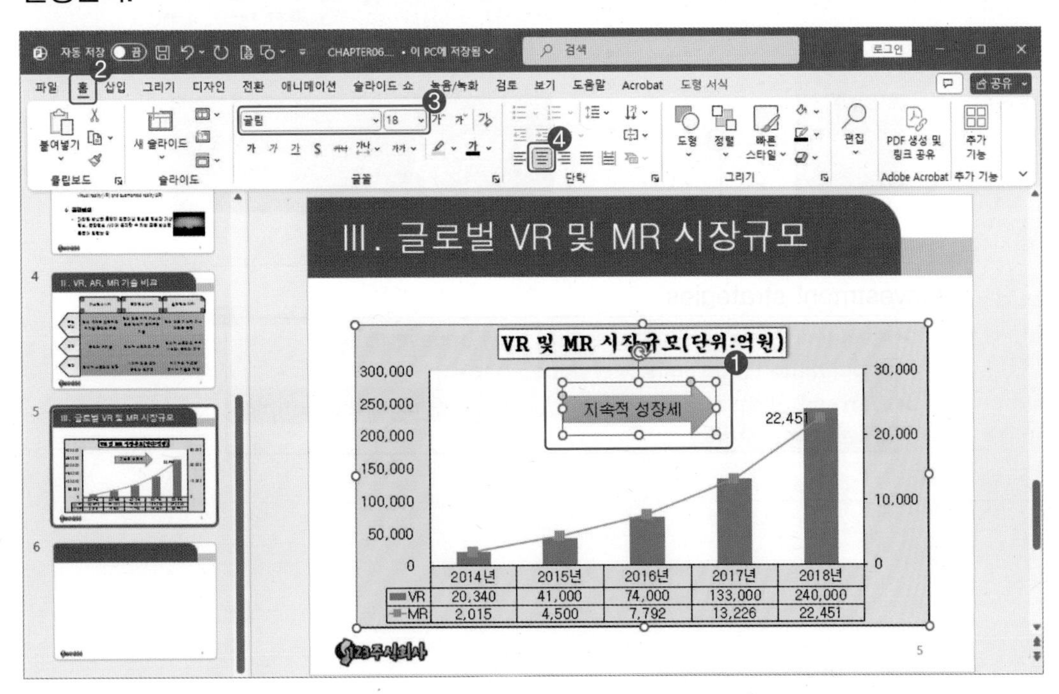

④ 문제지의 출력형태를 참고하며 차트영역의 크기와 위치 등을 조절한다.

⑤ ◆ 문단이 블록 설정된 상태에서 [글꼴] 그룹의 글꼴 '돋움', '24pt', '굵게'를 설정한다.
→ [단락] 그룹에서 [줄 간격](▤) – [1.5]를 클릭한다.

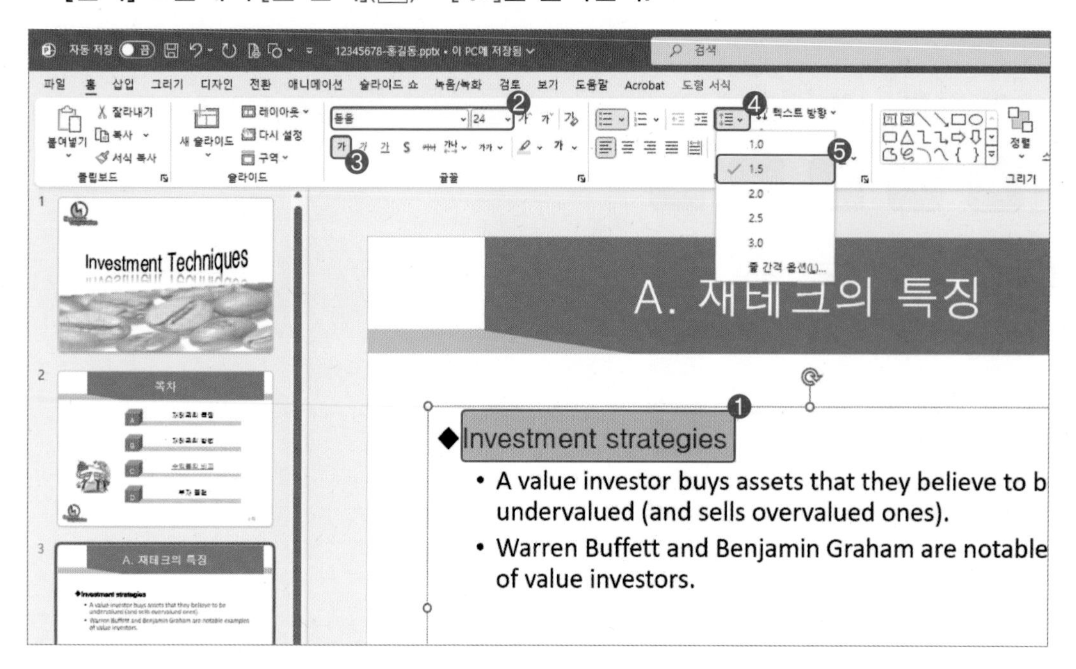

⑥ 나머지 문단을 블록 설정한다.
→ [홈] 탭 – [단락] 그룹에서 [글머리 기호](▤) – [화살표 글머리 기호]를 설정한다.

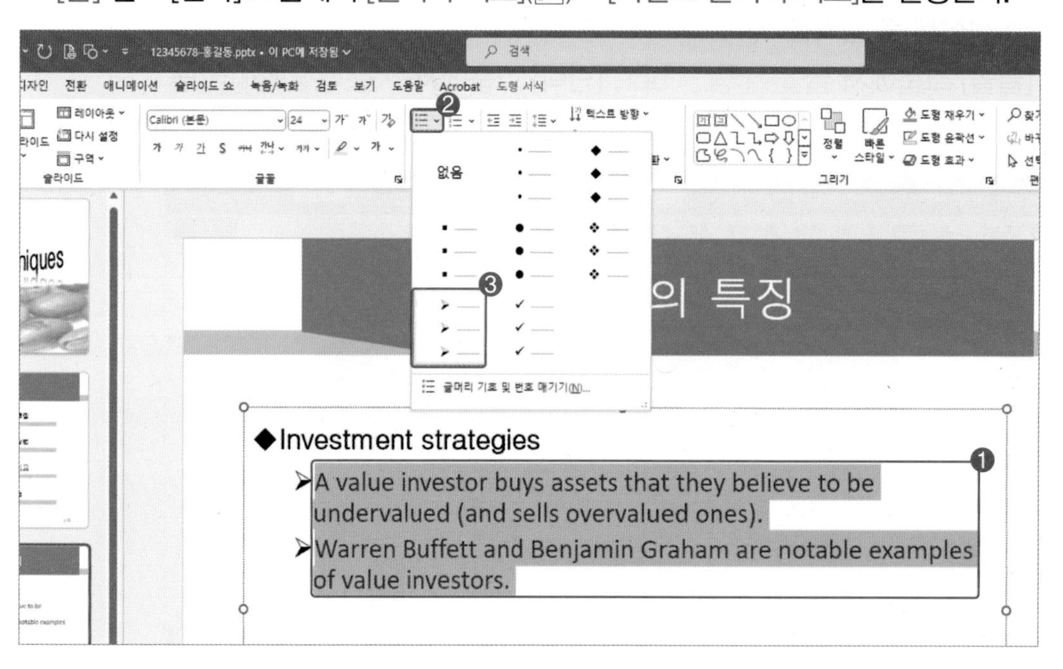

문제유형 ⑤-1

정답파일 PART 01 시험 유형 따라하기₩유형5-1번_정답.pptx

세부조건

종류(묶은 세로 막대형), 글꼴(돋움, 16pt), 외곽선

※ 차트설명
- 차트제목 : 궁서, 24pt, 굵게, 채우기(흰색), 테두리, 그림자(오프셋 아래쪽)
- 차트영역 : 채우기(노랑)
- 그림영역 : 채우기(흰색)
- 데이터 서식 : 여자아동 계열을 표식이 있는 꺾은선형으로 변경 후 보조축으로 지정
- 값 표시 : 국어의 남자아동 계열만

① 도형 삽입
- 스타일 : 미세 효과 – 파랑, 강조1
- 글꼴 : 굴림, 18pt

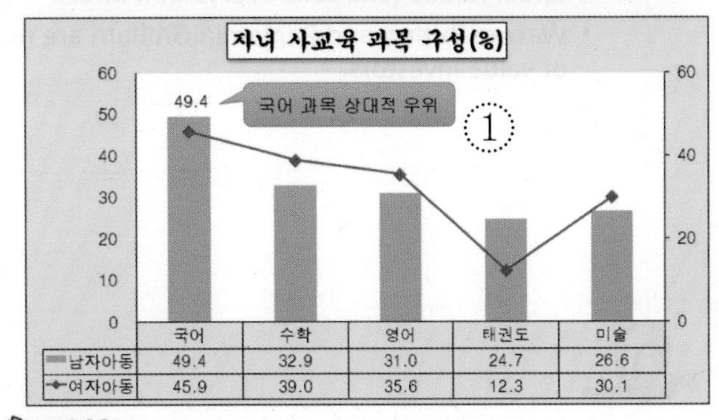

문제유형 ⑤-2

정답파일 PART 01 시험 유형 따라하기₩유형5-2번_정답.pptx

세부조건

종류(묶은 세로 막대형), 글꼴(돋움, 16pt), 외곽선

※ 차트설명
- 차트제목 : 궁서, 24pt, 굵게, 채우기(흰색), 테두리, 그림자(오프셋 오른쪽)
- 차트영역 : 채우기(노랑)
- 그림영역 : 채우기(흰색)
- 데이터 서식 : 음주율 계열을 표식이 있는 꺾은선형으로 변경 후 보조축으로 지정
- 값 표시 : 20대의 음주율 계열만

① 도형 삽입
- 스타일 : 미세 효과 – 파랑, 강조 1
- 글꼴 : 굴림, 18pt

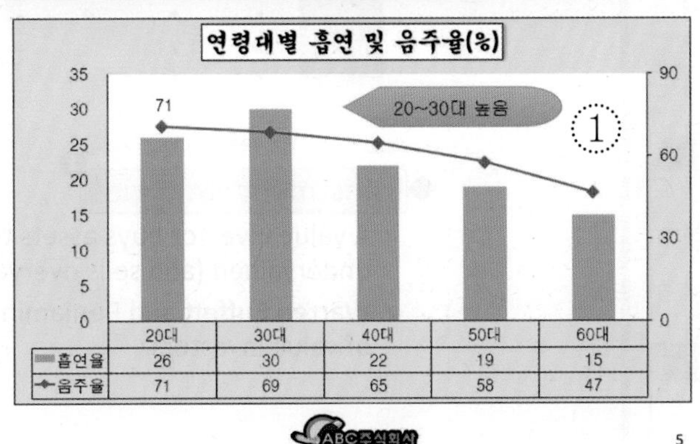

③ 텍스트 상자에 첫 번째 문단의 내용을 입력하고 [Enter]를 누른다.

→ [Tab]을 눌러 그 다음 문단의 내용을 입력한다.

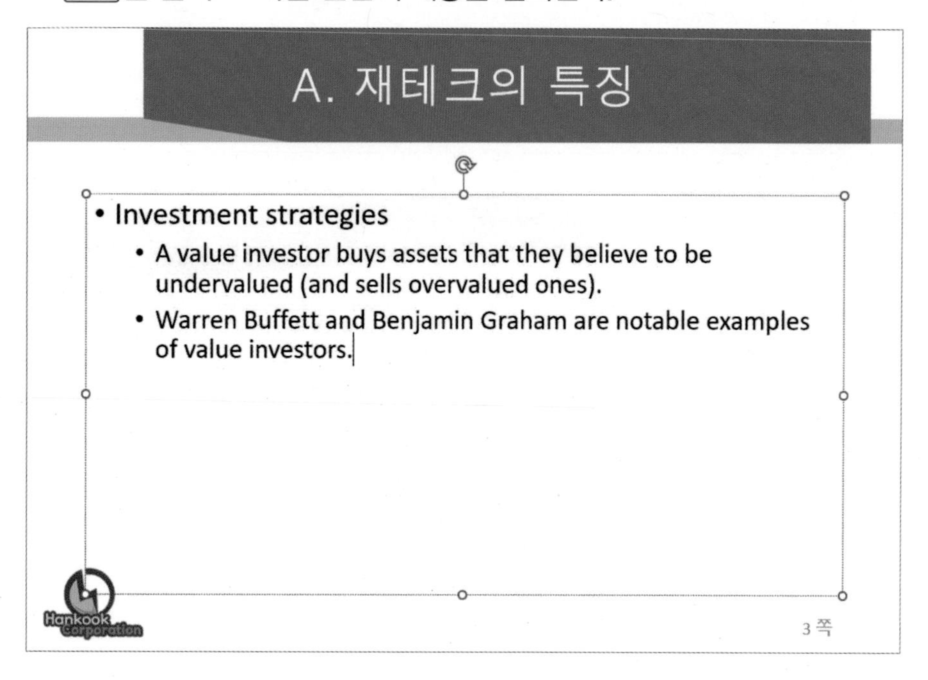

④ 『◆』이 들어갈 문단을 마우스 드래그하여 블록 설정한다.

→ [홈] 탭 – [단락] 그룹에서 [글머리 기호](☰) – [속이 찬 다이아몬드형 글머리 기호]를 선택한다.

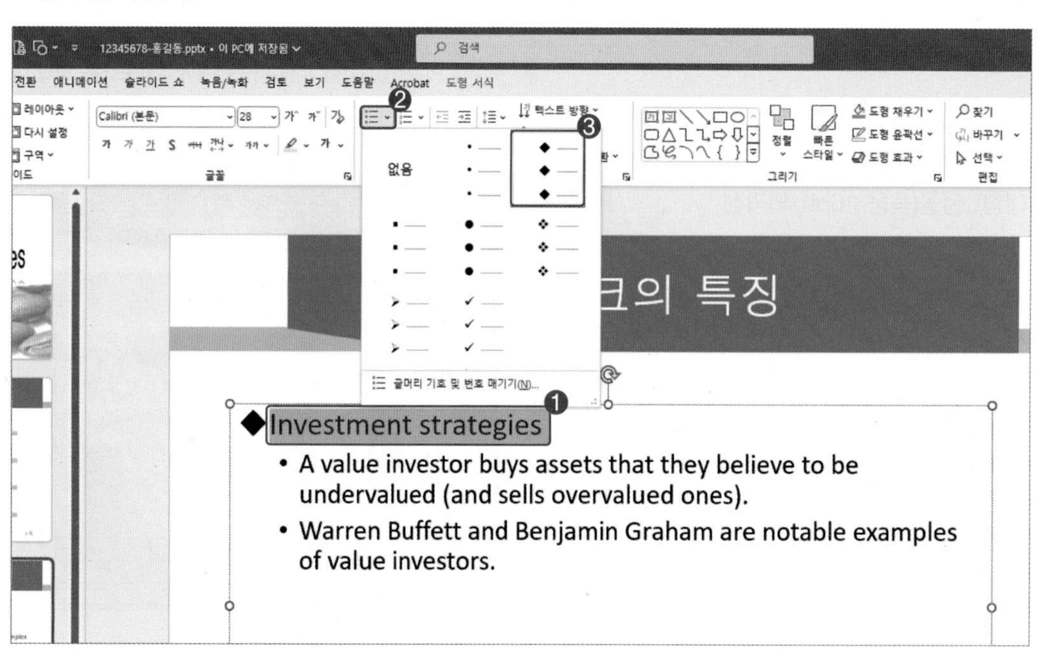

문제유형 ❺-3

정답파일 PART 01 시험 유형 따라하기₩유형5-3번_정답.pptx

세부조건

종류(묶은 세로 막대형), 글꼴(돋움, 16pt), 외곽선

※ 차트설명
- 차트제목 : 궁서, 24pt, 굵게, 채우기(흰색), 테두리, 그림자(오프셋 오른쪽)
- 차트영역 : 채우기(노랑)
- 그림영역 : 채우기(흰색)
- 데이터 서식 : 남자 계열을 표식이 있는 꺾은선형으로 변경 후 보조축으로 지정
- 값 표시 : 2022의 여자 계열만

① 도형 삽입
- 스타일 : 미세 효과 – 파랑, 강조 1
- 글꼴 : 굴림, 18pt

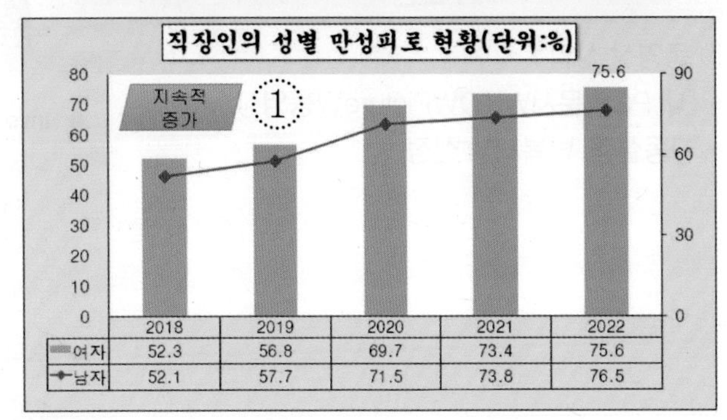

문제유형 ❺-4

정답파일 PART 01 시험 유형 따라하기₩유형5-4번_정답.pptx

세부조건

종류(묶은 세로 막대형), 글꼴(돋움, 16pt), 외곽선

※ 차트설명
- 차트제목 : 궁서, 24pt, 굵게, 채우기(흰색), 테두리, 그림자(오프셋 오른쪽)
- 차트영역 : 채우기(노랑)
- 그림영역 : 채우기(흰색)
- 데이터 서식 : 1인당 진료비 계열을 표식이 있는 꺾은선형으로 변경 후 보조축으로 지정
- 값 표시 : 2020년의 1인당 진료비 계열만

① 도형 삽입
- 스타일 : 미세 효과 – 파랑, 강조 1
- 글꼴 : 굴림, 18pt

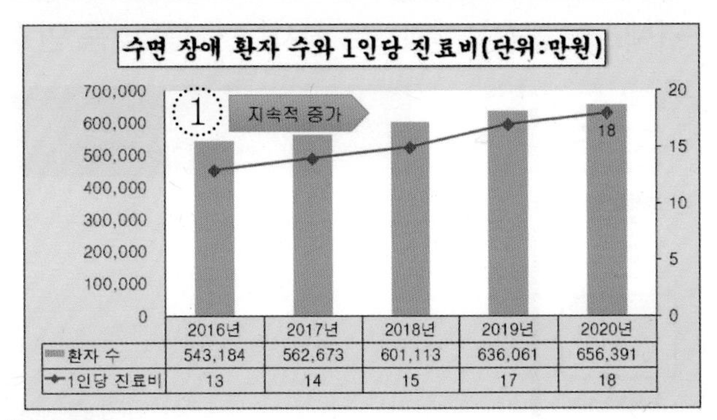

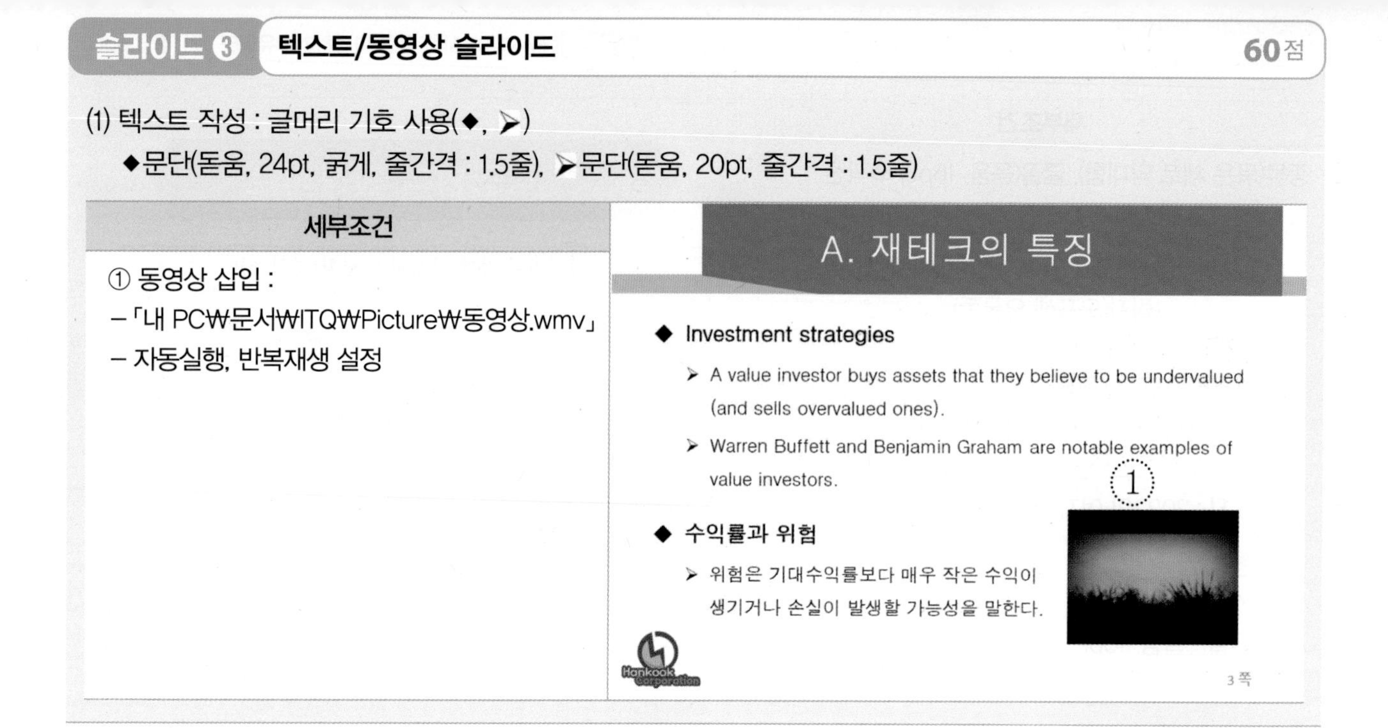

슬라이드 ❸ **텍스트/동영상 슬라이드** 60점

(1) 텍스트 작성 : 글머리 기호 사용(◆, ➢)
◆문단(돋움, 24pt, 굵게, 줄간격 : 1.5줄), ➢문단(돋움, 20pt, 줄간격 : 1.5줄)

세부조건
① 동영상 삽입 : – 「내 PC₩문서₩ITQ₩Picture₩동영상.wmv」 – 자동실행, 반복재생 설정

SECTION 01 텍스트 입력 및 글머리 기호 지정

① 슬라이드 3을 선택하고 슬라이드 제목 『A. 재테크의 특징』을 입력한다.

② 텍스트 상자에서 마우스 오른쪽 버튼을 클릭하여 [도형 서식] 탭을 연다.
→ [텍스트 옵션] – [텍스트 상자] – [자동 맞춤 안 함]에 체크하고 닫는다.

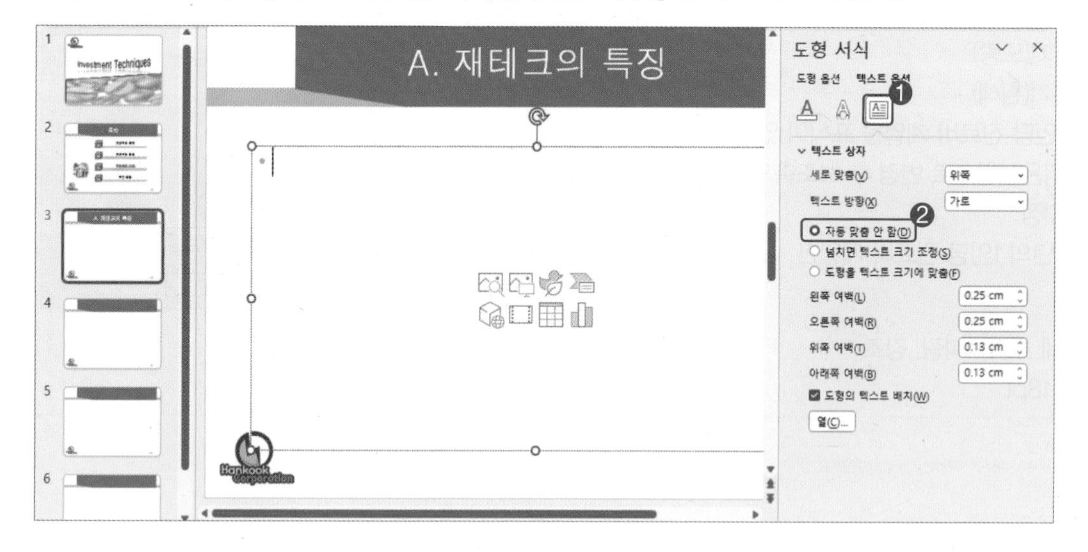

유형분석 문항 7

슬라이드 6
도형 슬라이드

배점 **100점** | A등급 목표점수 **80점**

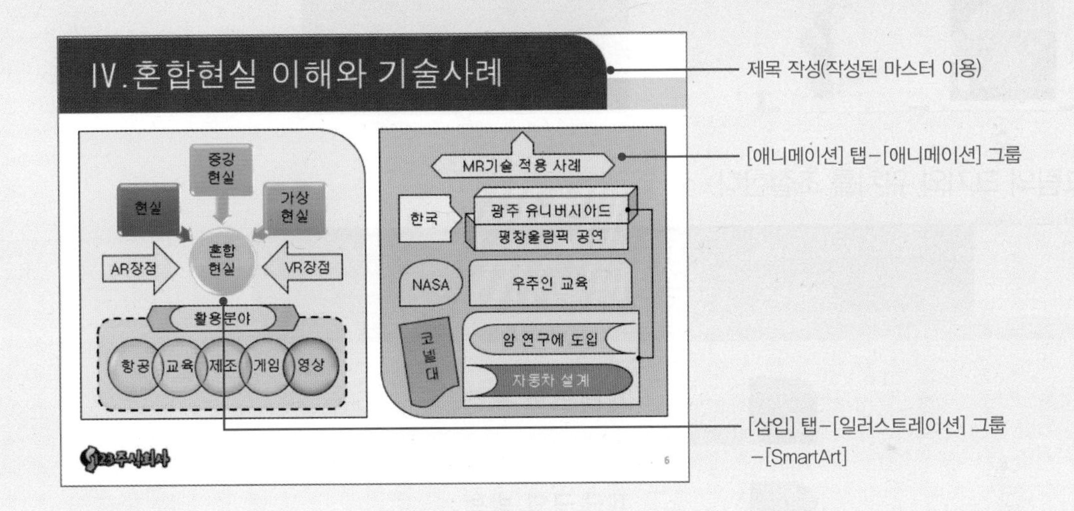

출제포인트
스마트아트 삽입 · 도형 삽입 · 그룹화 · 애니메이션

출제기준
다양한 도형을 이용한 슬라이드 작성 능력을 평가하는 문항입니다.

A등급 TIP
슬라이드 5와 함께 배점이 가장 크지만, 어려운 기능보다는 꼼꼼한 작성과 시간 관리를 요구하는 문항입니다. 삽입된 도형과 스마트아트의 이름이 주어지지 않으므로 기출문제와 모의고사를 통해 다양한 도형을 찾아보고 변형해 보는 것이 좋습니다. 그룹화와 애니메이션은 한 번만 제대로 익히면 어렵지 않은 기능이므로 꼭 숙지하세요.

② 그림이 삽입되면 [그림 서식] 탭 – [크기] 그룹에서 [자르기]( )를 클릭한다.

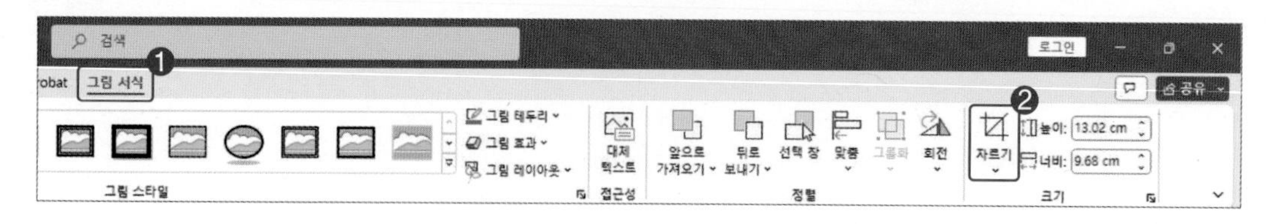

③ 그림의 모서리의 자르기 조절점들을 드래그하여 원하는 그림만 남겨놓고 다시 [자르기]를 클릭하여 그림을 자른다.

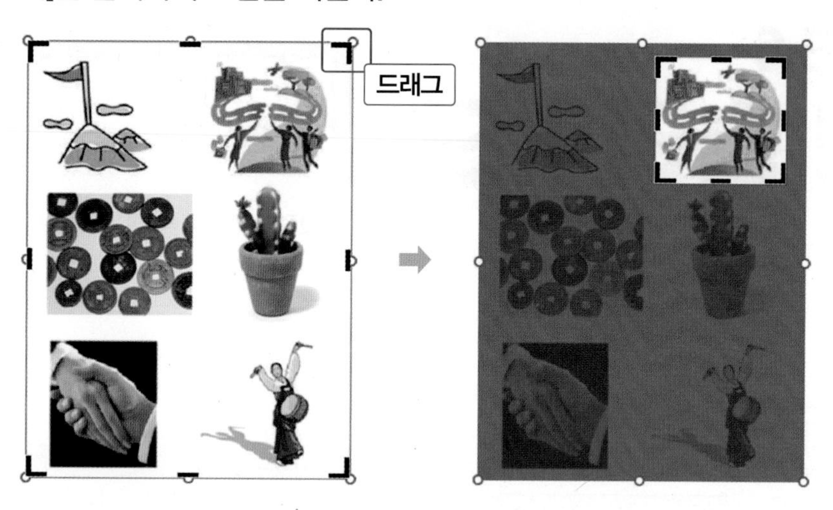

④ 그림의 크기와 위치를 조절한다.

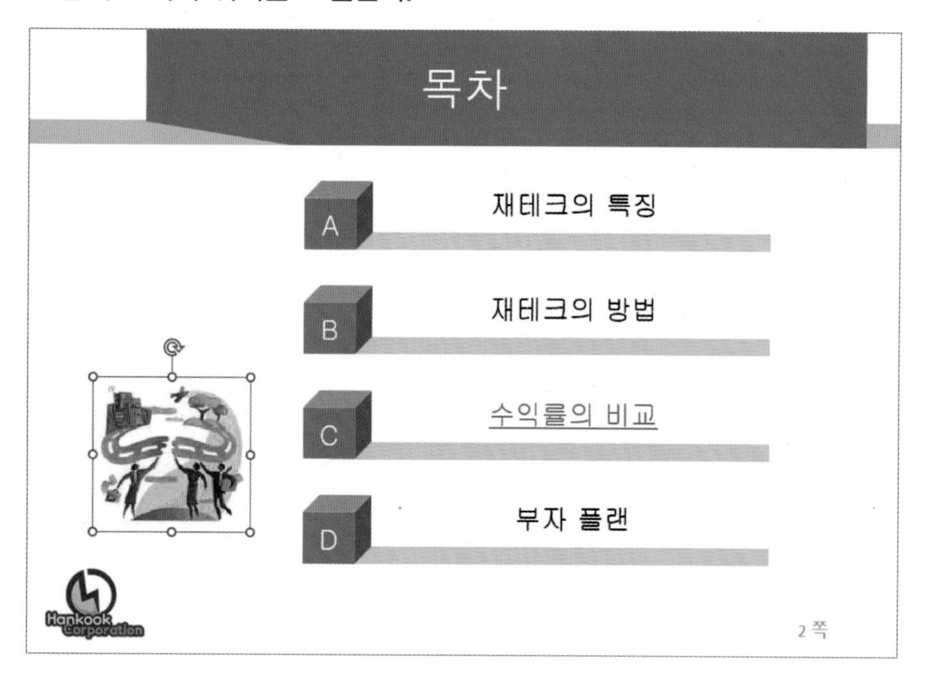

CHAPTER 07

[슬라이드 6]

도형 슬라이드

합격 강의

난 이 도 (상) 중 하

반복학습 1 2 3

문제파일 PART 01 시험 유형 따라하기₩CHAPTER07.pptx

정답파일 PART 01 시험 유형 따라하기₩CHAPTER07_정답.pptx

문제보기

(1) 슬라이드와 같이 도형 및 스마트아트를 배치한다(글꼴 : 굴림, 18pt).
(2) 애니메이션 순서 : ① ⇒ ②

세부조건

① 도형 및 스마트아트 편집
– 스마트아트 디자인 :
3차원 광택 처리, 3차원 만화
– 그룹화 후 애니메이션 효과 :
닦아내기(위에서)

② 도형 편집
– 그룹화 후 애니메이션 효과 :
바운드

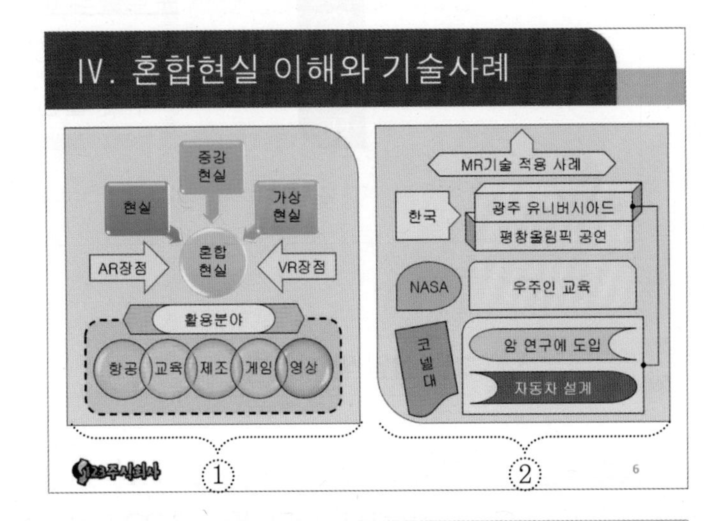

핵심기능

기능	바로 가기	메뉴
도형 삽입		[삽입] 탭 – [일러스트레이션] 그룹 – [도형]
회전		[도형 서식] 탭 – [정렬] 그룹 – [회전]
그룹화	, Ctrl + G	[도형 서식] 탭 – [정렬] 그룹 – [그룹화]
SmartArt		[삽입] 탭 – [일러스트레이션] 그룹 – [SmartArt]
애니메이션	나타내기 밝기 변화 날아오기 올라오기	[애니메이션] 탭 – [애니메이션] 그룹

③ 하이퍼링크를 [Ctrl]+클릭하여 올바르게 작동하는지 확인한다.

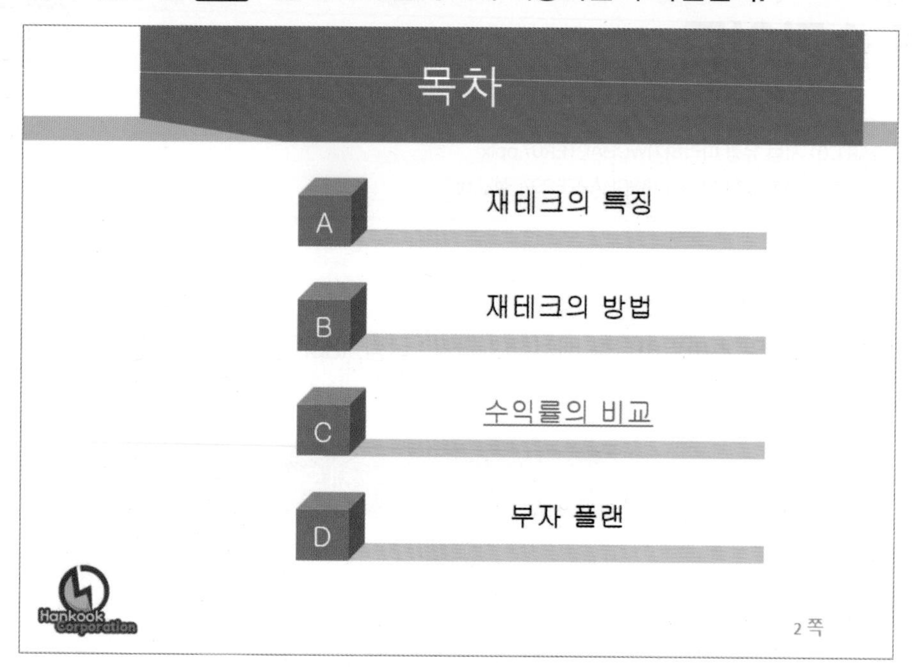

SECTION 03 그림 삽입 및 자르기

① [삽입] 탭 – [이미지] 그룹 – [그림]( )에서 [이 디바이스]( )를 클릭한다.
→ [그림 삽입] 대화상자가 나타나면 '내 PC₩문서₩ITQ₩Picture' 폴더에서 그림 파일 '그림4.jpg'를 선택하고 [삽입]을 클릭한다.

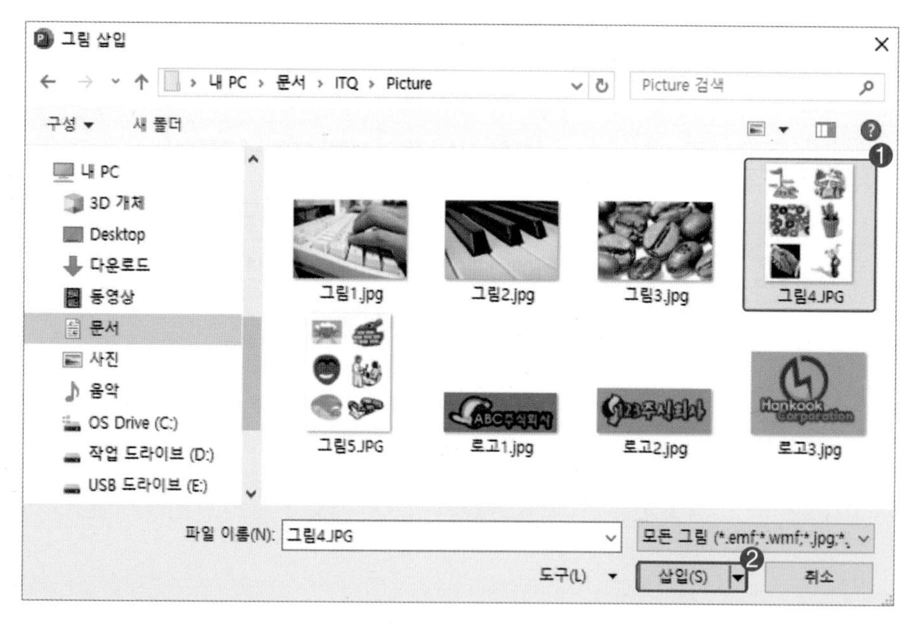

SECTION 01 왼쪽 도형 작성

① 슬라이드 6을 선택하고 슬라이드 제목에 『Ⅳ. 혼합현실 이해와 기술사례』를 입력한 후 '텍스트를 입력하십시오' 상자를 삭제한다.

Ⅳ. 혼합현실 이해와 기술사례

② [삽입] 탭 – [일러스트레이션] 그룹에서 [도형]() – [사각형: 둥근 한쪽 모서리]를 선택하여 도형을 그린다.
→ [도형 서식] 탭 – [도형 스타일] 그룹에서 [도형 채우기]()로 임의의 색을 지정한다.

> 기적의 TIP
> 가장 뒤에 있는 도형부터 그려야 작업이 수월하다.

> 기적의 TIP
> 도형 윤곽선의 두께는 문제에 명확한 지시사항이 없다면 출력형태와 유사하게 지정한다.

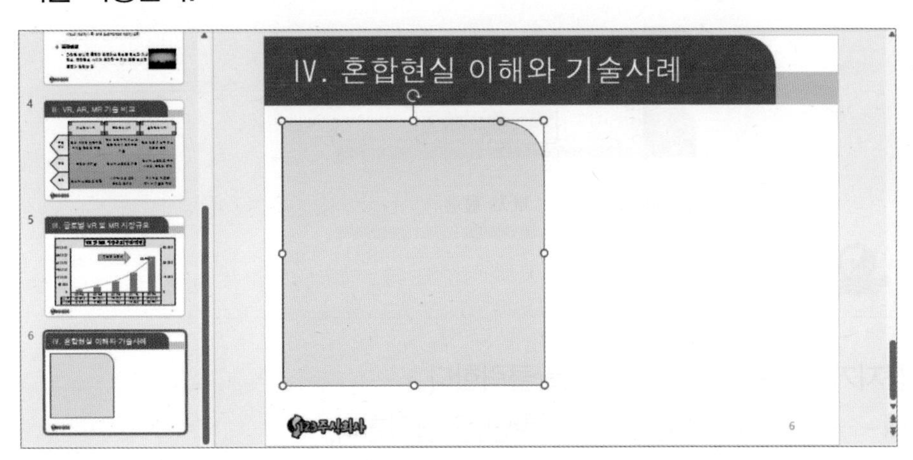

③ [삽입] 탭 – [일러스트레이션] 그룹 – [SmartArt]()를 클릭한다.
→ [SmartArt 그래픽 선택] 대화상자가 나타나면 [관계형] – [수렴 방사형]을 선택하고 [확인]을 클릭한다.

> 기적의 TIP
> **SmartArt 고르기**
> 시험에서 SmartArt 그래픽의 이름에 대한 지시사항이 없을 경우, 출력형태를 참고하여 그래픽을 선택한다.

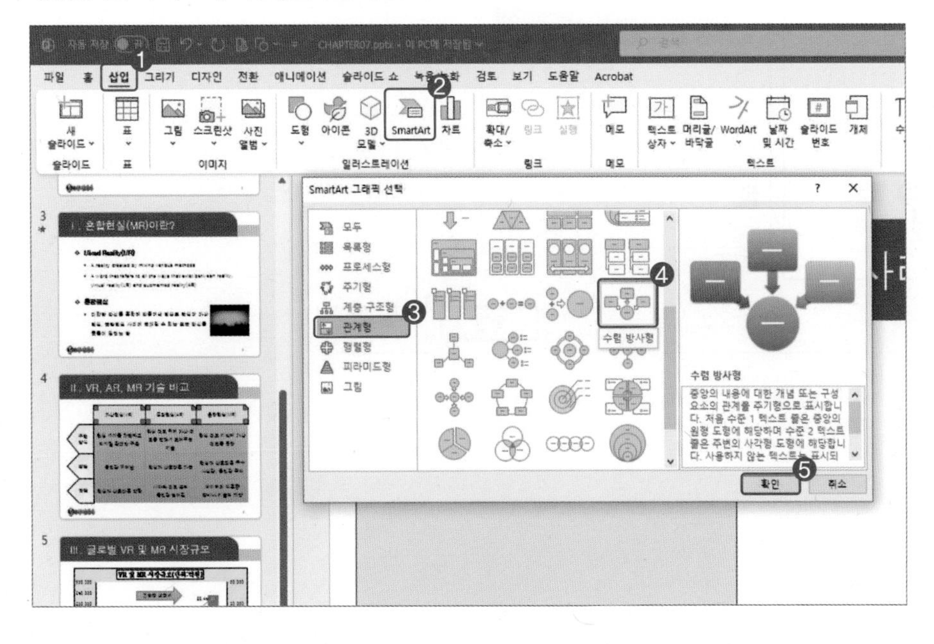

① 하이퍼링크를 지정할 텍스트를 블록 설정하고, [삽입] 탭 – [링크] 그룹 – [링크]( )를 클릭한다.

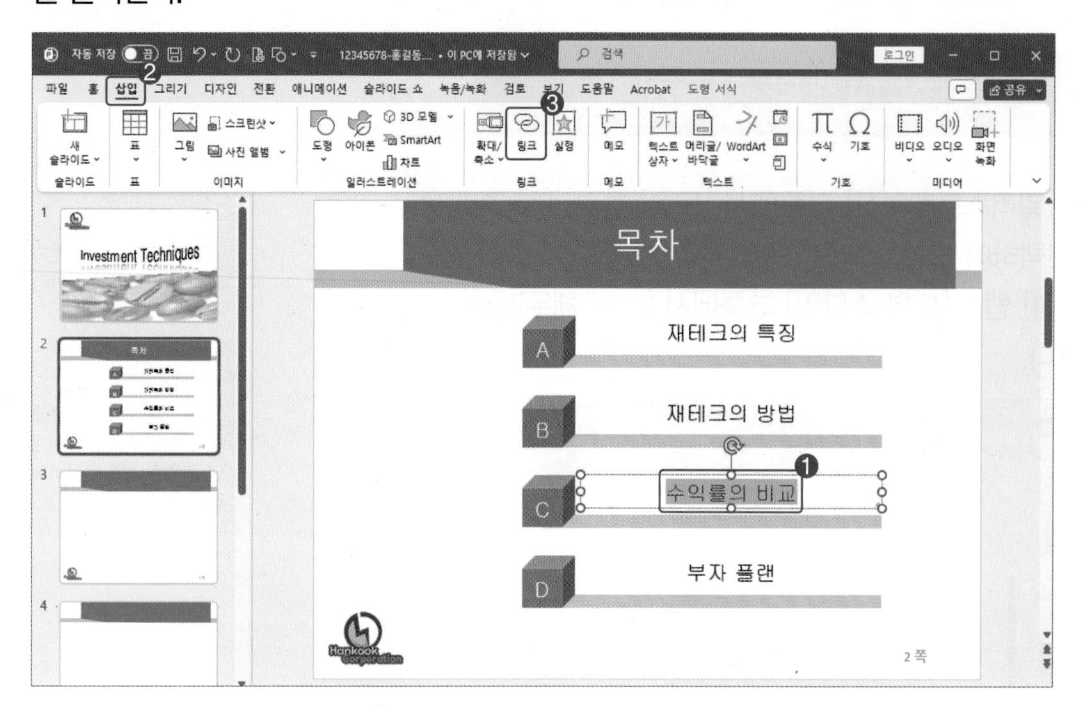

② [하이퍼링크 삽입] 대화상자가 나타나면 [현재 문서]를 클릭한다.
→ 이 문서에서 위치 선택 – '슬라이드 5'를 클릭한 후 [확인]을 클릭한다.

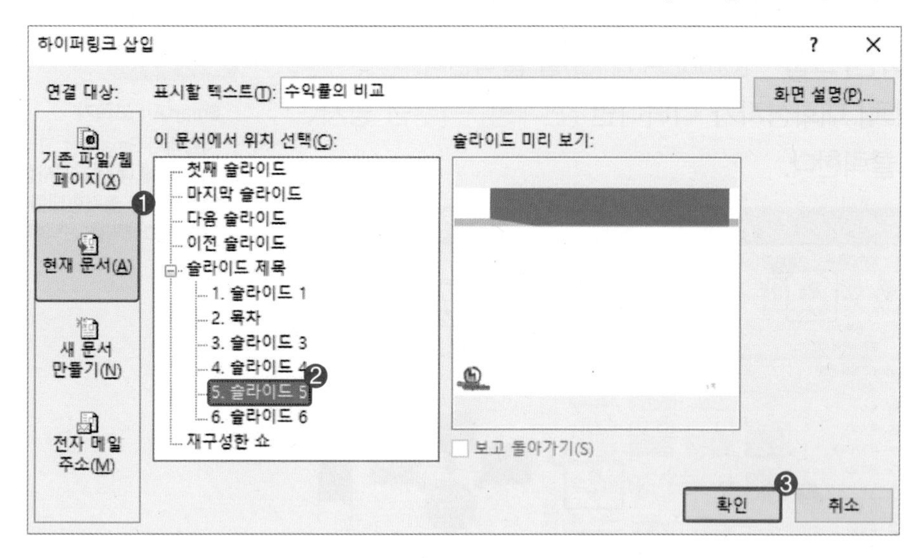

④ 크기와 위치를 조절하고 [SmartArt 디자인] 탭 – [SmartArt 스타일] 그룹 – [빠른 스타일](▿)을 클릭한다.
→ [3차원] – [광택 처리]를 클릭한다.

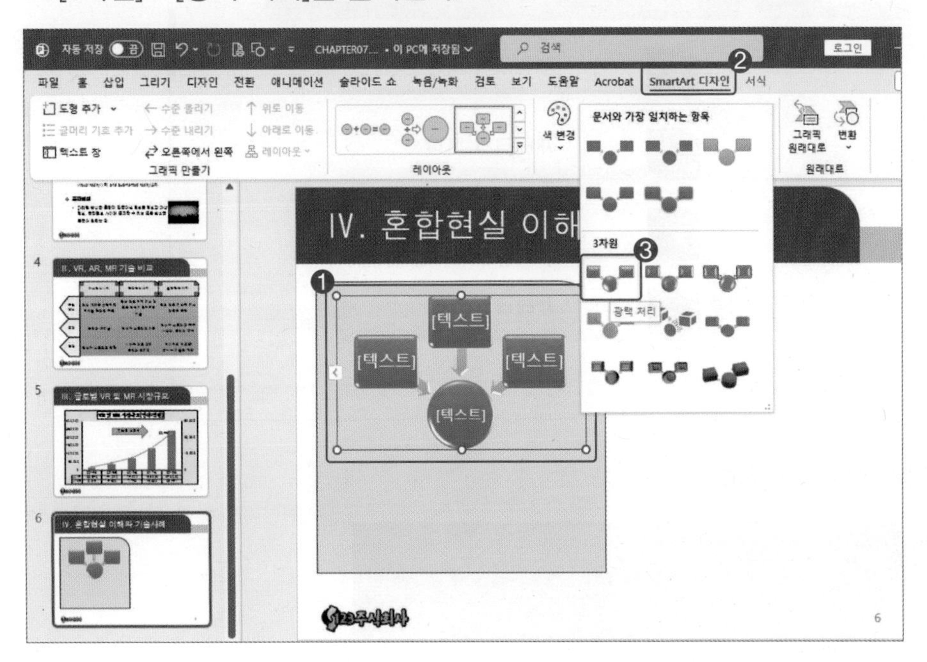

⑤ SmartArt에서 [홈] 탭 – [글꼴] 그룹의 글꼴 '굴림', '18pt'를 설정하고 왼쪽 모서리의 ＜아이콘을 클릭하여 내용을 입력한다.
→ 줄바꿈은 Shift+Enter를 이용하고 도형 간 이동은 방향키로 한다.

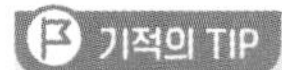

직접 마우스로 도형 하나씩 클릭하여 입력해도 된다.

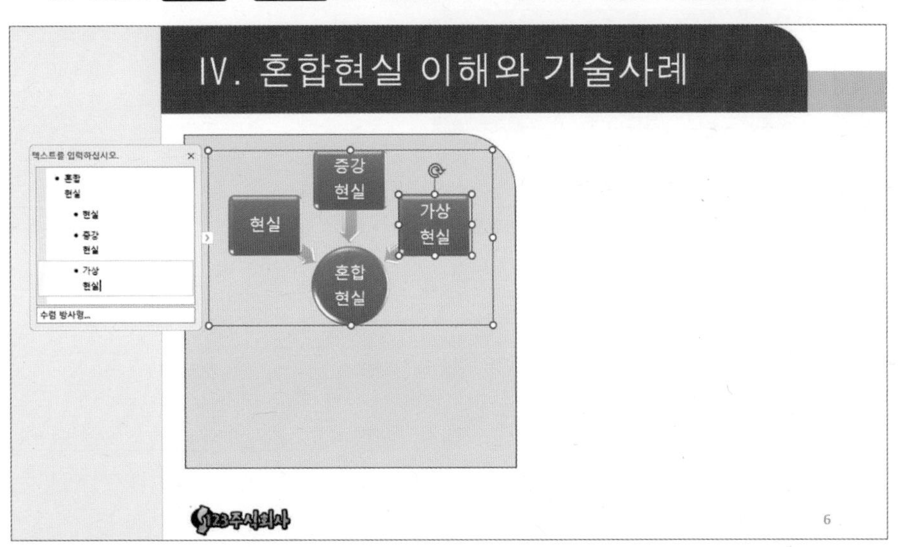

⑥ [Ctrl]+[Shift]를 누른 채 아래로 드래그하여 복사하여 다음과 같이 배치한다.

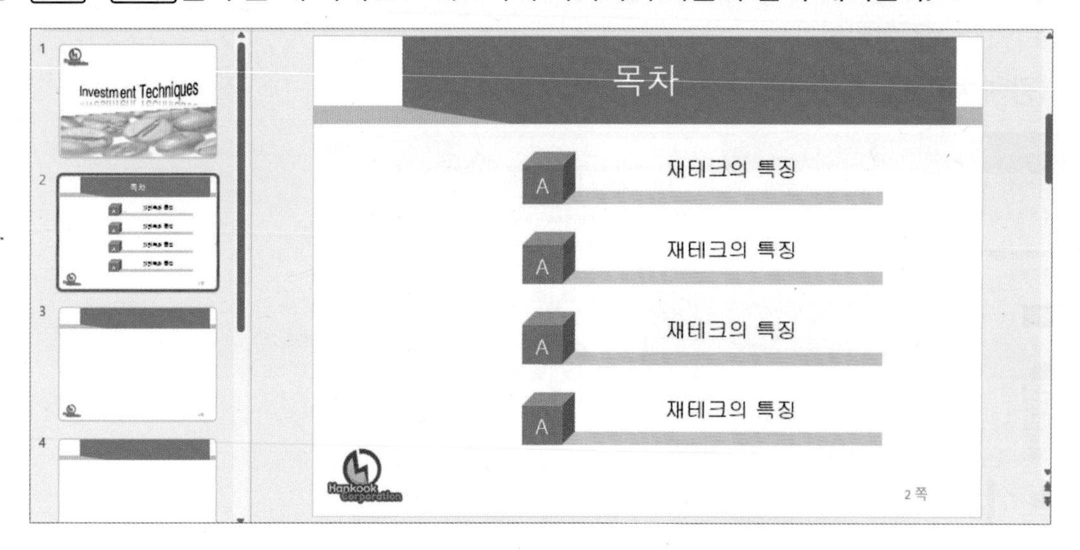

⑦ 출력형태를 참고하여 텍스트를 수정한다.

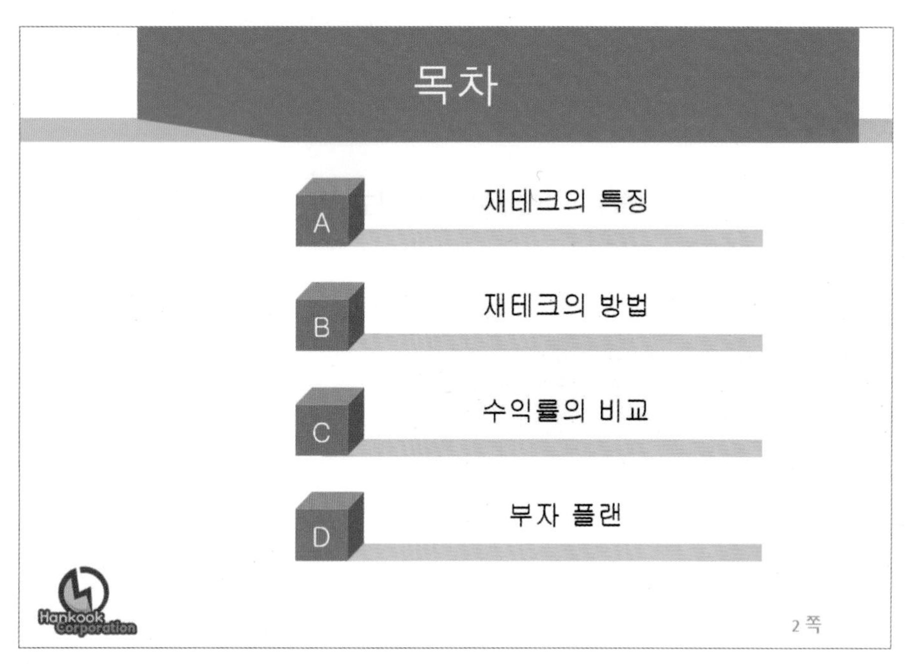

⑥ [SmartArt 디자인] 탭 – [SmartArt 스타일] 그룹에서 [색 변경]을 클릭한다.

→ [색상형] 중 도형들이 서로 구분되는 것을 선택해 적용한다.

→ [홈] 탭에서 글꼴 색 '검정'으로 설정한다.

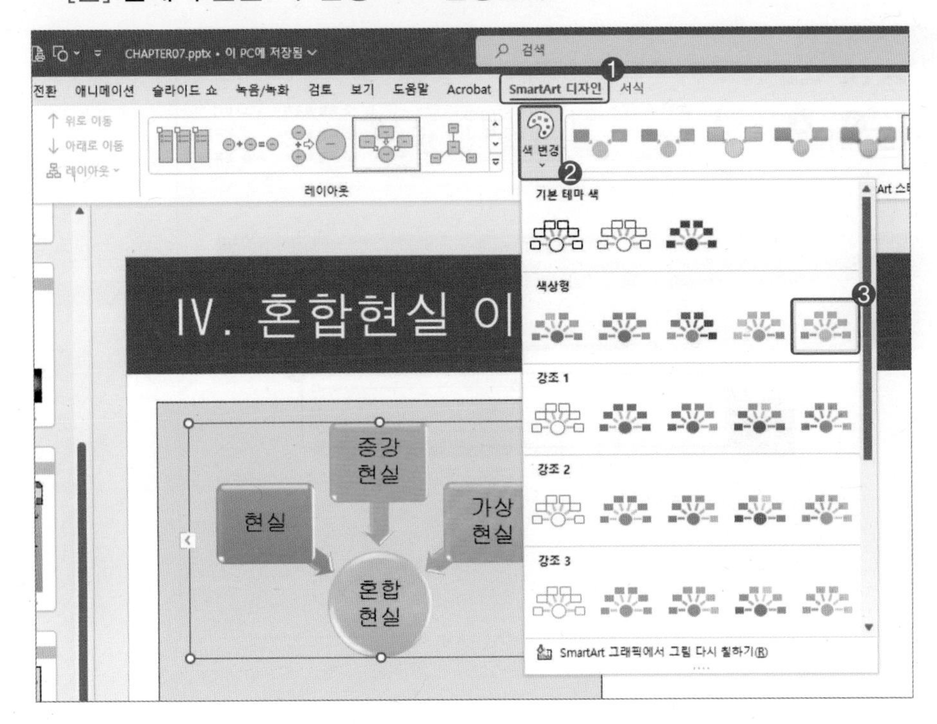

⑦ [삽입] 탭 – [일러스트레이션] 그룹에서 [도형]( ) – [블록 화살표] – [화살표: 오른쪽], [화살표: 왼쪽]을 그리고 내용을 입력한다.

→ [도형 서식] 탭 – [도형 스타일] 그룹에서 [도형 채우기]( )와 [도형 윤곽선]( )에 임의의 색을 설정한다.

→ 글꼴은 '굴림', '18pt', '검정'으로 설정한다.

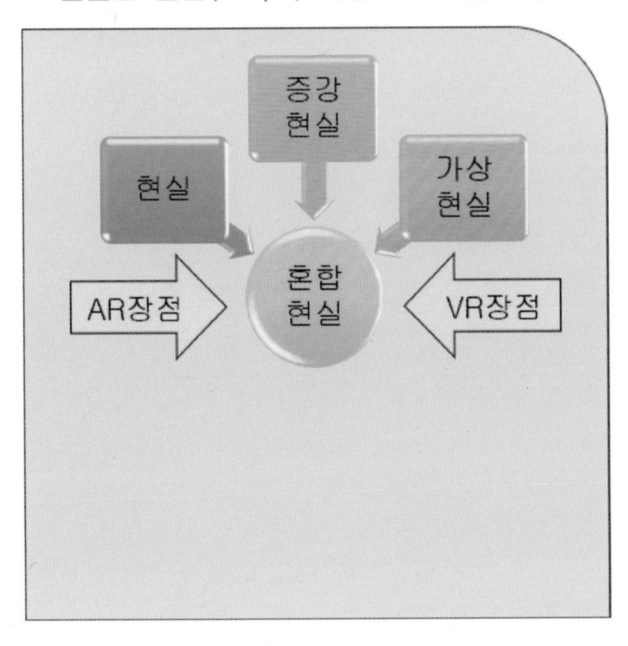

기적의 TIP

기본 도형 설정하기

도형에 마우스 오른쪽 클릭하여 [기본 도형으로 설정]을 선택하면 앞으로 삽입되는 다른 도형들의 기본값(색, 글꼴 등)이 기본 도형으로 설정한 도형과 같아진다.

기적의 TIP

도형에 들어갈 내용은 도형 안에 텍스트를 작성해도 되고, 텍스트 상자를 입력하여 작성해도 된다.

④ [삽입] 탭 – [텍스트] 그룹 – [텍스트 상자](가) – [가로 텍스트 상자 그리기]를 클릭하고 마우스 드래그하여 배치한다.

→ [홈] 탭 – [글꼴] 그룹에서 글꼴 '굴림', '24pt', 글꼴 색 '검정', [가운데 맞춤](≡)을 설정한다.

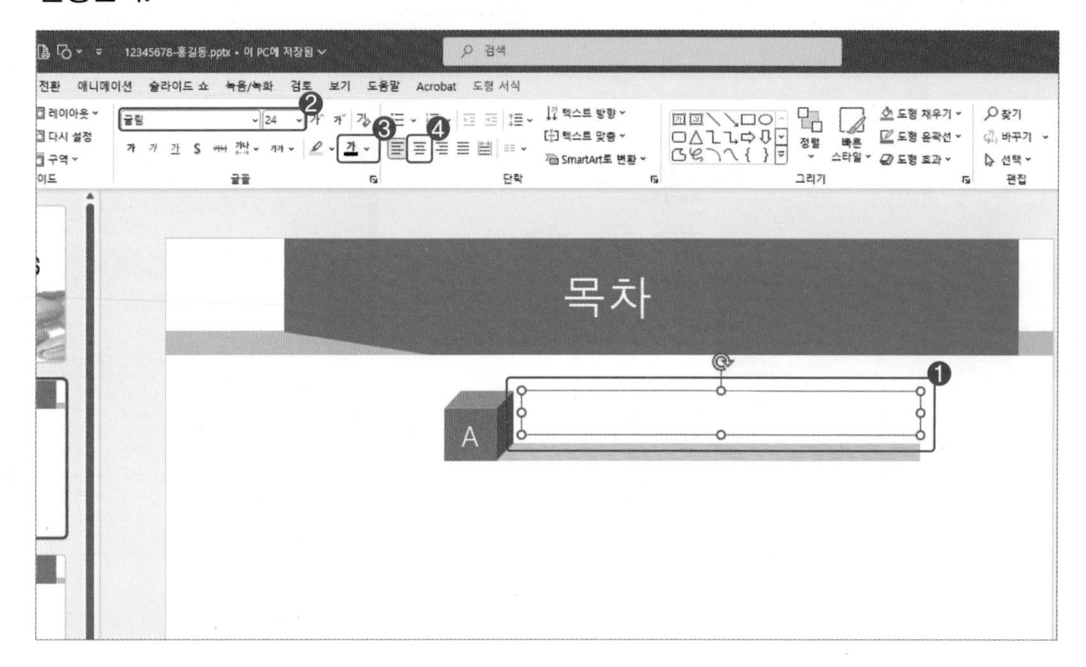

⑤ 텍스트 상자에 내용을 입력한다.

→ 마우스 드래그하여 도형들과 텍스트 상자를 모두 선택한다.

⑧ [삽입] 탭 – [일러스트레이션] 그룹에서 [도형]( ) – [사각형: 둥근 모서리]를 선택해 그린다.

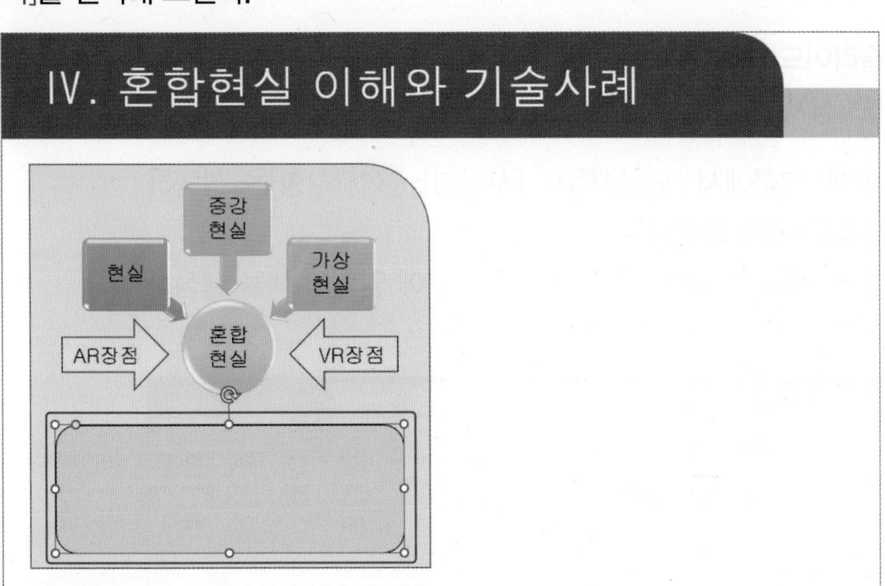

> 기적의 TIP
> 도형의 색은 서로 구분되게 임의로 설정한다.

⑨ 도형에서 마우스 오른쪽 클릭하여 [도형 서식] 탭을 연다.
→ [선] – 대시 종류 '파선', 너비 '2pt'로 설정하여 더 굵게 만든다.

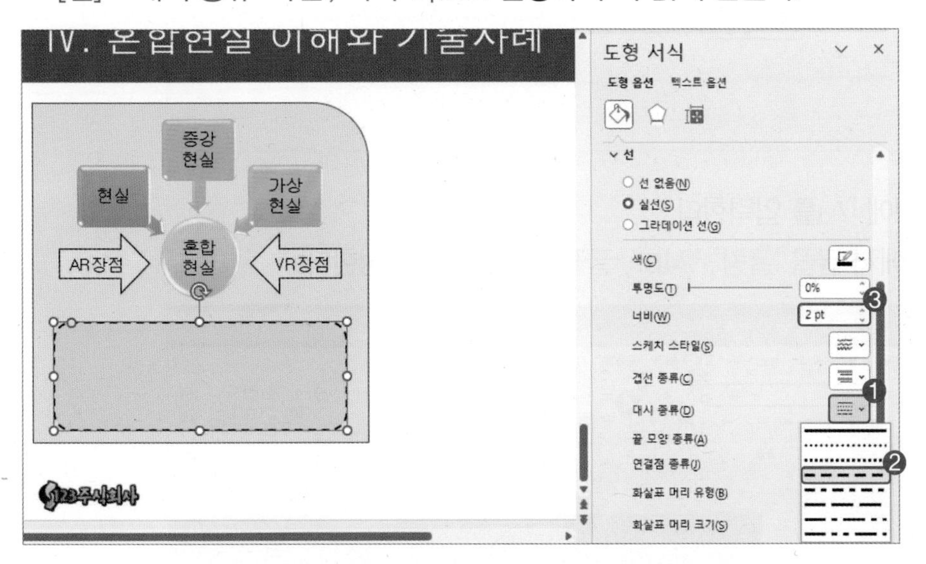

> 기적의 TIP
> 도형 윤곽선의 두께는 문제에 명확한 지시사항이 없다면 출력형태와 유사하게 지정한다.

① 슬라이드 2를 선택하고 슬라이드 제목 『목차』를 입력한다.
→ '텍스트를 입력하십시오' 상자를 삭제한다.

② [삽입] 탭 – [일러스트레이션] 그룹에서 [도형]( ) – [사각형] – [직사각형]을 선택하여 그리고 [기본 도형] – [정육면체]를 그린다.
→ [도형 서식] 탭 – [도형 스타일] 그룹에서 [도형 채우기]( )에 임의의 색을 설정하고 [도형 윤곽선]( )은 [윤곽선 없음]을 설정한다.

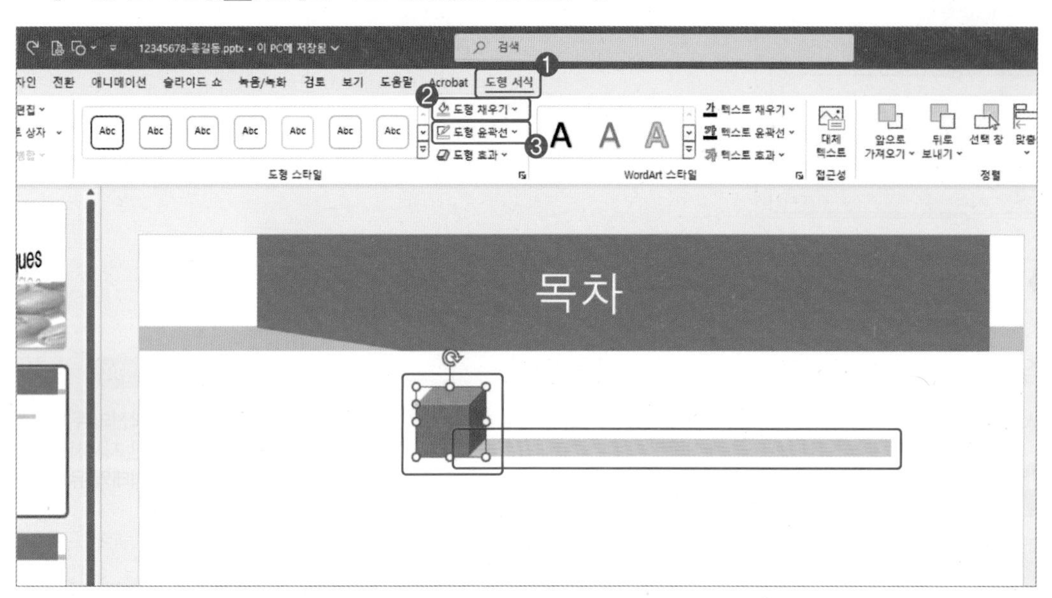

③ 목차 번호가 들어갈 도형에 『A』를 입력한다.
→ [홈] 탭 – [글꼴] 그룹에서 글꼴 '굴림', '24pt', 글꼴 색 '흰색'을 설정한다.

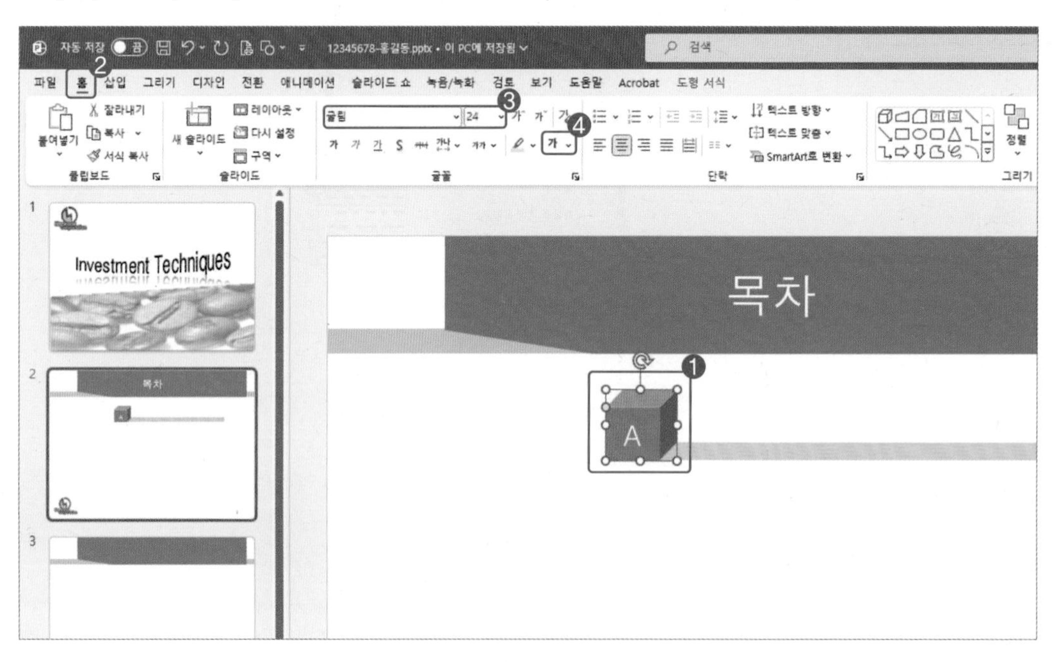

⑩ [삽입] 탭 – [일러스트레이션] 그룹에서 [도형]( ) – [기본 도형] – [육각형]을 선택해 그린다.
→ 그 위에 [순서도: 수행의 시작/종료]를 그리고 『활용분야』를 입력한다.

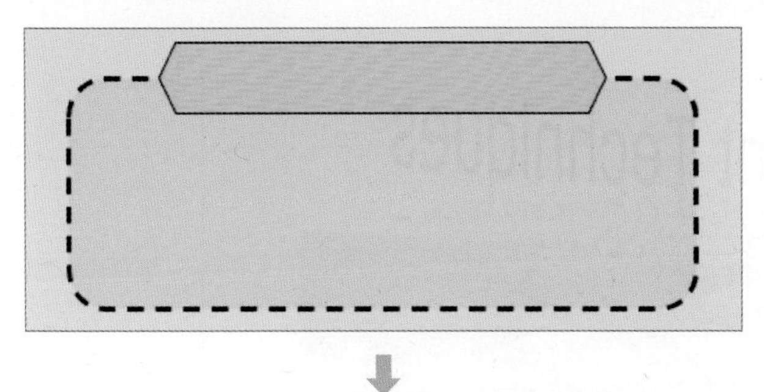

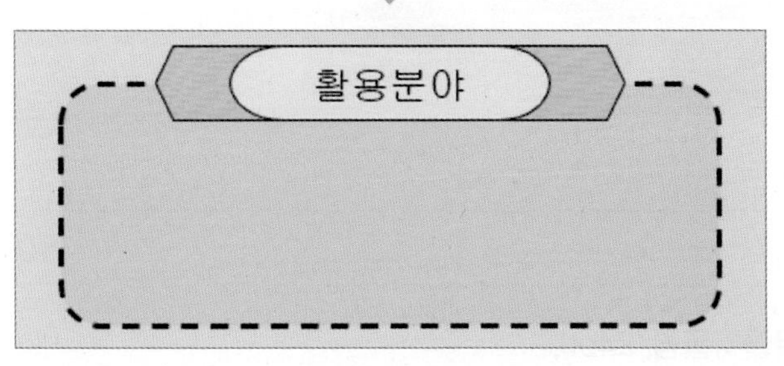

> **기적의 TIP**
> 도형들의 글꼴은 '굴림', '18pt'로 모두 동일해야 한다.

⑪ [삽입] 탭 – [일러스트레이션] 그룹 – [SmartArt]( )를 클릭한다.
→ [SmartArt 그래픽 선택] 대화상자가 나타나면 [관계형] – [선형 벤형]을 선택하고 [확인]을 클릭한다.

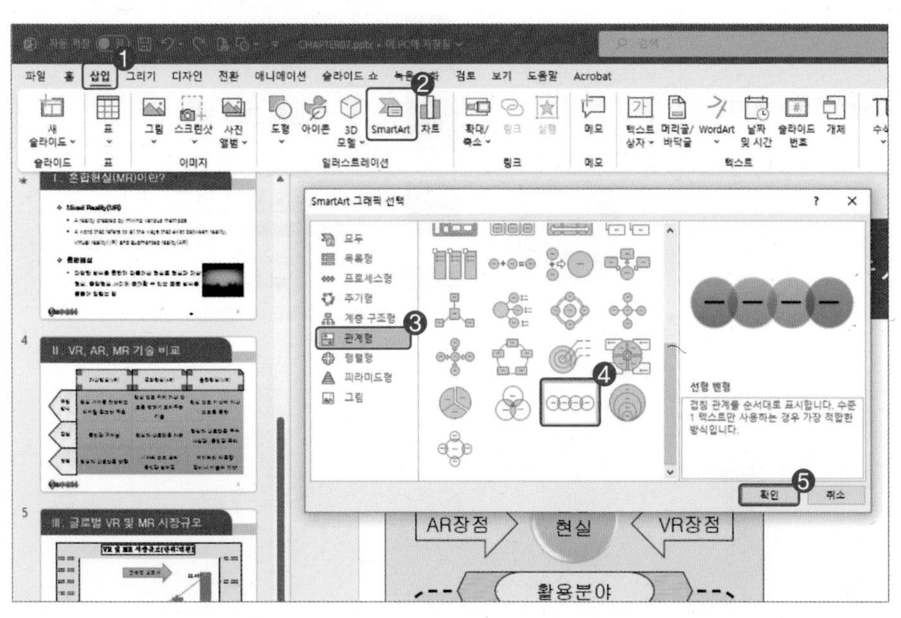

③ 그림의 크기를 조절점으로 조절하고, 문제에 제시된 위치로 그림을 이동시킨다.

슬라이드 ❷ 목차 슬라이드 60점

(1) 출력형태와 같이 도형을 이용하여 목차를 작성한다(글꼴 : 굴림, 24pt).

(2) 도형 : 선 없음

세부조건	
① 텍스트에 링크【하이퍼링크】적용 → '슬라이드 5' ② 그림 삽입 –「내 PC₩문서₩ITQ₩Picture₩그림4.jpg」 – 자르기 기능 이용	목차 A 재테크의 특징 B 재테크의 방법 C 수익률의 비교 ① D 부자 플랜 ② Hankook Corporation 2 쪽

⑫ SmartArt에서 [홈] 탭 – [글꼴] 그룹의 글꼴 '굴림', '18pt'를 설정하고 왼쪽 모서리의 [<]아이콘을 클릭하여 내용을 입력한다.

→ [Enter]를 누르면 도형이 하나 더 추가되며, 도형 간 이동은 방향키를 사용한다.

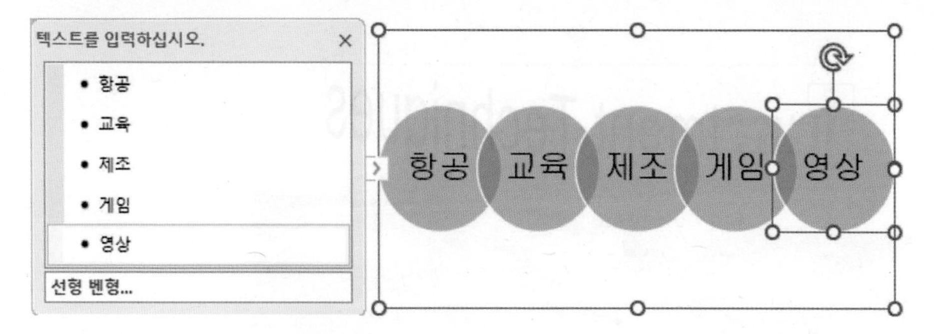

⑬ [SmartArt 디자인] 탭에서 [SmartArt 스타일] 그룹 – [색 변경]( )을 클릭한다.

→ [색상형] 중 도형들이 서로 구분되는 색을 선택하여 적용한다.

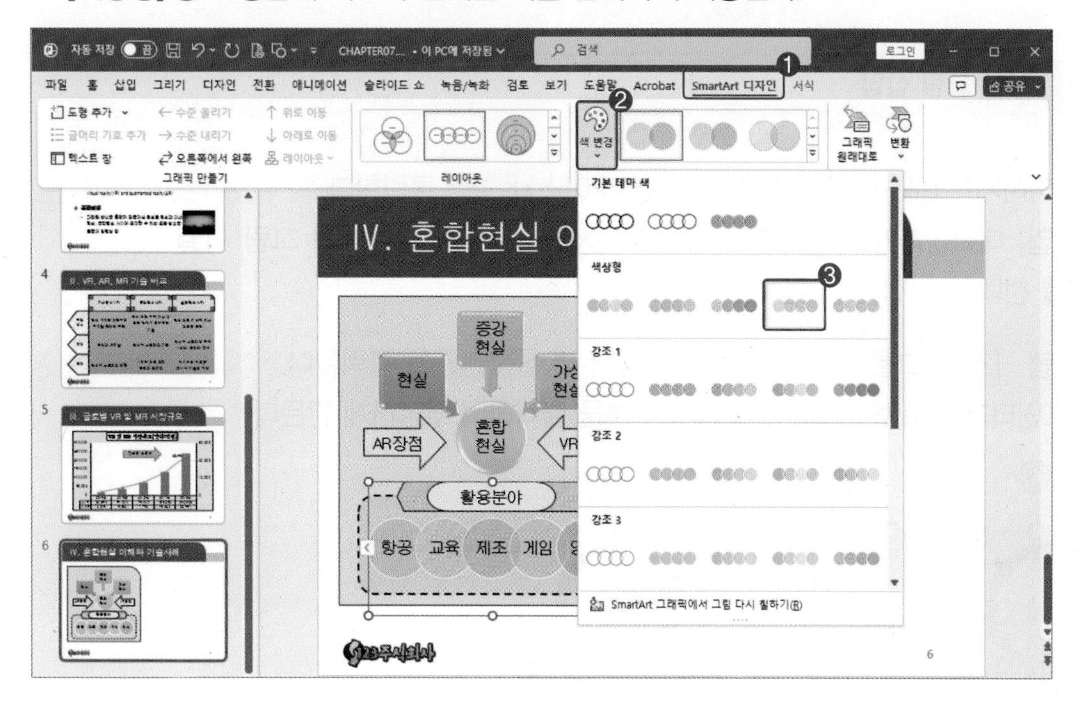

⑤ 모양 조절점과 크기 조절점을 이용해 출력형태와 비슷하게 조절한다.

SECTION 03 상단 그림 삽입

① [삽입] 탭 – [이미지] 그룹 – [그림]( )에서 [이 디바이스]( )를 클릭한다.
→ [그림 삽입] 대화상자가 나타나면 '내 PC₩문서₩ITQ₩Picture'에서 그림 파일 '로고3.jpg'를 선택하고 [삽입]을 클릭한다.

② [그림 서식] 탭 – [조정] 그룹 – [색]( )에서 [투명한 색 설정]( )을 클릭한다.
→ 마우스 포인터가 로 변경되면 연보라색 부분을 클릭하여 투명하게 만든다.

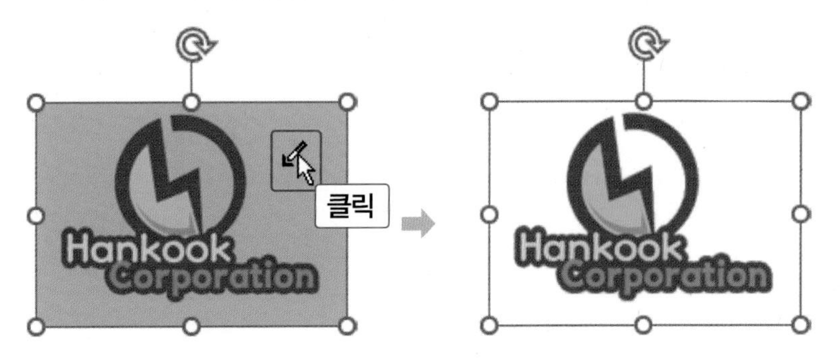

⑭ [SmartArt 디자인] 탭 – [SmartArt 스타일] 그룹 – [빠른 스타일](⊡)을 클릭한다.
→ [3차원] – [만화]를 클릭한다.

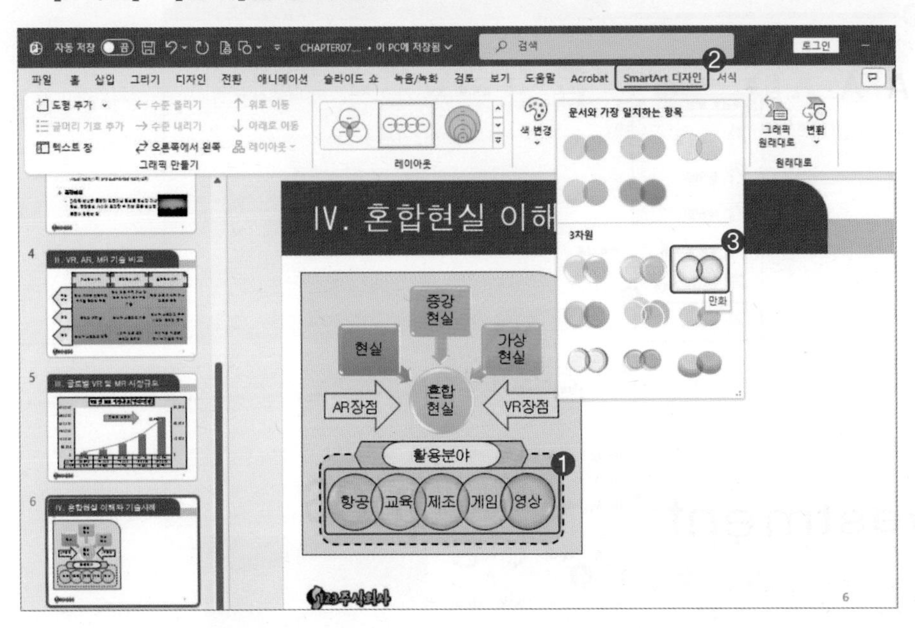

SECTION 02 오른쪽 도형 작성

① [삽입] 탭 – [일러스트레이션] 그룹에서 [도형](▢) – [사각형: 둥근 한쪽 모서리]를 선택하여 그린다.
→ [도형 서식] 탭 – [정렬] 그룹 – [회전](◭)에서 [상하 대칭]과 [좌우 대칭]을 한 번씩 클릭한다.

기적의 TIP

왼쪽의 먼저 그린 도형을 복사해서 사용해도 된다.

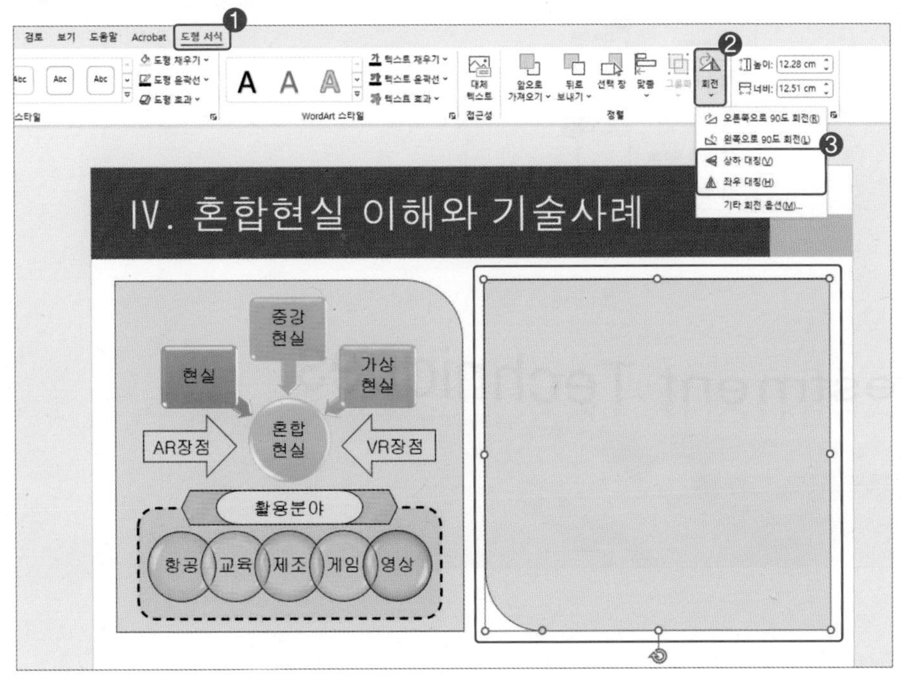

③ [도형 서식] 탭 – [WordArt 스타일] 그룹에서 [텍스트 효과](가) – [변환](가) – [곡선: 위로]를 클릭한다.

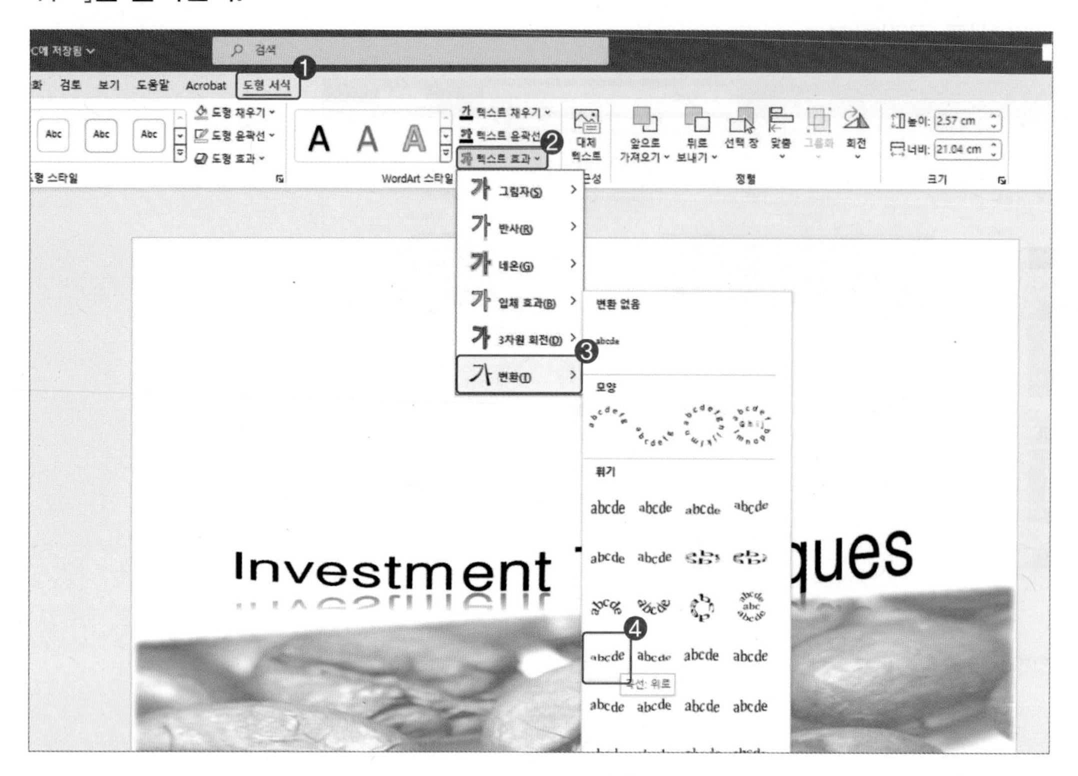

④ [WordArt 스타일] 그룹에서 [텍스트 효과](가) – [반사](가) – [근접 반사: 터치]를 클릭한다.

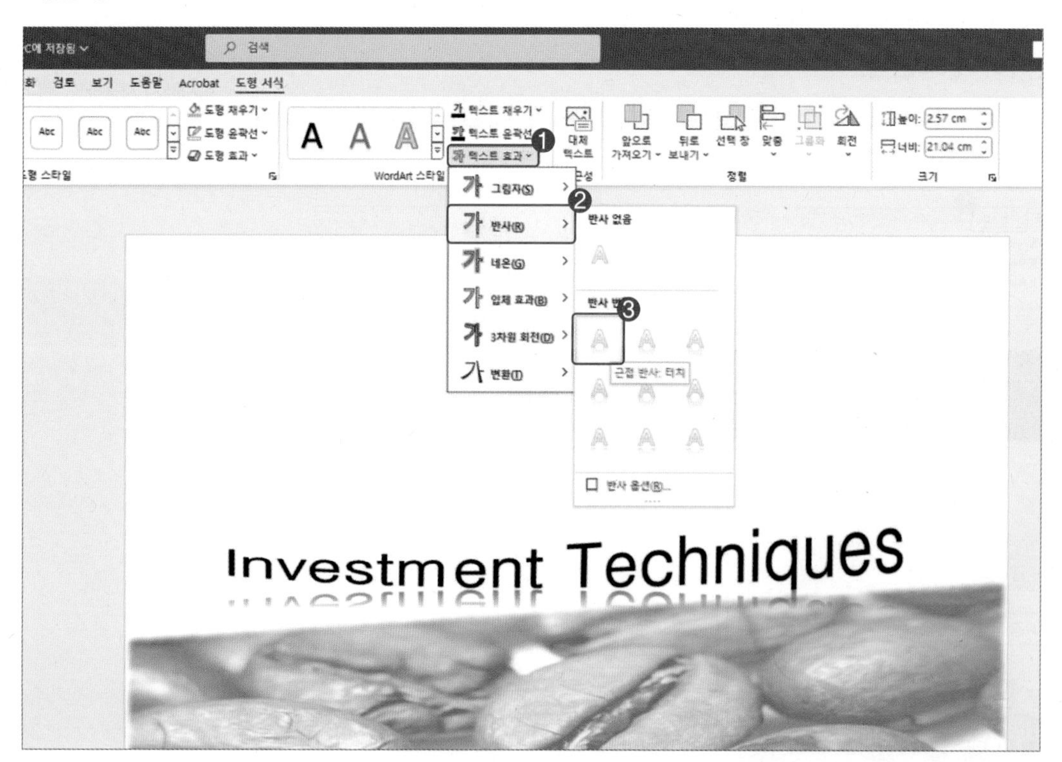

② [삽입] 탭 – [일러스트레이션] 그룹에서 [도형]( ) – [블록 화살표] – [화살표: 왼쪽/오른쪽/위쪽]을 선택하여 그린다.

→ '모양 조절 핸들'을 드래그하여 출력형태처럼 모양을 변경하고 『MR기술 적용 사례』를 입력한다.

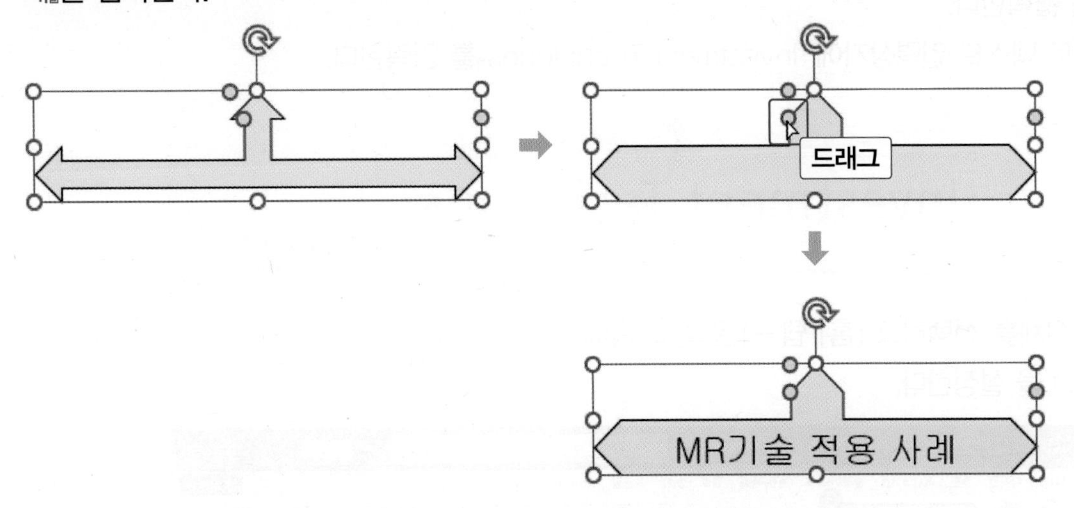

③ [도형]( ) – [블록 화살표] – [설명선: 오른쪽 화살표]을 선택하여 그린다.

→ '모양 조절 핸들'을 드래그하여 출력형태처럼 모양을 변경하고 『한국』을 입력한다.

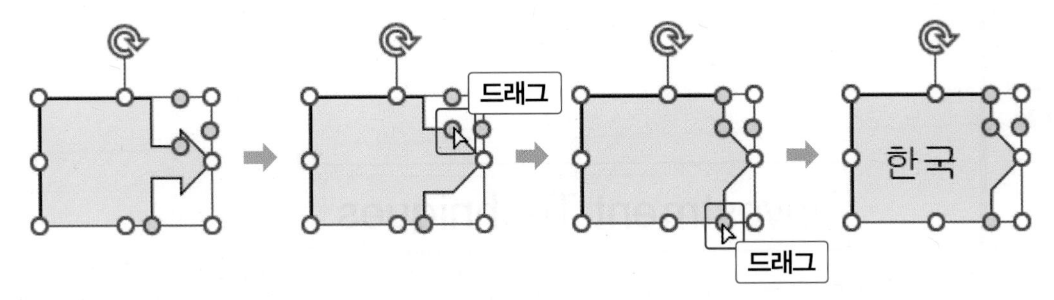

④ [도형]( ) – [기본 도형] – [정육면체]를 선택하여 그린다.

→ 『광주 유니버시아드』를 입력한다.

⑤ 도형을 Ctrl 을 누른 채로 마우스 드래그하여 복사한다.

→ 텍스트를 『평창올림픽 공연』으로 수정한다.

SECTION 02 워드아트 삽입

① [삽입] 탭 – [텍스트] 그룹에서 [WordArt]( ) – [그라데이션 채우기 – 파랑, 강조색 5, 반사]를 클릭한다.
→ 워드아트 텍스트 입력상자에 『Investment Techniques』를 입력한다.

② 워드아트 전체를 선택하고 [홈] 탭 – [글꼴] 그룹에서 글꼴 '돋움', '굵게', 글꼴 색 '검정, 텍스트 1'을 설정한다.

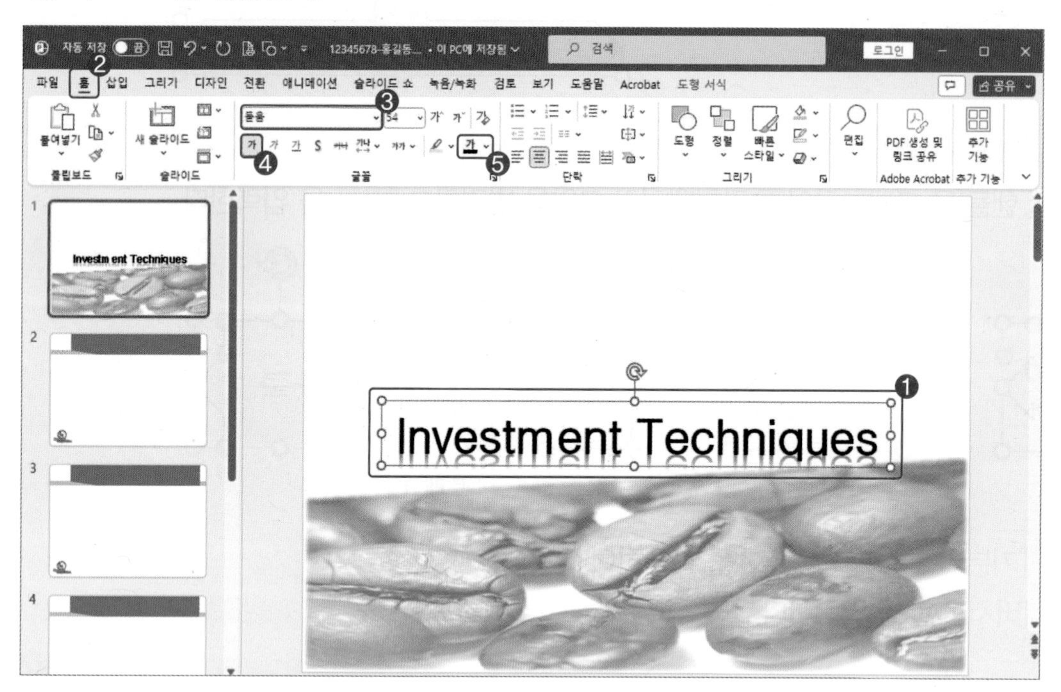

⑥ '평창올림픽 공연' 도형에 [도형 서식] 탭 – [정렬] 그룹에서 [뒤로 보내기]를 클릭한다.

→ [회전]( ) – [좌우 대칭]을 클릭하여 출력형태와 모양을 맞춘다.

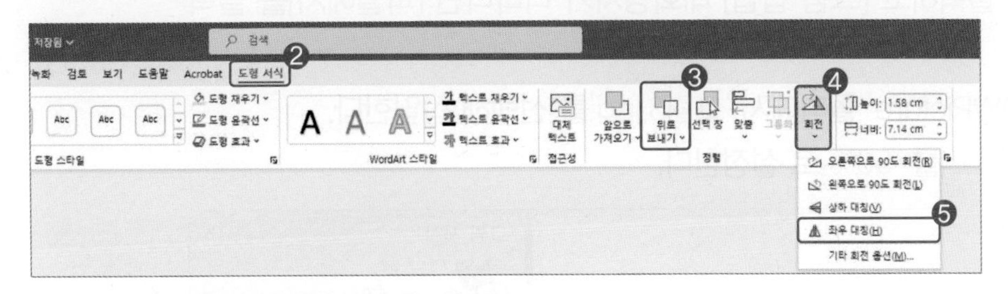

⑦ [삽입] 탭 – [일러스트레이션] 그룹에서 [도형]( ) – [기본 도형] – [눈물 방울]을 선택하여 그린다.

→ [도형 서식] 탭 – [정렬] 그룹 – [회전]( )에서 [상하 대칭]과 [좌우 대칭]을 한 번씩 클릭한다.

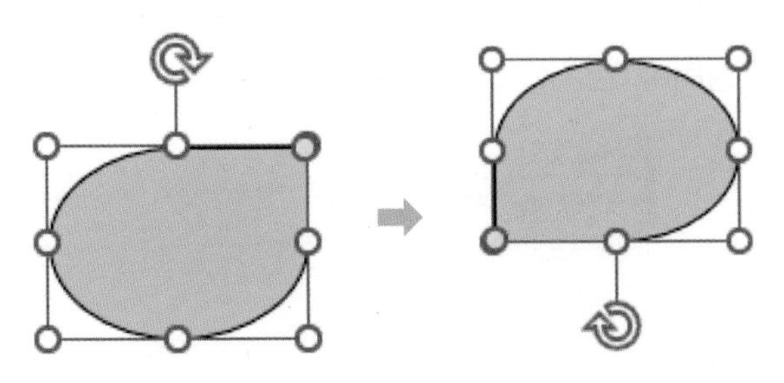

⑧ [삽입] 탭 – [텍스트] 그룹 – [텍스트 상자]( )를 클릭해 마우스 드래그하여 배치한다.

→ 『NASA』를 글꼴 '굴림', '18pt'로 입력하고 도형 위에 배치한다.

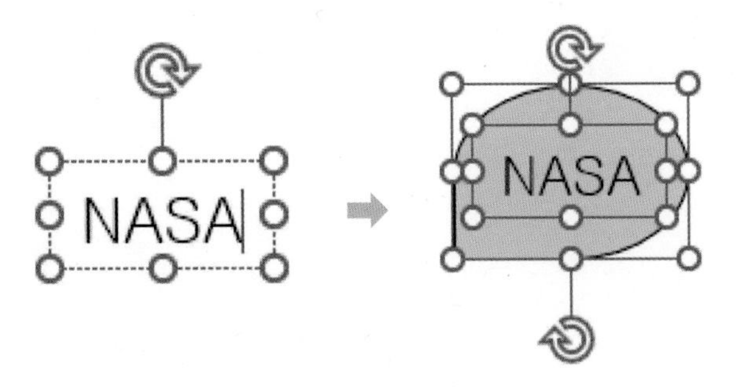

기적의 TIP

도형을 상하 또는 좌우로 대칭시켜서 텍스트의 방향이 바뀌는 경우에는 [텍스트 상자]를 도형 위에 배치한다.

③ 도형을 선택한 후 마우스 오른쪽 클릭하고 [도형 서식]( )을 클릭한다.

→ 도형 옵션의 [채우기 및 선]( ) – [채우기] – [그림 또는 질감 채우기]를 클릭한다.

④ [그림 원본] – [삽입]을 클릭하고 [그림 삽입] 대화상자가 나타나면 [파일에서]를 클릭한다.

→ '내 PC₩문서₩ITQ₩Picture' 폴더에서 '그림3.jpg'를 선택해 삽입한다.

→ [그림 서식]에서 [투명도]를 『50%』로 설정한다.

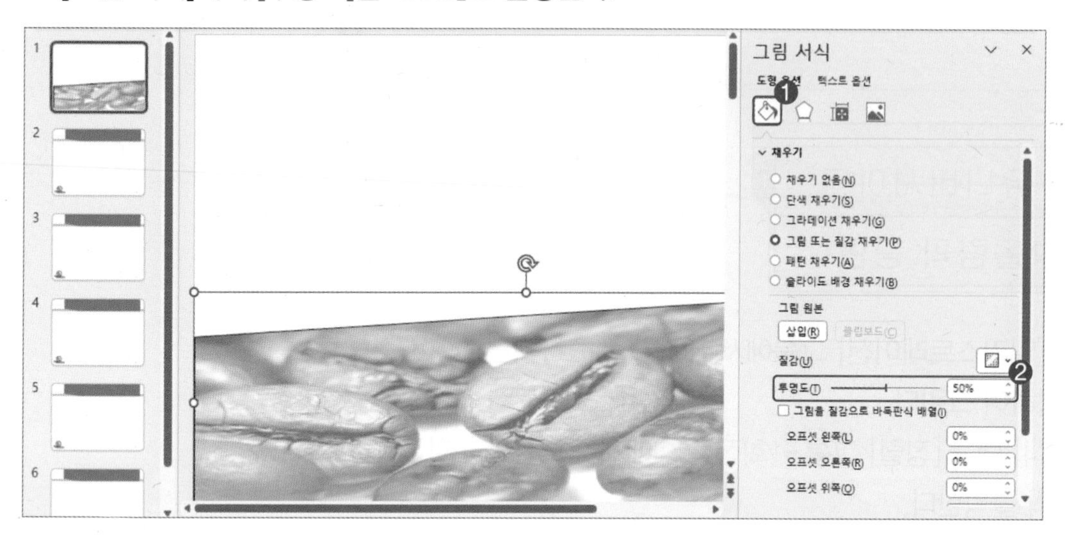

⑤ [효과]( ) – [부드러운 가장자리]에서 크기 『5pt』로 설정하고 닫기( )를 클릭한다.

⑨ [도형]( ) – [사각형: 위쪽 모서리의 한쪽은 둥글고 다른 한쪽은 잘림]을 선택하여 그린다.

→『우주인 교육』을 입력한다.

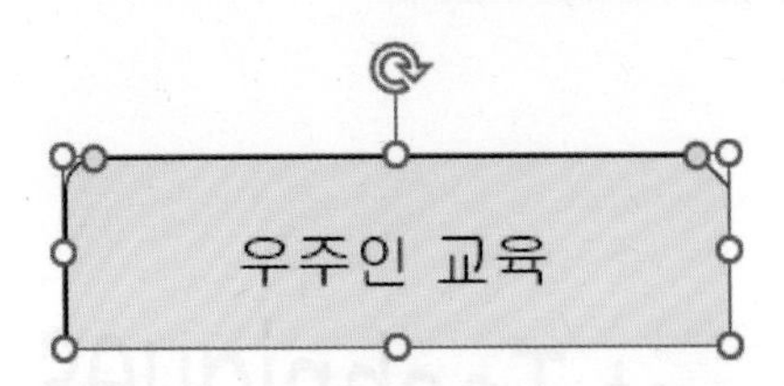

⑩ [도형]( ) – [순서도: 문서]를 선택하여 그리고『코넬대』를 입력한다.

→ '회전 핸들'을 마우스 드래그하여 출력형태처럼 왼쪽으로 회전시킨다.

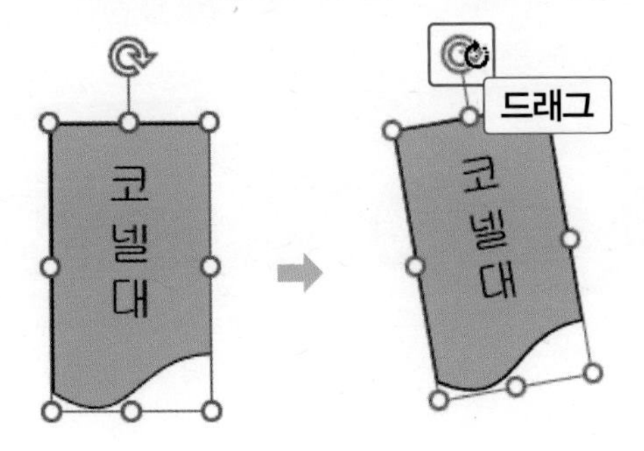

⑪ [도형]( ) – [사각형: 둥근 한쪽 모서리]를 선택하여 그린다.

→ [도형 서식] 탭 – [정렬] 그룹 – [회전]( )에서 [좌우 대칭]을 클릭한다.

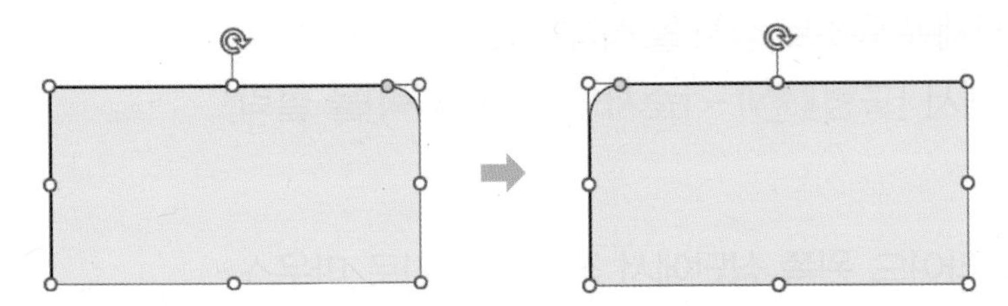

⑫ [도형]( ) – [순서도: 저장 데이터]를 선택하여 앞의 도형 위에 그린다.

→『암 연구에 도입』을 입력한다.

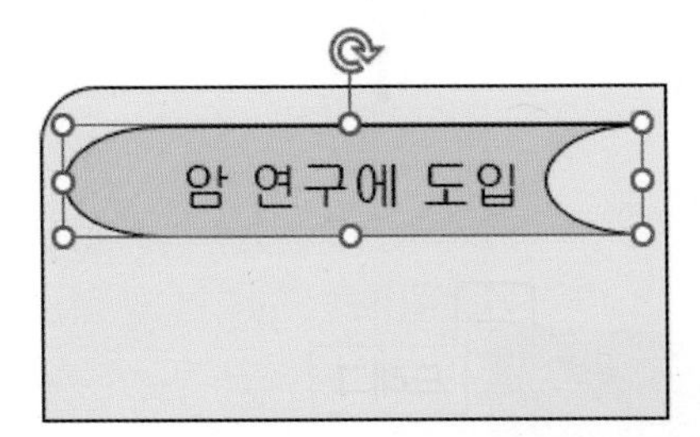

슬라이드 ❶ 표지 디자인 40점

(1) 표지 디자인 : 도형, 워드아트 및 그림을 이용하여 작성한다.

세부조건
① 도형 편집 – 도형에 그림 채우기 : 「내 PC₩문서₩ITQ₩Picture₩그림3.jpg」, 투명도 50% – 도형 효과 : 부드러운 가장자리 5포인트 ② 워드아트 삽입 – 변환 : 곡선, 위로【휘어 올라오기】 – 글꼴 : 돋움, 굵게 – 텍스트 반사 : 근접 반사, 터치 ③ 그림 삽입 –「내 PC₩문서₩ITQ₩Picture₩로고3.jpg」 – 배경(연보라) 투명색으로 설정

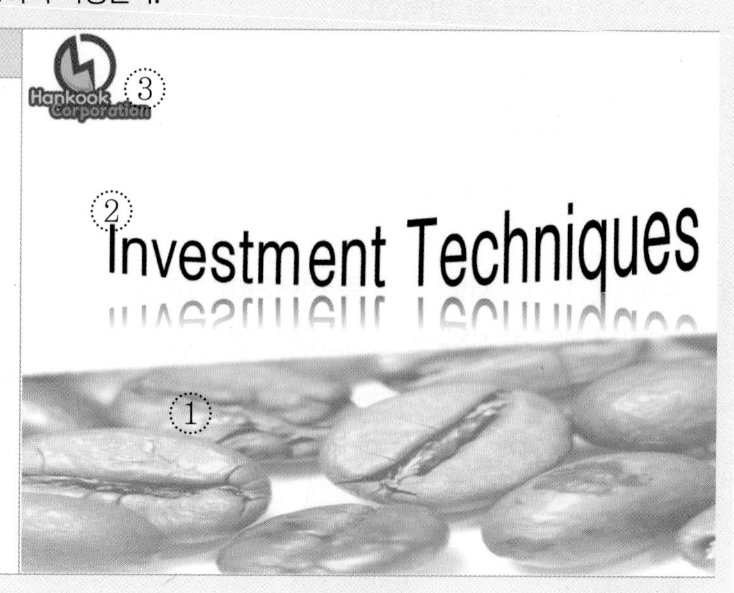

SECTION 01 표지 디자인 도형 작성

① 슬라이드 1에서 '제목 텍스트 상자'와 '부제목 텍스트 상자'를 삭제한다.
→ [삽입] 탭 – [일러스트레이션] 그룹에서 [도형]( ) – [순서도: 수동 입력]을 클릭한다.

② 마우스 포인터 모양이 ┼로 바뀌면, 슬라이드 왼쪽 상단에서 적당한 크기로 마우스 드래그하여 도형을 삽입한다.

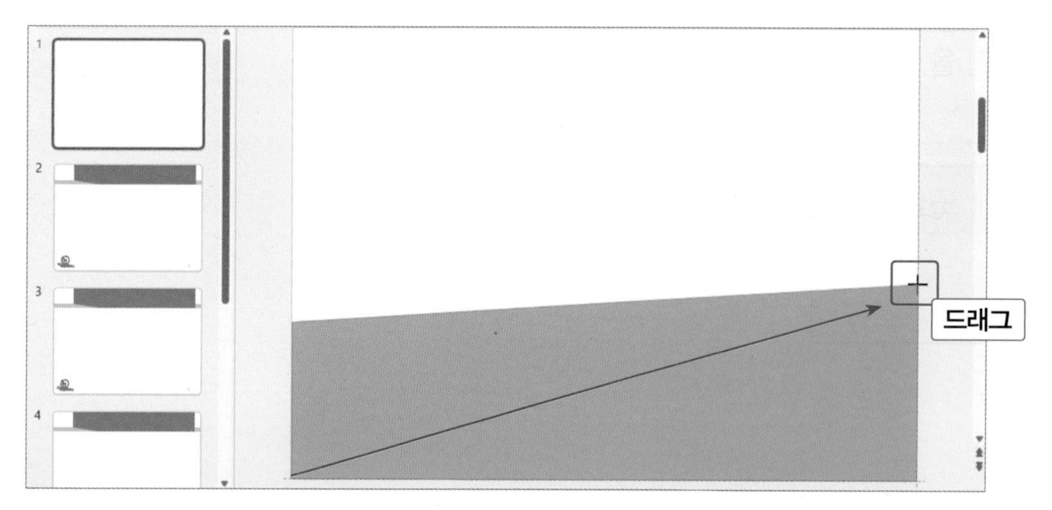

⑬ ⑫에서 그린 도형을 Ctrl+Shift를 누른 채 마우스 드래그하여 복사하고 [도형 채우기]( )로 임의의 색을 지정한다.

→ [도형 서식] 탭 – [정렬] 그룹 – [회전]( )에서 [좌우 대칭]을 클릭한다.

→ 텍스트를 『자동차 설계』로 수정하고 글꼴 색 '흰색'을 지정한다.

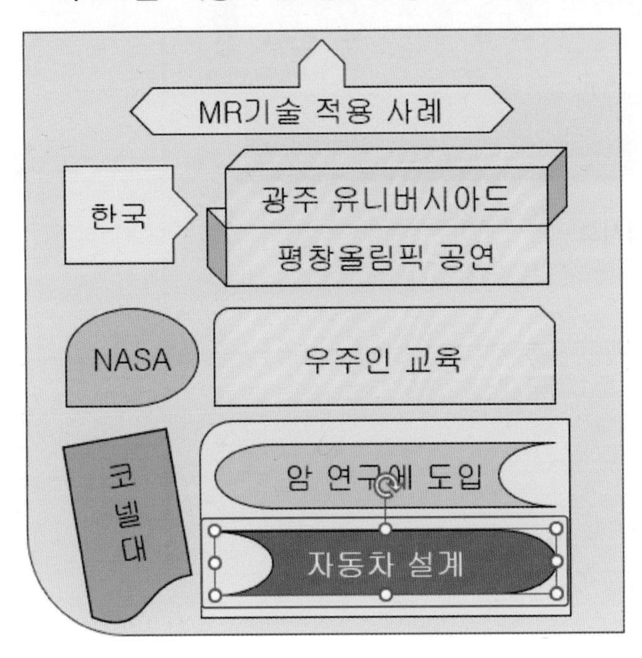

⑭ [도형]( ) – [선] – [연결선: 꺾임]을 선택하여 연결하려는 도형에 마우스를 위치한다.

→ 연결점( )이 생기면 클릭하고 연결하려는 다음 도형까지 드래그한다.

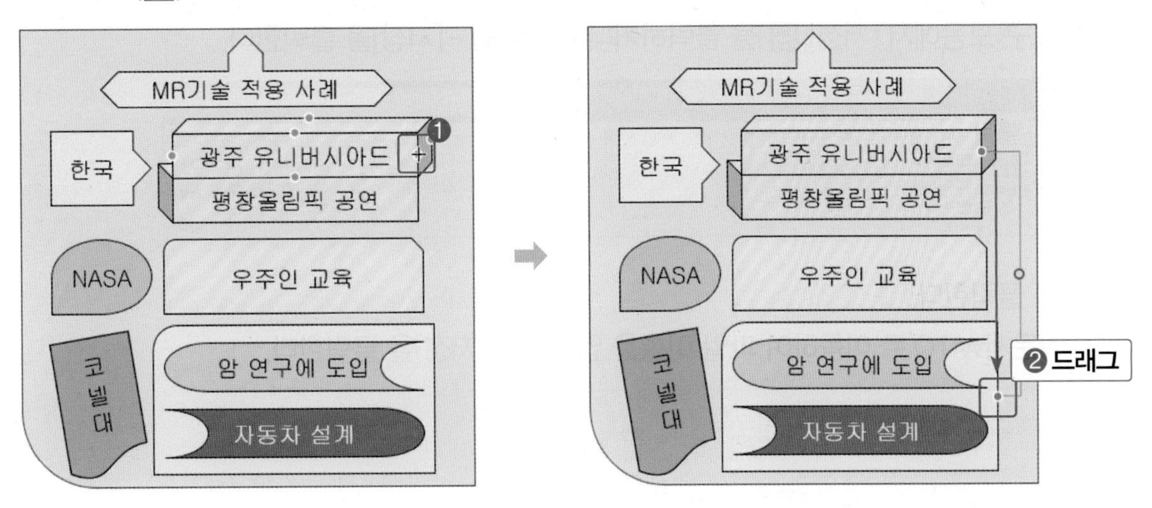

⑦ [홈] 탭-[슬라이드] 그룹-[새 슬라이드]( )에서 [제목 및 내용]을 클릭한다.
→ 동일한 방법으로 총 6개의 슬라이드가 되도록 삽입한다.

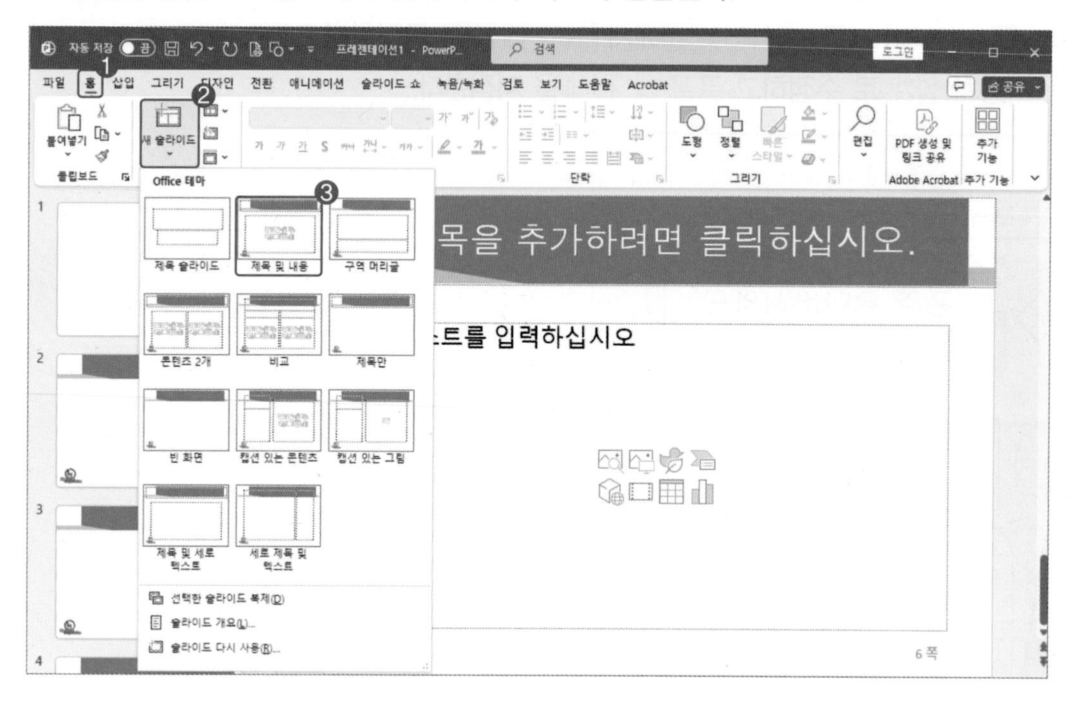

SECTION 04 문서 저장

① 빠른 실행 도구 모음에서 [저장]( )을 클릭하거나 [파일] 탭-[저장]을 클릭한다.

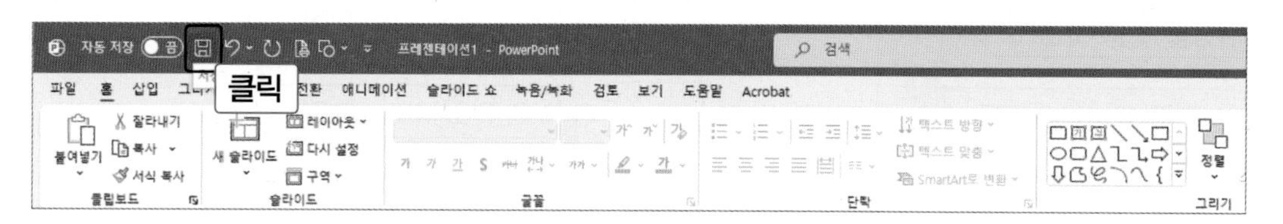

② [찾아보기]를 클릭한다.
→ '내 PC₩문서₩ITQ'로 이동하여 파일 이름을 입력하고 [저장]을 클릭한다.

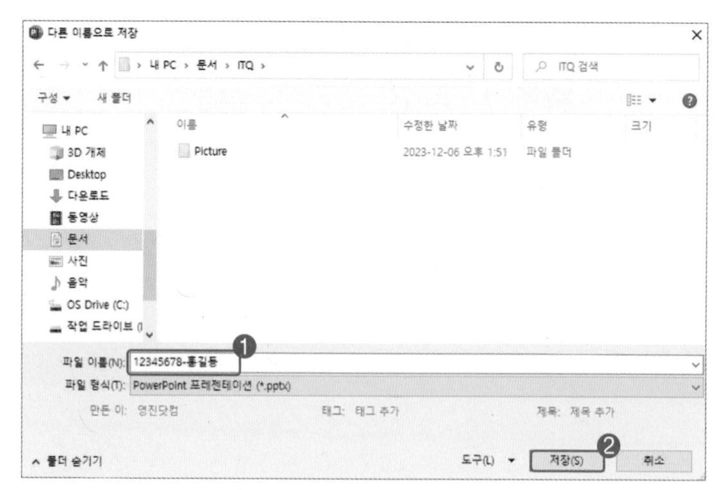

⑮ [도형 서식] 탭 – [도형 스타일] 그룹 – [도형 윤곽선](▨)을 클릭한다.
→ 색과 두께는 출력형태와 가장 유사하게 설정하고 [화살표] – [화살표 스타일 11]을 설정한다.

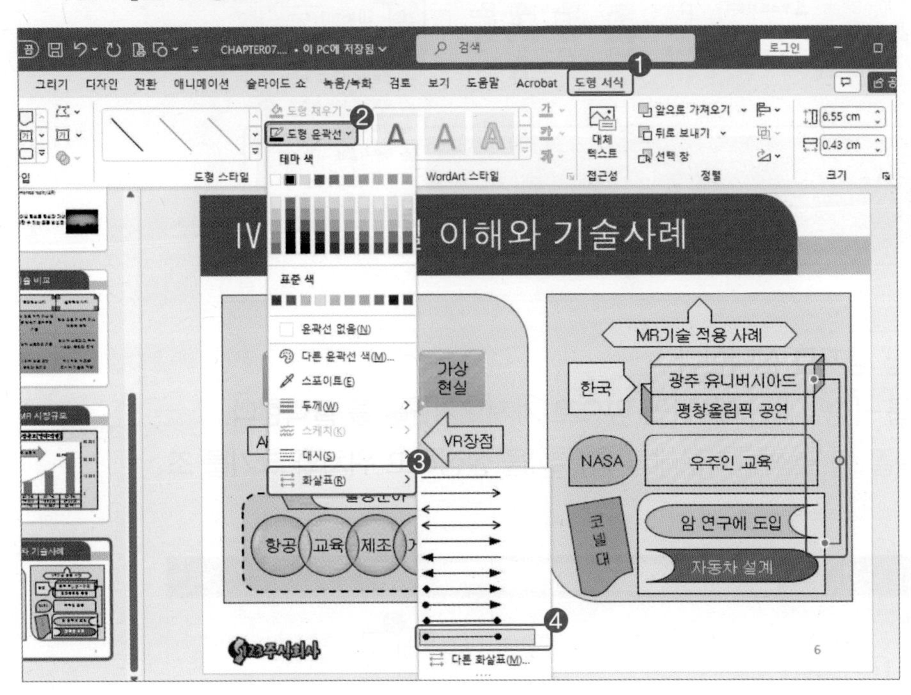

SECTION 03 그룹화 후 애니메이션 효과

① 마우스를 드래그하여 왼쪽 도형들을 모두 선택한다.
→ 마우스 오른쪽 클릭하여 [그룹화](▨) – [그룹]을 클릭한다.

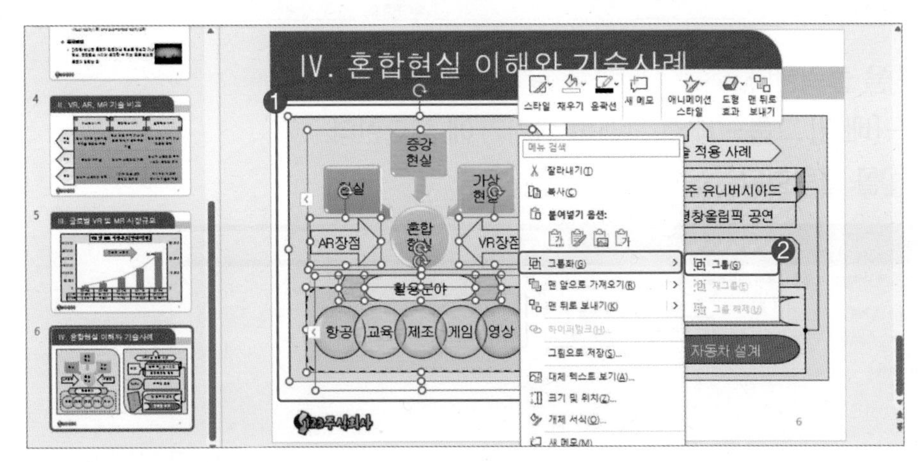

해결 TIP

선택이 안 된 도형이 있어요!
마우스 드래그의 범위 안에 도형이 완전히 포함되도록 선택해야 한다.

기적의 TIP

[도형 서식] 탭 – [정렬] 그룹 – [그룹화]에서도 지정할 수 있다.

④ [도형 서식] 탭 – [정렬] 그룹에서 [회전]( ) – [상하 대칭]을 클릭한다.

⑤ '마스터 제목 스타일 편집' 상자를 선택한다.
→ [홈] 탭 – [그리기] 그룹 – [정렬]( )에서 [맨 앞으로 가져오기]( )를 클릭한다.
→ 글꼴 '돋움', '40pt', 글꼴 색 '흰색', [가운데 맞춤]( )을 설정하고 위치와 크기를 조절한다.

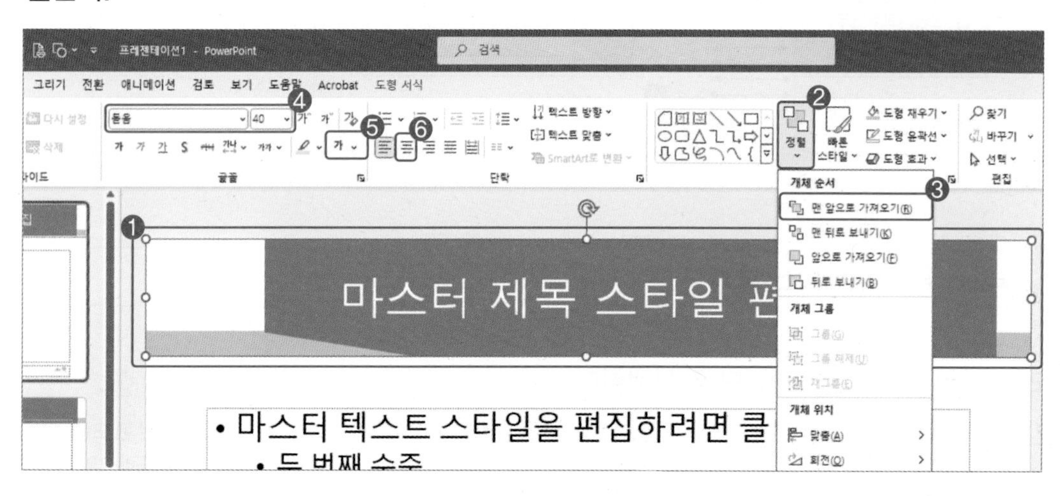

⑥ [제목 슬라이드 레이아웃]을 클릭한다.
→ [슬라이드 마스터] 탭 – [배경] 그룹 – '배경 그래픽 숨기기'에 체크한다.
→ [마스터 보기 닫기]( )를 클릭한다.

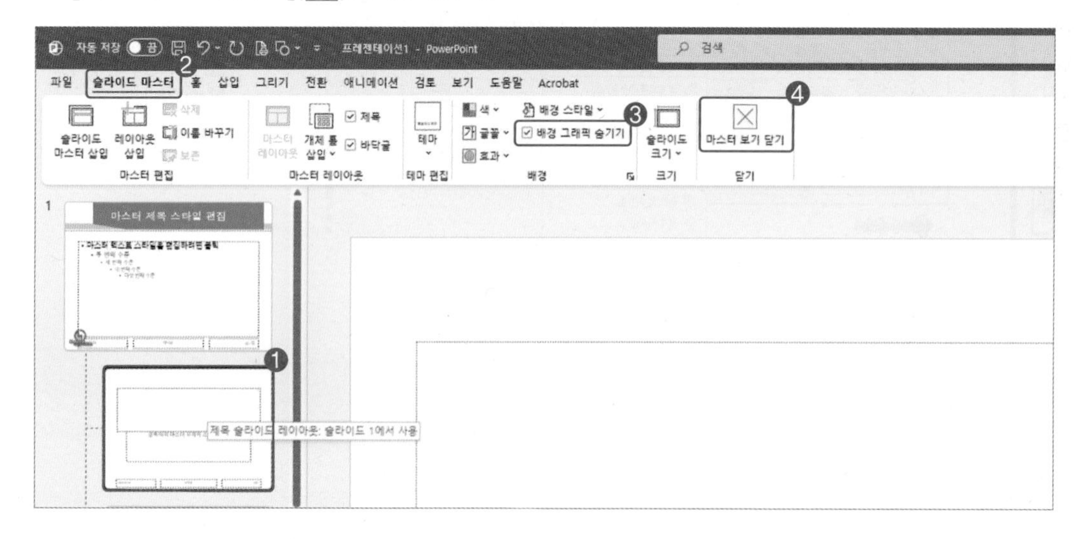

② 오른쪽 도형들도 같은 방법으로 그룹을 지정한다.

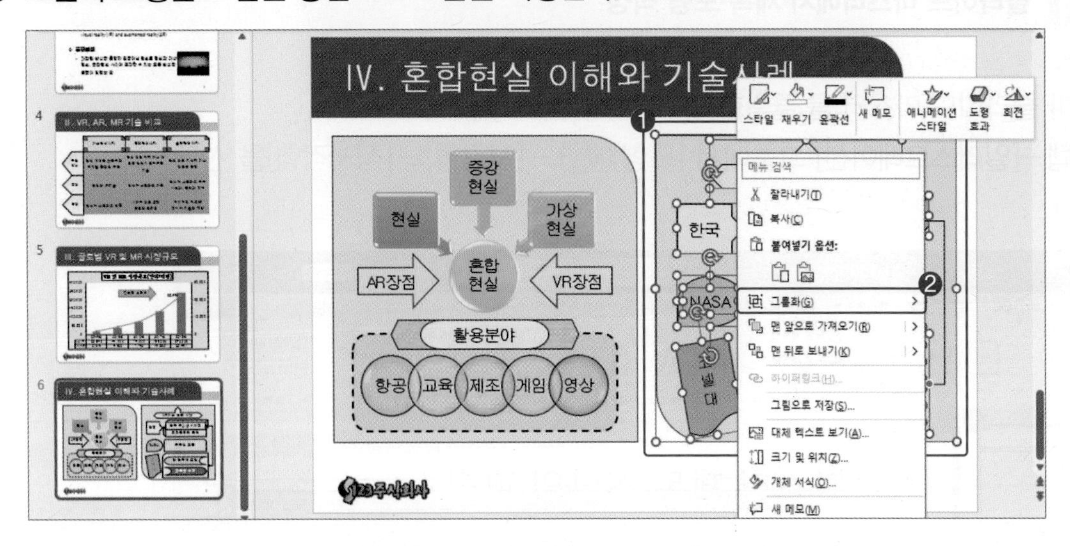

③ 왼쪽 도형 그룹을 선택한 후 [애니메이션] 탭 – [닦아내기]를 클릭한다.

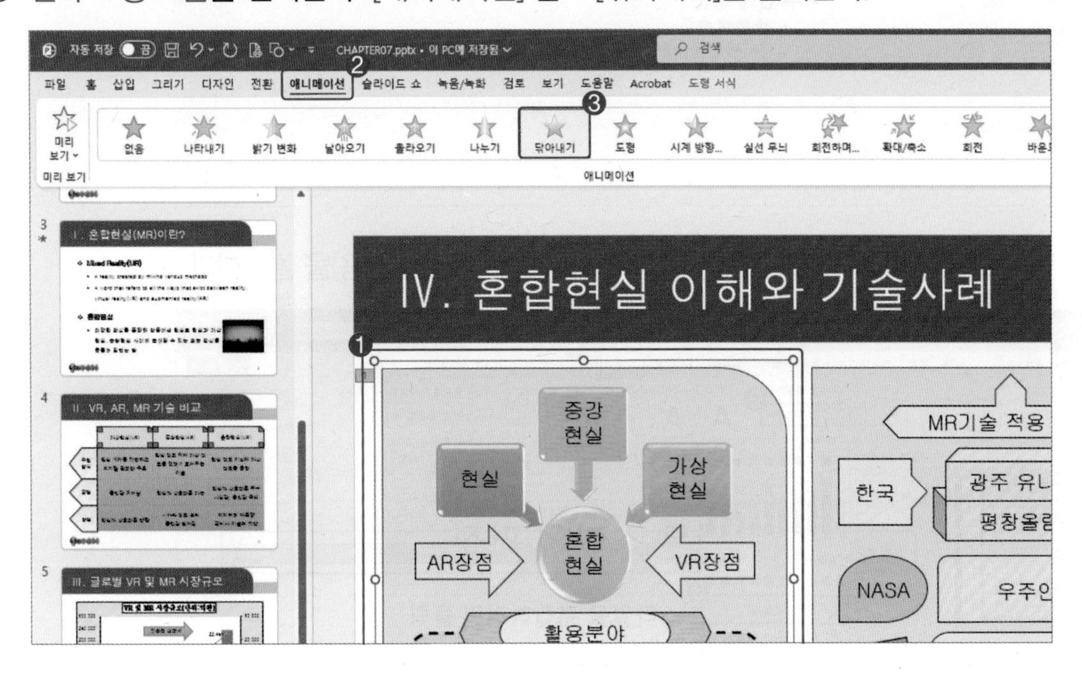

SECTION 03 슬라이드 마스터에서 제목 도형 작성

① [Office 테마 슬라이드 마스터]를 클릭한다.
→ [삽입] 탭 – [일러스트레이션] 그룹에서 [도형]( ) – [사각형] – [직사각형]을 선택하여 그린다.

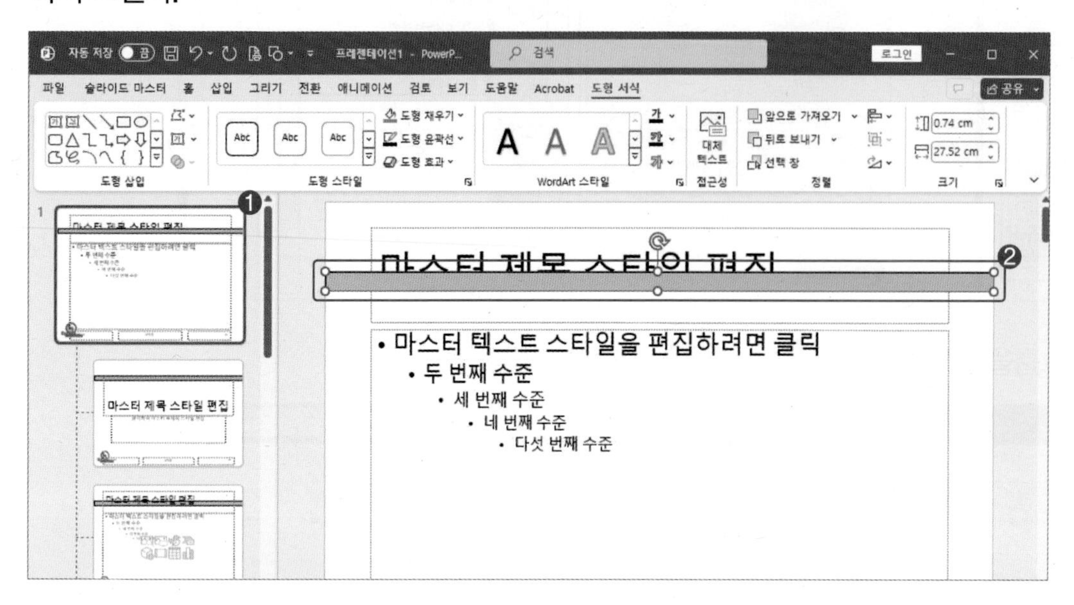

② [도형 서식] 탭 – [도형 스타일] 그룹 – [도형 윤곽선]( )에서 [윤곽선 없음]을 클릭한다.

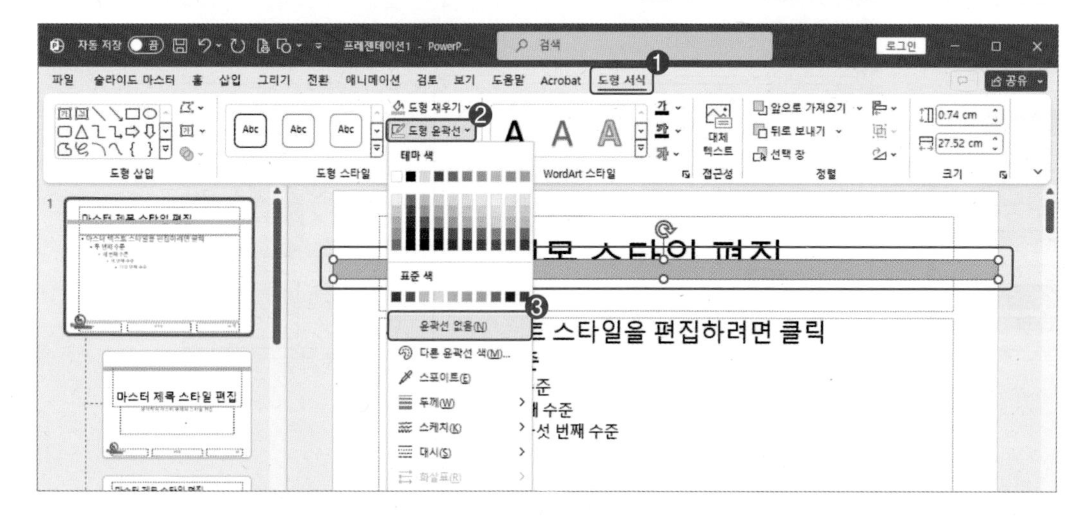

③ [삽입] 탭 – [일러스트레이션] 그룹에서 [도형]( ) – [순서도: 카드]를 선택하여 그린다.
→ [도형 윤곽선]( )에서 [윤곽선 없음]으로 설정한다.

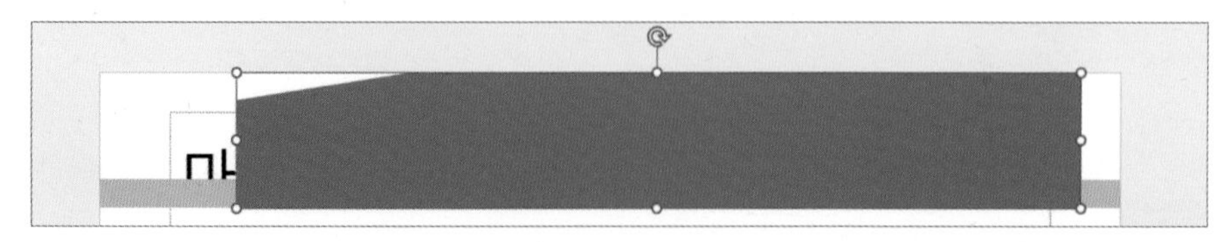

④ [애니메이션] 그룹의 오른쪽 하단에 [추가 효과 옵션 표시](◪)가 활성화되면 클릭한다.

⑤ [닦아내기] 대화상자가 나타나면 [효과] 탭에서 방향 '위에서'를 설정한 후 [확인]을 클릭한다.

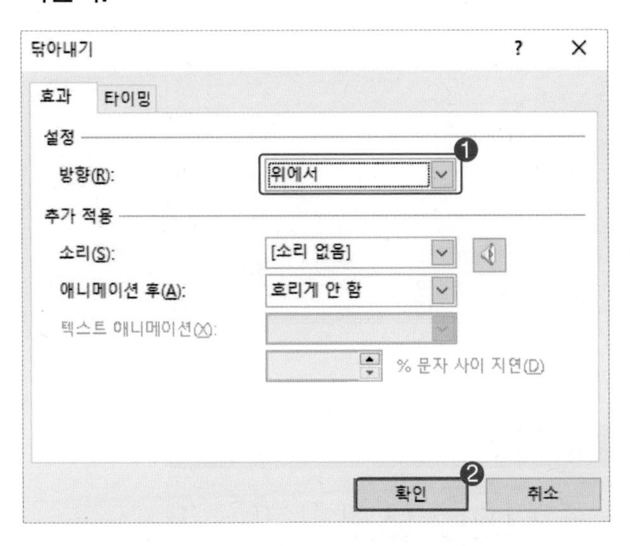

⑥ 오른쪽 도형 그룹을 선택한 후 [애니메이션] 탭 – [바운드]를 클릭한다.

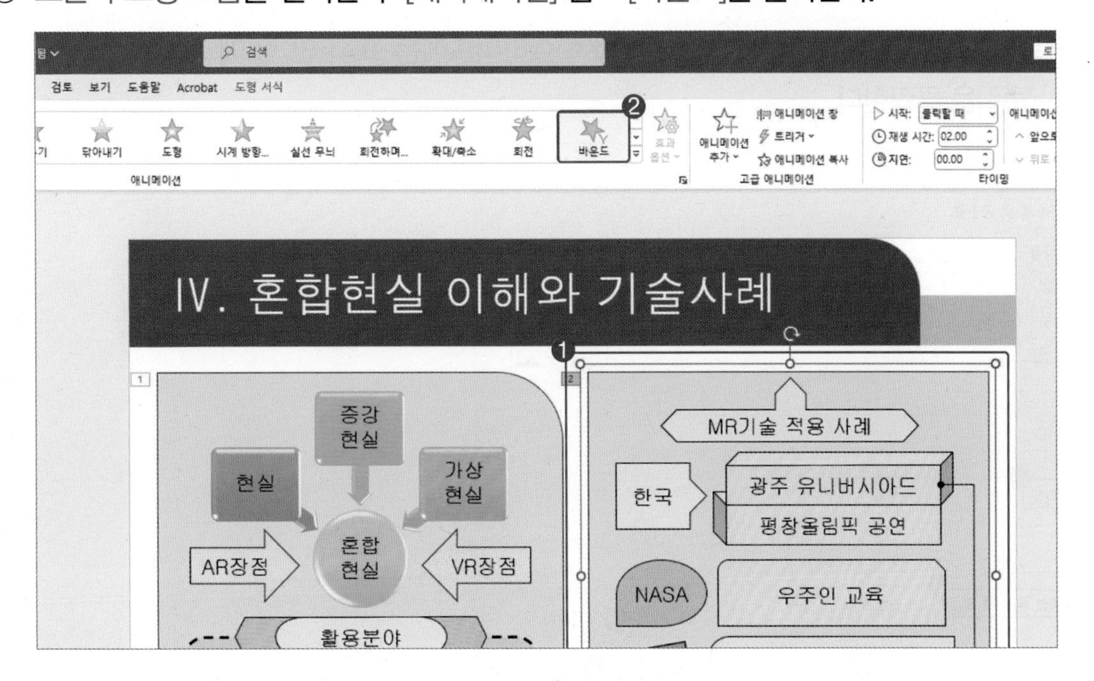

⑦ [제목 및 내용 레이아웃]을 클릭한다.

→ [슬라이드 번호] 영역을 선택하여 글꼴 '16pt'를 설정하고 〈#〉 뒤에 『쪽』을 입력한다.

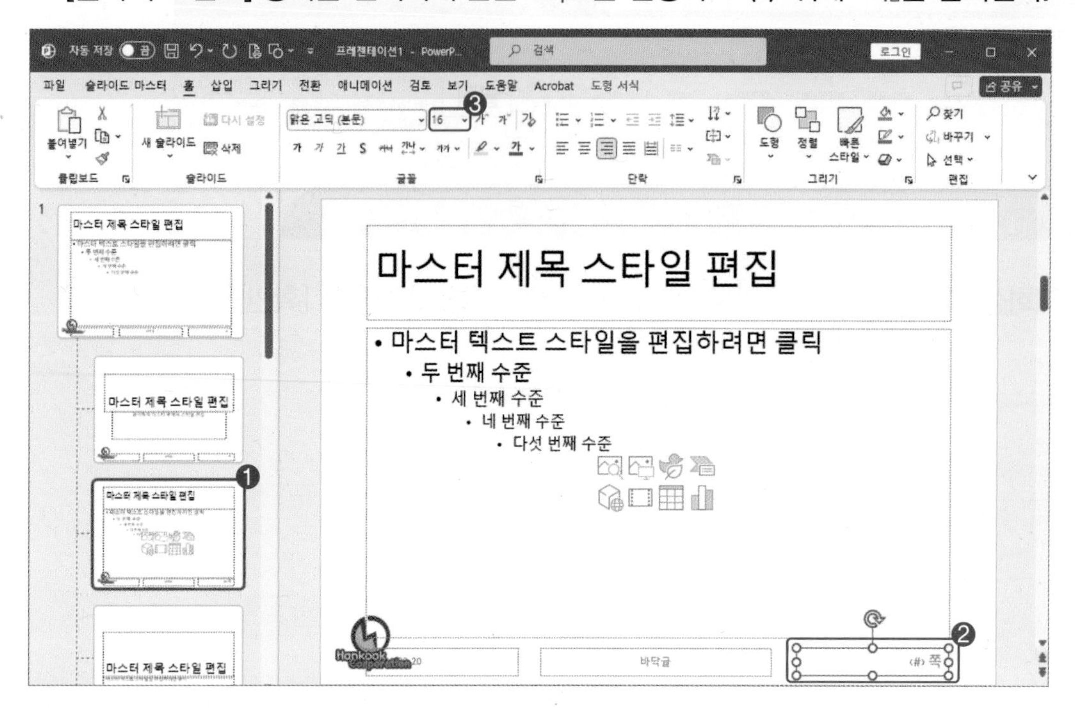

⑧ [삽입] 탭 – [텍스트] 그룹 – [머리글/바닥글]()을 클릭한다.

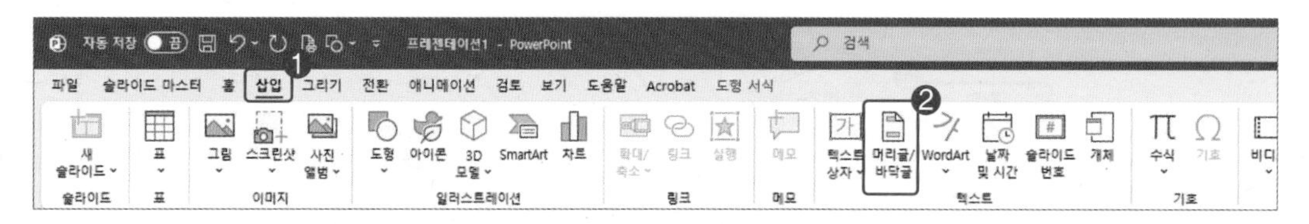

⑨ [머리글/바닥글] 대화상자에서 '슬라이드 번호', '제목 슬라이드에는 표시 안 함'에 체크하고 [모두 적용]을 클릭한다.

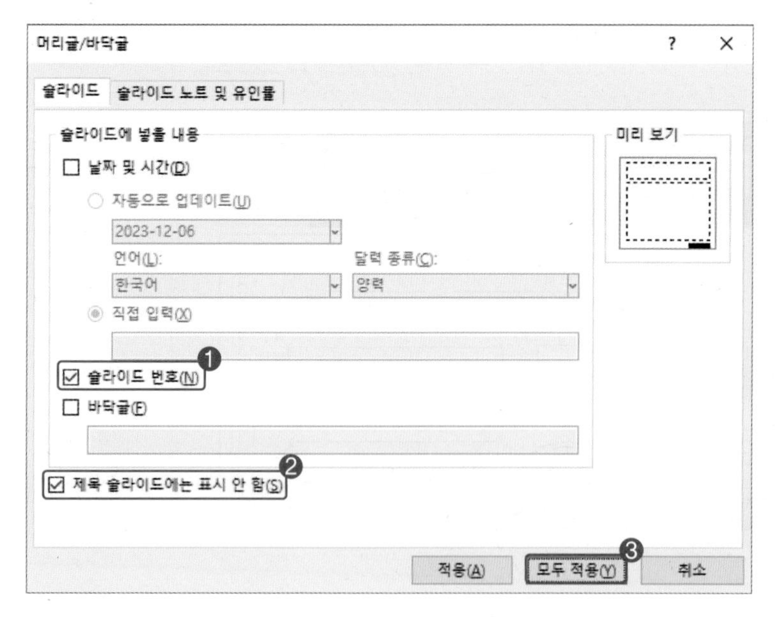

⑦ [미리 보기]를 클릭하여 적용한 애니메이션 효과를 확인해 본다.

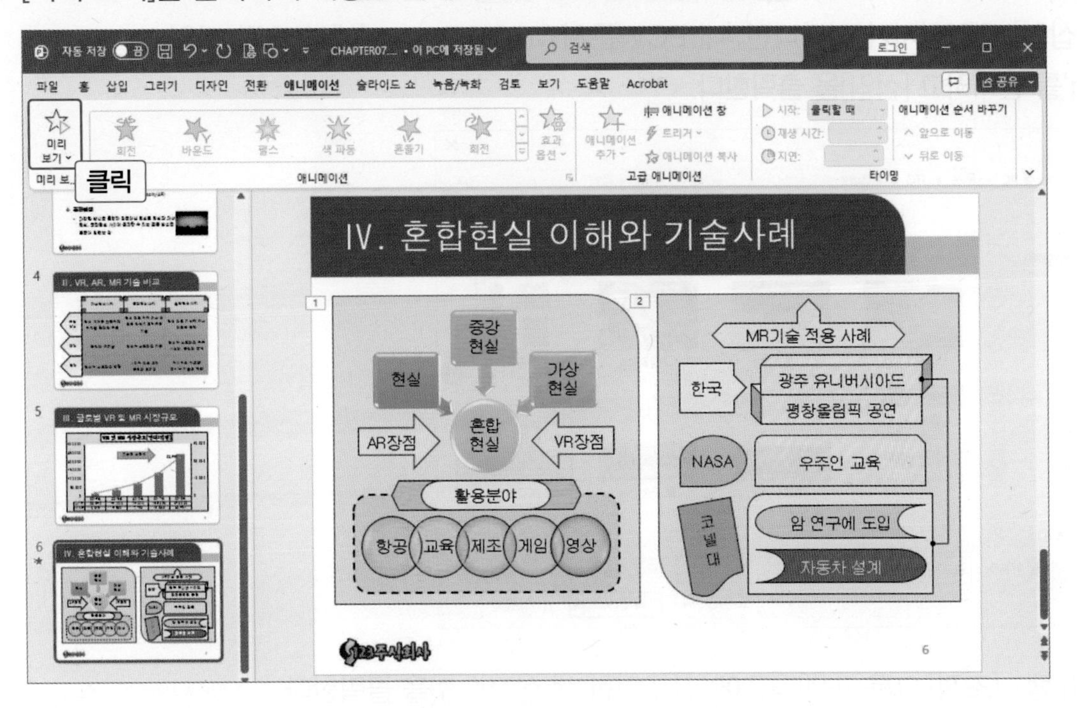

③ [삽입] 탭-[이미지] 그룹-[그림]( )에서 [이 디바이스]( )를 클릭한다.
→ [그림 삽입] 대화상자가 나타나면 '내 PC₩문서₩ITQ₩Picture'에서 그림 파일 '로고3.jpg'를 선택하고 [삽입]을 클릭한다.

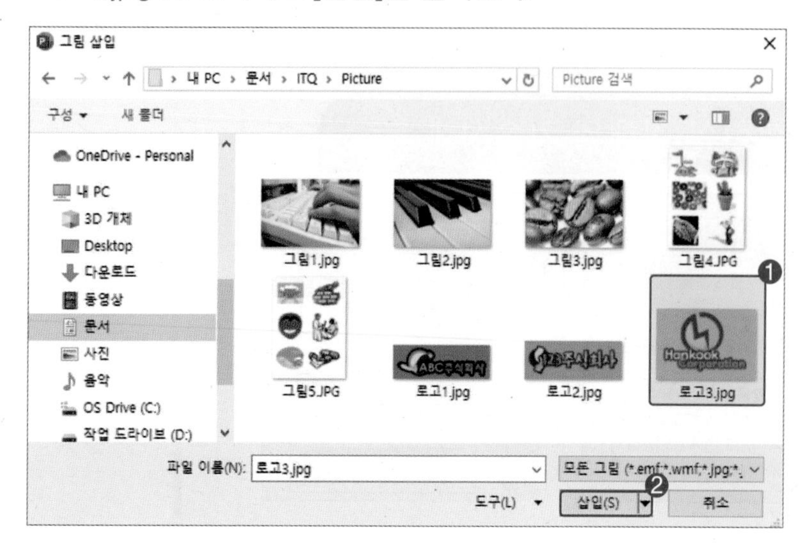

④ [그림 서식] 탭-[조정] 그룹-[색]( )에서 [투명한 색 설정]( )을 클릭한다.

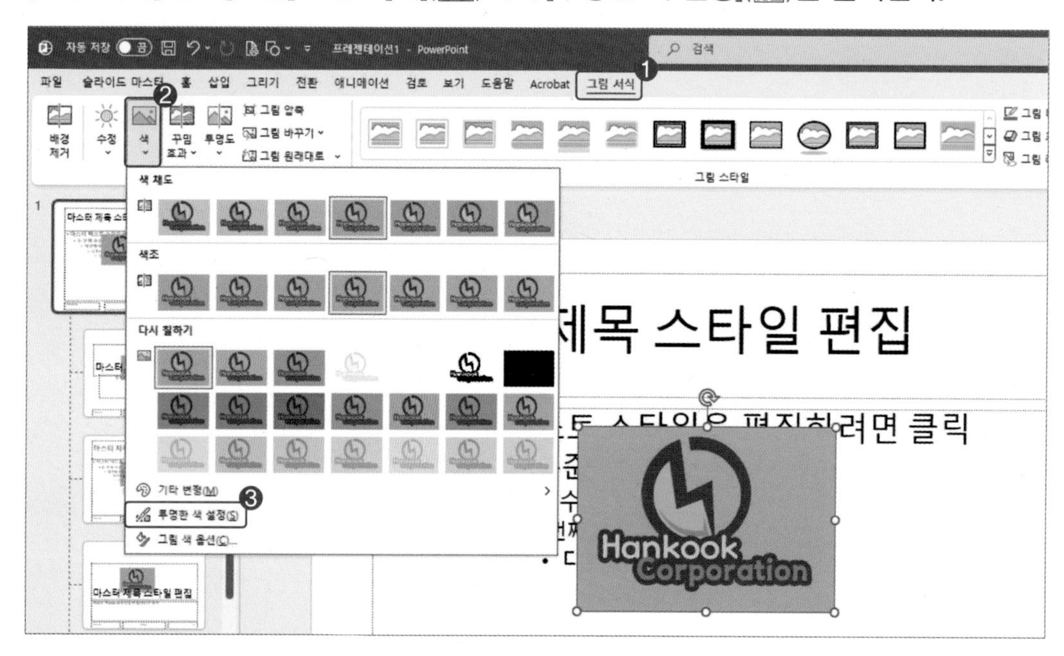

⑤ 마우스 포인터가 로 변경되면 연보라색 부분을 클릭한다.

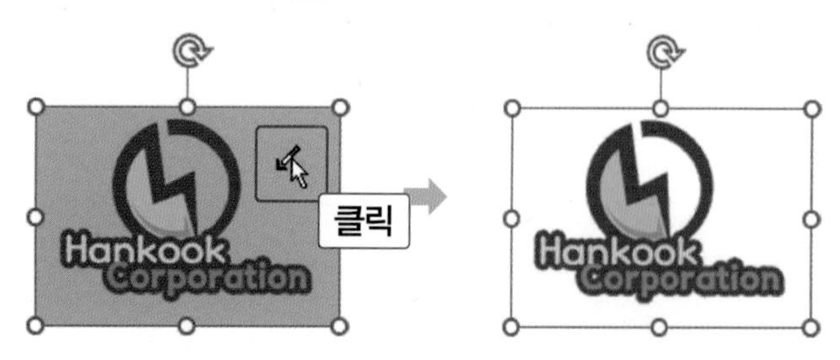

⑥ 그림의 조절점을 드래그하여 크기를 조절한 후 문제에서 제시된 위치로 이동시킨다.

문제유형 ❻-1

정답파일 PART 01 시험 유형 따라하기₩유형6-1번_정답.pptx

세부조건

도형 및 스마트아트(글꼴 : 굴림, 18pt)
애니메이션 순서 : ① ⇒ ②

① 도형 및 스마트아트 편집
- 스마트아트 디자인 : 3차원 벽돌, 3차원 광택 처리
- 그룹화 후 애니메이션 효과 : 바운드

② 도형 편집
- 그룹화 후 애니메이션 효과 : 나누기(세로 바깥쪽으로)

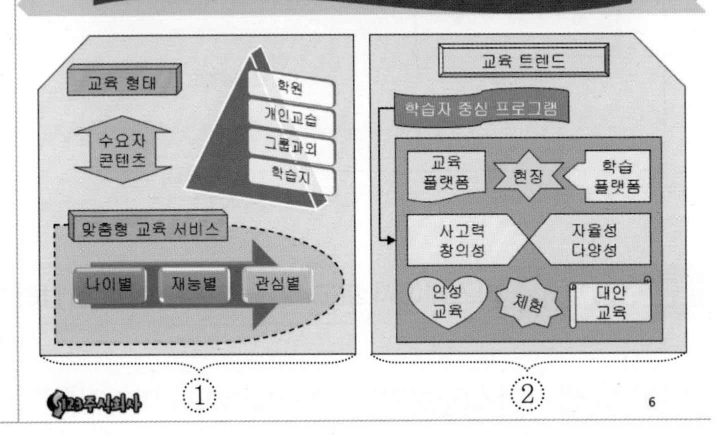

문제유형 ❻-2

정답파일 PART 01 시험 유형 따라하기₩유형6-2번_정답.pptx

세부조건

도형 및 스마트아트(글꼴 : 돋움, 18pt)
애니메이션 순서 : ① ⇒ ②

① 도형 및 스마트아트 편집
- 스마트아트 디자인 : 3차원 만화, 강한 효과
- 그룹화 후 애니메이션 효과 : 닦아내기(위에서)

② 도형 편집
- 그룹화 후 애니메이션 효과 : 회전

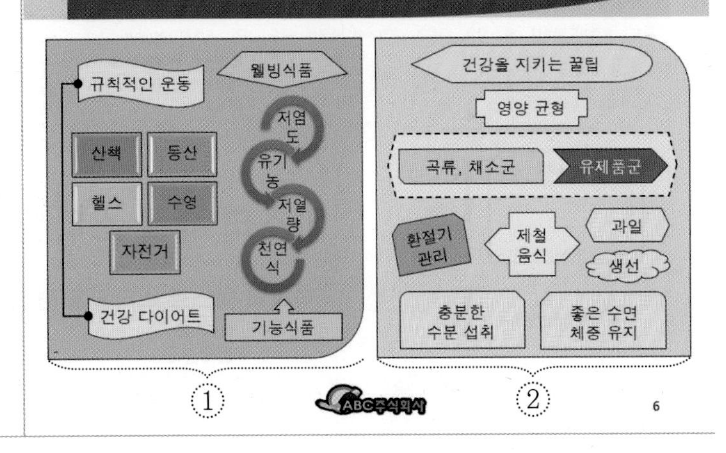

④ 슬라이드 크기 변경 안내 창이 나오면 [최대화] 또는 [맞춤 확인]을 클릭한다.

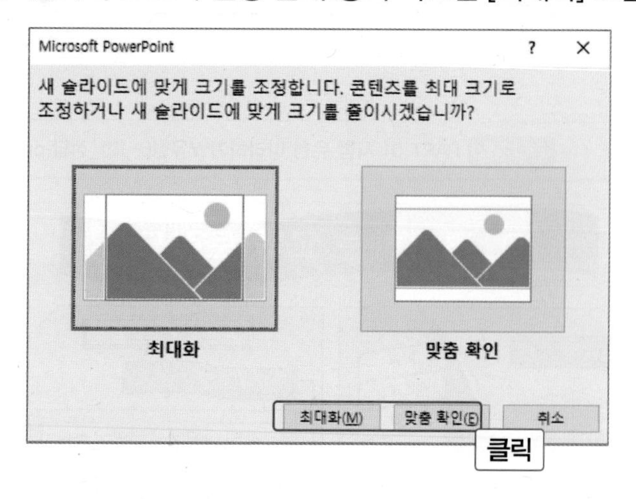

SECTION 02 마스터에서 로고 및 슬라이드 번호 삽입하기

① [보기] 탭－[마스터 보기] 그룹－[슬라이드 마스터]( )를 클릭한다.

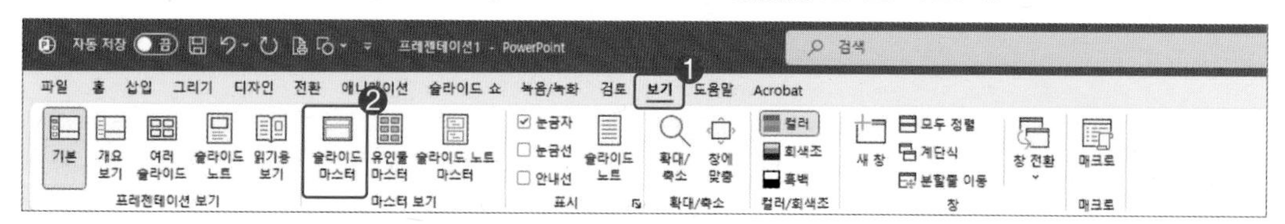

② 왼쪽 창의 축소판 그림에서 제일 위의 [Office 테마 슬라이드 마스터]를 클릭한다.

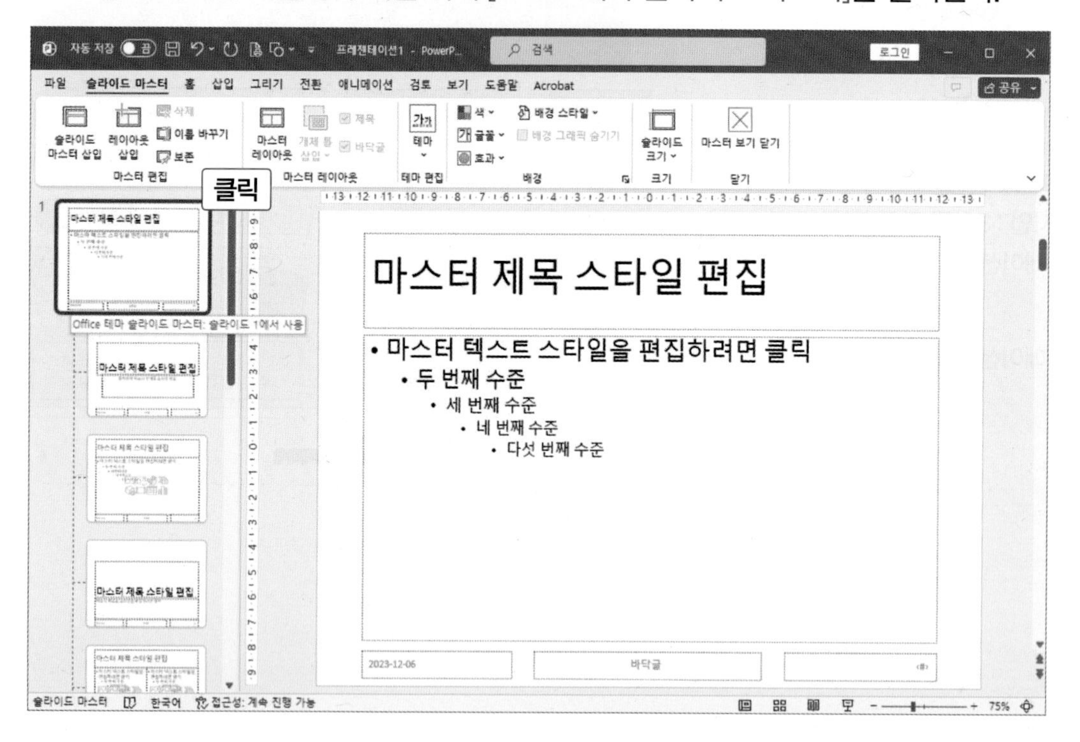

문제유형 ⑥-3

정답파일 PART 01 시험 유형 따라하기₩유형6-3번_정답.pptx

세부조건

도형 및 스마트아트(글꼴 : 굴림, 18pt)
애니메이션 순서 : ① ⇒ ②

① 도형 및 스마트아트 편집
– 스마트아트 디자인 : 3차원 경사, 3차원 만화
– 그룹화 후 애니메이션 효과 : 닦아내기(아래에서)

② 도형 편집
– 그룹화 후 애니메이션 효과 : 실선 무늬(가로)

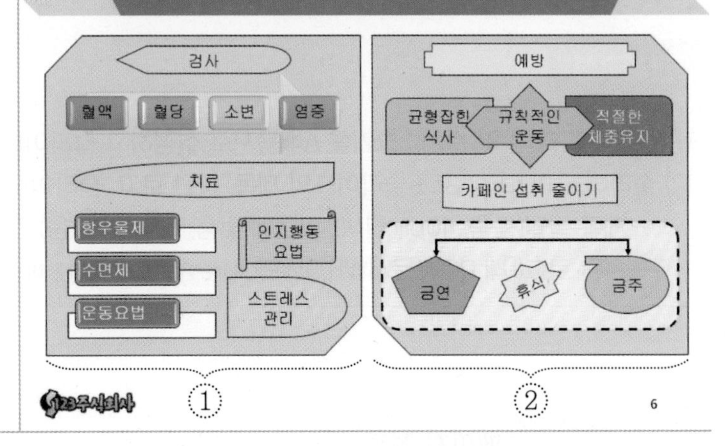

문제유형 ⑥-4

정답파일 PART 01 시험 유형 따라하기₩유형6-4번_정답.pptx

세부조건

도형 및 스마트아트(글꼴 : 굴림, 18pt)
애니메이션 순서 : ① ⇒ ②

① 도형 및 스마트아트 편집
– 스마트아트 디자인 : 3차원 경사, 3차원 벽돌
– 그룹화 후 애니메이션 효과 : 닦아내기(위에서)

② 도형 편집
– 그룹화 후 애니메이션 효과 : 올라오기(서서히 위로)

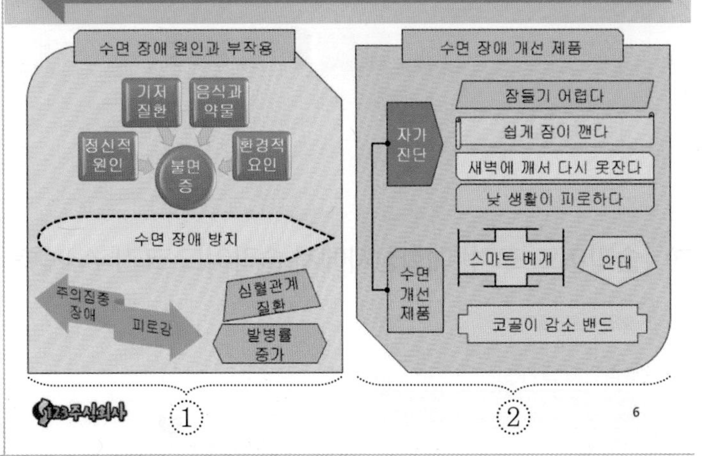

정답파일 PART 02 대표 기출 따라하기₩대표기출_정답.pptx

전체구성 **60점**

(1) 슬라이드 크기 및 순서 : 크기를 A4 용지로 설정하고 슬라이드 순서에 맞게 작성한다.
(2) 슬라이드 마스터 : 2~6슬라이드의 제목, 하단 로고, 슬라이드 번호는 슬라이드 마스터를 이용하여 작성한다.
- 제목 글꼴(돋움, 40pt, 흰색), 가운데 맞춤, 도형(선 없음)
- 하단 로고(「내 PC₩문서₩ITQ₩Picture₩로고3.jpg」, 배경(연보라) 투명색으로 설정)

SECTION 01 페이지 설정

① PowerPoint를 실행하고 새 프레젠테이션을 클릭한다.

② [디자인] 탭 – [슬라이드 크기]( )에서 [사용자 지정 슬라이드 크기]를 클릭한다.

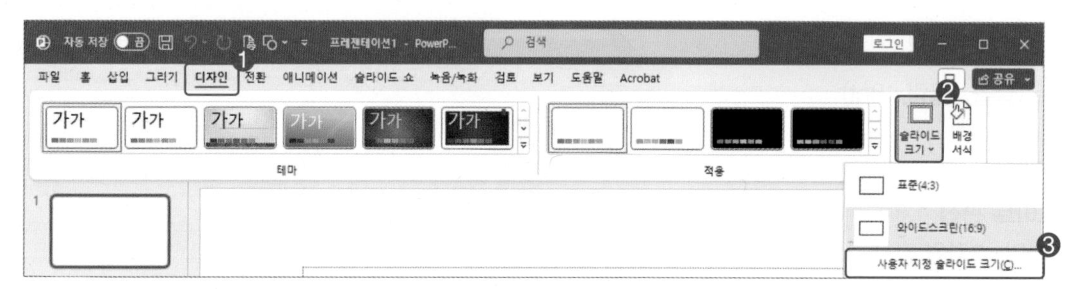

③ [슬라이드 크기] 대화상자에서 슬라이드 크기 'A4 용지(210x297mm)'를 설정한다.

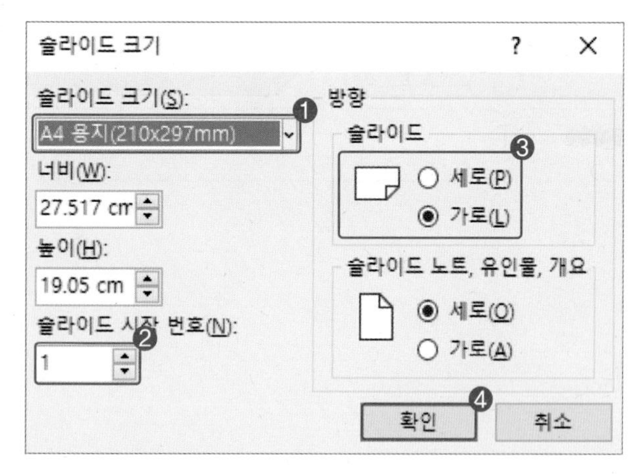

용기란 두려움에 대한 저항이고,
두려움의 정복이다.
두려움이 없는 게 아니다.

마크 트웨인(Mark Twain)

슬라이드 ⑤ 차트 슬라이드 100점

(1) 차트 작성 기능을 이용하여 슬라이드를 작성한다.
(2) 차트 : 종류(묶은 세로 막대형), 글꼴(돋움, 16pt), 외곽선

세부조건

※ 차트설명
- 차트제목 : 궁서, 24pt, 굵게, 채우기(흰색), 테두리, 그림자(오프셋 아래쪽)
- 차트영역 : 채우기(노랑)
- 그림영역 : 채우기(흰색)
- 데이터 서식 : KOSPI 계열을 표식이 있는 꺾은선형으로 변경 후 보조축으로 지정
- 값 표시 : 2020년 1월의 KOSPI 계열만

① 도형 삽입
- 스타일 : 미세 효과 – 파랑, 강조 1
- 글꼴 : 굴림, 18pt

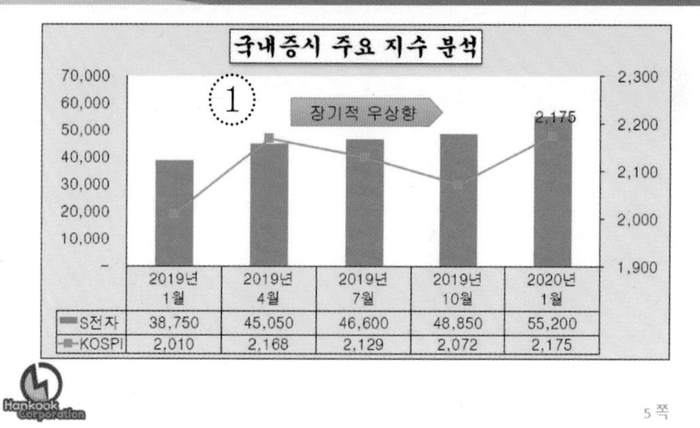

슬라이드 ⑥ 도형 슬라이드 100점

(1) 슬라이드와 같이 도형 및 스마트아트를 배치한다(글꼴 : 굴림, 18pt)
(2) 애니메이션 순서 : ① ⇒ ②

세부조건

① 도형 및 스마트아트 편집
- 스마트아트 디자인 : 3차원 광택 처리
- 그룹화 후 애니메이션 효과 : 시계 방향 회전

② 도형 및 스마트아트 편집
- 스마트아트 디자인 : 3차원 만화
- 그룹화 후 애니메이션 효과 : 실선 무늬(세로)

PART

02

대표 기출 따라하기

슬라이드 ③ 텍스트/동영상 슬라이드 60점

(1) 텍스트 작성 : 글머리 기호 사용(◆, ➢)

◆문단(돋움, 24pt, 굵게, 줄간격 : 1.5줄), ➢문단(돋움, 20pt, 줄간격 : 1.5줄)

세부조건

① 동영상 삽입 :
- 「내 PC₩문서₩ITQ₩Picture₩동영상.wmv」
- 자동실행, 반복재생 설정

A. 재테크의 특징

◆ Investment strategies

➢ A value investor buys assets that they believe to be undervalued (and sells overvalued ones).

➢ Warren Buffett and Benjamin Graham are notable examples of value investors.

①

◆ 수익률과 위험

➢ 위험은 기대수익률보다 매우 작은 수익이 생기거나 손실이 발생할 가능성을 말한다.

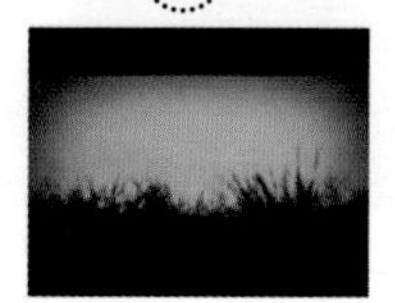

3 쪽

슬라이드 ④ 표 슬라이드 80점

(1) 도형과 표 작성 기능을 이용하여 슬라이드를 작성한다(글꼴 : 굴림, 18pt)

세부조건

① 상단 도형 :
2개 도형의 조합으로 작성

② 좌측 도형 :
그라데이션 효과(선형 오른쪽)

③ 표 스타일 :
테마 스타일 1 – 강조 6

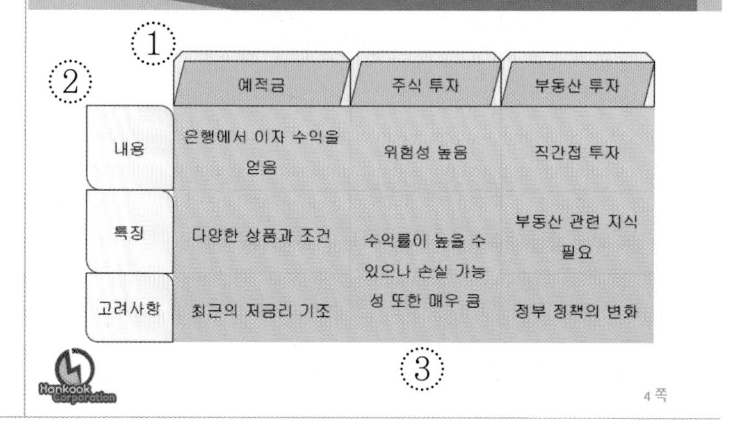

과목	코드	문제유형	시험시간	수험번호	성명
한글파워포인트	1142	A	60분		

수험자 유의사항

- 수험자는 문제지를 받는 즉시 문제지와 **수험표상의 시험과목(프로그램)이 동일한지 반드시 확인**하여야 합니다.
- 파일명은 본인의 "수험번호-성명"으로 입력하여 답안폴더(내 PC₩문서₩ITQ)에 하나의 파일로 저장해야 하며, 답안문서 파일명이 "수험번호-성명"과 일치하지 않거나, 답안파일을 전송하지 않아 미제출로 처리될 경우 실격 처리합니다(예: 12345678-홍길동.pptx).
- 답안 작성을 마치면 파일을 저장하고, '답안 전송' 버튼을 선택하여 감독위원 PC로 답안을 전송하십시오. 수험생 정보와 저장한 파일명이 다를 경우 전송되지 않으므로 주의하시기 바랍니다.
- 답안 작성 중에도 **주기적으로 저장하고, '답안 전송'**하여야 문제 발생을 줄일 수 있습니다. 작업한 내용을 저장하지 않고 전송할 경우 이전에 저장된 내용이 전송되니 이점 유의하시기 바랍니다.
- 답안문서는 지정된 경로 외의 다른 보조기억장치에 저장하는 경우, 지정된 시험 시간 외에 작성된 파일을 활용할 경우, 기타 통신수단(이메일, 메신저, 네트워크 등)을 이용하여 타인에게 전달 또는 외부 반출하는 경우는 부정 처리합니다.
- 시험 중 부주의 또는 고의로 시스템을 파손한 경우는 수험자가 변상해야 하며, 〈수험자 유의사항〉에 기재된 방법대로 이행하지 않아 생기는 불이익은 수험생 당사자의 책임임을 알려 드립니다.
- 문제의 조건은 MS오피스 2021 버전으로 설정되어 있으며 MS오피스 2016은 【 】에 표기되어 있습니다. 이와 관련하여 작성한 답안의 출력형태가 문제지와 다를 수 있습니다.
- 시험을 완료한 수험자는 답안파일이 전송되었는지 확인한 후 감독위원의 지시에 따라 문제지를 제출하고 퇴실합니다.

답안 작성요령

- 온라인 답안 작성 절차
  수험자 등록 ⇒ 시험 시작 ⇒ 답안파일 저장 ⇒ 답안 전송 ⇒ 시험 종료
- 슬라이드의 크기는 A4 Paper로 설정하여 작성합니다.
- 슬라이드의 총 개수는 6개로 구성되어 있으며 슬라이드 1부터 순서대로 작업하고 반드시 문제와 세부 조건대로 합니다.
- 별도의 지시사항이 없는 경우 출력형태를 참조하여 글꼴색은 검정 또는 흰색으로 작성하고, 기타사항은 전체적인 균형을 고려하여 작성합니다.
- 슬라이드 도형 및 개체에 출력형태와 다른 스타일(그림자, 외곽선 등)을 적용했을 경우 감점처리 됩니다.
- 슬라이드 번호를 작성합니다(슬라이드 1에는 생략).
- 2~6번 슬라이드 제목 도형과 하단 로고는 슬라이드 마스터를 이용하여 출력형태와 동일하게 작성합니다(슬라이드 1에는 생략).
- 문제와 세부조건, 세부조건 번호 ◌(점선원)는 입력하지 않습니다.
- 각 개체의 위치는 오른쪽의 슬라이드와 동일하게 구성합니다.
- 그림 삽입 문제의 경우 반드시 「내 PC₩문서₩ITQ₩Picture」 폴더에서 정확한 파일을 선택하여 삽입하십시오.
- 각 슬라이드를 각각의 파일로 작업해서 저장할 경우 실격 처리됩니다.

(1) 슬라이드 크기 및 순서 : 크기를 A4 용지로 설정하고 슬라이드 순서에 맞게 작성한다.
(2) 슬라이드 마스터 : 2~6슬라이드의 제목, 하단 로고, 슬라이드 번호는 슬라이드 마스터를 이용하여 작성한다.
- 제목 글꼴(돋움, 40pt, 흰색), 가운데 맞춤, 도형(선 없음)
- 하단 로고(「내 PC₩문서₩ITQ₩Picture₩로고3.jpg」, 배경(연보라) 투명색으로 설정)

슬라이드 ❶ 표지 디자인 40점

(1) 표지 디자인 : 도형, 워드아트 및 그림을 이용하여 작성한다.

세부조건	
① 도형 편집 - 도형에 그림 채우기 : 「내 PC₩문서₩ITQ₩Picture₩그림3.jpg」, 투명도 50% - 도형 효과 : 부드러운 가장자리 5포인트 ② 워드아트 삽입 - 변환 : 곡선, 위로【휘어 올라오기】 - 글꼴 : 돋움, 굵게 - 텍스트 반사 : 근접 반사, 터치 ③ 그림 삽입 - 「내 PC₩문서₩ITQ₩Picture₩로고3.jpg」 - 배경(연보라) 투명색으로 설정	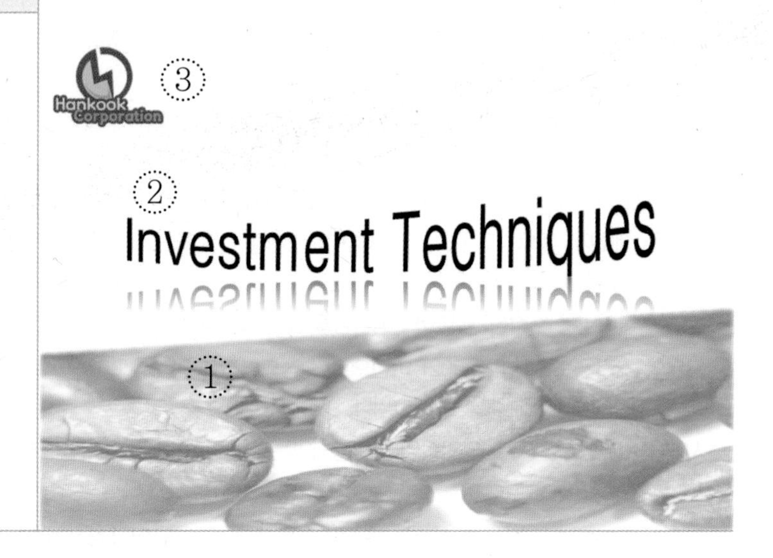

슬라이드 ❷ 목차 슬라이드 60점

(1) 출력형태와 같이 도형을 이용하여 목차를 작성한다(글꼴 : 굴림, 24pt).
(2) 도형 : 선 없음

세부조건	
① 텍스트에 링크【하이퍼링크】 적용 → '슬라이드 5' ② 그림 삽입 - 「내 PC₩문서₩ITQ₩Picture₩그림4.jpg」 - 자르기 기능 이용	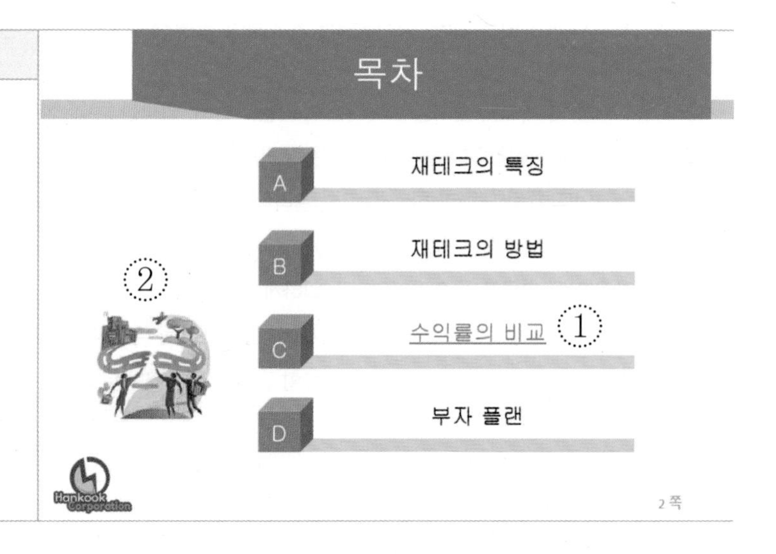